# DEIN SURVIVAL-GUIDE

## DAS INOFFIZIELLE TRAINING FÜR MINECRAFTER

TOBIAS SUMPFHÜTTER

Rheinwerk
Computing

## Hey Player,

ready to respawn in einer neuen Welt? Dieses Buch begleitet dich bei deinen ersten Schritten.

- Finde die richtige Edition ✔
- Setze deine Welt-Einstellungen ✔
- Überlebe die erste Nacht (Creeper incoming!) ✔

Danach: Ab ins Abenteuer!

- Erkunde Biome
- Hol dir wertvolle Ressourcen
- Bau deine Base und farme wie ein Pro
- Bekämpfe Mobs, Skeletons & Co.
- Wage dich in den Nether
- Tauch ab in die Ozeane
- Meistere Redstone-Power

Und wenn du nicht solo zocken willst – Multiplayer wartet schon.
Sämtliche Blöcke und Items des Survival-Modus findest du im Buch.

**[Achievement unlocked: Ready to Craft!]**
Jetzt liegt's an dir – viel Spaß beim Zocken, Bauen und Überleben.

**Dein Stephan Mattescheck**
Lektorat Rheinwerk Computing

stephan.mattescheck@rheinwerk-verlag.de
www.rheinwerk-verlag.de
Rheinwerk Verlag · Rheinwerkallee 4 · 53227 Bonn

# Auf einen Blick

Prolog – am Anfang kommt der Download ... 9

Survival – das nackte Überleben ... 23

Forscherdrang – entdecke die Welt ... 49

Heimwerken – hör mal, wer da craftet ... 75

Landwirtschaft – unsere kleine Farm ... 99

Waffenmeister – Ritter, Kämpfer, Zauberlehrling ... 129

Monsterkunde – die Kreaturen der Dunkelheit ... 157

Architektenträume – bauen und einrichten ... 199

Reisefieber – unterwegs mit Pferden, Booten und Loren ... 233

Dimensionswechsel – Nether, Ozeane und Tränke erforschen ... 259

Extratour – Sehenswürdigkeiten bis zum Ende ... 297

Redstone – Minecraft unter Strom ... 329

Multiplayer – zusammen zimmern ... 367

Referenz – alle Blöcke und Gegenstände ... 393

Wir hoffen, dass Sie Freude an diesem Buch haben und sich Ihre Erwartungen erfüllen. Falls Sie Anregungen, Wünsche und Kommentare haben, lassen Sie es uns wissen: **service@rheinwerk-verlag.de**.

Informationen zu unserem Verlag und Kontaktmöglichkeiten finden Sie auf unserer Verlagswebsite **www.rheinwerk-verlag.de**. Dort können Sie sich auch umfassend über unser aktuelles Programm informieren und unsere Bücher und E-Books bestellen.

**Autor** Tobias Sumpfhütter
**Lektorat** Stephan Mattescheck
**Buchmanagement** Anne Scheibe
**Copy-Editing** Doris Weißgerber, Frankfurt a. M.
**Typografie & Layout** Vera Brauner
**Satz** III-Satz, Kiel
**Herstellung** Norbert Englert
**Covergestaltung** Mai Loan Nguyen Duy
**Druck** mediaprint solutions, Paderborn

PEFC
PEFC/04-31-0810

Dieses Buch wurde mit mineralölfreien Farben auf PEFC-zertifiziertem Papier aus nachhaltiger Waldwirtschaft gedruckt. Hergestellt in Deutschland.



Bibliografische Information der Deutschen Nationalbibliothek:
Die Deutsche Nationalbibliothek verzeichnet diese Publikation in der Deutschen Nationalbibliografie; detaillierte bibliografische Daten sind im Internet über *http://dnb.dnb.de* abrufbar.

**ISBN 978-3-367-11114-5**

6., aktualisierte Auflage 2026

Rheinwerk Verlag GmbH • Rheinwerkallee 4 • 53227 Bonn
*service@rheinwerk-verlag.de*

# Inhalt


## Prolog – am Anfang kommt der Download 9

Über deinen Survival-Guide ........ 10
Java und Bedrock Edition ........ 10
Minecraft konfigurieren ........ 18

## Survival – das nackte Überleben 23

Erste Schritte ........ 23
Ein sicherer Ort ........ 27
Werkzeug herstellen ........ 29
Richte dir ein Biwak ein ........ 34
Ran an die Buletten! ........ 37
Umzug in eine anständige Basis ........ 41
Orientieren und Navigieren ........ 43
Spielfortschritte und eigene Ziele ........ 45

## Forscherdrang – entdecke die Welt 49

Ein Flickenteppich aus Biomen ........ 50
Biome erkennen und nutzen ........ 55
Höhlen erforschen und Bergbau betreiben ........ 62

## Heimwerken – hör mal, wer da craftet 75

Sortieren und Lagern für Fortgeschrittene ........ 75
Craften für Fortgeschrittene ........ 82
Wolle, Glas und andere Dinge färben ........ 89
Mit dem Amboss schmieden ........ 94

## Landwirtschaft – unsere kleine Farm 99


Felder anlegen ... 99
Försterei, Gärtnerei und Pilzzucht ... 103
Tierhaltung und Viehzucht ... 108
Farmtiere ... 110
Treue Begleiter ... 113
Wildtiere ... 117
Wassertiere ... 122
Nethertiere ... 125


## Waffenmeister – Ritter, Kämpfer, Zauberlehrling 129


Mit Waffen ausstatten ... 130
Rüstungen herstellen ... 141
Am Zaubertisch verzaubern ... 145
Zauberbücher selbst herstellen ... 153


## Monsterkunde – die Kreaturen der Dunkelheit 157


Monster kennenlernen ... 158
Menschenähnliche Monster ... 161
Tierartige Monster ... 172
Monster im Nether ... 181
Monster im Ozean ... 187
Monster im Ende ... 189
Bossmonster ... 192


## Architektenträume – bauen und einrichten 199


Materialkunde ... 199
Ein Bauprojekt ... 218
Inneneinrichtung mit kreativen Möbeln ... 221

## Reisefieber – unterwegs mit Pferden, Booten und Loren 233

Pferde, Schweine und andere Tiere reiten ... 233
Boot fahren ... 240
Über den Wolken mit dem glücklichen Ghast ... 242
Gleise verlegen und Loren fahren ... 244
Fliegen mit Elytren ... 255

## Dimensionswechsel – Nether, Ozeane und Tränke erforschen 259

Nether erreichen und überleben ... 260
Welche Rohstoffe gibt es im Nether? ... 265
Die hohe Kunst des Tränkebrauens ... 272
Seltsame Suppen und Leuchtfeuer ... 280
Die Wunder der Ozeane ... 284

## Extratour – Sehenswürdigkeiten bis zum Ende 297

Tempel und andere Bauwerke erforschen ... 298
Dörfer erkunden ... 307
Endspiel meistern ... 313

## Redstone – Minecraft unter Strom 329

Signale fließen durch den elektrischen Staub ... 330
Signalempfänger: Action auf Kommando ... 334
Signalgeber: Einer muss ja den Anfang machen ... 340
Mit Sensoren die Umwelt messen ... 345
Tick, tack, bitte warten – Taktgeber und Warteschleifen ... 355
Der Beobachter sieht alles ... 358
Automatisch craften mit dem Werker ... 363

## Multiplayer – zusammen zimmern 367

Gemeinsam in einer Welt ... 368
Auf privaten Servern spielen ... 370
Einen öffentlichen Server finden ... 376
Das erwartet dich auf einem öffentlichen Server ... 382

## Referenz – alle Blöcke und Gegenstände 393

Steine ... 394
Erze ... 396
Bodenarten ... 398
Flüssigkeiten ... 400
Glas und Kristall ... 402
Gewächse ... 404
Nahrung ... 412
Tierprodukte ... 416
Monsterbeute ... 418
Farbstoffe ... 420
Waffen ... 422
Rüstung ... 424
Werkzeug ... 426
Einrichtung ... 429
Beleuchtung ... 434
Fortbewegung ... 438
Redstone ... 439

Index ... 445

# Prolog – am Anfang kommt der Download

*Endlich hast du dieses Wochenende ein bisschen Zeit. Schlechtes Wetter, keine Freunde zu Besuch und keine Geburtstagsfeiern – genug Freizeit, dir das erfolgreichste Spiel aller Zeiten genauer anzusehen. Weltweit gibt es viele Millionen Spielerinnen und Spieler, die Minecraft lieben. Wobei »Spielen« hier nicht ganz stimmt. In Minecraft wird gebaut und konstruiert, dem Bergbau und der Monsterjagd nachgegangen und Landwirtschaft, Handwerk und Handel betrieben. Was das Spiel so erfolgreich macht, sind all diese Möglichkeiten: eine endlose Welt, verpixelt – mit Wetter, Wäldern, Widersachern und allem Drum und Dran einer ausgewachsenen virtuellen Realität.*

*Schulen setzen Minecraft im Unterricht ein, und in Großprojekten werden real existierende Städte am PC, auf der Konsole oder dem Handy nachgebaut. Bald weißt du, wie das möglich ist. Du installierst Minecraft, startest das Spiel, entscheidest dich für den »Einzelspielermodus« und klickst auf »Neue Welt erstellen«.*

## Über deinen Survival-Guide

Das Internet ist voll mit Minecraft-Infos in Wikis, Tutorials, Foren und Videos. Aber wer blickt da noch durch? Vieles ist in Englisch oder veraltet oder bleibt unverständlich. Die Suche ist mühselig und der Erfolg ist fraglich.

Da hilft dieses Buch: Hier bekommst du kompakt und übersichtlich alle Infos, die du zum Spielen brauchst. Das beginnt beim Überleben der ersten, der gefährlichsten Nacht und geht bis zu Ratschlägen zur Konstruktion deiner Bauwerke. Du erfährst auch, wie du Nahrung anbaust, Tiere züchtest, Waffen verzauberst, mit Dorfbewohnern handelst und schließlich wie das Multiplayer-Spiel funktioniert. Alle Landschaften und Bauwerke, alle Tiere und Monster, alle Blöcke und Gegenstände – hier findest du sie. Du erhältst wertvolle Tipps zum Bauen, Reiten, Bahnfahren und Konstruieren von elektrischen Apparaten. Alle Wunder und Möglichkeiten einer Minecraft-Welt hältst du mit diesem Buch in deinen Händen.

Du kannst das Buch von vorne nach hinten lesen, denn es beginnt mit den einfachen Themen und führt dich immer weiter durchs ganze Spiel. Oder du spielst einfach drauflos und schlägst im Buch nach, wenn du nicht mehr weiterweißt. Im hinteren Teil des Buches befindet sich eine Referenz, die sämtliche Blöcke und Gegenstände auflistet. Und über den Index ganz am Ende erfährst du die Seitenzahlen für alle anderen Themen, die dich interessieren.

## Java und Bedrock Edition

Klickst du auf der offiziellen Website *Minecraft.net* (*https://minecraft.net*) auf JETZT KAUFEN, werden dir verschiedene Spiele des Minecraft-Universums gezeigt. Das Hauptspiel ist »Minecraft Java & Bedrock«. Wählst du das aus und als Plattform PC/MAC/LINUX, wird dir auch eine DELUXE COLLECTION angeboten. Die STANDARD EDITION reicht jedoch völlig aus und enthält alles, was du brauchst:

- *Launcher*: Das Startprogramm für alle Minecraft-Spiele.
- *Java Edition*: Minecraft für Windows, macOS und Linux.
- *Bedrock Edition*: Minecraft für Windows, Konsolen und mobile Geräte.

Die Java und die Bedrock Edition haben einen nahezu gleichen Inhalt, unterscheiden sich aber in technischen Details:

- **Spielzusätze**: Die Bedrock Edition hat im Spiel einen *Marketplace*, einen stark beworbenen Shop, in dem du von Firmen hergestellte Spielzusätze kaufen kannst. Die Java

Edition hat keinen Shop im Spiel. Hier kannst du eine viel größere Auswahl an Spielzusätzen aus dem Internet herunterladen, die von anderen Spielern stammen und kostenlos sind.

- **Multiplayer** (Mehrspielermodus): Mit der Bedrock Edition ist das Spiel zwischen Konsolen, Tablets, Smartphones und Computern ab Windows 10 möglich, aber es gibt nur wenige öffentliche Multiplayer-Server. Bei der Java Edition ist das Multiplayer-Spiel zwischen Windows-, macOS- und Linux-Computern möglich und es gibt eine riesige Auswahl an öffentlichen Multiplayer-Servern.
- **Community**: Die Bedrock Edition ist im Internet kaum präsent. Für die Java Edition gibt es dagegen eine große internationale Community, die zahlreiche Erweiterungen, Tutorials, Websites und Videos anbietet.
- **Übersetzung**: Die Übersetzung der Bedrock Edition wird durch eine Firma gemacht und ist manchmal etwas merkwürdig. Die Java Edition wird von ausgewählten Spielerinnen und Spielern in alle Sprachen der Welt übersetzt, sie kennen ihre eigene Sprache am besten.
- **Technik**: Die Bedrock Edition ist mit der Programmiersprache C++ geschrieben, während die Java Edition auf der Programmiersprache Java basiert. Die beliebten selbst programmierten Spielmodifikationen (Mods) sind nur mit der Java Edition möglich. Insgesamt bietet die Java Edition für technisch interessierte Spieler deutlich mehr Möglichkeiten, auch bei den Minecraft-Befehlen im Spiel.

## Kaufen und installieren

Falls du Minecraft erst mal ausprobieren möchtest, kannst du kostenlose Demoversionen der Bedrock Edition (Windows, Handys, Konsolen) und der Java Edition (Windows, macOS, Linux) herunterladen (*https://www.minecraft.net/free-trial*).

Entscheidest du dich dann für den Kauf, legst du dabei einige wichtige Dinge fest:

- **Microsoft-Konto**: Das *Microsoft-Konto* ist deine Spiel-Anmeldung (*Spiel-Account*). Möchtest du mehrere Spiel-Accounts kaufen (*Zweitaccount*), musst du für jeden Kauf ein neues Microsoft-Konto anlegen.
- **Xbox-Profil**: Automatisch bekommst du auch ein *Xbox-Profil* und legst dort ein kleines *Spielerbild* und ein *Gamertag* fest. Das Spielerbild erscheint nicht im eigentlichen Spiel, sondern nur in einigen Menüs. Das Gamertag ist in der Bedrock Edition dein Spielername, also wähle diesen Namen mit Bedacht.

  So änderst du Spielerbild und Gamertag: Klicke im Minecraft Launcher oben links auf dein Xbox-Gamertag und dann im Menü auf PROFIL VERWALTEN. Nach der Anmeldung siehst du dein Xbox-Spielerbild und dein Gamertag. Beide haben ein Stift-Symbol, das du anklicken kannst. Für den neuen Namen prüfst du zuerst die Verfügbarkeit. Achtung: Du kannst dein Gamertag nur einmal kostenlos ändern, danach kostet es 10 Euro.
- **Profil für die Minecraft Java Edition**: Startest du die Java Edition zum ersten Mal, bekommst du zusätzlich noch ein *Profil für die Java Edition* und legst einen *Spielernamen* fest, der nur für die Java Edition gilt. Diesen Namen kannst du beliebig oft kostenlos ändern, allerdings nur alle 30 Tage. Dazu klickst du im Minecraft Launcher oben links auf dein Xbox-Gamertag und dann im Menü auf MINECRAFT: JAVA EDITION PROFIL VERWALTEN. Nach der Anmeldung mit deinem Microsoft-Konto klickst du unter MINECRAFT JAVA EDITION auf PROFILNAMEN ÄNDERN.

Nach dem Kauf kommt der Download. Auf dem Computer installierst du den *Minecraft Launcher*, das Programm für deine Anmeldung (*Login*) und den Start deiner Spiele (englisch *launch*).

Melde dich mit deinem Microsoft-Konto an. Danach wirst du von deinem Xbox-Spielerbild und Gamertag begrüßt. Klicke auf LET'S GO und du bist im Launcher. Dein Login ist nun gespeichert, du musst es normalerweise nicht mehr wiederholen, wenn du den Launcher erneut startest.

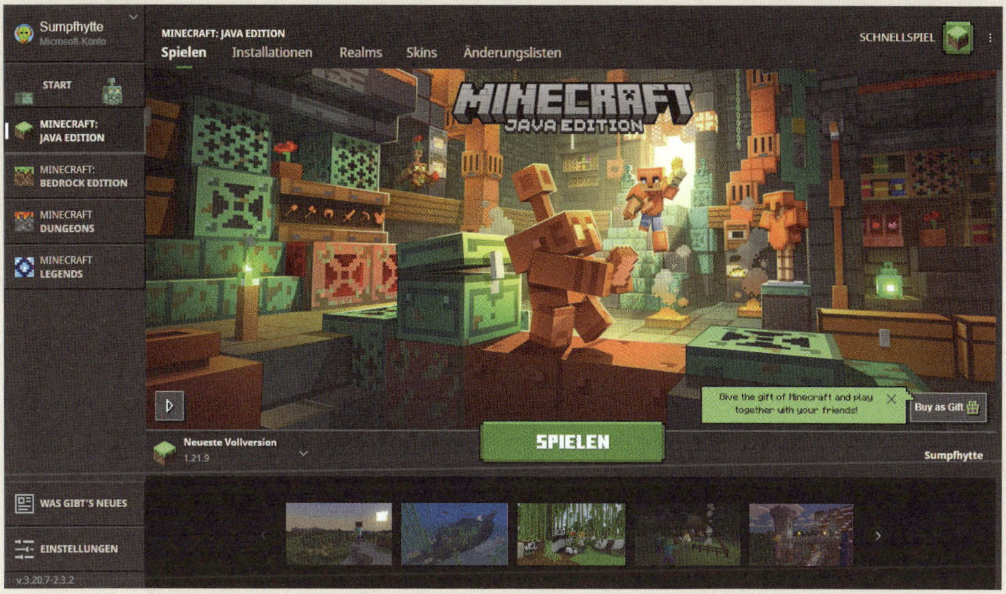


Der Minecraft Launcher ist das Startprogramm vor dem eigentlichen Spiel. In deine zuletzt besuchte Welt kommst du über »Schnellspiel« rechts oben. Mit dem Pfeil über der Versionsauswahl Mitte links wechselst du zu einem animierten Bild mit Musik.

Im Launcher siehst du oben links dein Xbox-Spielerbild und Gamertag. Hast du mehrere Spiel-Accounts, wechselst du sie über Einstellungen • Konten.

Die Hauptsache im Launcher sind die Spiele auf der linken Seite: **Java Edition** und **Bedrock Edition**, von denen dieses Buch handelt, sowie *Minecraft Dungeons* und *Minecraft Legends* – weitere Spiele aus dem Minecraft-Universum, die du separat kaufen kannst.

**Das Spiel auf einem anderen Computer installieren**

Du kannst den Launcher beliebig oft und auf unterschiedlichen Computern installieren, indem du die zum Betriebssystem passende Installationsdatei von *Minecraft.net* herunterlädst (*https://www.minecraft.net/download*).

Sollte es bei der Installation oder dem Start des Launchers Probleme geben, suche im Minecraft Help Center (*https://help.minecraft.net*) nach »troubleshooting minecraft launcher issues«.

### Start der Java Edition

Wählst du im Launcher die JAVA EDITION, ist bereits links neben dem grünen SPIELEN-Button die NEUESTE VOLLVERSION richtig eingestellt. Klicke auf SPIELEN, damit es losgehen kann. Der Launcher lädt aus dem Internet die neueste Version des Spiels herunter und startet sie. Das dauert einen Moment.

Dann öffnet sich das Spielfenster und begrüßt dich mit Einstellungen zur Barrierefreiheit. Zunächst erscheinen alle Texte in Englisch. Um die deutsche Sprache einzustellen, klickst du auf den Menüpunkt LANGUAGE mit dem Globus-Icon , schiebst in der Sprachenliste den Scroll-Balken nach oben, bis du DEUTSCH (DEUTSCHLAND) findest, und klickst auf DONE. Um das Hauptmenü zu sehen, klickst du dann auf FORTFAHREN. Der gelbe Spruch auf dem Titelbildschirm wechselt mit jedem Spielstart und ist meist ein Insider-Gag.

Das Hauptmenü der Java Edition

Im Hauptmenü triffst du deine Entscheidung, in welche Art Minecraft-Spiel du eintauchen möchtest:

- EINZELSPIELER: Du erforschst die Minecraft-Welt auf eigene Faust. Von diesem Modus handelt der Großteil deines *Survival-Guides*, denn hier lauert der Spieltod überall – du kannst jede Hilfe gebrauchen, um dich durchzuschlagen.
- MEHRSPIELER: Du spielst zusammen mit anderen Spielerinnen und Spielern auf einem der vielen öffentlichen Spielserver. Dabei geht es weniger ums Erforschen der Welt, sondern mehr darum, gemeinsam ein imposantes oder komplexes Bauwerk zu erschaffen oder einfach nur um ein Kräftemessen in einem der zahlreichen Minispiele. Das macht so viel Spaß, dass du es unbedingt versuchen solltest, nachdem du

im Einzelspielermodus ein bisschen Erfahrung gesammelt hast. Dafür ist das Kapitel »Multiplayer – zusammen zimmern« im hinteren Teil des Buches vorgesehen.

- Minecraft Realms: Das ist ebenfalls ein Mehrspielermodus, allerdings nicht auf einem öffentlichen Server, sondern für private Gruppen. Dabei mietet man auf den Servern des Minecraft-Herstellers für 4 bis 8 € im Monat eine Welt, auf der man mit maximal zehn Freunden gleichzeitig zusammenspielen kann (*Realms* heißt »Königreiche«). Nicht jeder spielt gerne auf öffentlichen Servern, und so ist Realms eine Möglichkeit, eine eigene Multiplayer-Welt zu erschaffen, ohne selbst einen Server installieren und konfigurieren zu müssen.

  Wenn dich im Menüpunkt Minecraft Realms das Blinken des kleinen Diamanten stört, schaltest du das über Optionen • Online • Realms-Neuigkeiten & Einladungen aus.

Um Minecraft kennenzulernen, empfiehlt sich zu Beginn auf jeden Fall der **Einzelspielermodus**.

Sobald du auf Einzelspieler klickst, gelangst du zur Übersichtsseite Welt auswählen, die später deine Welten auflistet, die du im Laufe der Zeit erstellst. Denn du kannst beliebig viele Minecraft-Welten generieren, und jede sieht anders aus, denn das Spiel verteilt die Landschaftselemente per Zufallsgenerator.

Beim Erstellen einer neuen Minecraft-Welt denkst du dir einen Namen aus und entscheidest dich für den Spielmodus.

Klicke auf Neue Welt erstellen und entscheide dich zuerst für einen Namen der Welt. Lass die anderen Einstellungen unverändert, insbesondere den Spielmodus auf Überleben, weil er spannender als der Kreativmodus ist. Klicke dann auf Neue Welt erstellen.

### Start der Bedrock Edition

Wähle im Launcher BEDROCK EDITION und klicke auf SPIELEN. Beim Start des Spiels siehst du einen Ladebalken, bis alle Downloads abgeschlossen sind. Schließlich erscheint das Hauptmenü. Wie bei der Java Edition gibt es auch hier einen gelben Spruch als kleinen Gag, der mit jedem Spielstart wechselt.

Die Sprache ist automatisch auf Deutsch eingestellt. Wenn du lieber auf Englisch oder in einer anderen Sprache spielen möchtest, gehst du auf EINSTELLUNGEN, scrollst links ganz nach unten zur SPRACHE und wählst die gewünschte Sprache aus.

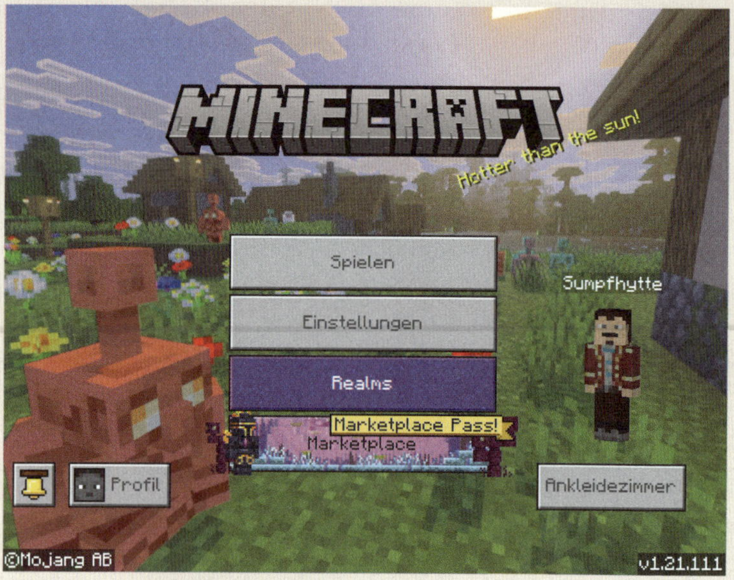


Das Hauptmenü der Bedrock Edition

Die Bedrock Edition erkennst du sofort am Menüpunkt MARKETPLACE, der oft mit Farben und Bewegungen auf sich aufmerksam macht. Sieh da neugierigerweise gleich mal rein. Du siehst viele bunte Angebote in unterschiedlichen Kategorien mit den üblichen Marketingtricks (Bling-Bling, »Rabatt«, »nur für kurze Zeit« etc.). Die Angebote kommen von verschiedenen Firmen, und die Preise sind in *Minecoins* angegeben. Klickst du auf ein Angebot, wird der Europreis angezeigt. Einiges ist auch kostenlos. Aber bevor du das Spiel mit allen möglichen und unmöglichen Zusätzen ausstattest, solltest du dich erst einmal mit den Grundlagen vertraut machen. Verlasse also den Marketplace wieder über den kleinen Pfeil oben links oder mit der Esc-Taste (damit kommst du aus jedem Untermenü zurück).

Die Glocke im Hauptmenü links unten führt zu deinem Posteingang, der hauptsächlich Werbung für den Marketplace enthält. Im Posteingang findest du ganz oben rechts ein Menü für die Post-Einstellungen.

Neben der Glocke geht es im Hauptmenü zu deinem Profil. Dort siehst du vor allem die *Erfolge*, die du im Spiel erringen kannst. Wie das funktioniert, ist am Ende des nächsten Kapitels beschrieben. Neben dem Reiter Übersicht siehst du den Reiter Statistik, der deine Spieldauer und weitere Werte anzeigt. Über das Dreipunktemenü unter deinem Xbox-Spielerbild kannst du direkt dein Xbox-Profil öffnen – wieder mit einem Shop und zahlreichen Angeboten.

Im Minecraft-Profil und im Hauptmenü siehst du noch ein Ankleidezimmer. Dort kannst du deine Spielfigur auf vielfältige Weise verändern, von der Frisur bis zur Kleidung, das meiste wieder gegen Bezahlung. Aber da du dich selbst im Spiel nicht siehst, ist das für den Anfang nicht wichtig.

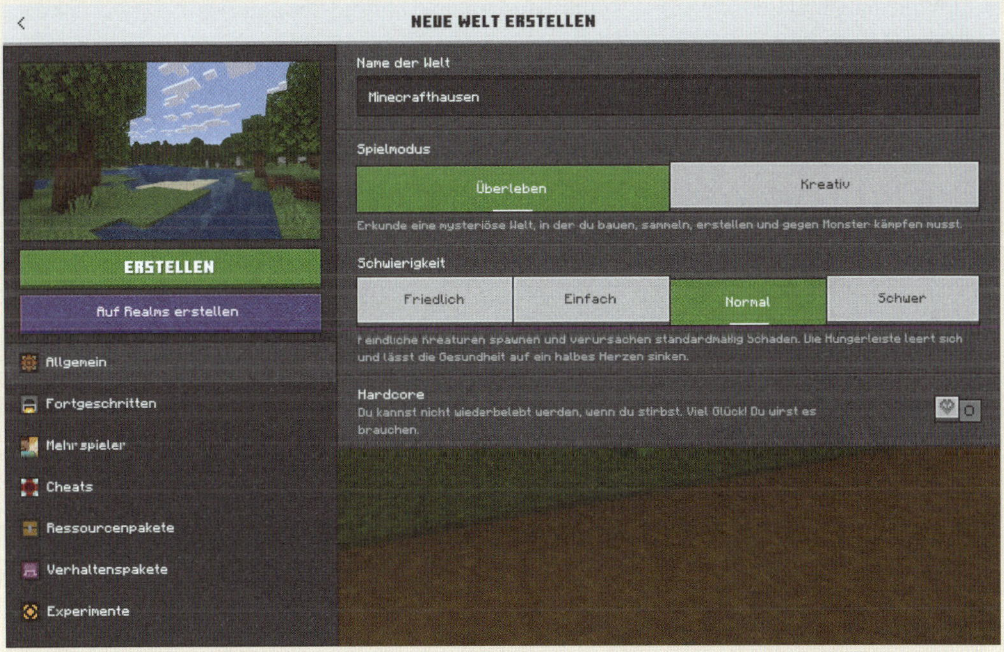


Auch in der Bedrock Edition gibst du deiner neuen Welt einen Namen und wählst einen Spielmodus.

Nachdem du dich ein bisschen umgesehen hast, ist es Zeit, endlich loszulegen. Der beste Weg, um Minecraft kennenzulernen, ist eine eigene Welt zu erstellen und zu erforschen.

Klicke im Hauptmenü auf SPIELEN • NEUE WELT ERSTELLEN (Werbeseite) • und nochmal NEUE WELT ERSTELLEN. Überall wird dir *Realms* angeboten, das kostenpflichtige Server-Abonnement des Minecraft-Herstellers, das im Kapitel »Multiplayer – zusammen zimmern« beschrieben ist. Das kannst du dir später überlegen, fange erst mal mit deiner eigenen Welt an.

Entscheide dich für einen Namen für deine Welt. Lasse alle anderen Spieleinstellungen unverändert, insbesondere den Standard-Spielmodus auf ÜBERLEBEN, und klicke auf ERSTELLEN. Jetzt wird deine neue Welt generiert.

## Minecraft konfigurieren

Es gibt viele Einstellungen, um das Spiel an deine Bedürfnisse anzupassen. Im Hauptmenü der **Java Edition** findest du sie im Menüpunkt OPTIONEN. Du kannst die Optionen auch im laufenden Spiel ändern, indem du während des Spiels auf [Esc] drückst.

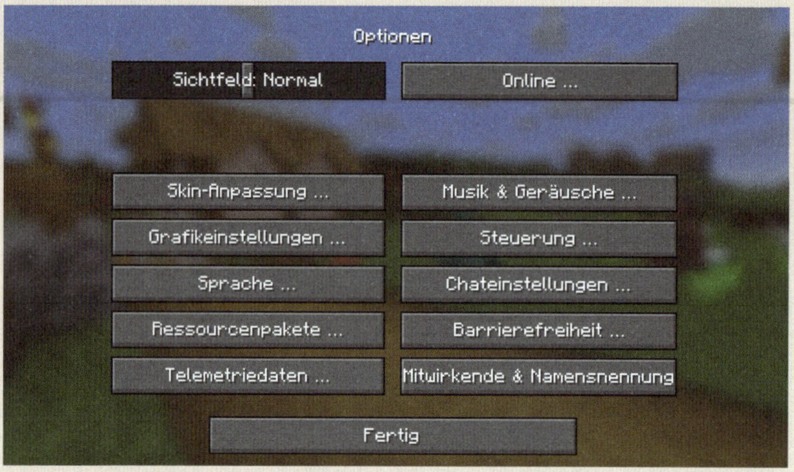


Über den Optionen-Bildschirm gelangst du zu vielen Einstellungsmöglichkeiten.

Der Menüpunkt OPTIONEN hat folgende Unteroptionen:

- SICHTFELD: Größe der seitlichen Umgebung in deinem Spielfenster.
- ONLINE: Ausschalten des Blinkens im Menüpunkt MINECRAFT REALMS und Anzeige deines Namens in der Serverliste im Mehrspielermenü (wobei viele Server dort gar keine Namen anzeigen).

- SCHWIERIGKEIT (nur im laufenden Spiel sichtbar): Mit FRIEDLICH schaltest du die Monster in der aktuellen Welt aus und brauchst keine Nahrung mehr, um dich zu regenerieren.
- SKIN-ANPASSUNG: Dein Skin ist deine Kleidung, die auf die Spielfigur aufgemalt ist. Hier kannst du Teile davon ein- oder ausblenden. Das bringt nur etwas im Mehrspielermodus, wo dich andere Spieler sehen.
- MUSIK & GERÄUSCHE: Hier änderst du verschiedene Lautstärken. Falls dich z. B. die Musik nach einiger Zeit stört, regelst du sie hier etwas herunter.
- GRAFIKEINSTELLUNGEN: Diese Einstellungen solltest du herunterdrehen, wenn dein Rechner etwas älter und langsamer ist und die Darstellung der Minecraft-Welt ruckelt. Wenn du den Scroll-Balken am rechten Rand nach unten bewegst, tauchen weitere Einstellungen auf.
- STEUERUNG: Hier passt du die Steuerung des Spiels über deine Maus und Tastatur an.
- SPRACHE: Hier wählst du die Sprache für alle Beschriftungen aus. Auch PLATTDÜÜTSCH oder TLHINGAN HOL (Klingonisch) sind möglich.
- CHATEINSTELLUNGEN: Die brauchst du nur im Mehrspielermodus, z. B. Schrift- und Fenstergröße für den Chat.
- RESSOURCENPAKETE: Damit veränderst du das Aussehen aller Landschaftselemente und Objekte in Minecraft.
- BARRIEREFREIHEIT: Mit diesen Optionen kannst du Minecraft etwas bequemer spielen, z. B. dir Bildschirmtexte vorlesen lassen (SPRACHAUSGABE) oder Geräusche als Text ausgeben (UNTERTITEL). Effekte, die bei manchen Menschen Schwindel verursachen, kannst du hier ausschalten, und du kannst die Tastaturbedienung vereinfachen.
- TELEMETRIEDATEN: Das Spiel leitet einige Daten zur statistischen Auswertung an den Hersteller weiter.
- MITWIRKENDE & NAMENSNENNUNG: Die Liste der Mitwirkenden ist lang und läuft automatisch ab. Zur Beschleunigung drückst du die Leertaste. [Strg] + Leertaste ist noch schneller. [Esc] beendet die Liste.

## Einstellungen der Bedrock Edition

In der **Bedrock Edition** gibt es unter dem Hauptmenüpunkt EINSTELLUNGEN ähnliche Optionen wie in der Java Edition und darüber hinaus noch weitere. Wie in der Java Edition erreichst du die Einstellungen auch aus dem laufenden Spiel heraus, wenn du [Esc] drückst.

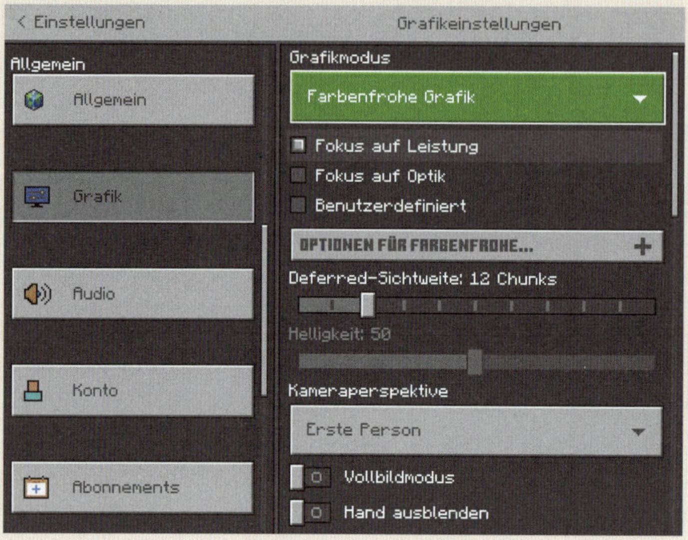


Bei den Einstellungen der Bedrock Edition siehst du links die Kategorien, z. B. »Grafik«, und rechts die Details.

In den Einstellungen gibt es folgende Kategorien:

- BEDIENUNGSHILFE: Sprachausgabe und weitere Einstellungen zur vereinfachten Benutzung.
- SO WIRD GESPIELT: Nur in der Bedrock Edition gibt es Kurzanleitungen zum Spiel. Natürlich können sie nicht so ausführlich und mit Bildern illustriert sein wie hier im Buch, sie dienen nur als kleine Gedächtnisstütze.
- WELT (nur im laufenden Spiel sichtbar): Umschalten des Spielmodus (ÜBERLEBEN, KREATIV, ABENTEUER), Ändern des Schwierigkeitsgrades und sehr viele Details, die du ein- oder ausschalten kannst. Zu Beginn lässt du am besten alles so, wie es ist, um das Spiel kennenzulernen.
- MULTIPLAYER (nur im laufenden Spiel sichtbar): Mit deinen Freunden zusammen zu spielen, macht noch mehr Spaß. Dazu gibt es das Kapitel »Multiplayer – zusammen zimmern« im hinteren Teil des Buches.
- TASTATUR & MAUS, CONTROLLER, BERÜHREN: Hier kannst du die Steuerung des Spiels auf andere Tasten legen.
- ALLGEMEIN: Hier findest du vor allem die Liste der Mitwirkenden.
- GRAFIK: Bei diesen Einstellungen erscheint ganz unten der GRAFIKMODUS. Hast du einen leistungsfähigen Computer, ist hier die FARBENFROHE GRAFIK eingestellt (auch *Shader* genannt).

- AUDIO: Drehe hier die MUSIK leiser, wenn sie dich nach einiger Zeit stört.
- KONTO: Die Menüpunkte öffnen die Xbox-App. Ist die App nicht installiert, gehst du über den Launcher in dein Konto (sieh dazu weiter vorne im Abschnitt »Kaufen und installieren« in den Punkt »Xbox-Profil«).
- ABONNEMENTS: Ein Überblick über deine *Minecraft Realms*-Abonnements.
- GLOBALE RESSOURCEN: Aktivieren/Deaktivieren von Erweiterungspaketen, mit denen du die Grafik der Welt um dich herum veränderst oder neue Spielfunktionen hinzuschaltest.
- SPEICHERUNG: Hier siehst du deine gespeicherten Einzelspielerwelten, Zusatzpakete und zwischengespeicherte Daten von Multiplayer-Servern, die du besucht hast.
- SPRACHE: Hier änderst du die Sprache der Texte im Spiel.
- ERSTELLER: Nur interessant für Personen, die Inhalte für den Marketplace erstellen.

**Gratulation, du hast das 1. Survival-Level erreicht**

Du kennst jetzt den Unterschied zwischen der Java und der Bedrock Edition und weißt, was Spiel-Account, Gamertag und Launcher sind. Du kannst das Spiel starten und dich anmelden. Du kennst das Hauptmenü und die Spieleinstellungen. Schließlich hast du deine erste Einzelspielerwelt im Überlebensmodus generiert (*Survival*). Diese Welt wollen wir im nächsten Kapitel erforschen.

# Survival – das nackte Überleben

*Du drehst dich nach Westen und blickst zum Horizont der weit gestreckten Ebene. Pixel für Pixel sinkt die quadratische Sonne, der Himmel wird immer dunkler. Eine verspielte Melodie erklingt. Ist das schon das Signal für die Abenddämmerung? Und du stehst hier seelenruhig auf einem Hügel, eine Steinaxt in der Hand, die letzten Sonnenstrahlen genießend?*

*Höchste Zeit, sich einen Unterschlupf für die Nacht zu suchen! Denn mit Zombies, Creepern und mit Pfeilen schießenden Skeletten ist nicht zu spaßen. Zum Glück hast du tagsüber einige Schafe gefunden, deren Wolle du mit Holzbrettern in ein Bett verwandeln wirst, um die Nacht schneller herumzubringen.*

*Du legst die Axt beiseite, nimmst die Schaufel in die Hand und beginnst, einen kurzen Tunnel ins Erdreich zu buddeln. Daraus wird deine erste Notunterkunft.*

## Erste Schritte

Sobald du in deine erste Minecraft-Welt springst, ist schnelles Handeln angesagt. Du hast nur elf Minuten Zeit, um dich zurechtzufinden und dir einen Unterschlupf zu bauen. Dann beginnt die Nacht und das ist die Zeit von Zombies, Creepern und anderen Monstern.

**Kleine Unterschiede**

Zwar hast du mit der **Java Edition** und der **Bedrock Edition** grundsätzlich dasselbe Spielerlebnis, aber im Detail gibt es durchaus kleine Unterschiede. In solchen Fällen wird die Bedrock Edition hier im Buch mit »BE« abgekürzt. Beispielsweise findest du die OPTIONEN der Java Edition in der BE unter EINSTELLUNGEN, die ähnlich aufgebaut sind (siehe Kapitel »Prolog – am Anfang kommt der Download«).

Die Zeit läuft unerbittlich weiter, aber keine Panik: Mit [Esc] hältst du die Zeit an und kannst in Ruhe hier weiterlesen, ohne von der Nacht überrascht oder von Tieren geschubst zu werden. Das ist praktisch, funktioniert aber nur im Einzelspielermodus.

Zehn volle Herzen und Fleischkeulen, aber leere Taschen – aller Anfang ist schwer.

Im unteren Bildschirmbereich siehst du neun graue, leere Kästchen. Das sind *Inventar-Slots*, darin sammelst du aufgenommene Gegenstände. Darüber befinden sich drei Anzeigen: Die *Lebensleiste* zeigt mit zehn Herzen deine Gesundheit, die *Hungerleiste* zeigt mit zehn Fleischkeulen deine Energiereserven. Der leere Balken darunter ist für deine *Erfahrungspunkte*, die du später benötigst.

Genau in der Mitte siehst du ein *Fadenkreuz*. Damit zielst du auf einen Block, um ihn zu bearbeiten, oder auf eine Kreatur.

Beim Betreten der Welt schiebt sich oben rechts ein hilfreicher Hinweis ins Bild (nicht in der BE), dass du mit den Tasten [W], [A], [S] und [D] in alle Richtungen läufst und mit der Leertaste in die Luft hüpfst. Hältst du z. B. [W] und die Leertaste gleichzeitig gedrückt, bewegst du dich springend nach vorne.

Bewegst du mit der Maus das Fadenkreuz, läufst du in die neue Blickrichtung. Du steuerst deine Spielfigur also mit Tastatur und Maus gleichzeitig.

**Minecraft für Linkshänder**

Möchtest du andere Tasten zur Steuerung verwenden oder bist du Linkshänder, änderst du das in den Optionen unter STEUERUNG. Für Linkshänder sind die Tasten [P], [L], [Ö] und [Ä] gut geeignet, weil sie nahe an der Leertaste liegen (Springen mit dem Daumen). Linkshänder ändern außerdem in den OPTIONEN unter SKIN-ANPASSUNG die HAUPTHAND auf LINKS, damit im Spiel die linke Hand Gegenstände hält (nicht in der BE).

**Steuerung auf der Konsole**

Die Steuerung auf den Konsolen ähnelt den meisten First-Person-Spielen: Mit dem linken Joystick bewegst du dich, mit dem rechten steuerst du die Blickrichtung. Die wichtigsten Tasten haben folgende Bedeutung (das linke Symbol steht für die PlayStation-Tasten, das rechte für die der Xbox): ✕/Ⓐ springen, △/Ⓨ Inventar, □/Ⓧ Crafting-Fenster, ○/Ⓑ schleichen. Sieh dir die Bedeutung der weiteren Controller-Tasten in den EINSTELLUNGEN an. Dort kannst du auch alle Funktionen auf andere Tasten legen.

In einigen Erklärungen und Anleitungen in diesem Survival-Guide ist von »Klick« bzw. »Linksklick« (mit der linken Maustaste) und »Rechtsklick« (mit der rechten Maustaste) die Rede. Hast du an deiner Konsole keine Maus angeschlossen, verwendest du die beiden unteren Schultertasten, allerdings genau umgekehrt: Liest du »klicken«, drückst du die *rechte* Schultertaste [R2]/[RT], und liest du »rechtsklicken«, drückst du die *linke* Schultertaste [L2]/[LT].

**Steuerung bei Touchscreens**

Bei Smartphones oder Tablets ist alles ein bisschen einfacher. Du siehst alle Bedienelemente auf dem Touchscreen und erreichst sie bequem mit dem Daumen, wenn du das Gerät mit beiden Händen hältst. Links sind die Richtungstasten, mit der mittleren Taste springst du; rechts steuerst du die Blickrichtung. Auch hier kannst du in den EINSTELLUNGEN noch einiges anpassen.

Nachdem du jetzt mobil bist, sieh dich erst mal um: In Minecraft besteht die ganze Welt aus würfelförmigen Blöcken. Manchmal laufen auch Tiere herum oder du stößt auf seltsame Bauwerke. Achte aber bei all den Wundern, die du siehst, immer auf den Sonnenstand. Bevor die Sonne untergeht, brauchst du dringend Holz – das wichtigste Baumaterial, ohne das du nicht weit kommst.

Das Besondere an der Klötzchenwelt von Minecraft: Fast alle Blöcke kannst du wegnehmen (*abbauen*) und woanders hinsetzen (*platzieren*). Du kannst die ganze Welt verändern! Am Anfang nimmst du dazu die bloße Hand. Das dauert zwar etwas länger, aber du hast nichts anderes.

Halte die linke Maustaste so lange gedrückt, bis ein Stammblock abgebaut ist und lose über dem Boden schwebt.

Suche dir den erstbesten Baum und richte das Fadenkreuz in der Bildschirmmitte auf den Stamm. Bist du nahe genug am Stamm, bekommt der Block im Zentrum einen dünnen schwarzen Rahmen. Drückst du jetzt die *linke Maustaste*, schlägst du mit deiner Hand auf diesen Block, und er zeigt Risse. Das reicht aber nicht. Du musst dauerhaft, ohne die Maustaste loszulassen, auf den Block schlagen, bis er sich auflöst. So baust du Blöcke ab.

Sieh jetzt auf den Boden: Dort schwebt der kleine Block, den du automatisch aufnimmst, indem du näher herangehst. Vielleicht hast du ihn auch schon aufgenommen, ohne es zu merken. Das siehst du an deinen Inventar-Slots, denn dort erscheint alles, was du aufnimmst. Die meisten Gegenstände sind in den Slots *stapelbar*, d. h. ein Slot (ein Kästchen) nimmt bis zu 64 Stück des gleichen Blocks auf. Unterschiedliche Blöcke kannst du in einem Slot nicht mischen, jede Blockart belegt einen neuen Slot.

Der Slot mit dem hellen Rahmen ist dein *Hand-Slot*, d. h. den Inhalt hältst du gerade in der Hand. Um etwas anderes in die Hand zu nehmen, wechselst du den Hand-Slot mit dem Mausrad oder den Tasten [1] bis [9] (Konsole [L1] und [R1] bzw. [LB] und [RB]). Weil das so fix geht, heißen die neun Slots auch *Schnellzugriffsleiste*. Stell dir die Schnellzugriffsleiste als Hosen- und Jackentaschen vor, an die du schnell herankommst.

> **Keine Bäume in der Nähe?**
>
> Landest du beim Betreten der Welt in einer Wüste, auf einer winzigen Insel oder in einer baumlosen Ebene, hast du keine Bäume in unmittelbarer Umgebung. Findest du nach einer Minute keine Bäume, beende das Spiel und beginne mit einer neuen Zufallswelt. Ohne Holz und mit der bald hereinbrechenden Nacht ist Minecraft zu Beginn schwer zu überleben.

Sammle so viele *Stämme* wie möglich, die Holzsorte ist dabei egal. Störendes Laub schlägst du einfach weg. Bei der Gelegenheit fällt dir auch sofort die merkwürdige Minecraft-Physik auf: Der Baum fällt nicht herunter oder um, er schwebt in der Luft, auch wenn Teile des Stamms fehlen. So ist Minecraft.

Um Stämme schneller abzubauen, schlägst du die untersten zwei Stammblöcke weg, stellst dich unter den restlichen Stamm und siehst genau *senkrecht* nach oben. Mit dauerhaft gedrückter linker Maustaste baust du die nächsten fünf Stammblöcke über dir ab, die direkt in dein Inventar purzeln. Weiter reicht deine Hand nicht, suche dir dann den nächsten Baum und mache dort weiter. Hacke so lange Holz, bis du ungefähr 20 Stammblöcke hast. Das reicht für den Anfang.

Um deine Spielfigur exakt in der Mitte eines Blocks zu platzieren, ist die WASD-Steuerung zu grob. Um dich feiner und *langsamer* zu bewegen, drückst du gleichzeitig zur Steuerung die linke [⇧]-Taste (*Shift*). Das nennt man *Schleichen*. Mit [⇧]+[W] schleichst du z. B. vorwärts (Konsole: ○/B). Wenn du dabei senkrecht auf den Boden siehst, werden deine Füße ausgeblendet. Das Fadenkreuz markiert ihre Position.

## Ein sicherer Ort

Hast du genug Holz gehackt, brauchst du schnellstmöglich einen sicheren Ort, um in Ruhe Werkzeuge und Waffen herstellen zu können.

Laufe zum nächstbesten größeren Hügel aus Erde – nicht aus Sand, einer der wenigen Blöcke, die beim Graben herunterfallen – und grabe mit der Hand ein Loch nach vorne in die Wand. Erde kannst du mit der Hand ziemlich schnell abbauen, Stein würde länger dauern – und die Zeit drängt. Das Loch muss nur einen Block breit sein, aber *drei Blöcke hoch*. Es muss so weit in den Hügel hineingehen, dass du mindestens *zwei Blöcke Decke* hast. In diesem Loch stellst du dich ganz nach hinten an die Wand und verschließt es direkt vor dir mit zwei Blöcken Erde.

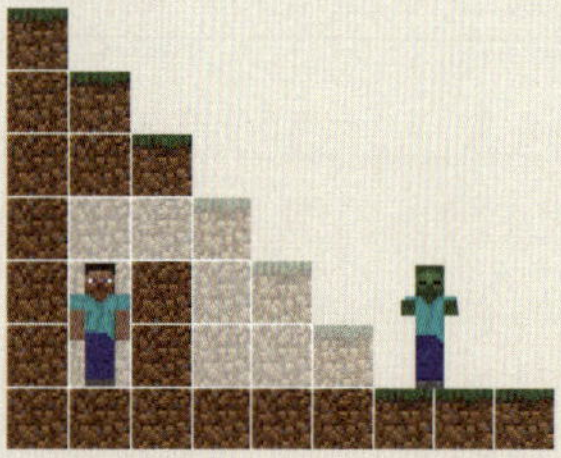

Ein schmales Erdloch im Hügel (Seitenansicht) ist monstersicher: drei Blöcke hoch, zwei Blöcke als Decke, zwei Blöcke als Tür, darüber ein Block frei als Fenster.

Zum *Platzieren* der Erde nimmst du sie in die Hand (Mausrad drehen oder Taste [1] bis [9]), zielst mit dem Fadenkreuz auf den Boden vor dir und klickst *kurz* einmal mit der *rechten Maustaste*. Wenn das nicht klappt, musst du weiter nach hinten an die Wand gehen, um Platz für den Block zu machen. Erscheint der Block an der falschen Stelle, baust du ihn mit der Hand wieder ab (*linke Maustaste*) und setzt ihn neu (*rechte Maustaste*). Zum Schluss setzt du auf den ersten Block einen zweiten obendrauf.

Jetzt hast du nicht nur gelernt, Blöcke abzubauen und zu platzieren, sondern du bist auch sicher vor Monstern, denn die können dich nicht sehen. Aber du kannst noch erkennen, ob draußen Tag oder Nacht ist.

i

**MINECRAFT-LEXIKON – Spawnpunkt**

Keine Panik, falls die Monster dich doch erwischen: Das Sterben gehört zum Überlebensmodus dazu. Monsterangriffe sind nur eine von vielen Gefahren – du kannst auch in die Tiefe stürzen, in Lava rutschen, im Wasser ertrinken und vieles mehr. Du erscheinst dann wie neu geboren mit voller Lebens- und Hungerleiste an dem Punkt, an dem du die Welt zum ersten Mal betreten hast. Dieser Punkt wird *Spawnpunkt* und das Wiedererscheinen wird *Respawnen* genannt. In Minecraft kannst du beliebig oft sterben und respawnen.

Allerdings verlierst du bei jedem Tod dein Inventar und deine gesammelten Erfahrungspunkte, die du für manche Aktionen brauchst. Mit jedem Respawn fängst du wieder mit leeren Taschen an. Du hast jedoch eine gewisse Chance, deine Sachen wiederzubekommen: Wenn du weißt, wo du gestorben bist, hast du fünf Minuten Zeit, um von deinem Spawnpunkt aus dorthin zu laufen und dein verlorenes Inventar sowie einen Teil deiner Erfahrungspunkte in Form von kleinen Kugeln aufzusammeln. Kommst du zu spät, ist alles weg. Daher solltest du dich anfangs nicht zu weit von deinem Spawnpunkt entfernen.

## Werkzeug herstellen

In deinem sicheren Erdloch hast du genug Zeit, ungestört und in aller Ruhe die nächsten Schritte zu machen. Drücke die Taste [E], um dein *Inventar* zu öffnen (Konsole: △/Y). Du siehst nun ganz viele Slots (graue Kästchen). Die untere Reihe kennst du schon, das ist die Schnellzugriffsleiste, deine Hosen- und Jackentaschen. Darüber erscheinen drei weitere Reihen. Diese Slots sind eine Art Rucksack, den du immer bei dir trägst, egal, wo du bist. Für deine Sachen gibt es keine Größen- und Gewichtsbeschränkung, ganze Boote oder 64 Eisenschienen passen in einen einzigen Slot. Allerdings hat der Rucksack nur 27 Slots, dann ist er voll.

Über den Rucksack-Slots siehst du deine Spielfigur, die zufällig ausgewählt wurde. Die fünf Slots um deine Spielfigur sind für Rüstungsgegenstände und einen Schild gedacht, dazu später mehr. Oben rechts siehst du fünf weitere Slots, mit denen du einfache Dinge herstellen (*craften*) kannst.

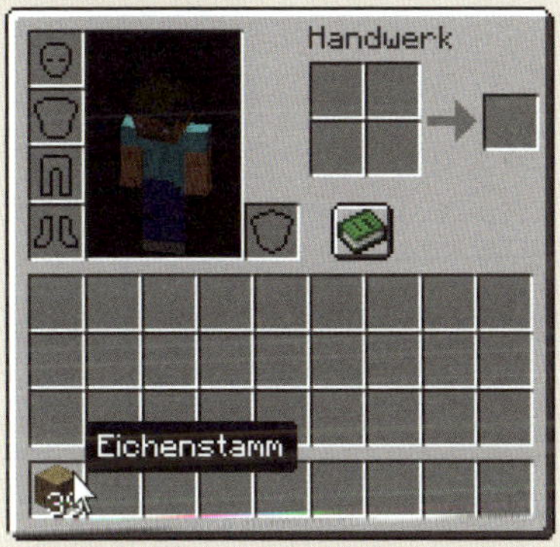


Dein Inventar mit Rüstungs-Slots, Spielfigur, Crafting-Slots, dem grünen Rezeptbuch, 27 Rucksack-Slots und Schnellzugriffsleiste mit 9 Slots. Fährst du mit der Maus über einen Gegenstand in deinem Inventar, erscheint eine kurze Beschreibung.

Bevor du das Craften lernst, übst du noch das Umsortieren. Achtung: Die Zeit läuft bei geöffnetem Inventar weiter, das solltest du also nur an einem sicheren Ort machen, an dem du dich jetzt hoffentlich befindest.

Zum Umsortieren von Gegenständen hast du folgende Möglichkeiten:

- **Linksklick auf einen Gegenstand** nimmt den ganzen Stapel (z. B. 39 Eichenstämme) aus dem Slot. Der Stapel hängt dann an deinem Mauszeiger und lässt sich frei bewegen.
- **Linksklick mit dem Mauszeiger-Stapel** in einen Slot legt den ganzen Stapel ab, der Mauszeiger wird wieder frei.

- **Rechtsklick auf einen Gegenstand** nimmt nur die Hälfte des Stapels auf.
- **Rechtsklick mit dem Mauszeiger-Stapel** legt nur einen einzigen Gegenstand aus dem Stapel ab.

**MINECRAFT-LEXIKON – Stapel**

Ein *Stapel* oder englisch *Stack* ist in Minecraft die Anzahl in einem Slot. Wenn du in einem Slot 39 Eichenstämme hast, ist das ein Stapel. Gleichzeitig wird der Begriff auch als Recheneinheit benutzt. In diesem Fall ist die *Maximalmenge* für einen Slot gemeint. Für die meisten Blöcke und Gegenstände ist das 64. »Zwei Stapel Eichenstämme« sind also 128 Stämme. Sperrige Gegenstände wie Werkzeug oder Betten sind nicht stapelbar, jede Schaufel und jedes Bett belegt einen eigenen Slot.

## Craften lernen

Wenn du dein Inventar umsortieren kannst, bist du bereit für den wichtigsten Bestandteil des Spiels, das *Craften*, was so viel wie Handwerken oder Herstellen heißt. Das geschieht in Minecraft mit sogenannten *Crafting-Rezepten*, die beschreiben, in welcher Anordnung du bestimmte Gegenstände in die *Crafting-Slots* legen musst. In deinem Inventar siehst du oben rechts vier Crafting-Slots, daneben den Ergebnis-Slot. Diese Slots kannst du jederzeit und überall über die E-Taste sehen und mit Gegenständen aus deinem Inventar füllen, um etwas herzustellen.

Die passenden Crafting-Rezepte findest du im sogenannten *Rezeptbuch* des Spiels, das du über das grüne Buch-Symbol in deinem Inventar ein- und ausschaltest (BE: zwei Knöpfe für *ein* und *aus*). Das Rezeptbuch ist kein richtiges Buch, sondern ein Fenster, das sich links von deinem Inventar öffnet. Darin enthält jeder Kasten unter dem SUCHE-Feld ein Rezept. Fahre mit der Maus über diese Kästen und erfahre, welche Rezepte du siehst. Mit jedem neuen Gegenstand, den du zum ersten Mal in dein Inventar aufnimmst, kommen weitere Rezepte dazu. So werden dein Rezeptbuch und deine Crafting-Möglichkeiten immer umfangreicher.

Du brauchst jetzt das Rezept für die Herstellung von *Holzbrettern*. Klickst du einmal auf dieses Rezept, legt das automatisch einen Stamm (BE: alle Stämme) aus deinem Inventar in einen Crafting-Slot und zeigt vier Holzbretter im Ergebnis-Slot an. So sieht also das Holzbretter-Rezept aus: Ein Stamm ergibt vier Bretter.

Aber noch hast du die Bretter nicht in deinem Inventar, das ist nur die Anzeige des Rezeptes. Legst du den Stamm wieder zurück in dein Inventar oder schließt du das Inventar mit Esc, wird nichts verarbeitet. Erst wenn du die Holzbretter aus dem Ergebnis-Slot herausnimmst, wird der Stamm wirklich verarbeitet und verschwindet. Und weil du damit auch neues Material in dein Inventar bekommen hast, erscheinen sofort neue Rezepte.

Links das geöffnete Rezeptbuch-Fenster, rechts dein Inventar. Das Rezept für Eichenholzbretter ist angeklickt und wird in den Crafting-Slots rechts oben angezeigt: Ein Stamm ergibt vier Bretter. Sobald du die ersten Holzbretter aus dem Ergebnis-Slot herausnimmst, erscheinen neue Rezepte im Rezeptbuch.

Möchtest du ein Rezept mehrfach ausführen (z. B. viele Bretter craften), muss die entsprechende Menge an Rohmaterial in den Crafting-Slots liegen. Um die Anzahl zu erhöhen, klickst du in der Java Edition mehrfach auf das Rezept oder benutzt die Leertaste oder die [↵]-Taste und klickst danach mehrfach in den Ergebnis-Slot, um die gewünschte Anzahl zu craften. Mit deinen Klicks entscheidest du also, wie oft du ein Rezept ausführst. Der unverarbeitete Rest in den Crafting-Slots legt sich mit [Esc] automatisch zurück in dein Inventar.

Noch schneller geht das Craften, wenn du das Rohmaterial abgezählt in die Crafting-Slots legst und dann alles auf einmal verarbeitest. Dazu klickst du mit gedrückter [⇧]-Taste (*Shift*) in den Ergebnis-Slot.

Jetzt weißt du, wie das Craften und das Rezeptbuch funktionieren, und kannst alle gewünschten Gegenstände herstellen, wenn du das entsprechende Rohmaterial in deinem Inventar hast.

### Werkbank craften und benutzen

Sieh dir nun die neuen Rezepte an. Klickst du im Rezeptbuch auf das Kompass-Symbol (BE: Lupe), zeigt das sämtliche Rezepte, die du bisher gesammelt hast. Die anderen Symbole stellen verschiedene Kategorien dar. Sie zeigen nur einen Teil der Rezepte, um dir eine bessere Übersicht zu geben, wenn du irgendwann sehr viele Rezepte hast.

Leider siehst du noch kein Werkzeug unter deinen Rezepten, aber immerhin einen *Stock*, der gut als Werkzeugstiel funktionieren würde. Klicke auf das Stock-Rezept, um aus zwei Brettern vier Stöcke zu craften. Vergiss nicht, das Ergebnis in dein Inventar zu holen.

Aber im Rezeptbuch erscheint noch immer kein Werkzeug. Der Grund ist einfach: Für größere Dinge brauchst du eine *Werkbank* mit neun Crafting-Slots, die vier Crafting-Slots deines Inventars reichen dafür nicht.

Crafte dir also eine Werkbank aus vier Holzbrettern (Rezept anklicken). Lege die Werkbank in die Schnellzugriffsleiste (die unteren neun Slots deines Inventars), damit du sie aufstellen kannst, denn nur was in deiner Schnellzugriffsleiste liegt, kannst du in die Hand nehmen.

Die Crafting-Rezepte für Stöcke und für die Werkbank

Die Werkbank ist ein *Block*. Blöcke kannst du überall in der Welt *platzieren*. Schließe dazu dein Inventar mit [Esc] und setze die Werkbank mit einem Rechtsklick auf den Boden. Wenn du in dem sicheren Erdloch stehst, wird das zu eng, du musst erst durch den Abbau weiterer Blöcke nach hinten oder zur Seite etwas Platz schaffen.

Die auf dem Boden platzierte Werkbank ist kein gewöhnlicher Block, du kannst sie *benutzen*. Zum Benutzen klickst du ebenfalls mit der rechten Maustaste. Merke:

- **Linksklick**: Auf etwas *schlagen*. Mit dauerhaft gedrückter linker Maustaste baust du Blöcke ab oder schlägst auf Kreaturen.
- **Rechtsklick**: Etwas *benutzen*. Mit einem Rechtsklick platzierst du den Block in deiner Hand oder du rechtsklickst auf einen benutzbaren Block wie die Werkbank oder einen Ofen.
- **Schleichen und Rechtsklick**: Versuche mal, einen Block *auf* die Werkbank zu setzen. Das geht nicht, weil du mit einem Rechtsklick automatisch die Werkbank benutzt. Jetzt hilft der Trick mit der Schleichen-Taste: Mit [⇧] (*Shift*) und einem Rechtsklick kannst du problemlos einen Block auf eine Werkbank oder jeden anderen benutzbaren Block setzen.

Sobald du die Werkbank mit einem Rechtsklick benutzt, öffnet sich das *Werkbank-Inventar*. Darin siehst du 3 × 3 Crafting-Slots. Damit kannst du endlich das ersehnte Werkzeug herstellen, du siehst viele neue Rezepte im Rezeptbuch.

Einige Rezepte sind *rot markiert*. Das bedeutet, dass dir die passenden Zutaten fehlen. Klicke im Rezeptbuch-Fenster oben rechts auf das kleine Werkbank-Symbol, um nur noch die Rezepte zu sehen, deren Zutaten du im Inventar hast.

Das Werkbank-Inventar: links das geöffnete Rezeptbuch-Fenster, rechts oben die neun Crafting-Slots der Werkbank mit dem Rezept für die Holzspitzhacke, darunter dein Inventar

## Deine ersten Werkzeuge und Waffen

Crafte jetzt zwei Werkzeuge: eine *Holzschaufel* und eine *Holzspitzhacke*. Mit Schaufeln baust du Erde schneller ab als mit der Hand, und Spitzhacken benötigst du für den Abbau von Gestein.

Das Holzwerkzeug ist dein Schlüssel zum besseren Steinwerkzeug: Mit der Holzschaufel gräbst du in deinem Erdloch vorsichtig nach hinten und unten Erde weg, bis du auf *Stein* stößt. Den kannst du nur mit einer Spitzhacke abbauen, mit der bloßen Hand bekommst du keinen Block. Stein wird beim Abbau zu *Bruchstein*. Sammle neun Bruchsteine für einen Satz Steinwerkzeuge.

Sobald du Stein abbaust, wird dir in der Java Edition ein Fortschritt gemeldet. Was das bedeutet, steht am Ende dieses Kapitels.

Hast du genug Bruchsteine zusammen, craftest du deine Werkzeuge: **Steinaxt** für den Abbau von Holz, **Steinschaufel** für den Abbau von Erde und Sand, **Steinspitzhacke** für den Abbau von Gestein und **Steinschwert** für die Verteidigung. Benutze beim Abbauen immer das richtige Werkzeug, sonst dauert es länger und dein Werkzeug geht schneller kaputt.

Sobald du Steinwerkzeug hast, benutzt du kein Holzwerkzeug mehr. Die stumpfen Holzspielsachen nutzen sich schneller ab als das härtere Steinwerkzeug. Das siehst du an dem grünen Balken unter dem benutzten Werkzeug, der langsam verbraucht wird.

Triffst du beim Beschaffen von Stämmen oder anderem Material auf Monster, läufst du am Anfang am besten einfach weg. Du bist schneller als sie, wenn du *sprintest*. Dazu drückst du schnell zweimal `W` oder du tippst während des Laufens mit `W` einmal auf die linke `Strg`-Taste (Konsole: linker Joystickknopf). Noch schneller bist du, wenn du beim Sprinten gleichzeitig mit der Leertaste springst. Aber Achtung: Das kostet viel Energie, du wirst schnell Hunger bekommen.

## Richte dir ein Biwak ein

Sobald du Steinwerkzeug hast, ist es Zeit, dein Erdloch zu einem *Biwak* auszubauen. Ein Biwak ist ein einfaches Nacht- oder Reiselager für den Anfang oder wenn du unterwegs bist. Es schützt dich nachts vor Monstern und dient als Sammelstelle für deine Funde. Oft wird von einem Biwak aus nach hinten und unten eine kleine Mine in den Fels gegraben, um Steine und vielleicht sogar Erze abzubauen. Dazu brauchst du als Erstes *Licht*.

Hast du zufällig schon *Kohle* gefunden, craftest du daraus ein paar *Fackeln*. Das Rezept ist klein, Fackeln kannst du direkt in deinem Inventar ohne Werkbank craften. Hast du noch keine Kohle gefunden, ist das auch kein Problem: Du kannst deine Stämme zu *Holzkohle* verarbeiten. Dazu brauchst du einen *Ofen*, den du mit acht Bruchsteinen auf der Werkbank craftest. Der Ofen ist wie die Werkbank ein Block, den du nach dem Platzieren mit einem Rechtsklick benutzt.

Links das geöffnete Ofen-Rezeptbuch (nicht in der BE), rechts oben die Crafting-Slots des Ofens, darunter dein Inventar. Für das Holzkohle-Rezept brauchst du Holzstämme. Mit dem passenden Brennmaterial wie z. B. Holzbrettern entsteht aus einem Stamm eine Holzkohle.

Im *Ofen-Inventar* siehst du drei Slots: In den oberen Slot legst du das Rohmaterial, das der Ofen erhitzen soll. Sobald du im Slot darunter etwas Brennbares hinzufügst, wird es automatisch entzündet und verbraucht, während die Flamme das Rohmaterial grillt, schmilzt oder trocknet. Das Ergebnis landet im rechten Ergebnis-Slot. Mit dem Ofen brätst du rohes Fleisch zu Steaks, löst Erz aus Gestein oder schmilzt Sand zu Glas. Mit dem grünen Rezeptbuch (nicht in der BE) öffnest du die Liste der Ofenrezepte.

Da ein Stamm nur eine einzige Holzkohle ergibt, brauchst du viele Stämme. Als *Brennstoff* zur Verkohlung kannst du alles benutzen, was brennt, natürlich auch Holzkohle. Aber es gibt Unterschiede in der Brenndauer: Grünzeug und Gegenstände aus Holz brennen nur kurz, während Kohle und Holzkohle acht Brennvorgänge liefern. Du solltest damit also mindestens acht Gegenstände erhitzen, sonst brennt die Kohle ungenutzt weiter. Möchtest du viel Rohmaterial im Ofen erhitzen, lohnt sich auch das Craften von *Kohleblöcken* aus neun Kohlen: ein Kohleblock liefert 80 Brennvorgänge. Am längsten brennt ein Eimer voller Lava (100 Brennvorgänge).

## Es werde Licht

Crafte nun aus Stöcken und Kohle oder Holzkohle einige Fackeln, lege sie in deine Schnellzugriffsleiste und setze sie mit Rechtsklicks an die Wand. Fackeln brennen in Minecraft ewig, sie können nicht verlöschen.

Jetzt hast du genug Licht, um Platz zu schaffen. Vergrößere dein ursprüngliches Erdloch zu einer kleinen Höhle.

Ein Minecraft-Tag dauert 20 Minuten mit 11 Minuten Helligkeit und 9 Minuten Dunkelheit. Sobald es draußen hell ist, solltest du weitere Stämme sammeln. Platziere auch außen einige Fackeln, damit du deinen Eingang leichter wiederfindest.

In der Nacht gräbst du dich weiter ins Gestein und leuchtest deine kleine Mine mit Fackeln aus. Aber sei vorsichtig! Es gibt im Untergrund viele dunkle Höhlen, in denen sich zu jeder Uhrzeit Monster tummeln. Verschließe das Loch dann einfach wieder und grabe woanders weiter. Dir kann auch Kies auf den Kopf fallen, oder du triffst eine Wasserader oder eine Lavablase. Grabe also nicht direkt vor deiner Nase, sondern halte immer ein bisschen Abstand, um reagieren zu können.

Wenn du Glück hast, stößt du auf *Steinkohle*, *Eisenerz* oder *Kupfererz*. Beim Abbau von Steinkohle erhältst du *Kohle* und musst keine Stämme mehr verkohlen. Beim Abbau der Erze erhältst du *Rohmetall*, das du im Ofen zu *Barren* schmilzt. Mit Barren stellst du noch besseres Werkzeug her. Das solltest du unbedingt tun, denn das Graben geht damit schneller, und es hält noch länger als Steinwerkzeug, wobei Eisen besser als Kupfer ist.

Dein erstes Biwak: Der Eingang ist mit zwei Blöcken Erde verschlossen, Werkbank und Ofen sind aufgestellt, und du hast Licht.

Du wirst immer mehr Material finden, das du in deinem Inventar studieren und sortieren kannst. Wenn du keinen Platz mehr hast, craftest du dir eine oder mehrere *Truhen*. Die stellst du an einen geeigneten Platz, öffnest sie mit einem Rechtsklick und legst dort das weniger wichtige Material aus deinem Inventar hinein.

Hältst du dich länger an einem Ort auf, taucht ein *fahrender Händler* mit zwei Lamas auf. Mit einem Rechtsklick bietet er dir ein paar Kleinigkeiten an. Aber am Anfang hast du weder die nötigen Smaragde, noch brauchst du diese Dinge.

Nach einiger Zeit taucht ein fahrender Händler mit zwei Lamas bei dir auf.

**In einem Bett schlafen bringt Vorteile**

Hattest du beim Holzhacken Glück und mindestens drei gleichfarbige Schafe gefunden und mit dem Schwert oder der Axt erlegt, lässt sich mit der gewonnenen Wolle die Nachtphase des Spiels überspringen. Dazu craftest du auf der Werkbank aus drei Blöcken gleichfarbiger *Wolle* und drei *Holzbrettern* ein *Bett*, das du in deinem Biwak platzierst. Du brauchst zwei Blöcke Platz zum Aufstellen. Mit einem Rechtsklick benutzt du das Bett, was folgende Effekte hat:

- Dein **Spawnpunkt** wird auf das zuletzt benutzte Bett gesetzt. Solltest du sterben, erscheinst du ab sofort an diesem Bett. Doch Vorsicht: Baust du das zuletzt benutzte Bett ab, gilt wieder dein ursprünglicher Welt-Spawnpunkt, egal wie viele Betten du davor benutzt hast. Daher solltest du den Umzug deines Bettes immer in mehreren Schritten machen: Lasse das alte Bett erst mal stehen, um diesen Spawnpunkt während des Umzugs sicher zu behalten. Stelle woanders ein neues Bett auf und benutze es, um deinen Spawnpunkt zu ändern. Das kannst du jederzeit durch einen Rechtsklick auf ein Bett machen, dazu muss es nicht Nacht sein. *Danach* kannst du das alte Bett abbauen, wenn du möchtest.
- Das Benutzen eines Bettes verhindert außerdem, dass du von **Phantomen** geplagt wirst. Diese fliegenden Monster (siehe Kapitel »Monsterkunde – die Kreaturen der Dunkelheit«) greifen nur Spieler an, die mindestens drei Minecraft-Tage (= dreimal 20 Minuten) kein Bett benutzt haben. Auch hier reicht ein Rechtsklick auf das Bett, du musst nicht schlafen.
- Benutzt du das Bett nachts, legst du dich **schlafen** und wachst nach kurzer Zeit bei Sonnenschein wieder auf. So kannst du die Nächte überspringen.

## Ran an die Buletten!

Irgendwann wird es Zeit, deinen Hunger zu stillen. Sicherlich fehlen dir schon einige *Fleischkeulen* in der Hungerleiste, d. h., du hast Energie verloren. Das normale Gehen und Platzieren von Blöcken verbraucht keine Energie, aber das Graben, Springen, Sprinten oder Kämpfen. Zum Essen nimmst du Nahrung in die Hand und hältst die rechte Maustaste so lange gedrückt, bis sie verputzt ist. Das füllt die Hungerleiste wieder auf. Hast du bereits *Lebensherzen* verloren, heilst du den Schaden durch Essen: Sobald du mindestens neun Fleischkeulen hast, füllt sich die Lebensleiste automatisch, was allerdings wieder Energie kostet und Fleischkeulen abzieht. Du musst immer weiter essen, bis du wieder gesund bist.

Jede Nahrung gibt aber nicht nur Fleischkeulen, sondern macht auch satt, indem sie Punkte zu einer unsichtbaren *Sättigung* hinzuzählt. Die Obergrenze der Sättigung ist immer die aktuelle Fleischkeulenzahl mal zwei, d. h., bei zehn Fleischkeulen können maximal 20 Sättigungspunkte erreicht werden. Dann hast du volle Energie und bist pappsatt.

Der Sinn der Sättigung: Jede Anstrengung verbraucht zuerst die unsichtbare Sättigung, deine Energie bleibt noch unangetastet. Erst wenn die Sättigung vollständig verbraucht ist, beginnt die Hungerleiste zu *zittern*. Du bist dann nicht mehr satt, und jede weitere Anstrengung zehrt direkt an deinen Energiereserven. Mit anderen Worten: Sättigende Nahrung hält länger vor, es dauert länger, bis deine Energiereserven angegriffen werden.

Hier hat die Lebensleiste durch Verletzungen 1½ Herzen verloren. Die Hungerleiste ist noch voll, daher wird die Lebensleiste automatisch heilen. Aber die Hungerleiste zittert schon, d. h., die Sättigung ist aufgebraucht und jede weitere Heilung der Lebensleiste zehrt jetzt direkt an den Energiereserven.

Weniger als zehn Fleischkeulen zu haben ist kein Problem, solange du genug Lebensherzen hast. Erst wenn du gar keine Fleischkeulen mehr hast, wird es kritisch: Du verhungerst langsam, d. h., deine Lebensleiste reduziert sich allmählich. Im schwierigen Spielmodus ist Verhungern tödlich. Beim normalen Schwierigkeitsgrad hört das Verhungern bei einem zitternden halben Lebensherzen auf. Du kannst dann noch beliebig lange herumgehen und Nahrung suchen, aber ganz vorsichtig, denn jeder kleine Sturz bringt dich um. Beim einfachen Schwierigkeitsgrad hört das Verhungern schon bei fünf Herzen auf.

In der Referenz am Ende dieses Buches findest du unter »Nahrung« Tabellen mit sämtlichen Nahrungsmitteln, die es in Minecraft gibt, und die Angabe, wo du sie findest. Dort steht auch, wie viele Fleischkeulen und Sättigungspunkte du für jede Mahlzeit erhältst.

Zu Spielbeginn hast du volle Energie mit zehn Fleischkeulen und bist ein bisschen satt mit 5 unsichtbaren Sättigungspunkten. Mit voller Fleischkeulenleiste kannst du nichts essen. Erst wenn deine Sättigung aufgebraucht ist und mindestens eine halbe Fleischkeule fehlt, kannst du mit einem Rechtsklick Nahrung zu dir nehmen.

Wenn du keine Wahl hast, isst du alles, was dir zwischen die Finger kommt. Selbst *verrottetes Fleisch* , das du bei der Jagd auf Zombies bekommst, kann dich problemlos am Leben erhalten. Zwar sorgt es für eine kleine Vergiftung, die dir Fleischkeulen abzieht (und diese grün färbt), aber es füllt auch zwei Fleischkeulen wieder auf. Du kannst also immer weiter essen, bis du eine volle Fleischkeulenleiste hast, damit das Auffüllen deiner Lebensherzen einsetzt. Wenn du immer weiter isst, bis du wieder volles Leben hast, hast du mehr gewonnen als verloren. Aber es bleibt eklig.

Wenn du gesund bist und keine Lebensherzen heilen musst, ist es am effektivsten, du lässt die Hungerleiste ungefähr auf die Hälfte zurückgehen und isst dann etwas Nahrhaftes und gleichzeitig Sättigendes, das lange vorhält.

### Nahrung beschaffen

Genug Theorie, nun kommt die Praxis: Nach dem Bau deines Biwaks und dem Herstellen von Werkzeug ist die nächste wichtige Aufgabe das Beschaffen von Nahrung.

Vielleicht hast du beim Holzhacken schon einige Früchte gefunden: *Äpfel* fallen aus Eichenlaub, wenn du es zerstörst oder wenn du den ganzen Baumstamm abbaust; *Melonen* zerspringen beim Abbauen in *Melonenscheiben*; *Süßbeeren* findest du in den Wäldern der Taiga, du erntest sie durch einen Rechtsklick auf den *Süßbeerstrauch*. Auch Pilze solltest du sammeln, es gibt *rote* und *braune*. Du kannst sie zwar nicht direkt essen, aber auf der Werkbank aus drei Brettern *Schüsseln* craften und dann ohne Werkbank überall eine nahrhafte und sättigende *Pilzsuppe* herstellen.

Aber am einfachsten ist am Anfang die Jagd mit Schwert oder Axt – immerhin geht's ums Überleben. Typische Farmtiere wie Kühe, Schweine, Schafe, Kaninchen und Hühner droppen dann ihr Fleisch (zum Droppen siehe Kasten). Pferde und Wildtiere droppen beim Tod manchmal Kleinigkeiten, aber kein Fleisch. Sie sind zur Nahrungsbeschaffung nicht geeignet.

Schweine droppen beim Tod rohes Schweinefleisch.

**i**

### MINECRAFT-LEXIKON – Drop

Das Fallenlassen von Gegenständen nennt man *droppen*. Farmtiere droppen Fleisch, Äpfel droppen aus Eichenlaub, Blöcke droppen beim Abbauen.

Du selbst kannst auch etwas droppen: Wenn du stirbst, droppt dein gesamtes Inventar. Möchtest du dagegen etwas Bestimmtes aus deinem Inventar loswerden, ziehst du es mit der Maus über das Inventarfenster hinaus in die Landschaft und lässt es mit einem Klick fallen. Es geht auch ohne Maus: Mit der Taste [Q] droppst du den Gegenstand in deiner Hand (Konsole: Steuerkreuz nach unten). Möchtest du einen ganzen Stapel Gegenstände auf einmal droppen, drückst du gleichzeitig die linke [Strg]-Taste und [Q].

Achtung: Gedroppte Gegenstände bleiben *fünf* Minuten liegen, dann verschwinden sie.

Wenn es dringend ist, verzehrst du das aufgesammelte Fleisch von geschlachteten Tieren roh, aber besser ist es, du brätst es im Ofen. Gebratenes Fleisch ist deutlich nahrhafter und sättigender. Rohes Hühnchen ist außerdem gefährlich und kann eine Lebensmittelvergiftung hervorrufen.

Hast du mehr Nahrung gefunden, als du gerade brauchst, lagerst du sie in deiner Truhe. In Minecraft halten Nahrungsmittel ewig.

Wenn du eine Gegend abgejagt hast und keine Tiere mehr findest, musst du weiterziehen. Möchtest du sesshaft werden, lernst du im Kapitel »Landwirtschaft – unsere kleine Farm«, wie du dir einen eigenen Bauernhof aufbaust.

### Angeln für Anfänger

Das *Angeln* unterscheidet sich grundlegend von den anderen Methoden der Nahrungsbeschaffung. Crafte aus Stöcken und Fäden eine *Angel* – Fäden bekommst du als Beute von erlegten Riesenspinnen, die du nachts problemlos überall findest. Mit der Angel gehst du zum nächsten Gewässer – ob Fluss oder See spielt keine Rolle. Es ist auch egal, ob dort Fische herumschwimmen, das Angeln funktioniert ohne Fische und in jedem Wasser.

Wirf die Angel mit einem Rechtsklick aus und warte, bis sich eine kleine Luftblasenspur nähert. Kurz darauf wird der Schwimmer, die kleine Kugel am Ende der Angel, unter Wasser gezogen. *Genau* in diesem Augenblick musst du die Angel mit einem Rechtsklick einholen. Bist du zu langsam, fängst du nichts.

Was du an Land ziehst, hängt vom Zufall ab. Sehr wahrscheinlich sind Fische wie *roher Kabeljau* oder *roher Lachs*, aber du angelst auch alte Stiefel, Knochen und anderen Schrott. In großen und tiefen Gewässern lassen sich manchmal auch wertvolle Schätze erbeuten, wie ein Zauberbuch oder ein Namensschild.

Die Fische solltest du im Ofen braten, dann sind sie nahrhafter. Den giftigen *Kugelfisch* solltest du nicht essen. Am erfolgreichsten fischt sich's übrigens in der Dämmerung und bei Regen.

Mit der Angel kannst du aber nicht nur angeln, sondern auch Tiere, Monster und sogar fallen gelassene Drops etwas näher zu dir heranziehen: einfach zielen, mit einem Rechtsklick die Angel auswerfen und ebenfalls mit einem Rechtsklick wieder einziehen. Das Heranziehen verringert allerdings, im Gegensatz zum Angeln, die Haltbarkeit deiner Angel.

Von links oben nähert sich eine Luftblasenspur. Gleich wird der Schwimmer nach unten gezogen. Dann musst du die Angel schnell mit einem Rechtsklick einziehen.

## Umzug in eine anständige Basis

Nachdem du nun weißt, wie du die Nächte sicher verbringst und dir Nahrung besorgst, hast du alle Zeit der Welt. Erkunde die Gegend und klettere auf die Berge, um dir einen Überblick zu verschaffen.

Dein nächstes Ziel ist der Bau einer dauerhaften Behausung, die dir als Basis und Hauptquartier dient: ein Ort, an den du immer wieder zurückkehrst, zum Schlafen, zum Craften und vor allem zum Lagern von Baumaterial und Gegenständen.

Achte beim Bau deiner Basis auf einen schönen Ausblick und die Nähe von Bäumen zur Holzbeschaffung. Bringe innen und außen Fackeln an, Monster erscheinen nur im Dunkeln. Crafte ein Bett und benutze es, um deinen Spawnpunkt umzusetzen. Um die Nacht in deinem Bett überspringen zu können, muss es zu den Seiten mindestens acht und nach oben und unten mindestens fünf Blöcke monsterfrei sein. Verwende daher für das Dach deines Hauses Treppen oder Stufen, darauf können keine Monster spawnen. Crafte eine Tür und setze sie in den Eingang, so hältst du ungebetene Gäste draußen. Jede Holzsorte ergibt eine andere Tür. Die Fenster deiner Basis verschließt du mit Glas, das du im Ofen durch Schmelzen von Sand herstellst.

Deine Basis steht auf einem Hügel und in Waldnähe. Sie ist mit Fackeln beleuchtet und hat kein flaches Dach.

**Im Licht spawnen keine Monster**

Monster lieben die Dunkelheit. Automatisch erscheinen sie zu jeder Zeit in dunklen Ecken wie Höhlen, das wird *spawnen* genannt. Weil es nachts überall dunkel ist, wimmelt es nachts auch draußen von Monstern. Welche Monster das sind, erfährst du im Kapitel »Monsterkunde – die Kreaturen der Dunkelheit«.

Monster können auch in deiner Basis spawnen, wenn es dort sehr dunkle Ecken gibt. Wichtig zu wissen ist jedoch, dass sie nur in einem Abstand von mindestens 24 Blöcken von dir spawnen und dann ziellos umherlaufen, bis sie dich sehen. In einem kleinen dunklen Haus werden also keine Monster erscheinen, solange du da bist. Aber wenn du einmal mehr als 24 Blöcke weit weggehst und zurückkehrst, können plötzlich Monster im dunklen Haus sein – trotz geschlossener Tür! Leuchte deine Basis deshalb innen und außen immer schön aus. Wichtig ist auch: Monster spawnen zwar nicht im Licht, aber wenn sie einmal da sind, haben sie keine Angst davor. Sie greifen dich also auch an, wenn du in einem ganzen Wald von Fackeln stehst. Daher solltest du zumindest nachts immer schön die Tür zumachen.

## Orientieren und Navigieren

Erinnerst du dich noch an deinen Welt-Spawnpunkt, die Stelle, an der du diese Minecraft-Welt das erste Mal betreten hast? Hoffentlich, denn auch wenn du deinen Spawnpunkt mittlerweile mit einem Bett umgesetzt hast, bleibt der Welt-Spawnpunkt wichtig. Es kann immer mal passieren, dass du dein Bett abbaust, um es woanders aufzustellen, aber vorher stirbst. Dann landest du wieder am Welt-Spawnpunkt. Daher solltest du diesen Punkt aufsuchen, solange du ihn noch findest, und den Weg von dort zu deiner Basis markieren.

Findest du deinen Welt-Spawnpunkt nicht mehr, gibt es zwei Methoden:

1. Du baust dein Bett ab, legst es zusammen mit deinem gesamten Inventar in eine Truhe und stirbst – z. B. indem du unter Wasser tauchst, bis dir die Luft ausgeht. Dann bist du wieder an deinem Welt-Spawnpunkt. Du musst jetzt nur noch den Weg zu deiner Basis finden – und dabei überleben. Aber du weißt ja, wie das geht.
2. Du craftest einen *Kompass* aus *Eisenbarren* und *Redstone-Staub*. Das geht natürlich erst, wenn du *Eisenerz* und *Redstone-Erz* gefunden hast. Der Kompass zeigt immer zu deinem Welt-Spawnpunkt, Betten interessieren ihn nicht.

### So findest du zurück nach Hause

Sich in einer Minecraft-Welt zu orientieren ist gar nicht so einfach. Im Laufe des Tages gehst du oft verschlungene Wege und kannst dich weit von deiner Basis entfernen. Und weil die Sonne keinen Schatten wirft, sieht jede Richtung gleich aus. Diese Tipps helfen dir bei der Orientierung:

- Die **Himmelsrichtung** erkennst du durch einen Blick nach oben: Sonne, Mond und Wolken wandern immer von Osten nach Westen.

- Wenn du an **Flüssen** oder **Küstenlinien** entlangläufst, wird dir der Rückweg besonders leichtfallen.
- Markiere deinen Weg in größerem Abstand mit **Fackeln**. Achte darauf, dass du beim Setzen einer neuen Fackel die vorherige noch siehst. Wenn du einen auffälligen Block wie Bruchstein aufstellst und eine Fackel seitlich daransetzt, kannst du damit eine Richtung markieren.
- **Hochstacken** (siehe Kasten) ist ein guter Trick, um in unübersichtlichen Wäldern einen Blick über die Baumkronen zu werfen.
- Für Fortgeschrittene: Crafte eine **Karte**, einen **Bergungskompass** (beides im Kapitel »Forscherdrang – entdecke die Welt« beschrieben) oder einen **Leitstein** (siehe Kapitel »Heimwerken – hör mal, wer da craftet«).
- Für Techniker: Drücke die Taste [F3] (auf Laptops oft [Fn]+[F3], auf Macs [Alt]+[Fn]+[F3]) zum Öffnen des *Debug-Bildschirms*, der spielinterne Infos einblendet. Erneutes Drücken der Taste blendet den Debug-Bildschirm wieder aus. In der Mitte der linken Seite steht Block, gefolgt von drei Zahlen. Das sind die internen dreidimensionalen **Koordinaten** deiner Position: Die erste Koordinate (X) steigt von West nach Ost, die zweite (Y) von unten nach oben und die dritte (Z) von Nord nach Süd. Notiere die Koordinaten deiner Basis und von wichtigen Orten, die du gefunden hast (BE: [Esc] • Einstellungen • Spiel • Weltoptionen: Koordinaten anzeigen blendet die Koordinaten dauerhaft ein).

i

**MINECRAFT-LEXIKON – Hochstacken**

Beim *Hochstacken* siehst du direkt auf den Boden, positionierst das Fadenkreuz deiner Füße schleichend in die ungefähre Mitte des Blocks, auf dem du stehst, springst mit dauerhaft gedrückter Leertaste ständig in die Luft und platzierst gleichzeitig Blöcke mit dauerhaft gedrückter rechter Maustaste unter deinen Füßen. Mit jedem platzierten Block kommst du höher. Schließlich stehst du auf einem ganzen Stapel (englisch *stack*) aus Blöcken. Am besten eignen sich häufig vorkommende und leicht abbaubare Blöcke wie Erde.

Wenn du oben bist, kannst du bis zu drei Blöcke schadlos nach unten springen. Ab dem vierten Block bekommst du pro Block ein halbes Lebensherz *Fallschaden*. Springst du also von einem zehn Blöcke hohen Turm, werden dir sieben halbe Herzen abgezogen.

Um ohne Fallschaden wieder nach unten zu kommen, baust du den Stapel unter deinen Füßen Block für Block mit dauerhaft gedrückter linker Maustaste wieder ab. Mit einer Schaufel geht das besonders schnell.

Acht Blöcke hochgestackt bringen eine bessere Übersicht und sind auch ein schneller Schutz vor lästigen Zombies.

## Spielfortschritte und eigene Ziele

Mit dem Bau deiner Basis bist du in der Minecraft-Welt angekommen. Doch wie geht es weiter? Und gibt es bei diesem Spiel ein Ziel?

Während deiner ersten Schritte im Spiel schieben sich in der **Java Edition** manchmal kleine »Fortschritt erzielt!«-Texte oben rechts ins Bild. Mit der Taste L oder über das Spielmenü (Esc-Taste in einer laufenden Welt) und den Menüpunkt FORTSCHRITTE öffnest du eine grafische Darstellung aller Fortschritte, die du in dieser Welt schon erreicht hast, sowie der nächsten, die folgen werden. Die Linien bedeuten, dass die Fortschritte voneinander abhängen. Beispielsweise kannst du Eisenspitzhacken erst herstellen, nachdem du Eisenbarren geschmolzen hast.

Die ersten Fortschritte im Spiel der Java Edition. Die gelb markierten hast du schon erreicht. Weitere Fortschritte sind aufgedeckt, du weißt also, wie es weitergeht. Fährst du mit der Maus über einen Fortschritt, siehst du seinen Namen und die zugehörige Aufgabe.

Insgesamt bilden die Fortschritte sämtliche Möglichkeiten des Spiels ab – und das ist eine ganze Menge. Du siehst aber nicht alle auf einmal, es werden immer nur die nächsten aufgedeckt. So hast du durch einen Blick auf deine Fortschritte immer ein neues Ziel, das du als Nächstes erreichen kannst.

Mit der Zeit deckst du auch weitere Fortschrittskategorien auf. Die erste Kategorie lautet einfach nur MINECRAFT. Dann gibt es noch ABENTEUER, LANDWIRTSCHAFT, NETHER und DAS ENDE – mehr dazu erfährst du in den nächsten Kapiteln dieses Buches.

Es gibt etwa 130 Fortschritte, Aufgaben und Ziele. Die *Aufgaben* sind besonders schwer zu erreichende Fortschritte, z. B. »Erlege fünf unterschiedliche Kreaturen mit einem Armbrustschuss«. Die *Ziele* sind der jeweils letzte Fortschritt einer Kategorie.

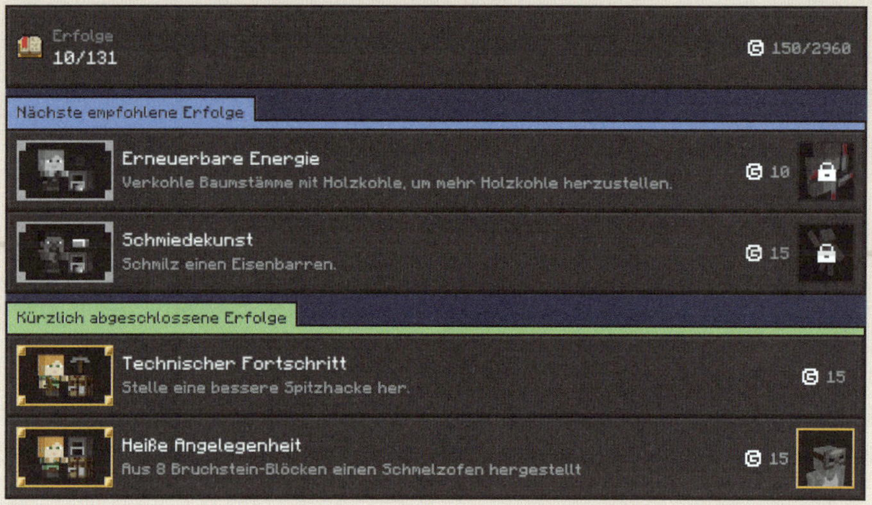


Die Erfolge in der Bedrock Edition

In der **Bedrock Edition** heißen die Fortschritte »Erfolge«. Hier gehören sie nicht zu einer Welt, sondern zu deinem Spiel-Account, egal in welcher Welt du spielst. Während du in der Java Edition die Fortschritte in jeder neuen Welt immer wieder neu erreichen kannst, kannst du die Erfolge der BE nur genau einmal erreichen. Um die Erfolge zu sehen, klickst du im Hauptmenü der BE unten links auf dein Profil.

Die Erfolge ähneln den Fortschritten, aber es gibt keine grafische Darstellung mit Linien. Dafür siehst du die »nächsten empfohlenen« und die »kürzlich abgeschlossenen« Erfolge.

Jeder Erfolg wird mit Punkten bewertet, dem sogenannten *Gamerscore* Ⓖ. Daran erkennst du, ob der Erfolg leicht oder schwer zu bekommen ist.

Als Besonderheit der Bedrock Edition schalten einige Erfolge *Prämien* frei. In den meisten Fällen sind das Verschönerungen für deine Spielfigur, die du im Ankleidezimmer benutzen kannst. Seltene Prämien sind *Emotes*, Bewegungen, die deine Spielfigur ausführen kann, z. B. ein Freudentanz.

Die Fortschritte und Erfolge des Spiels sind nur ein Angebot – du kannst sie nutzen, musst aber nicht. Minecraft ist ein offenes und kreatives Spiel, in dem du dir eigene Ziele setzt. Hast du mal keine Idee, was du in Minecraft machen möchtest, sieh in die nächsten Kapitel dieses Buches. Jedes Kapitel zeigt dir andere Möglichkeiten dieses Spiels.

**Das Spielmenü**

In der **Java Edition** erreichst du aus jeder Welt heraus mit der [Esc]-Taste das *Spielmenü*. Dort siehst du deine Fortschritte und Statistiken für diese Welt, und du kannst in den Optionen die Schwierigkeit ändern. Über Feedback geben und Fehler melden gelangst du auf englischsprachige Websites des Spielherstellers. Der Menüpunkt Im LAN öffnen macht deine Einzelspielerwelt in einem lokalen Netzwerk erreichbar, damit du mit anderen Spielern zusammen spielen kannst. Mehr dazu liest du im Kapitel »Multiplayer – zusammen zimmern«.

Das Spielmenü der **Bedrock Edition** öffnest du ebenfalls mit der [Esc]-Taste aus einer Welt heraus. Dort findest du ähnliche Menüpunkte, wobei du Feedback über das Symbol gibst und Screenshots über das Symbol machst (direkt im Spiel sind Screenshots auch mit [F2] möglich, wenn du am PC spielst). Daneben geht es zu deinem Profil mit der Screenshot-Galerie, deiner Statistik und deinen Erfolgen. Auf der rechten Seite des Spielmenüs kannst du weitere Spieler in einem lokalen Netzwerk einladen, mehr dazu findest du im Kapitel »Multiplayer – zusammen zimmern«.

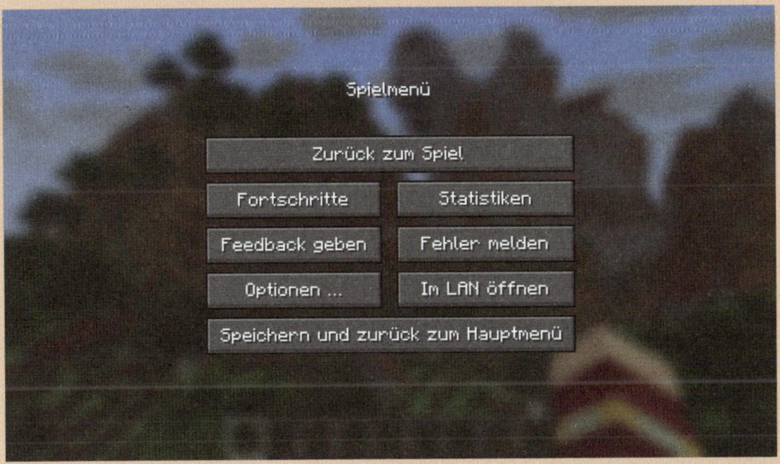

### Gratulation, du hast das 2. Survival-Level erreicht

Nach dem Lesen dieses Kapitels hast du eine Menge gelernt. Du hast deine erste Welt betreten, Laufen geübt und Material gesammelt. Durch das Abbauen und Platzieren von Blöcken kannst du die ganze Welt verändern!

Du hast ein Biwak angelegt und dort den Umgang mit deinem Inventar und das Craften geübt. Mit deinen ersten Werkzeugen hast du dich ins Gestein gegraben und bist draußen auf die Jagd nach Nahrung gegangen. Du weißt, was ein Spawnpunkt ist und wie der Ofen funktioniert. Dann bist du von deinem Biwak in eine anständige Basis umgezogen und hast begonnen, die Welt zu erkunden. Schleichen, Sprinten, Hochstacken und Orientierung sind für dich kein Problem mehr.

Zum Abschluss hast du das Spielmenü und die Fortschritte kennengelernt und einen Überblick über die vielen Möglichkeiten zum Weiterspielen bekommen. Eine ist das Erforschen der Welt – davon handelt das nächste Kapitel.

# Forscherdrang – entdecke die Welt

*Es ist heiß und stickig, das Atmen fällt dir schwer. Mühsam kämpfst du dich durch das grüne Dickicht des Dschungels, vorbei an steilen Abhängen, an deren Grund geheimnisvolle Seen ruhen. Immer wieder raschelt es im Gebüsch, wenn scheue Ozelots vor dir Reißaus nehmen. Du kletterst Ranken empor, um dich über den Wipfeln der Tropenbäume am Sonnenstand zu orientieren. Immer weiter Richtung Osten. Irgendwann muss dieser Dschungel doch ein Ende haben?*

*Unermüdlich hackst du dich durch das Blätterwerk, bis sich – endlich – eine neue Landschaft auftut: Vor dir liegt eine weite rote Sandwüste, und in der Ferne erheben sich hohe Tafelberge, so weit das Auge reicht.*

*Exzellent! Die Wüste ist einfach zu überblicken, gut für die nächtliche Monsterjagd, und im Dschungel hättest du Holz im Überfluss. Hier ist die ideale Stelle für dein neues Haus. Und im Keller wirst du ein großes Bergwerk anlegen, um Kohle, Erze und Diamanten aus dem Inneren der Erde zu schürfen. Vorsichtig kletterst du den Abhang hinunter, läufst ein paar Schritte im Sand und genießt die Weite.*

## Ein Flickenteppich aus Biomen

Die Welt von Minecraft hat gigantische Ausmaße. Sie ist so riesig, dass du es nicht schaffen wirst, ihr Ende zu erreichen. Überall warten neue Berge, Schluchten, Höhlen und Inseln darauf, von dir erkundet zu werden.

Ein winziger Ausschnitt aus einer Minecraft-Welt (10.000 × 5.000 Blöcke). Die gesamte Welt reicht vom Zentrum 30 Millionen Blöcke in alle Richtungen. Von oben sehen die Biome wie ein Flickenteppich aus. © chunkbase.com

Trotz der Größe der Welt gibt es nur eine bestimmte Anzahl von Minecraft-Landschaften, auch *Biome* genannt, die in immer neuer Kombination vor dir auftauchen. Daher ist es egal, in welche Richtung du gehst.

Ziehst du als Abenteurer und Forschungsreisender immer weiter durch die Welt, ohne zu deiner alten Basis zurückzukehren, kannst du dir das Sammeln der vielen neuen Blöcke und Gegenstände, die du entdeckst, sparen – kein Mensch kann das alles mitschleppen. Bist du dagegen ein Sammler, legst du deine Tagesbeute jeden Abend in deinem Biwak in eine Truhe und hast das Inventar frei für den nächsten Tag. Auf dem Rückweg kannst du dann entscheiden, was du davon mit in deine Basis nimmst.

Für Sammler ist das *Bündel* eine praktische Sache. Mit Bündeln packst du deutlich mehr Gegenstände in dein Inventar, weil es unterschiedliche Gegenstände in einem einzigen Inventarslot mischt.

Links: Normalerweise belegen 16 Pflanzen 16 Inventarslots. Rechts: Mit einem Bündel belegen sie nur einen einzigen Inventarslot – und in diesem Bündel ist noch Platz für mehr, wie der blaue Balken zeigt.

Aus *Leder* und *Faden* ist ein Bündel jederzeit auch ohne Werkbank leicht zu craften. Die Gesamtkapazität ist auf maximal einen Stapel begrenzt, d. h. 64 normale Gegenstände oder 16 empfindliche (z. B. Eier) oder ein einzelner nicht stapelbarer Gegenstand (z. B. ein Werkzeug). Mischungen von normalen und empfindlichen Gegenständen gehen auch, z. B. 32 Holzbretter und 8 Schneebälle. Du kannst sogar Bündel in Bündel legen, solange du die Gesamtkapazität von einem Stapel nicht überschreitest, wobei das Bündel selbst auch etwas Platz wegnimmt – es zählt als empfindlicher Gegenstand. Du könntest also ein Bündel mit 16 leeren Bündeln füllen. Oder du könntest 20 Farbstoffe in ein Bündel tun und 30 Pflanzen in ein anderes und beide Bündel in ein drittes und hättest darin immer noch Platz für weitere Gegenstände.

So benutzt du das Bündel:

- Klicke mit dem Bündel auf einen Gegenstand in deinem Inventar, um ihn aufzunehmen. Oder klicke mit einem Gegenstand auf das Bündel.
- Fahre mit der Maus über das Bündel, um die zuletzt aufgenommenen Gegenstände zu sehen.
- Rechtsklicke im Inventar auf ein Bündel, um den zuletzt hineingelegten Gegenstand herauszunehmen. Oder bewege das Mausrad über dem Bündel, um einen Gegenstand gezielt auszuwählen und mit Rechtsklick herauszunehmen.
- Halte das Bündel bei geschlossenem Inventar in der Hand und klicke mit der rechten Maustaste, um den zuletzt hineingelegten Gegenstand auf den Boden zu werfen.
- Um bei mehreren Bündeln die Übersicht zu behalten, färbst du sie und gibst ihnen Namen. Wie das geht, erfährst du im nächsten Kapitel.

Das Bündel ist aber nur einer von mehreren hilfreichen Gegenständen, die du bei einer Expedition brauchst:

- **Schaufel** und **Spitzhacke**, um an jedem Abend einen sicheren Unterschlupf in den nächstbesten Hügel zu graben. Steinwerkzeug reicht dafür völlig aus. Die Zutaten für Ersatz findest du schnell und fast überall.
- **Fackeln** für Licht in deiner täglichen Reiseunterkunft und als Wegmarkierung. Tipp: Nimmst du neben einem Stapel Fackeln (64 Stück) noch einen Stapel Kohle mit, kannst du ohne Werkbank 256 weitere Fackeln craften, hast aber nur zwei statt fünf Inventar-Slots belegt. Ist die Kohle alle, kannst du überall, wo du Bäume findest, Holzkohle herstellen.
- **Nahrung** zum Auffüllen deiner Hungerleiste (Fleischkeulen), damit sich deine Lebensleiste (Herzen) regeneriert. Gebratene Fische oder Fleisch gehören zur Grundausstattung für einen längeren Ausflug. Vegetarier nehmen Äpfel mit oder – falls du in deiner Basis schon Felder angelegt hast (siehe Kapitel »Landwirtschaft – unsere kleine Farm«) – *Brot*, das du mit Weizenfeldern in großen Mengen herstellst, und *Kürbiskuchen*, der so nahrhaft wie ein Steak ist.
- **Schwert** und **Angel** zum Auffüllen deiner Nahrungsvorräte. Monstern gehst du bei Forschungsexpeditionen normalerweise aus dem Weg. Behalte trotzdem immer eine scharfe Klinge in der Schnellzugriffsleiste.
- **Bett**: Nachts draußen herumzustolpern ist bei Biom-Expeditionen keine gute Idee. Mit nächtlichem Bergbau willst du dich auch nicht beschäftigen, wenn du gerade auf spannender Entdeckungsreise bist. Folglich solltest du die Nacht mit einer Bettbenutzung überspringen, solange du die Welt erkundest. Das setzt auch jedes Mal deinen Spawnpunkt um, du landest also bei einem plötzlichen Unfall nicht wieder am Anfang, sondern in deiner zuletzt benutzten Unterkunft.

Noch ein paar Tipps für unterwegs:

- **Laufen**: Laufe vorsichtig und sieh dir den Boden an, auf den du zuläufst. Oft klaffen in der Erde kleine oder tiefe Erdspalten, die du erst aus kurzer Entfernung siehst.
- **Orientierung**: Das Thema Orientierung und die Anzeige der Koordinaten hast du bereits im Kapitel »Survival – das nackte Überleben« kennengelernt. Wenn du auf deinem Weg Markierungen so anlegst, dass du die vorherige Markierung noch sehen kannst, wirst du auch wieder zu deiner Basis oder letzten Reiseunterkunft zurückfinden. Oder du notierst die Koordinaten.

  Hast du einen guten Orientierungssinn, bewegst du dich am besten in großen Kreisen rund um deine Basis. Dabei legst du weite Strecken zurück und lernst viele Biome kennen, hast aber von jedem Ort aus nur einen relativ kurzen Rückweg zur Basis.
- **Schwimmen**: Flüsse überquerst du schwimmend. Zum *Schwimmen* drückst du dauerhaft die Leertaste (Konsole: X/A), um nicht unterzugehen, und zusätzlich eine Richtungstaste fürs Vorwärtsschwimmen, also Leertaste und [W]. Zum Überqueren von Ozeanen ist Schwimmen aber nicht geeignet, es verbraucht zu viel Energie, und du musst anhalten und gehst unter, wenn du zwischendurch etwas essen willst.
- **Tiere**: Keine Angst vor wilden Tieren. In Minecraft sind Tiere erst mal friedlich. Lässt du sie in Ruhe, kannst du problemlos auch an Wölfen, Eisbären und anderen wehrhaften Tieren vorbeigehen.
- **Fotos**: Wer viel unterwegs ist, fotografiert auch gerne. In Minecraft machst du das mit der Taste [F2]. Das speichert den Minecraft-Bildschirm als *png*-Datei auf deinem Computer (*Screenshot* genannt). Tipp: Für ein schöneres Bild schaltest du vor dem Screenshot mit [F1] die störenden Anzeigen aus und danach wieder ein. Die Bilder findest du, wenn du über Optionen • Ressourcenpakete den Punkt Paketordner öffnen anklickst, einen Ordner nach oben navigierst (du bist dann im Ordner *.minecraft*) und den Ordner *screenshots* öffnest.

  In der BE landen deine Bilder in der *Screenshot-Galerie*. Die findest du in deinem *Profil*, das du über das Spielmenü ([Esc]) oder über das Hauptmenü erreichst. Im Profil klickst du in der Übersicht auf Screenshot-Galerie, um die Bilder zu sehen und, falls gewünscht, wieder zu löschen. Über das Symbol  oben links in deinem Profil kannst du das schönste Bild aus deiner Galerie im Profil anzeigen.

- **Wetter**: Dass es in Minecraft oft regnet, hast du schon gemerkt. Das ist aber nicht in allen Biomen so. In sehr kalten Biomen und hoch in den Bergen fällt stattdessen Schnee, während es in sehr warmen Biomen, wie der Wüste, nie regnet. Nur der Himmel verdüstert sich in allen Biomen.

Weder Regen noch Temperatur machen dir etwas aus, du kannst nicht frieren und hast auch keinen Durst.

- **Höhen und Tiefen**: Die Wasseroberflächen aller Ozeane und aller Flüsse liegen immer auf derselben Höhe, dem *Meeresspiegel* (Y-Koordinate 63). Die *Wolkengrenze* liegt 129 Blöcke darüber. Berge können über die Wolken ragen, und auf ihren Gipfeln kannst du sogar noch höher bauen. Erst bei 257 Blöcken über dem Meeresspiegel ist Schluss, höher kann es in Minecraft keine Blöcke geben. Unter dem Meeresspiegel geht es maximal 127 Blöcke in die Tiefe. Die unterste Schicht besteht durchgehend aus undurchdringlichem Grundgestein, das du nicht abbauen kannst.

**Karten**

Bist du ein fortgeschrittener Minecrafter und hast schon viel *Eisenerz* und *Redstone-Erz* gefunden und *Zuckerrohr* angepflanzt, craftest du damit *Kompasse* und *Papier*. Damit hast du die Zutaten für *leere Karten*. Nimmst du eine leere Karte in die Hand und benutzt sie mit einem Rechtsklick, zeichnet sie die Gegend auf, in der du gerade bist.

Eine Minecraft-Karte zeigt immer einen bestimmten Quadranten der Welt.

Norden ist auf der Karte immer oben, und deine Position siehst du als kleinen weißen Pfeil. In der BE gibt es zwei Arten von Karten:

- Eine **leere Karte** craftest du nur mit Papier ohne Kompass. Sie zeigt keine Position.
- Craftest du dagegen eine Karte mit Kompass, heißt sie **Lokator-Karte** und zeigt deine Position. Den Kompass kannst du auch nachträglich einer leeren Karte hinzufügen, um sie zu einer Lokator-Karte zu machen.

Um eine Anschlusskarte herzustellen, musst du das dargestellte Gebiet verlassen (deine Position wird zum Kreis am Rand). Machst du das nicht, erzeugst du dieselbe Karte noch mal und hast eine wertvolle leere Karte umsonst verbraucht.

Das ist aber noch nicht alles: Du kannst Karten mit einem *Rahmen* an die Wand hängen, auf der Werkbank kopieren oder ihren Maßstab verkleinern, damit sie mehr Landschaft zeigen (nimmst du dazu einen *Kartentisch*, brauchst du weniger Papier). Eine Originalkarte bildet eine Fläche von 128 × 128 Blöcken ab. Mit jeder Verkleinerung des Maßstabs vervierfacht sich die Fläche, maximal sind 2.048 × 2.048 Blöcke möglich.

Möchtest du auf der Karte Markierungen eintragen, ist auch das möglich. Du musst lediglich ein buntes Banner an dem betreffenden Ort aufstellen und mit der Karte auf das Banner rechtsklicken. Hast du das Banner vorher mit dem Amboss umbenannt (siehe Kapitel »Heimwerken – hör mal, wer da craftet«), erscheint sogar der Name auf der Karte (in der BE sind Markierungen mit Bannern nicht möglich).

## Biome erkennen und nutzen

Beim Reisen durch die Welt entdeckst du die unterschiedlichsten Biome. Jedes Biom hat spezielle Eigenheiten, die du zu deinem Vorteil nutzen kannst. Möchtest du eine kleine Burg hoch oben in den zerklüfteten Gipfeln bauen oder einen Weltraumhafen in der flachen Wüste oder eine Baumhaussiedlung in den Dschungelbäumen? Auch die nachfolgend aufgeführten »besonderen Rohstoffe« sind für dich interessant, denn du findest sie speziell in diesen Biomen.

### Berge

Die höchsten Biome sind die Berge mit unterschiedlichen Gipfelarten: **Vereiste Gipfel** durchstoßen die Wolkendecke, **zerklüftete Gipfel** sind etwas niedriger und haben nur Schnee ohne Eis. Umgeben sind beide von **verschneiten Hängen** und **Berghainen**, kleinen Fichtenwäldern. Die **steinigen Gipfel** und **zerzausten Hügel** sind noch niedriger und haben gar keinen Schnee, sie entsprechen unseren Mittelgebirgen. Die zerzausten Hügel erkennst du sofort an ihren bizarren und gefährlichen Überhängen. Manchmal entstehen dort sogar kleine schwebende Inseln.

*Besondere Rohstoffe*: Nur in Bergbiomen und nirgends sonst findest du Smaragderz im Gestein. Auf den höchsten Gipfeln tummeln sich Schneeziegen. Zwischen dem normalen Schnee liegen oft gefährliche Pulverschneeflächen, in denen du versinken und erfrieren kannst, außer du trägst Lederstiefel. Manchmal triffst du auf einen Plünderer-Außenposten oder findest in den verschneiten Hängen ein Iglu. *Pulverschnee* kannst du nicht nur mit einem *Eimer* in den Bergen einsammeln, sondern auch selbst herstellen. Dazu stellst du einen oder mehrere leere *Kessel* in einem kalten Biom auf und wartest auf Schneefall. Dann füllen sich die Kessel langsam und werden zu *Pulverschneekesseln*. Zum Leeren nimmst du wieder einen Eimer.

»Vereiste Gipfel« erkennst du am Eis und an den Schneemassen.

In warmen Regionen triffst du auf **Tafelberge**, die aus den typischen rötlichen Schichtungen bestehen und von roten Wüsten umgeben sind. Eine seltene Variante sind die zerklüfteten **abgetragenen Tafelberge**. *Besondere Rohstoffe*: verschiedenfarbige Keramik, Trockengras, tote Büsche, roter Sand und darunter roter Sandstein, Reste von Goldminen und mehr Golderz als in allen anderen Biomen.

Links normale »Tafelberge«, rechts die seltenen »abgetragenen Tafelberge«

### Wälder

Wälder sind die häufigsten Biome in Minecraft, daher findest du immer irgendwo Holz. Es gibt verschiedene Waldtypen, die teilweise recht große Flächen einnehmen. In jedem Wald ist eine bestimmte Holzart besonders häufig. In der Referenz am Ende des Buches steht im Abschnitt »Gehölze« auch eine Aufzählung aller Gegenstände, die du aus Holz herstellen kannst.

Die Stämme von Eiche, Fichte, Birke, Tropenbaum, Akazie, Schwarzeiche, Mangrove, Kirsche und Blasseiche

Die **Taiga** ist ein Fichtenwald in einer kalten Region. Das erkennst du sofort an der blaugrünen Farbe von Gras und Laub. *Besondere Rohstoffe*: Fichten, Farne, Pilze und leckere Süßbeersträucher, Füchse (in der verschneiten Taiga sind sie weiß) und Wölfe, manchmal ein Dorf mit Dorfbewohnern. In den seltenen **Urtaiga**-Biomen mit ihren alten Baumriesen besteht der Boden aus Podsol, einer Variante der Erde. Darauf liegen kleine Felsen aus bemoostem Bruchstein.

In der seltenen »Fichten-Urtaiga« stehen riesenhafte Fichten, die normalen Fichten siehst du dazwischen.

Der normale **Wald** ist ein Mischwald aus Eichen und Birken. Es gibt aber auch reine **Birkenwälder**, darunter den seltenen **Birken-Urwald** mit sehr hohen Bäumen. *Besondere Rohstoffe*: Eichen, Birken, Äpfel im Eichenlaub, Laubhaufen, Büsche, vereinzelte Blumen und Bienennester, manchmal auch Wölfe. Der seltene **Blumenwald** hat viele Blumenflächen und mehr Bienennester als andere Wälder.

Der seltene **Kirschberghain** ist ein bewaldeter Berg mit blühenden Kirschbäumen. *Besondere Rohstoffe*: Kirschbäume, rosa Blütenblätter, Bienennester, Smaragde im Gestein.

Ein »Kirschberghain«

Im **dunklen Wald** bilden die mächtigen Schwarzeichen ein fast geschlossenes Blätterdach, daher ist es hier ziemlich düster. *Besondere Rohstoffe*: Schwarzeichen, Laubhaufen, Pilze und Riesenpilze. Baust du die Riesenpilze ab, droppen viele kleine Pilze. Ganz selten entdeckst du hier ein Waldanwesen – ein sehr großes Haus mit einigen Schätzen, das von üblen Magiern und ihren Dienern bewohnt wird (siehe Kapitel »Extratour – Sehenswürdigkeiten bis zum Ende«).

Manchmal liegt am Rand eines dunklen Walds in unwegsamem Gelände ein **blasser Garten**, ein fieser, farbloser Forst, das genaue Gegenteil von einem hübschen Garten. Nachts erwacht ein blasser Garten zum Leben und stellt dir mit seinen angriffslustigen Knarzen nach. Wie du damit umgehst, erfährst du im Kapitel »Monsterkunde – die Kreaturen der Dunkelheit«.

*Besondere Rohstoffe*: Blasseichen, an denen Blassmoos hängt. Blassmoos auch auf dem Boden, auf dem manchmal Augenblüten wachsen, die nur nachts blühen und dann gut an ihrem Leuchten zu erkennen sind. Findest du keine, düngst du Grasblöcke (nicht Moosblöcke) in diesem Biom mit Knochenmehl, bis welche wachsen.

Die **Savanne** ist ein trockenes Biom mit spärlichem Baumbewuchs, hier regnet es nie. Gras und Laub haben eine ausgedörrte Farbe. *Besondere Rohstoffe*: Akazien, Eichen, viel Gras, Pferde, Esel und vereinzelt Lamas, manchmal ein Dorf mit Dorfbewohnern.

Im Gegensatz dazu ist der **Sumpf** ein sehr feuchtes Biom, Gras und Laub sind dunkelgrün vor Nässe. Es gibt viele Tümpel, die das Vorankommen schwer machen. Die Eichen stehen oft im gelblichen Sumpfwasser und sind mit Ranken überwachsen. *Besondere Rohstoffe*: Eichen, Ranken, Glühwürmchenbüsche, blaue Orchideen, Pilze, im Wasser Ton und Seerosenblätter, Frösche. Unter dem Boden findest du manchmal große Fossilien aus Knochenblöcken. Vorsicht: Sümpfe sind beliebte Aufenthaltsorte für Hexen, die sich hier ihre Sumpfhütten bauen und dich mit Zaubertränken bewerfen, wenn du ihnen zu nahe kommst!

An den Küsten gibt es **Mangrovensümpfe**, eine besonders unwegsame Mischung aus Sumpf und Dschungel. Mangroven wachsen hier dicht an dicht im flachen Wasser und bilden ein Labyrinth aus Luftwurzeln und Ranken. *Besondere Rohstoffe*: Mangroven, Ranken, Schlamm, Frösche, Bienennester.

Den **Dschungel** erkennst du sofort an den Tropenbäumen mit quer gestreifter Rinde, die teilweise zu mächtigen Urwaldriesen gewachsen sind. Gras und Laub haben im Dschungel eine besonders kräftige Farbe. Der **lichte Dschungel** ist nur dünn mit Bäumen bewachsen, während der normale Dschungel so zugewuchert ist, dass du kaum vorankommst. Tipp: Benutze zur Beseitigung der Blätter keine Werkzeuge, die sich abnutzen, sondern deine Hände. *Besondere Rohstoffe*: Tropenbäume, Eichen, Ranken, Melonen, Kakao, Bambus, Ozelots, Papageien, Pandas und manchmal ein überwucherter Dschungeltempel (siehe Kapitel »Extratour – Sehenswürdigkeiten bis zum Ende«). Im seltenen **Bambusdschungel** gibt es fast nur Bambus und als Boden kein Gras, sondern Podsol.

Ein »Dschungel« mit dichtem Bewuchs und vielen Ranken. Eine seltene Variante ist der »Bambusdschungel« in der Mitte des Bildes.

## Ebenen

Ebenen sind relativ flache Landschaften, entweder in Meereshöhe oder als Hochebene. Hier gibt es nur selten einen Baum. Sie eignen sich ideal zur Monsterjagd oder für große Bauprojekte, wenn du den Boden vorher nach gefährlichen Erdspalten abgesucht hast. Das haben auch die Dorfbewohner erkannt und errichten in den Ebenen gerne ein Dorf, dessen Häuser aus den Baustoffen des jeweiligen Bioms bestehen. Leider gibt es dort auch gefährliche Plünderer-Außenposten.

Die **verschneite Ebene** wird auch *Tundra* genannt. *Besondere Rohstoffe*: Schnee, weiße Kaninchen, manchmal Eisbären oder ein Iglu (siehe Kapitel »Extratour – Sehenswürdigkeiten bis zum Ende«). In der seltenen **Eiszapfentundra** stehen riesige Eiszapfen aus Packeis.

Eine seltene »Eiszapfentundra«

Die normale **Ebene** ist eine große grüne Wiese auf Meereshöhe. *Besondere Rohstoffe*: viel Gras, Büsche, verstreute Blumengruppen, Pferde, manchmal ein Bienennest. Die typischen Weidetiere, die überall vorkommen, kannst du in Ebenen besonders gut sehen. Sonnenblumen findest du nur in der seltenen **Sonnenblumenebene**.

Hoch gelegene Wiesen in den Bergen heißen **Alm**. *Besondere Rohstoffe*: viele Blumen, Bienennester, Smaragde im Gestein.

Stehst du in einer Ebene aus gelbem Sand, hast du eine **Wüste** gefunden. *Besondere Rohstoffe*: sehr viel Sand, Sandstein, darunter manchmal ein großes Fossil aus Knochenblöcken, Trockengras, tote Büsche, Kakteen, sandfarbene Kaninchen, selten ein kleiner Wüstenbrunnen oder ein Wüstentempel, von dem manchmal nur noch die Türme aus dem Sand ragen (siehe Kapitel »Extratour – Sehenswürdigkeiten bis zum Ende«).

In der »Wüste« regnet es nie.

## Flüsse

**Flüsse** sind schmale Biome, die sich auf sehr langen Strecken durch die Welt schlängeln. Oft bilden sie eine natürliche Trennung zwischen anderen Biomen. In Minecraft haben Flüsse keine Quelle, kein Gefälle und keine Strömung. Sie liegen durchgehend auf Meeresspiegelhöhe und verbinden meistens zwei Seen oder Ozeane. Ein spezielles Seebiom gibt es nicht, die flachen Seen gehören zu den Flüssen. *Besondere Rohstoffe*: Sand, Kies, Ton, Büsche, Zuckerrohr.

Beim Übergang in eine kalte Region wird ein »Fluss« zum »vereisten Fluss«.

## Küsten

Ozeane bilden ein großes Hindernis bei deinen Wanderungen, das nicht so leicht zu überwinden ist (siehe Kapitel »Dimensionswechsel – Nether, Ozeane und Tränke erforschen«). Aber weil alle Biome zufällig auf der Welt verteilt sind, sieht es auf der anderen Seite auch nicht anders aus. Daher triffst du bei einer Küstenwanderung genauso auf neue Landschaften und hast zudem einen leicht zu findenden Rückweg.

Es gibt verschiedene Arten von Küsten. Häufig reichen Gras und Erde ohne spezielles Küstenbiom direkt bis ans Wasser – entweder als Steilküste oder ganz flach. Es gibt aber auch besondere Küstenbiome, die du sofort erkennst, wenn du sie siehst.

An der **steinigen Küste** wächst gar nichts, auch kein Gras, daher gibt es hier auch keine besonderen Rohstoffe. Die steinige Küste ist auch in verschneiten Regionen immer schneefrei.

Ein anderes Küstenbiom ist der typische **Strand** mit seinen schönen flachen Sandflächen oder Steilufern aus Sand. *Besondere Rohstoffe*: viel Sand und darunter Sandstein, Kies, Ton, Zuckerrohr, Schildkröten. Die verschneite Variante ist von Schnee bedeckt.

Ein flacher »Strand«

## Höhlen erforschen und Bergbau betreiben

Auf deinen Wanderungen durch die unterschiedlichen Biome entdeckst du immer wieder Höhleneingänge oder lang gezogene Schluchten, die tief ins Erdinnere reichen.

Der Eingang in eine dunkle Höhle – welche Geheimnisse mögen sich darin verbergen?

Unter all den Wiesen und Weiden, Seen und Sümpfen verbirgt sich ein Geflecht aus Höhlen in allen Größen und Formen. Es gibt über und unter Wasser lang gezogene Höhlenschläuche, große Hallen, unterirdische Wasserfälle und Höhlenseen, die miteinander verbunden sind. Fern vom Sonnenlicht findest du hier Erze, Diamanten und andere Schätze, die unverzichtbar für viele Crafting-Rezepte sind. Aber dort unten warten auch einige Herausforderungen auf dich, denen du dich nur mit einem gut sortierten Inventar stellen solltest:

- **Es ist dunkel**. Damit du nicht in tiefe Abgründe fällst, an Erzadern vorbeiläufst oder blind in die Arme eines Zombies läufst, nimmst du mindestens einen vollen Stapel (64) *Fackeln* mit.
- **Stein ist hart**. Nimm mehrere *Spitzhacken* mit. Solange du nur wenig Eisen hast, reichen auch Steinspitzhacken. Willst du allerdings Gold, Smaragd, Redstone oder Diamant abbauen, *muss* die Spitzhacke aus Eisen sein. Eine *Schaufel* brauchst du, um unterirdische Erde und Kies aus dem Weg zu räumen. Für längere Touren nimmst du dir eine *Werkbank* und Zutaten mit, um jederzeit weitere Werkzeuge zu craften.
- **Bergbau ist auf Dauer anstrengend**. Ein Dutzend *Ofenkartoffeln* oder anderes Essen dabeizuhaben ist eine gute Idee.
- **Lava ist tödlich**. Nimm ein oder zwei *Wassereimer* mit, die du ausgießt, um Lavaflächen zu überqueren. Einzelne Lavaquellen verstopfst du mit einem Block.
- **Sand und Kies sind instabil**. In Wüsten findest du oft Eingänge zu Sandhöhlen. Sieh dabei immer an die Decke. Wenn dort Sand herabrieselt, solltest du dort keinesfalls eine Fackel oder einen anderen Block ansetzen, sonst stürzt die ganze Decke ein. Dasselbe kann in Minen oder Höhlen mit Kies passieren.
- **Monster sind aggressiv**. Zombies, Creeper, Skelette, Silberfischchen und hochgiftige Höhlenspinnen wollen dir an den Kragen. Ein gutes *Eisenschwert* gehört zur Grundausstattung sowie natürlich eine vollständige Rüstung.

**Wo ist nur die Zeit geblieben?**

Im Untergrund verlierst du schnell den Überblick, ob es oben Tag (dauert 11 Minuten) oder Nacht ist (9 Minuten). Wie gut, dass es in Minecraft eine *Uhr* gibt, die du aus vier Goldbarren und einem Redstone-Häufchen craftest. Du kannst mit der Uhr die Zeit in deinem Inventar ablesen oder sie in einen Rahmen setzen.

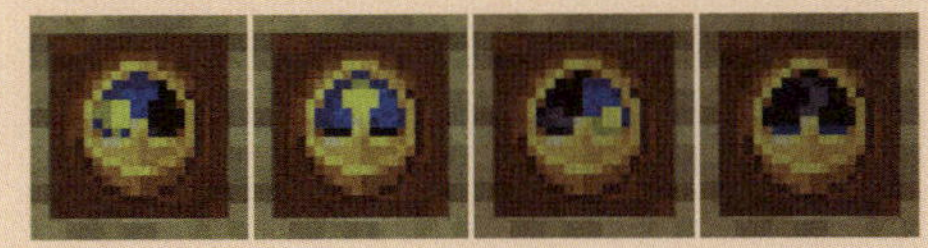

Die Uhr hat kein Zifferblatt, sondern eine Scheibe mit blauer Tag- und schwarzer Nachthälfte, die sich langsam dreht. In der oberen Hälfte der Uhr siehst du den aktuellen Stand der gelben Sonne oder des grauen Mondes. Die Bilder zeigen Sonnenaufgang, Mittag, Sonnenuntergang und Mitternacht.

## Märchenhafte Höhlenbiome

Die meisten Höhlen haben nackte Felswände, die bis 54 Blöcke unter dem Meeresspiegel vor allem aus Stein bestehen, darunter aus dem doppelt so harten, dunklen Tiefenschiefer.

Es gibt aber auch einige ganz besondere Höhlenbiome. Die **Tropfsteinhöhlen** erkennst du an den teilweise riesigen Stalagmiten und Stalaktiten. Sei vorsichtig: Fällst du auf die Spitzen, tust du dir besonders weh. Ebenso schmerzhaft ist es, von einem herabfallenden Tropfstein getroffen zu werden, den jemand abgeschlagen hat. *Besondere Rohstoffe*: Tropfsteinblöcke und spitze Tropfsteine, die sich gut für eine heimische Monsterfalle eignen. In den Felswänden von Tropfsteinhöhlen findest du besonders viel Kupfererz.

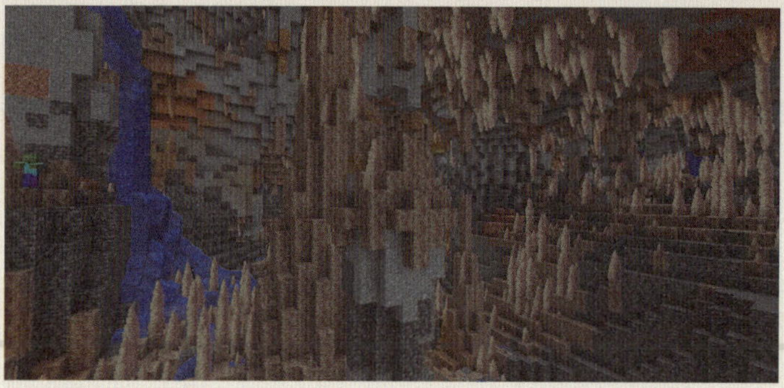

Eine riesige »Tropfsteinhöhle«. Hier erkennst du gut die Grenze zwischen dem hellgrauen Stein (oben) und dem dunklen Tiefenschiefer (unten).

Ein anderes Höhlenbiom sind die **üppigen Höhlen**, die wegen ihres kräftigen Pflanzenwuchses so genannt werden. Der reicht über ein Geflecht von Wurzelerde (einer Variante der normalen Erde) bis zur Oberfläche und lässt dort einen auffälligen *Azaleenbaum* entstehen. Wenn du also einen Baum entdeckst, der mit seinen Blüten nicht zu den anderen Bäumen der Gegend passt, findest du tief darunter immer eine *üppige Höhle*.

Eine »üppige Höhle« mit hängenden Leuchtbeeren, Wasserbecken aus Ton und Tropfblättern

*Besondere Rohstoffe*: Wurzelerde, hängende Wurzeln, Azaleen und blühende Azaleen, Moosblöcke und Moosteppiche, Ranken, leuchtende Höhlenranken, essbare Leuchtbeeren, Sporenblüten, aus denen ständig Sporen herabschweben, sowie kleine und große Tropfblätter. Auf dem Höhlenboden bilden sich oft Wasserbecken aus Ton.

Triffst du ganz tief im Untergrund auf seltsame dunkelblaue Flächen mit hellen Punkten, ist größte Vorsicht angesagt, das Höhlenbiom **Tiefes Dunkel** ist eine Todeszone! Hier breitet sich *Sculk* aus, ein Geflecht aus den Seelen und Erfahrungskugeln verstorbener Lebewesen. *Besondere Rohstoffe*: An den Rändern legen sich *Sculk-Adern* über das normale Gestein. Weiter innen verdichten sie sich zu Sculk-Blöcken, einem organischen Gemisch, halb tot, halb lebendig. Die gespeicherten Seelen dämmern in der Dunkelheit vor sich hin und wollen nicht gestört werden. Deshalb wachsen auf dem Sculk überall geräuschempfindliche *Sculk-Sensoren*. Diese wiederum alarmieren knochige *Sculk-Kreischer* (BE: Sculk-Heuler), in denen zwei Seelen kreisen, die entsetzliche Töne von sich geben und den *Dunkelheit*-Effekt hervorrufen, wenn du dort herumläufst. Hier solltest du nur ganz vorsichtig schleichen (englisch *skulk*), sonst bricht der Boden auf, und ein *Wärter* kriecht aus dem Sculk, der dich dem dunklen Seelenteppich hinzufügen will, damit wieder Ruhe herrscht (mehr zum Wärter findest du im Kapitel »Monsterkunde – die Kreaturen der Dunkelheit«).

Für die Ausbreitung des Sculks sorgen die *Sculk-Katalysatoren*, knochige Auswüchse, die in einem Umkreis von 8 Blöcken verstorbene Lebewesen in Sculk umwandeln, der dabei bläulich blubbert. Mit der *Behutsamkeit*-Verzauberung (Anleitung für Verzauberungen siehe Kapitel »Waffenmeister – Ritter, Kämpfer, Zauberlehrling«) kannst du Sculk in allen Formen einsammeln. Ohne *Behutsamkeit* droppen ein paar gespeicherte Erfahrungskugeln, was sich bei größeren Mengen durchaus lohnen kann.

Sculk im »Tiefen Dunkel« besteht aus Erfahrungskugeln verstorbener Lebewesen und breitet sich rund um Sculk-Katalysatoren aus (linke Mitte und ganz rechts), wenn dort etwas stirbt. Sculk-Sensoren (ganz links) und Sculk-Kreischer (Mitte vor der Lava) reagieren auf Geräusche. An den Rändern überwachsen Sculk-Adern flechtenartig das Gestein und Erze.

## Erze ausgraben mit System

Über kurz oder lang wird dir der Umgang mit Holzkohle und Steinwerkzeug zu mühsam und du gehst auf die Suche nach *Steinkohle* und *Eisenerz*. Noch besser sind natürlich Werkzeuge und Rüstung aus *Diamanten*. Die sind zwar selten, aber besonders hart. Eisenerz brauchst du auch für andere Dinge wie Scheren, Eimer, Ketten, Loren und Schienen. Daneben gibt es auch *Kupfererz*, aus dem du ebenfalls viele Gegenstände, aber auch Blöcke und dekorative Dächer craften kannst. *Golderz* ist das Ausgangsmaterial für eine Uhr oder mysteriöse Nahrungsmittel wie den goldenen Apfel und die goldene Karotte. Das blaue *Lapislazulierz* ist fürs Verzaubern wichtig, und das leuchtend rote *Redstone-Erz* verarbeitest du zu leitfähigem Pulver für den Bau von elektrischen Anlagen. Die grünen *Smaragde* schließlich werden von Dorfbewohnern begehrt, die gerne Dinge dafür tauschen.

Ob Metall, seltenes Mineral oder Edelstein – in Minecraft werden sie alle »Erz« genannt: Steinkohle, Eisenerz, Diamanterz, Kupfererz, Golderz, Lapislazulierz, Redstone-Erz und Smaragderz.

Deine Suche nach Erzen startet üblicherweise im Keller deines Hauses. Beginne mit einer **Treppe**, die du ins Gestein treibst.

### Warum nicht direkt nach unten graben?

Grabe niemals den Boden unter deinen Füßen weg! Diese Regel ist so wichtig, dass sie sogar als einer der gelben Sprüche im Minecraft-Titel vorkommt (»Never dig down!«). Du könntest jederzeit in eine tiefe Höhle stürzen oder – schlimmer noch – in einen Lavatümpel, und dein gesamtes Inventar verbrennt. Aus demselben Grund gräbst du auch niemals die Decke genau über dir weg: Du kannst von Kies erschlagen werden oder Lava fließt aus dem Loch.

Wenn du trotzdem statt einer Treppe einen senkrechten Schacht bevorzugst, muss er zwei Blöcke breit sein. Grabe dazu nicht den Block *unter* deinen Füßen weg, sondern den Block *vor* deinen Füßen und zwei weitere darunter auch. Nach einem prüfenden Blick springst du in dieses Loch und entfernst die drei Blöcke neben dir, auf denen du eben noch standest, sowie drei weitere Blöcke darunter (im Bild mit Spitzhacken markiert). Dann bringst du *Leitern* an, die du aus Stöcken craftest, und in gewissen Abständen eine Fackel, springst in das neue Loch und wiederholst das Schema. Unten angekommen, gießt du einen Wassereimer in ein Loch auf der leiterlosen Hälfte deines Schachtes. Auf den Leitern kletterst du nach oben und bist mit einem beherzten Sprung ins Wasser wieder unten, ohne Schaden zu bekommen.

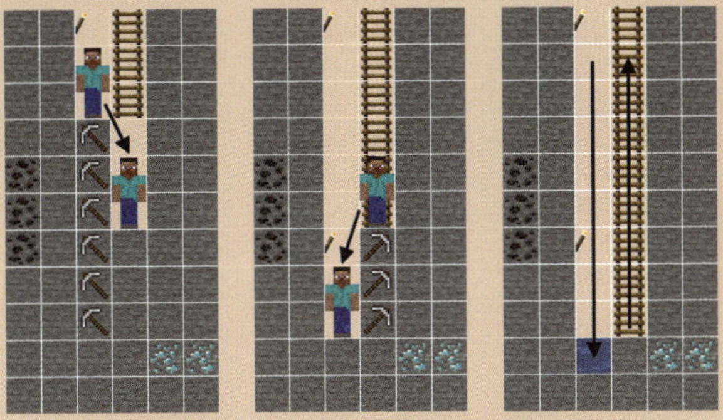

Beim Leiterklettern musst du dauerhaft die [W]-Taste drücken, sonst rutschst du wieder nach unten. Wenn du zwischendurch anhalten möchtest, drückst du die Schleichen-Taste (linke [⇧]-Taste).

Achte beim Graben immer auf Geräusche oder schalte die Untertitel ein (über OPTIONEN • MUSIK & GERÄUSCHE). Wenn du Lava blubbern oder Zombies stöhnen hörst, ist beim Weitergraben Vorsicht angesagt.

Die Erze sind im Gestein nicht gleichmäßig verteilt, sondern in kleinen Adern, die nur in bestimmten Gesteinsschichten liegen. Welche das sind, hängt von der jeweiligen Erzart ab. In der Referenz am Ende des Buches findest du unter »Erze« eine Tabelle mit genauen Angaben.

Am Ende deiner Treppe oder deines Schachtes legst du ein kleines Zwischenlager an. Dort stellst du eine Werkbank, einen Ofen und einige Truhen auf, damit du Ersatzwerkzeuge herstellen kannst, ohne ständig nach oben laufen zu müssen, und um die mit Erz gefüllten Taschen zu leeren.

Doch dazu musst du die Erze erst mal finden, was gar nicht so leicht ist. Wenn du einfach nur drauflosbuddelst, kann es passieren, dass du eine Spitzhacke nach der anderen abnutzt, ohne auf Erz zu stoßen, weil du immer knapp daran vorbeigräbst. Wesentlich effektiver ist daher das **Graben mit System**, um möglichst viel Fläche mit möglichst wenig Aufwand abzusuchen. Das beliebteste Bergbausystem ist die *verästelte Mine*: ein langer, breiter Hauptgang, von dem du nach links und rechts schmale Suchgänge abzweigst. Den Hauptgang machst du breiter, damit du ihn sofort wiedererkennst und immer weißt, wie du zu deinem Zwischenlager zurückkommst. Die Suchgänge sind dagegen nur einen Block breit und zwei Blöcke hoch, sodass du gerade so hindurchpasst. Entscheidend ist der Abstand zwischen den Suchgängen. Bei drei Blöcken

Abstand wirst du eine Ader, die meistens zwei Blöcke breit ist, entweder in dem einen oder in dem anderen Gang finden. Lediglich Adern mit nur einem Block Breite könntest du übersehen, aber dafür suchst du wesentlich schneller eine größere Fläche ab.

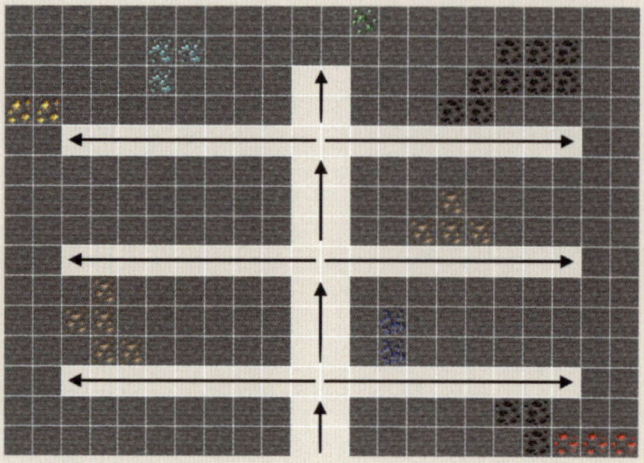

Draufsicht auf ein einfaches verästeltes Bergbausystem

**Fackeln als Richtungsweiser**

Als praktische Orientierungshilfe bringst du an jedem Abzweig und an jeder Kreuzung eine Fackel so an, dass sie zurück zu deinem Ausgang weist. Um diese speziellen Fackeln von anderen zu unterscheiden, befestigst du sie immer an einem besonderen Block, z. B. Bruchstein, oder du verwendest rote Redstone- oder blaue Seelenfackeln, falls du die schon gecraftet hast.

Sind deine Gänge so lang geworden, dass dir der Rückweg zum Zwischenlager zu mühsam wird, ist es Zeit für die nächste Ausbaustufe: Du erweiterst dein Bergwerk nach *unten*. Nach oben wäre keine gute Idee, weil du von Wasser, Lava oder Kies unschön überrascht werden könntest. Vertiefe also deinen Hauptgang um zwei Blöcke. Dann legst du wieder seitliche Suchgänge an, aber nicht *unter* den alten Suchgängen, sondern genau *dazwischen*. Dadurch bekommst du eine hundertprozentige Abdeckung, wie du in der Abbildung sehen kannst.

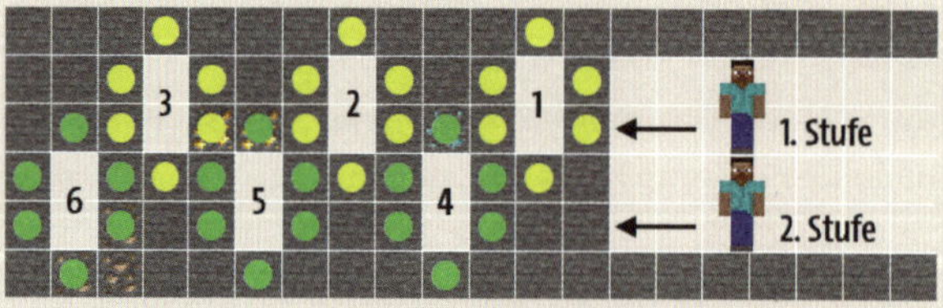


Seitenansicht eines zweistufigen Bergwerks: In der ersten Ausbaustufe gräbst du die Suchgänge 1, 2 und 3 und siehst alle gelb markierten Blöcke. In der zweiten Stufe gräbst du zwei Blöcke tiefer die Suchgänge 4, 5 und 6 und siehst alle grün markierten Blöcke.

## Geheimnisse und Gefahren der Unterwelt

Gräbst du dich immer tiefer und tiefer in die Erde, wirst du bald auf etwas Interessanteres als langweiligen Stein treffen:

- **Erze**: Baue die Erze ab, indem du ihren Adern folgst und auch Steine rundherum abträgst. Normalerweise sind Erzadern nur wenige Blöcke groß, aber Kupfer- und Eisenadern können manchmal auch mehrere Hundert Blöcke groß sein.
- **Höhlen**: Triffst du auf eine Höhle, machst du als Erstes sofort Licht, um Monster und Löcher im Boden zu sehen. Dann riegelst du alle Höhlengänge bis auf einen ab, damit du nicht von hinten überrascht wirst, während du den offenen Gang vorsichtig erforschst. Hast du einen Bereich fertig erkundet, verriegelst du ihn mit Bruchstein oder anderem billigen Material, markierst ihn z. B. mit einer auf den Boden gestellten Fackel und tastest dich in den nächsten Abschnitt vor.

  Du kannst dich auch ganz auf den *Höhlenbergbau* spezialisieren. Dabei folgst du den natürlichen Höhlen und baust alle Erze an den Wänden ab, statt eigene Tunnel durch den Fels zu treiben. Der Vorteil ist, dass du keine Stollen graben musst. Nachteile sind Weitläufigkeit und Komplexität von Höhlensystemen. Ohne konsequente Markierung verlierst du schnell die Orientierung.
- **Verliese**: Wenn ständig Zombies, Skelette oder Spinnen aus einer bestimmten Höhle strömen, haben sie ihren Ursprung in einem Verlies, einem dunklen Raum aus Bruchstein, in dem ein *Spawner* steht. Das ist ein kleiner feuriger Käfig, der unentwegt neue Monster ausspuckt. Zerstörst du den Spawner mit einer Spitzhacke, bringt das bis zu 43 Erfahrungspunkte.

- **Minen**: Verlassene Minen erkennst du sofort an ihren Holzstützen und Schienen. Hier findest du kleine Schätze in Truhen und Loren, aber leider oft auch Höhlenspinnen, die klein, wendig und giftig sind. Ihre Nester sind von dichten Spinnennetzen umgeben, in deren Zentrum ein Spinnenspawner steht, aus dem immer neue Höhlenspinnen kriechen. Sieh ins Kapitel »Monsterkunde – die Kreaturen der Dunkelheit«, wie du mit diesen Viechern am besten umgehst.

- **Fossilien**: Gräbst du dich 15 bis 24 Blöcke unter der Oberfläche durch ein Wüsten- oder Sumpfbiom, findest du oft ein Fossil, die knöchernen Überreste eines vor langer Zeit ausgestorbenen Wesens. Die Gerippe oder Schädel kannst du zu Dekorationszwecken freischaufeln oder die *Knochenblöcke* zur Weiterverarbeitung abbauen.
- **Geoden**: Wenn es in einer Höhle violett glitzert und funkelt, hast du eine Geode entdeckt, einen kristallinen Hohlraum im Gestein. Aus einigen Kristallblöcken wachsen *Amethyste*, die langsam größer werden. Du kannst sie in jedem Wachstumsstadium abbrechen und mitnehmen. Der Amethystknospenblock, aus dem sie wachsen, lässt sich jedoch nicht einsammeln, auch nicht mit der *Behutsamkeit*-Verzauberung.

- **Prüfungskammern**: Landest du bei tiefen Grabungen plötzlich in einem Bauwerk aus Kupferblöcken, bist du auf Prüfungskammern gestoßen. Das sind vergessene, unterirdische Kampftrainingsplätze eines längst ausgestorbenen Volkes. Überall sind *Prüfungs-Spawner* aufgestellt, um gegen Monster zu kämpfen – darunter auch Böen, die es nur hier gibt. Im Kapitel »Monsterkunde – die Kreaturen der Dunkelheit« sind sie genauer beschrieben.

  Um Prüfungskammern gezielt zu finden, handle in einem Dorf mit einem Kartografen-Gesellen, der dir eine *Prüfungs-Entdeckerkarte* anbietet. Die funktioniert wie eine Schatzkarte, sieh dazu in das Kapitel »Dimensionswechsel – Nether, Ozeane und Tränke erforschen«.

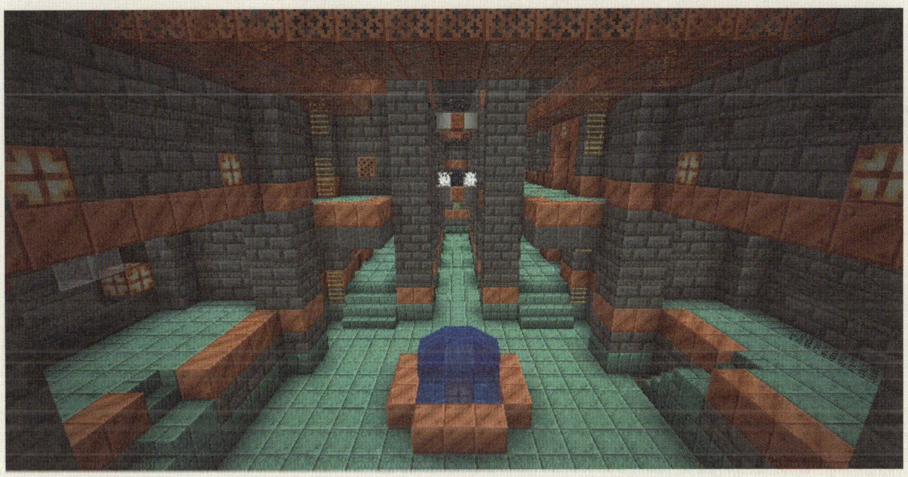

Die Prüfungs-Spawner sind speziell: Sie spucken eine begrenzte Anzahl von Monstern aus, die du alle besiegen musst. Erst wenn du das geschafft hast, bekommst du die Beute, und zwar direkt vom Spawner. Danach startet ein Cooldown von 30 Minuten, bevor du diesen Prüfungs-Spawner erneut auslösen kannst. Aber keine Sorge, in den Prüfungskammern gibt es genug davon. An den Blöcken um die Spawner herum erkennst du, welche Monster sie ausspucken. Mit hellem Licht kannst du das Spawnen hier übrigens nicht verhindern – also bewege dich vorsichtig durch die Prüfungskammern, sonst startest du mehrere Prüfungen gleichzeitig.

Eine besondere Beute ist der *Prüfungsschlüssel* mit dem du einen *Tresor* öffnest, der Extrabeute verspricht. Jeden Tresor kannst du nur ein einziges Mal öffnen.

Eine andere Beute ist die *unheilvolle* (BE: *ominöse*) *Flasche*, die es in den Stärken I bis V gibt. Trinkst du sie, bekommst du für 100 Minuten den Effekt *Drohendes Unheil*, der sich in der Nähe von Prüfungs-Spawnern in *Drohende Prüfung* verwandelt, die, je nach Stärke, 15 bis 75 Minuten dauert und die Spawner *unheilvoll* macht. Dann spawnen sie stärkere Monster und bringen dir bessere Beute – zum Beispiel einen *schweren Kern* , den du nur auf diese Art bekommst und aus dem du zusammen mit einer Böenrute einen Streitkolben craftest.

Durch Trinken oder Nicht-Trinken einer unheilvollen Flasche bestimmst du also selbst, wie schwer die Prüfung und wie gut die Beute wird.

Prüfungs-Spawner, Tresor und Prüfungsschlüssel – links normal, rechts unheilvoll (BE: ominös)

- **Festung**: Stößt du beim Graben auf Steinziegel, Eisengitter und Türen, hast du unglaubliches Glück, denn du hast eine der seltenen Festungen gefunden. Das sind unterirdische, verfallene Bauwerke mit verwinkelten Gängen und Räumen. Je nach Größe der Festung kannst du darin sogar eine alte Bibliothek finden. Der größte Schatz einer jeden Festung ist jedoch der *Endportalraum*, ein noch inaktives Portal zu einer anderen Dimension. Wie du Festungen gezielt aufspürst und wie du das Endportal aktivierst, steht im Kapitel »Extratour – Sehenswürdigkeiten bis zum Ende«.
- **Antike Stadt**: In der Nähe des von Sculk bewachsenen *Tiefen Dunkels* liegt immer eine unterirdische antike Stadt, die teilweise schon überwuchert ist. Du siehst nur noch Ruinen von Straßen, Bauwerken und seltsamen Tempeln. Markantestes Bauwerk im Zentrum ist der große Rahmen aus verstärktem Tiefenschiefer, den du nur sehr schwer abbauen kannst und unter dem blaue Seelenfeuer brennen.

  Was ist hier passiert? Sind alle Bewohner dem Sculk zum Opfer gefallen, obwohl ihre Wege aus Wolle und Teppichen nachweislich Geräusche dämpfen? Jetzt ist die Stadt ein riesiger Seelenfriedhof.

  Möchtest du eine antike Stadt erkunden, solltest du mit einem Bett deinen Spawnpunkt hierher umsetzen, damit du schnell weitermachen kannst, wenn dich ein Wärter erwischt.

Nur in den antiken Städten findest du in Truhen *Echoscherben*, aus denen du einen *Bergungskompass* craften kannst, der immer zu deinem letzten Todespunkt zeigt. Das ist praktisch, weil du nach dem Tod fünf Minuten Zeit hast, um von deinem Spawnpunkt aus dorthin zurückzueilen, um dein gedropptes Inventar zu bergen.

Wenn du dich vor der Mitte des großen Rahmens umsiehst und dort über einen Block aus gemeißeltem Tiefenschiefer läufst, der im Boden eingelassen ist, wirst du nur durch deine Laufgeräusche eine verborgene Tür öffnen, die unter der Holzbrücke liegt. Dahinter befindet sich ein Schatz – aber nicht aus Gold und Edelsteinen, sondern aus Wissen: Mehrere Geheimkammern, die die Funktion von Redstone erklären. Im Kapitel »Redstone – Minecraft unter Strom« ist das genauer beschrieben.

Jetzt kennst du die wichtigsten Fakten rund um den Bergbau und alle Geheimnisse im Untergrund. Einige Bergbau-Tipps zum Abschluss:

- **Abstand**: Grabe nicht mit der Nase direkt an der Wand, sondern mit langem Arm, damit du auf plötzliche Störungen wie Lava oder Löcher im Boden besser reagieren kannst.
- **Notizen**: Beschrifte interessante oder gefährliche Stellen mit Schildern und untersuche sie später, um dich nicht heillos in irgendwelchen Verästelungen zu verlieren.
- **Pausen**: Zögere nicht, zum Zwischenlager oder nach Hause zurückzukehren, wenn deine Taschen mit Schätzen und sogar Diamanten überquellen. Ein Unglück ist schnell passiert, und die ganze Mühe wäre umsonst gewesen.

**Gratulation, du hast das 3. Survival-Level erreicht**

Du bist jetzt ein erfahrener Entdecker und kennst alle Biome, auch die seltenen. Du kannst schwimmen, Bündel benutzen, Minecraft-Karten anfertigen und Screenshots machen. Im Bergbau bist du ebenfalls angekommen und kennst alle Erze, ein effektives Abbausystem und die Gefahren und Wunder der Unterwelt.

Im nächsten Kapitel erfährst du mehr über die Lagerung und Verarbeitung der vielen Rohstoffe, die du auf deinen Reisen über und unter der Erde findest.

# Heimwerken – hör mal, wer da craftet

*An einem malerischen See hast du dein Hauptquartier errichtet, ein geräumiges Steinhaus mit schöner Aussicht. Jetzt hast du Zeit, um deine gesammelten Schätze zu prüfen und herauszufinden, was sich daraus alles machen lässt.*

*Doch als Erstes musst du dein Lager vergrößern, deine Truhen reichen schon lange nicht mehr aus. Nachdem das erledigt ist, nimmst du die Öfen in Betrieb und gießt frische Eisenbarren, während du gleichzeitig einen guten Vorrat an leckeren Ofenkartoffeln backst. Zwischendurch wird die Steinsäge angeworfen, um etwas Baumaterial zurechtzuschneiden. Dann wird es laut in deiner Werkstatt: Fröhlich schlägst du auf den Amboss und schmiedest ein Namensschild, bis die Funken fliegen.*

## Sortieren und Lagern für Fortgeschrittene

Inzwischen hast du Werkbank, Ofen und Truhe häufig genutzt, um Gegenstände des täglichen Lebens herzustellen und zu lagern.

Die grundlegenden Inventarklicks kennst du bereits aus dem Kapitel »Survival – das nackte Überleben«: Ein *Linksklick* nimmt einen Stapel aus dem Slot oder legt ihn wieder hinein, ein *Rechtsklick* nimmt einen halben Stapel aus dem Slot oder legt einen einzigen Gegenstand wieder hinein.

Mit einigen Tricks wird das Sortieren noch komfortabler:

- Möchtest du Gegenstände gleichmäßig **über mehrere Slots verteilen**, nimmst du den ganzen Stapel auf und hältst die linke Maustaste gedrückt, während du über alle betreffenden Slots fährst.
- Machst du dasselbe mit der rechten Maustaste, wird in jeden Slot nur **ein einziger Gegenstand gelegt**.
- Passiert dir das versehentlich und du verteilst gerade einen großen Stapel über dein ganzes Inventar, ohne dass du das möchtest, **brichst du die Verteilung ab**, indem du, noch während du die Maustaste gedrückt hältst, kurz mit der *anderen* Maustaste klickst (nicht in der BE). Dann hängt der Stapel wieder unverteilt an deinem Mauszeiger.
- Um gleiche Gegenstände, die über mehrere Slots verteilt sind, wieder **zusammenzufassen**, doppelklickst du auf einen Gegenstand. Das holt automatisch gleiche Gegenstände aus anderen Slots, bis die maximale Stapelgröße erreicht ist (normalerweise 64).
- Zum **bequemen Füllen oder Leeren** einer Truhe (oder eines anderen Behälters) klickst du auf einen Stapel mit gedrückter [⇧]-Taste. Das verschiebt den Stapel in den ersten freien Slot im anderen Inventar, also z. B. von deinem Rucksack in die Truhe oder zurück. Hast du nur dein eigenes Inventar geöffnet, wird der Stapel zwischen Rucksack und Schnellzugriffsleiste hin und her verschoben.
- Um viele **gleichartige Stapel auf einmal** in ein anderes Inventar zu verschieben, nimmst du einen Stapel auf und doppelklickst mit gedrückter [⇧]-Taste auf einen anderen gleichartigen Stapel. Das verschiebt alle Stapel mit diesem Gegenstand in das andere Inventar und fasst sie dabei platzsparend zusammen (nicht in der BE).

Aber vergiss nicht, dass die Zeit bei geöffnetem Inventar weiterläuft, das Umsortieren solltest du deshalb nur an einem sicheren Ort machen.

## Gegenstände lagern

Inklusive Schnellzugriffsleiste nimmt dein Inventar maximal 36 unterschiedliche Gegenstände auf. Weil das schon nach kurzer Zeit nicht mehr reicht, hast du bereits im Kapitel »Survival – das nackte Überleben« deine erste *Truhe* aufgestellt. Und im Kapitel »Forscherdrang – entdecke die Welt« hast du für Entdeckungsreisen das *Bündel* benutzt und im Bergbau deine ersten Lager angelegt. Das ist auch ratsam, denn wenn du mit wertvollen Schätzen beladen einen Unfall hast – was im Überlebensmodus jederzeit passieren kann –, verlierst du dein gesamtes Inventar.

Eine normale Truhe bietet 27 Slots für die Lagerung. Reicht das nicht aus, stellst du eine zweite Truhe daneben. Dadurch verwandeln sie sich in eine große Truhe mit doppelt so viel Platz. Möchtest du zwei kleine Truhen nebeneinanderstellen, ohne sie zu verbinden, drückst du beim Aufstellen die Schleichen-Taste (nicht in der BE).

Du weißt bereits, dass der gesamte Inhalt einer Truhe droppt, wenn du sie abbaust. Bei einer großen Truhe droppen die *oberen* drei Slotreihen, wenn du die *linke* Hälfte abbaust, und die *unteren* drei, wenn du die *rechte* Hälfte abbaust.

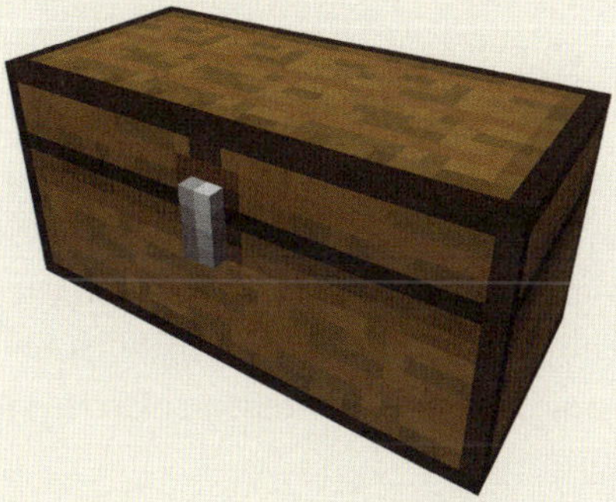

Truhendeckel müssen Platz zum Öffnen haben. Direkt unter der Decke gehen sie nicht auf. Aber es muss nicht unbedingt Luft über der Truhe sein, eine Stufe, eine Treppe oder auch eine andere Truhe sind ebenfalls möglich, solange es nur kein voller Block ist.

Zur Beschriftung deines Lagers verwendest du *Schilder*, die es in allen Bretterarten gibt. Du setzt die Schilder an eine Wand oder gleich direkt auf die Truhen. Damit du dabei nicht die Truhen öffnest, musst du die Schleichen-Taste drücken.

Sobald du ein Schild setzt, öffnet sich ein Fenster zur Eingabe von maximal vier Textzeilen. Mit einem Rechtsklick auf das Schild kannst du den Text nachträglich ändern und auch die Rückseite beschriften. Möchtest du das verhindern, reibst du das Schild mit einer Honigwabe ein.

Normale Schilder platzierst du flach an einer Wand oder stellst sie auf den Boden. Oder du craftest ein *Hängeschild* aus entrindeten Stämmen und zwei Eisenketten, das du seitlich an eine Wand oder unter einen anderen Block hängst. Trick: Drückst du beim Platzieren die Schleichen-Taste, kannst du zwei normale Schilder aufeinanderstellen oder Hängeschilder an einem statt an zwei Punkten aufhängen.

Durch hängende oder auf dem Boden stehende Schilder kannst du einfach hindurchlaufen, sie halten dich nicht auf.

Stehende Schilder, Wandschilder und Hängeschilder

Eine Alternative zur Truhe ist das Fass , das in Minecraft nicht rund ist, sondern wie ein typischer Block aussieht. Das Fass enthält ebenfalls 27 Slots wie eine normale Truhe. Fässer lassen sich nicht vergrößern. Dafür kannst du sie liegend oder stehend platzieren und immer öffnen, auch wenn ein voller Block darüber ist.

Ein Lager mit 14 großen Truhen, 6 kleinen Truhen (hinten rechts) und 12 Fässern (hinten), die du von jeder Position aus erreichst. Die sechs großen Truhen auf der rechten Seite stehen quer, womit das Lager noch kompakter wird. Zwei große Truhen sind im Boden versenkt. Die Fässer an der Rückwand sind unterschiedlich aufgestellt: die linken liegen, die rechten stehen übereinander.

## Der Kupfergolem sortiert deine Sachen

In der jüdischen Mythologie ist der Golem ein künstlich aus Lehm erschaffenes Wesen, das dem Menschen hilft. In Minecraft gibt es mehrere Golems: Der kleine Kupfergolem hilft dir im Lager, während dich Eisengolem und Schneegolem gegen Angreifer verteidigen (siehe Kapitel »Waffenmeister – Ritter, Kämpfer, Zauberlehrling«). Einen Golem baust du nicht auf der Werkbank zusammen, sondern aus Blöcken, die du auf den Boden stellst. Wenn du das richtig machst, entsteht daraus ein lebendiges Wesen.

**Leben:** 6

**Anleinen:** Ja

**Bauplan:** Ein Kupferblock und zuletzt ein geschnitzter Kürbis.

**Drop:** Kupferbarren

Bei der Erschaffung des Kupfergolems verwandelt sich der Kupferblock in eine *Kupfertruhe*, in die der kleine Golem sogleich hineinsieht. Denn das ist seine Aufgabe: Alles aus Kupfertruhen nehmen und fein säuberlich getrennt auf Holztruhen verteilen. Sammelst du z. B. die bunt gemischte Ernte einer automatischen Farm (siehe Kapitel »Redstone – Minecraft unter Strom«) in einer Kupfertruhe und stellst mehrere Holztruhen in die Nähe, verteilt der Golem die Ernte getrennt nach Weizen, Kartoffeln, Karotten etc. auf die Holztruhen. Damit er weiß, was er in welche Holztruhe legen soll, musst du vorab ein Beispiel hineinlegen. In leere Holztruhen legt der Golem einfach seinen erstbesten Stapel und bestimmt damit selbst, was fortan in diese Truhe kommt.

Der kleine Kerl läuft unermüdlich zwischen bis zu zehn Kupfertruhen und bis zu zehn Holztruhen in seiner Nähe hin und her und verteilt die Gegenstände, solange er etwas in den Kupfertruhen findet und die Holztruhen noch Platz haben. Dabei oxidiert er langsam, das heißt, sein Kupfer wird mit der Zeit grün. Wachst du ihn mit einer *Honigwabe* ein, hältst du diesen Vorgang auf. Ansonsten ist er nach vielen Stunden ganz grün und erstarrt zu einer *Kupfergolemstatue*. Zur Wiederbelebung des Golems musst du die Oxidation mit einer Axt vollständig von der Statue wieder abschaben.

**Die teleportierende Endertruhe**

Wenn du mehrere Häuser hast, kommt es immer wieder vor, dass du wichtige Gegenstände aus einem anderen Haus benötigst. Du löst dieses Problem, indem du in jedem Haus eine Endertruhe aufstellst. Denn egal in welche Endertruhe du etwas legst, es teleportiert sich immer zu der Endertruhe, die du gerade öffnest. Der Endertruhenplatz umfasst 27 Slots, mehr geht nicht hinein.

Leider sind Endertruhen in der Herstellung mit *Obsidian* und *Enderauge* am Anfang des Spiels schwierig zu bekommen. Außerdem kannst du sie nur mit der *Behutsamkeit*-Verzauberung abbauen, sonst zerfallen sie. Weil das schnell versehentlich passiert, ist eine Endertruhe für die Mitnahme auf Ausflügen weniger geeignet.

**Die transportierbare Shulker-Kiste**

Ein sehr praktischer Behälter für unterwegs ist die Shulker-Kiste. Im Gegensatz zu Truhen und Fässern, die ihren Inhalt droppen, wenn du sie abbaust, behält eine Shulker-Kiste beim Abbauen ihren Inhalt. Du kannst sie also komplett gefüllt abbauen, in dein Inventar legen, woanders wieder aufstellen und auf den immer noch vorhandenen Inhalt zugreifen. Verschachtelungen sind allerdings nicht möglich, d. h., du kannst keine Shulker-Kiste in eine andere Shulker-Kiste legen. Auch kannst du sie – egal ob voll oder leer – nicht im Inventar stapeln. Nichtsdestotrotz erhöhst du mit einer oder sogar mehreren Shulker-Kisten deinen Inventarplatz erheblich. Um sie besser unterscheiden zu können, sind sie sogar in 16 Farben einfärbbar.

Leider ist die Herstellung einer Shulker-Kiste noch schwieriger als die einer Endertruhe – man könnte sie auch als Belohnung für das Erreichen des Endes bezeichnen. Das Ende ist in Minecraft eine andere Dimension mit dem fürchterlichen Enderdrachen und extrem weit entfernten Endsiedlungen, in denen sich Shulker herumtreiben – kleine Monster, die du erlegen musst, um mit ihren *Shulker-Schalen* eine Shulker-Kiste herzustellen. Wie du das Ende erreichst, ist im Kapitel »Extratour – Sehenswürdigkeiten bis zum Ende« beschrieben.

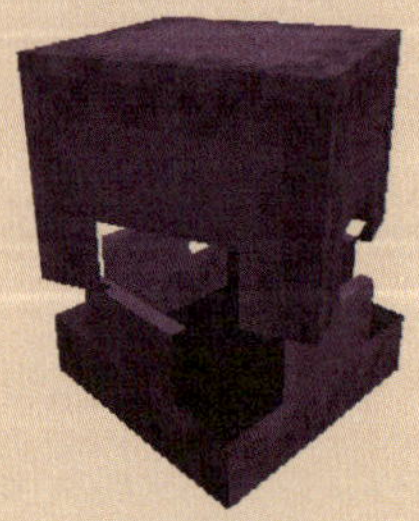

## Verbrennen oder recyceln?

Egal, wie groß du dein Lager anlegst, irgendwann quellen deine Truhen über, und du weißt nicht mehr, wohin mit den ganzen Bruchsteinen, Weizenkörnern und Setzlingen. Eine Möglichkeit ist dann die *Müllverbrennung*: Du gräbst ein Loch in den Boden und setzt ein *Lagerfeuer* hinein. Platziere mit einem Block Abstand darüber eine *Stufe*, die dich aufhält, damit du nicht versehentlich hineinfällst. Alles, was du mit der Q-Taste dort hineinwirfst oder mit der Maus aus deinem Inventar in das Loch ziehst, verbrennt. Alternativ zu dem Lagerfeuer kannst du auch einen leeren *Kessel* in das Loch stellen und mit einem *Lavaeimer* füllen, dann hast du einen *Lavakessel*.

Aber so nutzlos ist der in großen Massen anfallende *Bruchstein* gar nicht: Du kannst ihn im Ofen wieder zu normalem *Stein* schmelzen, der wiederum Ausgangsmaterial für die dekorativen *Steinziegel* ist.

Auch altes Holz musst du nicht wegwerfen. Es eignet sich in allen Verarbeitungsstufen immer noch als Brennmaterial für deinen Ofen.

Und überflüssiges Grünzeug verwertest du im *Komposter*. Alle Pflanzen, Pilze und pflanzlichen Nahrungsmittel inklusive Brot und Kuchen kannst du mit einem Rechtsklick dort hineinwerfen. Sobald der Komposter voll ist, bildet sich eine weiße Schicht aus *Knochenmehl*, die du mit einem Rechtsklick aufsammelst. Knochenmehl ist ein hervorragender Dünger und Grundstoff für weißen Farbstoff.

Aus einem vollen Komposter kannst du Knochenmehl nehmen.

Abgenutztes Werkzeug und fast verbrauchte Rüstungsteile müssen ebenfalls nicht im Müll landen, du kannst sie **reparieren**. Dazu legst du zwei abgenutzte gleichartige Gegenstände in die Slots eines *Schleifsteins*. Im Ergebnis-Slot liegt dann ein reparierter Gegenstand mit der summierten Haltbarkeit der beiden alten Gegenstände plus einem kleinen Haltbarkeitsbonus. Mehr als 100 % Haltbarkeit sind aber nicht möglich. Du würdest also Haltbarkeit verschenken, wenn du zwei Gegenstände zusammenfügst, die z. B. noch jeweils 60 % Haltbarkeit haben.

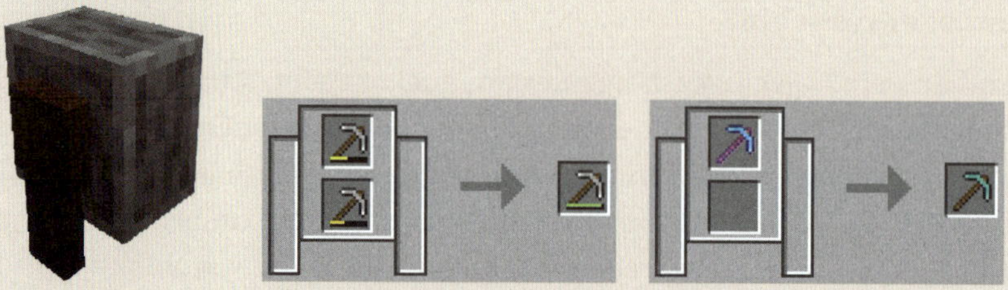

Der Schleifstein hat zwei Slots für die Reparatur von Gegenständen. Benutzt du nur einen Slot, kannst du einen Gegenstand entzaubern.

Statt des Schleifsteins kannst du zum Reparieren auch die Werkbank oder die Crafting-Slots in deinem Inventar benutzen. Das Reparieren ist auch eine Methode, um mehrere abgenutzte Bögen, die du von Skeletten bekommen hast, zu einem benutzbaren Exemplar zusammenzufassen.

Achtung: Verzauberungen (außer Flüche) gehen beim Reparieren auf diese Art verloren. Um Verzauberungen absichtlich zu entfernen, nimmst du den Schleifstein und legst nur einen Gegenstand hinein.

Wenn du dagegen beim Reparieren die Verzauberung behalten möchtest, musst du den Gegenstand mit einem Amboss bearbeiten (siehe Abschnitt »Mit dem Amboss schmieden« weiter unten).

Eine Alternative zum Reparieren ist bei Werkzeugen und Rüstungen aus Eisen oder Gold auch das *Einschmelzen* im Ofen. Du erhältst dann einen Eisen- oder Goldklumpen. Das ist nicht viel, aber es summiert sich – besonders, wenn du das Zeug in Truhen gefunden oder von erlegten Zombies und Skeletten erbeutet hast.

## Craften für Fortgeschrittene

Du hast gerade den Komposter und den Schleifstein kennengelernt, aber es gibt noch weitere nützliche Arbeitsgeräte, d. h. Blöcke, die über die reine Dekoration hinaus eine Funktion erfüllen.

### Schmelzofen, Räucherofen und Lagerfeuer

Brätst du dein Steak noch im selben Ofen, in dem du auch dein Eisenerz schmilzt? Wie unhygienisch – und auch langsam. Es gibt zwei Spezialöfen, die schneller sind:

- Mit dem *Schmelzofen* schmilzt du Erze und Metalle doppelt so schnell wie mit einem normalen Ofen.

- Der *Räucherofen* ist das richtige Gerät für die schnelle Küche, denn er brät und backt Fleisch, Fisch und Kartoffeln doppelt so schnell wie ein normaler Ofen.

Für eine zünftige Mahlzeit am offenen Feuer benutzt du ein *Lagerfeuer*. Bis zu vier Nahrungsmittel kannst du dort mit einem Rechtsklick ablegen. Nach 30 Sekunden droppt die fertige Mahlzeit vom Feuer.

Schmelzofen, Räucherofen und Lagerfeuer mit Nahrung

### Trichter

Willst du richtig große Materialmengen durch deine Öfen schleusen, verbindest du sie über drei *Trichter* mit drei Truhen oder sogar großen Truhen. Dabei kommt es auf die Position der Trichter an: Der Trichter *über* dem Ofen füllt das Rohmaterial ein, der Trichter *neben* dem Ofen legt den Brennstoff nach, und der Trichter *unter* dem Ofen zieht die Ergebnisse ab.

Ein Trichter funktioniert vollautomatisch: Solange im Eingangsbehälter Gegenstände liegen und im Ausgangsbehälter noch Platz ist, zieht er die Gegenstände von dem einen in den anderen Behälter. Für den Ofen heißt das: Sobald der Slot mit dem Rohmaterial oder der Slot mit dem Brennstoff leer ist, ziehen die angeschlossenen Trichter neues Material aus den Truhen nach. Und sobald etwas im Ergebnis-Slot des Ofens landet, verschiebt es der angeschlossene Trichter in die Truhe, bis diese voll ist.

Trichter funktionieren mit allen Behältern, nicht nur mit Öfen. Du kannst z. B. auch mehrere Truhen mit Trichtern verbinden. Dann öffnest du zum Füllen immer nur die erste Truhe, und das Material wird durch die Trichter bis in die letzte geleitet.

Auch möglich: Du verbindest eine Truhe voller Spitzhacken über einen Trichter mit einem Regal. Dann nimmst du mit einem Rechtsklick eine frische Spitzhacke aus dem Regal, ohne die Truhe öffnen zu müssen.

Ein automatischer Ofen mit drei Trichtern: In der oberen Truhe liegt das Rohmaterial, in der linken der Brennstoff und in die untere gelangt das Ergebnis. Du beginnst die Konstruktion mit der Truhe unten rechts und setzt Trichter, Ofen und Truhen mit gedrückter Schleichen-Taste zusammen, damit du nicht die Inventare öffnest.

Oder du verbindest zwei Trichter mit einem *Plattenspieler*. Der eine Trichter füllt ihn, der andere leert ihn. Solange die Schallplatte läuft, sperrt der Plattenspieler die Trichter durch ein Redstone-Signal. Dadurch erfolgt ein Wechsel erst, wenn die Platte fertig ist.

Um einen Trichter an einen Behälter anzuschließen, musst du beim Platzieren die Schleichen-Taste drücken. Mit einem Rechtsklick siehst du in einen Trichter hinein. Du kannst dann beobachten, was er gerade eingesaugt und noch nicht weitergegeben hat.

Du kannst den Eingangsbehälter auch weglassen und Gegenstände einfach so in einen Trichter werfen, der sie dann in den angeschlossenen Behälter transportiert, ohne dass du diesen öffnen musst. Ein Beispiel: Trichter um ein Lagerfeuer sammeln das fertige Essen auf, wenn es vom Feuer droppt.

### Steinsäge

Sehr effizient ist auch die *Steinsäge*. Mit ihr verarbeitest du alle Arten von Gestein schneller als mit der Werkbank und sparst manchmal sogar noch etwas Material. Normalerweise musst du z. B. für Treppen, Stufen oder Mauern die passenden Steine in einer ganz bestimmten Form auf eine Werkbank legen. Mit der Steinsäge entfällt das. Wenn du eine bestimmte Steinart oder Kupfer in die Säge legst, siehst du alle Blöcke, die daraus gesägt werden können. Dann klickst du einfach auf das gewünschte Muster und ziehst das Ergebnis in dein Inventar.

Die Steinsäge hat links einen Slot für das Rohmaterial, in der Mitte die Musterauswahl und rechts den Ergebnis-Slot.

## Schmiedetisch

Um mit dem Schmiedetisch zu arbeiten, benötigst du eine *Schmiedevorlage*. Du kannst sie nicht craften, sondern nur in Truhen finden oder in *Wegruinen* mit dem Pinsel freilegen, wie im Abschnitt »Wegruinen ausgraben« im Kapitel »Extratour – Sehenswürdigkeiten bis zum Ende« beschrieben.

Hast du eine bestimmte Schmiedevorlage erst einmal gefunden, kannst du sie auf der Werkbank beliebig oft kopieren. Dazu brauchst du sieben Diamanten und das Material, aus dem die Vorlage selbst besteht, z. B. Bruchstein oder Sandstein oder auch schwierig zu beschaffendes Material wie Endstein oder Purpurblock.

Mit einer Schmiedvorlage und Redstone-Staub verzierst du deinen Goldharnisch

Die meisten Schmiedevorlagen werden »Rüstungsbesatz« (BE: Rüstungszierleiste) genannt und dienen zum Verzieren deiner Rüstungen. Dazu legst du die Vorlage in den linken Slot, ein Rüstungsteil in den mittleren und ein Erz oder Kristall in den rechten, um die Farbe der Verzierung festzulegen. Möglich sind Eisen-, Kupfer-, Gold- und Netheritbarren, Redstone-Staub, Lapislazuli, Smaragd, Diamant, Netherquarz oder Amethystscherbe. Das Rüstungsteil behält beim Verzieren seine bisherigen Eigenschaften und Verzauberungen.

Mit der Schmiedevorlage »Netheritaufwertung« und einem Netheritbarren härtest du dein Diamantschwert.

Warst du schon im Nether (siehe Kapitel »Dimensionswechsel – Nether, Ozeane und Tränke erforschen«) und bist dort auf den sehr seltenen *Antiken Schrott* gestoßen? Dann hast du einen guten Fund gemacht! Im Ofen schmilzt du daraus *Netheritplatten* (BE: Netheritschrott), die du zusammen mit *Goldbarren* zu *Netheritbarren* craftest. Jetzt hast du ein hochwertiges und extrem stabiles Metall, mit dem du deine Werkzeuge, Schwerter und Rüstungen aus Diamant zu noch härteren Gegenständen aufwertest.

Dazu legst du die Schmiedevorlage »Netheritaufwertung« (BE: Netherit-Upgrade) in den linken Slot, einen Diamantgegenstand in den mittleren und einen Netheritbarren in den rechten. Das Ergebnis ist ein Netheritgegenstand, den du nur auf diese Weise bekommst. Diese spezielle Schmiedevorlage findest du nur in *Bastionsruinen* im Nether.

Netheritgegenstände behalten bei der Aufwertung ihre Verzauberung. Die Haltbarkeit erhöht sich, und sie nutzen sich nun deutlich langsamer ab. Außerdem steigt ihr Angriffsschaden bzw. ihre Rüstungshärte. Gegenstände aus Netherit sind das Beste, was du in Minecraft haben kannst.

## Leitstein

Mit gemeißelten Steinziegeln und einem Eisenbarren als Kern craftest du einen *Leitstein*, der den Kompass endlich zu einem nützlichen Gegenstand macht.

Ein normaler Kompass zeigt immer zu deinem Welt-Spawnpunkt, nicht zu deinem aktuellen Spawnpunkt an deinem Bett. Das kannst du mit einem Leitstein ändern. Rechtsklickst du mit einem Kompass auf diesen Stein, verwandelst du den Kompass in einen *Leitstein-Kompass*, der wie verzaubert schimmert. Dieser Kompass zeigt jetzt immer auf diesen Leitstein. Sobald du den Leitstein abbaust, dreht sich der Leitstein-Kompass im Kreis und muss durch einen Rechtsklick auf einen Leitstein neu ausgerichtet werden.

Hast du mehrere Leitsteine aufgestellt und damit unterschiedliche Leitstein-Kompasse angefertigt, solltest du die Kompasse auf dem Amboss umbenennen (siehe Abschnitt

»Mit dem Amboss schmieden« weiter unten), damit du weißt, wohin sie zeigen, z. B. »Basis«, »Außenposten Wüste«, »Hafen«.

Leitstein und Leitstein-Kompass – damit findest du immer zurück nach Hause.

### Kartentisch

Der *Kartentisch* ist ein praktischer Helfer für alle Entdecker und Planer. In den linken oberen Slot legst du eine *Karte*, die dann groß in der Mitte angezeigt wird. Diese Karte kombinierst du mit einem zweiten Gegenstand, was zu unterschiedlichen Ergebnissen führt:

- **Mit Papier** wird die Karte zu einer leeren, größeren Karte. Sie kann nun viermal so viel Landschaft darstellen. Maximal sind drei weitere Vergrößerungsstufen möglich (128 → 256 → 512 → 1.024 → 2.048 Blöcke Seitenlänge).
- **Mit einer leeren Karte** wird die Karte dupliziert, du erhältst ein zweites Exemplar.
- **Mit einer Glasscheibe** wird die Karte gesperrt. Dadurch behält sie ihren Inhalt, auch wenn du die zugehörige Landschaft veränderst.

Die ersten beiden Vorgänge kannst du auch mit einer Werkbank durchführen, das Sperren geht aber nur mit dem Kartentisch (in der BE kannst du Karten auf dem Kartentisch auch umbenennen).

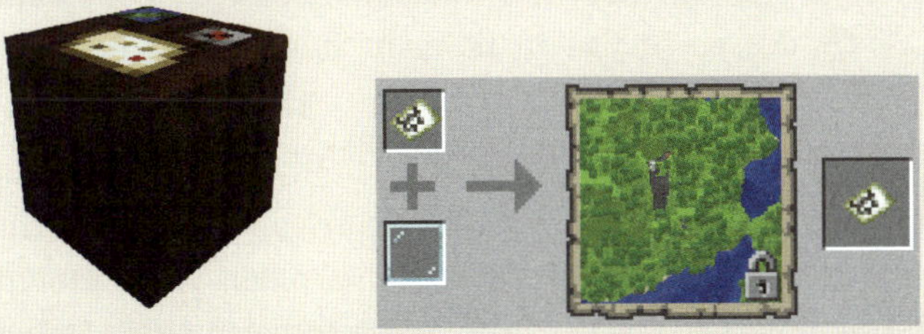

Der Kartentisch hat links oben einen Slot für die Karte, darunter für einen Zusatzgegenstand (hier eine Glasscheibe), in der Mitte die Anzeige des Ergebnisses und rechts das Ergebnis zum Herausnehmen.

### Bücher und Lesepult

Für Notizen und Hinweise gibt es im Spiel das Schild. Das hat aber nur Platz für vier kurze Zeilen. Möchtest du mehr aufschreiben, ist ein *Buch* die richtige Wahl. Um darin schreiben zu können, musst du es zuerst mit einer *Feder* (von einem Huhn) und einem *Tintenbeutel* (von einem Tintenfisch) zusammencraften. Du erhältst dann *Buch und Feder*. Das nimmst du in die Hand und öffnest es mit einem Rechtsklick. Jetzt kannst du bis zu 100 (BE: 50) Seiten Text in das Buch schreiben. Allerdings ist das etwas mühsam, denn jede Seite ist in sich abgeschlossen, d. h., beim nachträglichen Einfügen rutscht der Text nicht auf die nächste Seite (in der BE gibt es Zusatzfunktionen zum Einfügen, Löschen und Tauschen von Seiten).

Alle Arten von Büchern kannst du mit Rechtsklick in ein *gearbeitetes* (BE: *gemeißeltes*) *Bücherregal* stellen. Praktischer ist es jedoch, wenn du ein beschriebenes Buch – egal, ob signiert oder nicht – offen zum Lesen ausstellst. Dazu legst du es auf ein *Lesepult*.

Ein leeres Lesepult, ein beschriebenes Buch und ein Lesepult mit Buch

Ein Buch kannst du im Gegensatz zum Schild beliebig oft schließen und später darin weiterschreiben, bis du es abschließend signierst und ihm dabei einen Titel gibst. Dann hast du ein *beschriebenes Buch*, dessen Text niemand mehr ändern kann. Beschriebene Bücher lassen sich durch Hinzufügen von *Büchern mit Feder* beliebig oft kopieren. Auf der Werkbank kannst du so bis zu acht Buchkopien gleichzeitig herstellen.

Wie du gesehen hast, gibt es neben Werkbank und Ofen noch eine ganze Reihe anderer nützlicher Arbeitsgeräte. Dazu gehört auch ein *Webstuhl* zum Weben von Bannern. Doch bevor du den Webstuhl kennenlernst, machst du dich erst einmal mit dem Färben vertraut.

## Wolle, Glas und andere Dinge färben

Einige Blöcke und Gegenstände haben eine besondere Eigenschaft, mit der du mehr Kreativität in deine Bauwerke bringst: Sie lassen sich unterschiedlich einfärben und erlauben so die Gestaltung bunter Konstruktionen. In der Referenz am Ende des Buches findest du unter »Farbstoffe« eine Tabelle mit allen 16 Farbstoffen und erfährst dort auch, wie du sie herstellst.

Leuchtfeuer und Schafe in allen 16 Farben

Hast du Farbstoffe hergestellt, wird nun auf unterschiedliche Weise gefärbt:

- **Keramik**, **Glas**, **Glasscheiben** und **Kerzen** sind zunächst farblos. Um sie zu färben, legst du den Farbstoff auf der Werkbank in den mittleren Crafting-Slot und die farblosen Gegenstände ringförmig darum. Gefärbte Glasscheiben kannst du alternativ auch aus gefärbtem Glas herstellen.
- **Leuchtfeuer**: Durch das Setzen von buntem Glas oder bunten Glasscheiben in die Lichtstrahlen färbst du sie.
- **Glasierte Keramik**: Wenn du gefärbte Keramik im Ofen brennst, erhältst du gefärbte glasierte Keramik mit wunderbaren Mustern, die sich zu größeren Mustern zusammensetzen lassen.

Bei glasierter Keramik hat jede Farbe ihr eigenes Muster, das du zu größeren Mustern zusammensetzen kannst. Hier siehst du für alle 16 Farben jeweils vier gedrehte Blöcke, die durch die Drehung ein schönes Muster ergeben. Am einfachsten erkennst du die vier gedrehten Blöcke bei der magenta glasierten Keramik (dritte Farbe oben): Jeder magenta Pfeil ist ein einzelner Block.

- **Trockenbeton** gibt es nicht farblos, den mischst du gleich mit einem Farbstoff zusammen (vier Sand, vier Kies und ein Farbstoff auf der Werkbank, die Anordnung ist egal). Kommt der sandige bunte Trockenbeton mit Wasser in Kontakt, wird er zu festem buntem **Beton**.
- Auch **Wolle** gibt es nicht farblos, du erhältst sie in den Farben der Schafe. Um sie umzufärben, kombinierst du sie auf der Werkbank mit dem passenden Farbstoff. Besitzt du bereits ein **Schaf**, gibst du ihm mit einem Rechtsklick einen Farbstoff zu fressen. Bei jeder Scherung erhältst du dann Wolle in dieser Farbe. Mit einer bunten Schafherde kannst du ganz bequem viele bunte Dinge aus Wolle herstellen.
- Gefärbte **Teppiche**, bunte **Betten** und **Geschirre**, die du zum Reiten auf dem glücklichen Ghast brauchst, stellst du entweder direkt aus gefärbter Wolle her oder du färbst sie auf der Werkbank durch Kombination mit dem passenden Farbstoff um.
- **Banner** in allen 16 Farben craftest du aus gefärbter Wolle.
- **Schilde** sind ein guter Schutz im Kampf. Kombinierst du einen Schild mit einem Banner, hast du einen bunten Schild.
- **Bündel** färbst du nachträglich auf der Werkbank oder direkt in deinem Inventar mit einem Farbstoff. Du kannst ein Bündel beliebig oft umfärben.
- **Shulker-Kisten** kannst du ebenfalls beliebig oft mit einem Farbstoff umfärben, egal, welche Farbe sie haben. Um wieder die ungefärbte Shulker-Kiste zu bekommen, wäschst du die Farbe mit einem Rechtsklick in einem *Wasserkessel* ab. Dazu stellst du einen leeren *Kessel* auf und füllst ihn per Rechtsklick mit einem Wassereimer.
- Besonders bunt wird es bei **Lederrüstungsteilen**, ledernen **Rossharnischen** und **Wolfspanzern**, denn auf der Werkbank kannst du bis zu acht Farbstoffe gleichzeitig dazumischen. Du kannst sie sogar nachträglich beliebig oft weiterfärben, was den Farbton immer weiter verändert. Über 12 Millionen Farbtöne sind so möglich. Hast du dich vertan, wäschst du die Farbe einfach mit einem Rechtsklick in einem *Wasserkessel* wieder ab (BE: Lederrüstungen färbst du nicht auf der Werkbank, sondern in Kesseln, deren Wasser du zuvor mit Farbstoffen einfärbst).
- Das **Halsband** einer Katze oder eines gezähmten Wolfes änderst du per Rechtsklick mit einem Farbstoff auf das Tier.
- Genauso änderst du auch die **Schriftfarbe** auf einem Schild: Einfach mit einem Farbstoff auf das Schild rechtsklicken, und der gesamte Text nimmt diese Farbe an. Das ist besonders praktisch, wenn der schwarze Standardtext auf dunklen Holzschildern nur schwer zu lesen ist.

Eine Alternative ist das Rechtsklicken mit einem *Leuchttintenbeutel*, den du von einem Leuchttintenfisch bekommst. Die Schrift wird dadurch weiß umrahmt und weithin lesbar. Ein Rechtsklick mit einem normalen *Tintenbeutel* nimmt die weiße Umrahmung wieder weg.

- Ganz kurios wird es, wenn du einem Schaf mit einem Namensschild den Namen `_jeb_` gibst (so heißt der künstlerische Direktor von Minecraft). Das Schaf wird dann zum **Regenbogenschaf** und ändert ständig seine Farbe. Beim Scheren hat die Wolle aber immer die Ursprungsfarbe des Schafes.

## Banner weben mit dem Webstuhl

Mit einem *Webstuhl* webst du Muster auf ein Banner. Dazu legst du das Banner und einen Farbstoff in die entsprechenden Slots des Webstuhls, klickst das gewünschte Muster an und nimmst das fertige Banner aus dem Ergebnis-Slot. Durch Hinzufügen von weiteren Mustern auf ein bereits gemustertes Banner kannst du dein eigenes Burgwappen oder auch viele Länderflaggen herstellen. Hast du dich einmal vertan, wäschst du das jeweils zuletzt aufgetragene Muster mit einem Wasserkessel wieder ab. Maximal sind sechs überlagernde Muster auf einem Banner möglich.

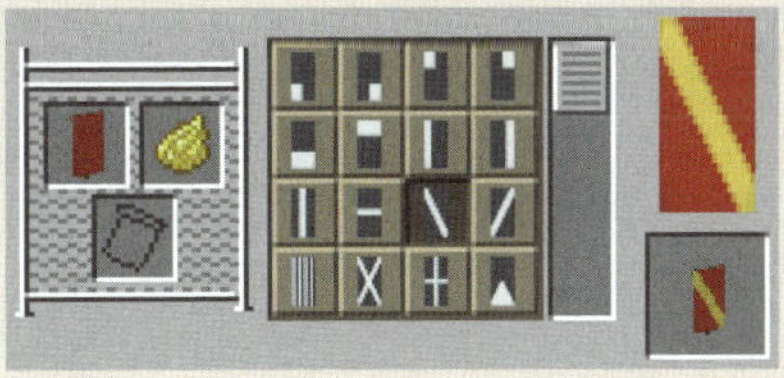

Der Webstuhl hat links oben einen Slot für ein Banner, daneben für einen Farbstoff und darunter für eine optionale Bannervorlage. In der Mitte siehst du die Musterauswahl und rechts oben das Ergebnis. Darunter ist der Slot zum Herausnehmen.

Für ganz besondere Muster legst du zu Banner und Farbstoff noch eine *Bannervorlage* (BE: Bannermuster) in den unteren Slot des Webstuhls. Damit kannst du z. B. ein Piratenbanner weben.

Die Herstellung einer Bannervorlage geschieht mit Papier und einem speziellen Gegenstand. Die einfachsten Bannervorlagen sind »Blume«, »Mauerung« und »Spickelbord«, die du aus Papier und einer Margerite, Ziegelsteinen oder Ranken craftest. Die anderen Gegenstände sind schwerer zu beschaffen: ein Wither-Skelettschädel für »Schädel«, ein Creeperkopf für »Creeper« und ein verzauberter goldener Apfel für »Mojang-Logo«. Die Bannervorlage »Globus« bekommst du nur von einem Meisterkartograf-Dorfbewohner, und die Bannervorlagen »Schnauze«, »Fluss« und »Windstoß« findest du nur in Truhen von Bastionsruinen oder Prüfungskammern.

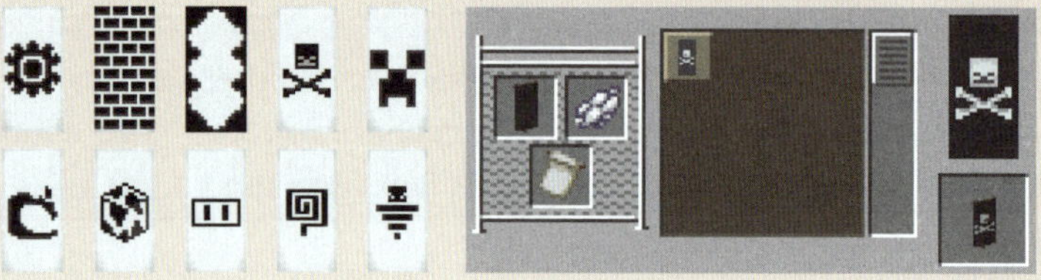

Wenn du eine Bannervorlage in den Webstuhl legst, steht nur ein einziges, ganz besonderes Muster zur Auswahl.

## Feuerwerke am Himmel

Wenn es etwas zu feiern gibt, gehört ein zünftiges Feuerwerk in vielen bunten Farben dazu. Dazu ist allerdings eine explosive Zutat erforderlich: Um *Schwarzpulver* zu bekommen, musst du möglichst viele Creeper, Ghasts oder Hexen ins Jenseits befördern. Tipp: Benutze ein Schwert mit *Plünderung*-Verzauberung, dann ist die Ausbeute größer.

Ein Feuerwerk

Hast du genug Schwarzpulver, mischst du es mit den nachfolgend aufgeführten Zutaten auf der Werkbank zusammen. Dabei entstehen *Feuerwerkssterne* mit unterschiedlichen Farben und Effekten:

- Ein bis acht Farbstoffe geben den Funken ihre Farben. Je mehr, desto bunter. Das Feuerwerk wird dann mit einer normalen Funkenkugel explodieren.
- Mit einer *Feuerkugel* als Zutat hat das Feuerwerk eine deutlich größere Kugelform als normalerweise. Feuerkugeln stellst du aus Schwarzpulver, Kohle und Lohenstaub her.
- Mit einer *Feder* als Zutat explodiert das Feuerwerk nicht als Kugel, sondern in einer formlosen Wolke.
- Mit einem *Goldklumpen* als Zutat explodiert das Feuerwerk als Stern.
- Mit einem *Monsterkopf* als Zutat explodiert das Feuerwerk in Form eines Creepergesichts (egal welchen Monsterkopf du verwendest). Monsterköpfe sind schwer zu bekommen. Am einfachsten bekommst du Schädel von Wither-Skeletten aus dem Nether.
- Mit einem *Diamanten* als Zutat verglühen die Funken mit langen Schweifen.
- Mit *Leuchtsteinstaub* als Zutat glitzern die Funken nach der Explosion.

Hast du einen Feuerwerksstern fertig gecraftet, kannst du noch einmal ein bis acht Farbstoffe hinzumischen. Damit legst du die Farben fest, in die der Funkenregen nach der Explosion langsam übergehen soll (*Abklingfarben*).

Zum Schluss craftest du die *Feuerwerksraketen*. Eine Rakete besteht aus *Papier*, ein bis drei *Schwarzpulver* und ein bis sieben *Feuerwerkssternen*, wobei du insgesamt nur maximal neun Zutaten auf die Werkbank legen kannst. Die Anzahl der Schwarzpulver-Häufchen bestimmt die Flughöhe. Die Effekte kommen aus den Feuerwerkssternen. Hast du mehrere Effekte in die Rakete gegeben, explodieren sie in kurzen Abständen nacheinander. Du kannst auch Feuerwerksraketen ohne Feuerwerksstern herstellen. Sie sausen dann mit einem Schweif nach oben, ohne zu explodieren.

Zum Zünden rechtsklickst du mit der Feuerwerksrakete auf den Boden. Das machst du natürlich nur unter freiem Himmel, denn je nach Anzahl der Feuerwerkssterne richtet die Explosion größeren Schaden an.

Für ein professionelles Feuerwerk stellst du eine Batterie aus *Werfern* auf, die du mit den Raketen füllst und mit Redstone-Signalen zündest.

## Mit dem Amboss schmieden

Dass du fast verbrauchte Waffen, Rüstungsteile und Werkzeuge mit dem Schleifstein reparieren kannst, weißt du schon. Und du kennst auch den Nachteil dieser Methode: Die Gegenstände verlieren dabei ihre Verzauberung. Das Verzaubern von Gegenständen lernst du im Kapitel »Waffenmeister – Ritter, Kämpfer, Zauberlehrling«, aber vielleicht hast du auch schon verzauberte Gegenstände in Truhen gefunden oder von Monstern erbeutet. Um die Verzauberung beim Reparieren zu behalten, benutzt du einen Amboss.

Der Amboss hat zwei Slots für das Zusammenschmieden zweier gleichartiger Gegenstände oder für das Reparieren mit passendem Material wie z. B. Diamanten. Rechts ist der Ergebnis-Slot und darunter die Anzeige der Erfahrungskosten. Oben steht der Name des Gegenstandes.

Der Amboss hat noch einen weiteren Vorteil: Du kannst für Werkzeug und Rüstungen auch das passende Material direkt in den zweiten Slot legen (nicht nur Metalle, auch z. B. Leder für Lederrüstungen). Und keine Angst, falls du zu viel Material hineinlegst: Es wird nur so viel verbraucht wie nötig, nämlich pro 25 % reparierter Haltbarkeit ein Materialgegenstand, also maximal vier.

Der große Vorteil des Ambosses, die nützlichen und schwierig zu bekommenden Verzauberungen beim Reparieren zu behalten, hat leider auch seinen Preis: Der Amboss verliert mit jeder Benutzung an Haltbarkeit. Das erkennst du an den Rissen, die bald auf seiner Oberfläche erscheinen und zahlreicher werden, bis er nach etwa 25 Benutzungen zerbricht. Dann brauchst du wieder drei Eisenblöcke und vier Eisenbarren, um einen neuen Amboss zu craften.

Das andere Problem sind die *Erfahrungskosten*. Wenn du einen bereits reparierten Gegenstand erneut reparieren willst, wird das immer teurer. Nach sechs Reparaturen desselben Gegenstandes übersteigen die Kosten die Möglichkeiten eines Ambosses, und er zeigt »zu teuer« an.

Aufgrund dieser Umstände lohnt sich das Schmieden mit dem Amboss wirklich nur für wertvolle, verzauberte Gegenstände.

Die Kosten bezahlst du mit deinen *Erfahrungsstufen*. Du kennst bereits deine Erfahrungsleiste unter der Lebens- und Hungerleiste und hast bemerkt, dass sie sich beim Sammeln von *Erfahrungspunkten* bei verschiedenen Tätigkeiten immer weiter füllt. Sobald die Leiste voll ist, erhöht sich die Erfahrungsstufe (die grüne Zahl), und die Leiste beginnt wieder bei Null. Dabei dauert das Auffüllen für jede neue Stufe immer länger und der Aufstieg in höhere Stufen wird immer schwieriger.

Der Amboss zeigt dir an, wie viele Erfahrungsstufen dein Schmiedevorgang kosten würde. Eine rote Anzeige bedeutet, dass du nicht genug hast.

Weil du niedrige Erfahrungsstufen deutlich schneller bekommst als höhere, ist es ratsam, erreichte Erfahrungsstufen baldmöglichst mit Schmieden (oder Verzaubern) zu verbrauchen und nicht zu lange damit zu warten.

**Wie erhältst du viele Erfahrungspunkte?**

Erfahrungspunkte (auch *XP* genannt, von englisch *experience*) bekommst du für bestimmte Tätigkeiten, die ein bisschen aufwendiger sind. Meist siehst du die Erfahrungspunkte als kleine gelbgrün leuchtende Kugeln, die du automatisch aufsaugst. Dabei ertönt ein leises Klingeln.

- Lukrativ sind vor allem große **Tierfarmen** (siehe Kapitel »Landwirtschaft – unsere kleine Farm«): Sowohl das Züchten als auch das Schlachten erwachsener Tiere bringt dir ein bis drei XP pro Tier ein.
- Auch im **Bergbau** bekommst du Erfahrungspunkte. Die meisten Erze geben beim Abbauen bis zu fünf XP, Diamanten und Smaragde bis zu sieben. Lasse also Redstone niemals links liegen, auch wenn deine Lager schon überquellen. Und wenn du einen Monsterspawner zerstörst, erhältst du sogar 15 bis 43 XP.
- Du kannst XP aber auch ganz gemütlich am **Ofen** bekommen: Alle fertigen Produkte, die du selbst aus dem Ofen nimmst, bringen pro Stück bis zu 0,3 XP. Am ergiebigsten ist das Schmelzen von Kupfer, Eisen oder Gold, das 0,7 XP pro Barren bringt.
- Auch das Abschleifen von Verzauberungen mit dem **Schleifstein** bringt XP. Bekommst du verzauberte Beute, die du nicht gebrauchen kannst, wie kaum noch haltbare Gegenstände oder verzauberte Bücher, mit denen du nichts anfangen

kannst, wirfst du sie nicht weg, sondern schleifst die Verzauberungen ab und sammelst dabei XP.

- Willst du es noch ruhiger angehen, mache eine Bootstour und gehe angeln, denn nicht nur das **Fischefangen** bringt bis zu 6 XP, sondern auch die Zubereitung des Fangs im Ofen.

- Treibst du mit Dorfbewohnern regen **Handel** (was an sich schon Erfahrung bringt), suche einen Geistlichen auf (siehe Kapitel »Extratour – Sehenswürdigkeiten bis zum Ende«). Nach einigen Handelsschritten bietet er dir ein **Erfahrungsfläschchen** im Gegenzug für eine Menge Smaragde. Kannst du dir das leisten, dann wirf das Fläschchen mit einem Rechtsklick auf den Boden und sammle die entstandenen Erfahrungskugeln ein, das bringt bis zu 11 XP.
- Schließlich erhältst du auch durch das **Beseitigen** von Zombies, Spinnen und anderen Monstern reichlich Erfahrungspunkte. Normale Monster bringen ab 5 XP, stärkere wie Wächter und Verwüster 10 bis 20 XP, der Wither 50 XP und der Enderdrache sagenhafte 12.000 XP.
- Wenn du **stirbst**, verlierst du nicht nur dein Inventar, sondern auch deine gesamten XP. Nur ein kleiner Teil davon droppt in Form von Erfahrungskugeln. Wie alle gedroppten Gegenstände verschwinden auch die Erfahrungskugeln nach fünf Minuten.

Neben dem Reparieren hat der Amboss noch eine zweite wichtige Aufgabe: Du kannst allen Gegenständen einen neuen Namen geben, z. B. »Steinklopfer« für deine neue Lieblingsspitzhacke.

Besonders interessant ist die Umbenennung eines *Namensschildes*. Rechtsklickst du damit anschließend auf dein Haustier (oder Hausmonster), erhält es den weithin sichtbaren Namen. Leider lässt sich ein Namensschild nicht craften, du kannst es nur in Truhen finden, als Schatz beim Angeln erbeuten oder durch Handel mit einem Meisterbibliothekar bekommen.

Mit einem Amboss benennst du auch Namensschilder um, damit deine Haustiere Namen erhalten.

**Gratulation, du hast das 4. Survival-Level erreicht**

Du bist jetzt ein fortgeschrittener Heimwerker. Du kennst die 16 Farbstoffe und weißt, wie du sie anwendest. Du kannst mit den Farben auch Banner weben und Feuerwerk herstellen. Du weißt, wie du einen Kupfergolem erschaffst, und hast dich mit einer Vielzahl von Arbeitsgeräten vertraut gemacht: Truhe, Fass, Endertruhe, Shulker-Kiste, Komposter, Schleifstein, Schmelzofen, Räucherofen, Lagerfeuer, Trichter, Steinsäge, Schmiedetisch, Leitstein, Kartentisch, Lesepult und Amboss. Auch die Bedeutung der Erfahrungspunkte und Erfahrungsstufen ist dir klar geworden.

So viel Arbeit macht hungrig. Im nächsten Kapitel erfährst du, wie du dir einen Bauernhof mit Feldern und Tieren anlegst.

# Landwirtschaft – unsere kleine Farm

*Du hast es satt, tagelang Schweine und Schafe zu jagen und Pilze und Äpfel zu suchen, um deinen Hunger zu stillen. Mit deinem eigenen Bauernhof wird das nun anders. In den Gehegen tummeln sich Kühe, Schweine und Hühner. Nebenan befindet sich ein Acker, auf dem du Weizen, Karotten und Kartoffeln anbaust, die du regelmäßig erntest.*

*Du bist gerade dabei, neue Pflanzen auszusäen, da hörst du hinter dir ein Zischen wie von einer Zündschnur. Erschrocken drehst du dich um und zückst dein Schwert, doch es ist zu spät. Mit einem lauten Knall explodiert ein herumstreunender Creeper vor deiner Nase. Du überlebst nur knapp. Doch dein Acker ist ruiniert, ein riesiges Loch klafft im Boden. Auch das Gatter der Schweine- und Hühnergehege wurde beschädigt. Die Tiere rennen panisch heraus und verteilen sich in alle Richtungen.*

*Hättest du nur eine Katze gehabt, dann wäre dir das nicht passiert.*

## Felder anlegen

Wenn es ums Essen ging, bist du bisher in die Wildnis gezogen und hast Schweine und Kühe gesucht, um dir einen Grillteller zusammenzustellen. Vielleicht hast du auch ein paar Äpfel oder Melonen gefunden, die schnell verputzt waren. Auf diese Weise dein

Abendessen zu sammeln war mühsam und zeitraubend. Mit einem kleinen Bauernhof wird das in Zukunft einfacher, denn du kannst nicht nur dein eigenes Gemüse heranziehen, sondern sogar auch Tiere züchten.

Im ersten Schritt beginnst du mit einem Acker, auf dem du Getreide und einige Gemüsesorten anbaust. *Weizenkörner* (BE: Weizensamen) sind am einfachsten zu finden: Du schlägst das überall wachsende niedrige und hohe Gras weg und hast nach kurzer Zeit einige Körner in deinem Inventar. Aus Weizenkörnern wird in Kürze Weizen, aus dem du nahrhaftes Brot, leckere Kekse oder einen Kuchen backst. Schwieriger aufzutreiben sind die anderen Ackerfrüchte wie Karotten, Kartoffeln, Kürbisse, Melonen und Rote Bete. In der Referenz am Ende des Buches steht unter »Gewächse« eine Tabelle der Ackerpflanzen und der Orte, wo du sie findest.

Hast du genug Saatgut gesammelt, suchst du dir eine ebene Fläche neben einem Gewässer, craftest eine *Hacke* und rechtsklickst damit auf Erde oder Grasblöcke, um sie in Ackerboden zu verwandeln. Das Gewässer in der Nähe ist wichtig, denn der Ackerboden wird nur langsam feucht und dunkler, wenn auf derselben Höhe und in höchstens vier Blöcken Entfernung (auch diagonal möglich) Wasser vorhanden ist. Baust du vom Gewässer aus einen oder mehrere Stichkanäle, kannst du noch mehr Ackerfläche bewässern. Oder du schöpfst mit einem leeren *Eimer* Wasser und gießt es in vorbereitete Gräben. Den größtmöglichen Bewässerungseffekt erzielst du, wenn du ins Zentrum eines 9 × 9 Blöcke großen Ackers einen einzigen Block Wasser gießt.

i

**MINECRAFT-LEXIKON – Unendlicher Brunnen**

Beim Schöpfen von Wasser mit einem Eimer aus Fluss, See oder Ozean ist dir bestimmt aufgefallen, dass das Wasser nachfließt und die ausgeschöpfte Lücke wieder schließt. Dieses Verhalten kannst du nutzen, um einen Brunnen zu bauen, aus dem du unendlich oft Wasser schöpfst, ohne dass es weniger wird.

Fülle zwei Wassereimer, grabe ein 2 × 2 Blöcke großes Loch und gieße das Wasser in zwei gegenüberliegende Ecken. Nun füllt sich das gesamte Loch und bleibt immer gefüllt, auch wenn du Wasser daraus nimmst.

Baue zum Schluss einen *Zaun* um deinen Acker, damit keine Monster und Tiere ins Beet trampeln. Ein Zaun ist etwas höher als ein Block, sodass die meisten Tiere und

Monster nicht darüberspringen können. Um deinen Acker selbst betreten zu können, ersetzt du ein Zaunstück durch ein *Zauntor*, das sich per Rechtsklick öffnen und schließen lässt. Schneller geht es mit einem Teppich, den du auf den Zaun legst: Du kannst auf den Teppich springen, Tiere und Monster aber nicht.

Auf den Zaun setzt du einige *Fackeln*, damit deine Pflanzen auch nachts weiterwachsen und keine Monster im Gemüse spawnen. Außerdem sorgt das warme Licht in verschneiten Biomen dafür, dass das Wasser nicht gefriert. Weitere Lichtquellen findest du in der Referenz am Ende des Buches unter »Beleuchtung«.

Mit einem künstlichen Kanal lässt sich eine größere Ackerfläche bewässern. Ein Zaun schützt sie, Fackeln geben Licht.

In den fertigen Acker pflanzt du mit Rechtsklicks Weizenkörner, Kartoffeln, Karotten und sonstiges Saatgut. Bei Melonen und Kürbissen musst du auf einen freien Platz neben jeder Pflanze achten, auf dem die große Frucht liegen kann. Nach der Aussaat wartest du ein bis zwei Minecraft-Tage (20 bis 40 Minuten). Unternimm in der Zwischenzeit aber keine weite Reise, denn Pflanzen wachsen nur, solange du irgendwo in der Nähe bist. Minecraft lässt nämlich nur den Teil der Welt laufen, den du um dich herum bis zum Horizont siehst. Für die gesamte Welt wäre der Rechenaufwand zu groß. Solange der Acker innerhalb dieses Bereiches liegt, ist das Wachstum garantiert.

Für die Ernte benötigst du kein spezielles Werkzeug, du baust die Pflanzen mit Linksklicks ab. Kartoffeln und Karotten kannst du direkt essen oder wieder einpflanzen, bei Weizen und Roter Bete erntest du sowohl die Früchte als auch die Körner und Samen. Bei Kürbissen und Melonen erntest du nur die Früchte, aus denen du die Kerne für die neue Aussaat craften musst.

**Mit Knochenmehl düngen**

Minecraft-Dünger besteht aus *Knochenmehl*, das du aus den Knochen erlegter Skelette craftest oder im *Komposter* herstellst (siehe Kapitel »Heimwerken – hör mal, wer da craftet«). Findest du in der Erde von Sümpfen und im Wüstensand große Fossilien, die aus *Knochenblöcken* bestehen, kannst du daraus auf der Werkbank ebenfalls Knochenmehl herstellen.

Um zu düngen, rechtsklickst du mit dem Knochenmehl auf eine Pflanze. Grüne Partikel wirbeln auf, und die Pflanze wird nach einer oder mehreren Anwendungen größer. Düngen ist nicht nötig, aber es beschleunigt das Wachstum, und du hast keine Wartezeit.

## Kochen und Backen

Bei der Kartoffelernte solltest du vorsichtig sein und die Kartoffeln nicht ungesehen essen. Manchmal ist nämlich eine *giftige Kartoffel* dabei, die dir nicht gut bekommen würde. Es ist sowieso besser, wenn du die Kartoffeln nicht isst, sondern im Ofen zu *Ofenkartoffeln* backst, die sind wesentlich nahrhafter und sättigender.

Alle weiteren Koch- und Backrezepte für deine Feldfrüchte bereitest du – typisch Minecraft – nicht im Ofen zu, sondern auf der Werkbank, weil es um das Mischen von Zutaten geht. Wie du *Brot*, *Borschtsch*, *Kekse*, *Kuchen* und *Kürbiskuchen* craftest, steht in der Referenz am Ende des Buches unter »Nahrung«. Die Anordnung der Zutaten auf der Werkbank ist dabei egal.

Der Kuchen ist das einzige Nahrungsmittel, das du nicht in die Hand nimmst, um es zu essen. Du stellst den Kuchen mit einem Rechtsklick auf Tisch, Boden oder eine sonstige Unterlage und kannst dann mit weiteren Rechtsklicks sieben Stücke davon essen. Und wenn du einen Geburtstag feiern willst, setzt du vorher noch eine Kerze auf den Kuchen.

Für Kürbisse gibt es neben Kürbiskuchen noch andere Verwendungsmöglichkeiten: Durch Rechtsklick mit einer *Schere* schnitzt du ein Gesicht in den Kürbis. Der *geschnitzte Kürbis* ist nicht nur eine passende Dekoration für Halloween, du kannst ihn sogar aufsetzen. Dazu legst du ihn in den Helm-Slot in deinem Inventar. Und craftest du den geschnitzten Kürbis mit einer Fackel zusammen, erhältst du eine *Kürbislaterne*, die im Gegensatz zur Fackel auch unter Wasser leuchtet.

## Försterei, Gärtnerei und Pilzzucht

Dein Acker war nur der Anfang, du kannst fast alle Pflanzen und Pilze vermehren, wenn du sie einmal gefunden und nach Hause gebracht hast. An erster Stelle steht dein eigener kleiner Forst für die Versorgung mit deinem Lieblingsholz – in Minecraft *Baumfarm* genannt.

**MINECRAFT-LEXIKON – Farm und farmen**

Einen Bauernhof nennt man im Englischen *Farm*. Davon abgeleitet benutzen die Spieler den Begriff für jeden Ort im Spiel, an dem bestimmte Gegenstände oder Blöcke schnell in großer Zahl zu bekommen sind, z. B. eine Baumfarm. Das Ernten oder Einsammeln wird entsprechend *farmen* genannt. So kannst du in Minecraft nicht nur Gemüse farmen, sondern auch Holz, Monsterbeute, Erfahrungspunkte und Sand (vorzugsweise in der Wüste).

Für das Anlegen einer Baumfarm brauchst du genügend Platz. Am besten eignet sich eine Ebene. Du hast sicher schon bemerkt, dass beim Fällen von Bäumen das Laub automatisch nach und nach verschwindet, sobald keine Stämme mehr da sind, und dabei manchmal Stöcke und *Setzlinge* herunterfallen. Dasselbe passiert auch, wenn du Laub mit der Hand wegschlägst. Diese Setzlinge sammelst du ein und pflanzt sie mit einem Rechtsklick auf Grasboden oder Erde.

*Mangroven-Keimlinge* kannst du besonders schnell farmen, indem du das Mangrovenlaub mit Knochenmehl düngst. Dann wächst daraus ein Keimling. Den Keimling kannst du auch düngen, du musst aber genau zielen, er ist sehr schmal. Eine Tabelle mit allen Baumarten und den Informationen, wo du sie findest, steht in der Referenz unter »Gewächse«.

Die Setzlinge von Eiche, Fichte, Birke, Tropenbaum, Akazie, Schwarzeiche, Kirsche und Blasseiche sowie Mangroven-Keimling, Bambus und Azalee

Hat der Setzling genügend Licht und Platz (Wasser ist nicht nötig), entsteht nach einigen Minecraft-Tagen ein Baum. Düngst du einen Setzling lange genug mit Knochenmehl, entsteht der Baum sofort, wenn er Platz hat. Azaleenbäume entstehen sogar nur mit Knochenmehl. Ohne Düngung bleibt die *Azalee* ein kleiner Busch, der nicht größer wird. In Minecraft wachsen Bäume nicht allmählich, sie entstehen ganz plötzlich und vollständig ausgewachsen anstelle des Setzlings und wachsen danach auch nicht weiter.

Die meisten Bäume haben eine Standardgröße, aber aus einem Eichensetzling kann manchmal – je nach Zufall – auch eine sehr große Eiche mit dicken Ästen entstehen. Für die mächtigen Schwarzeichen und Blasseichen, die riesigen Tropenbäume oder die Riesenfichten reicht ein einzelner Setzling aber nicht. Um diese Baumriesen zu erzeugen, musst du vier passende Setzlinge in einem 2 × 2-Quadrat pflanzen. Auch hier müssen die Setzlinge genug Licht und Platz haben.

Wenn du stattdessen einen individuellen Baum haben möchtest, baust du ihn dir einfach selbst. Wurzeln und Äste sind dabei genauso dick wie ein Stammblock, aber du kannst den Stamm natürlich auch dicker bauen. Beim Gestalten der Form stören manchmal die deutlich sichtbaren hellen Schnittflächen der Stammblöcke. Auch dafür gibt es eine Lösung: Aus vier Stämmen craftest du *Holz*, das rundherum mit Rinde bedeckt ist und von allen Seiten schön aussieht.

Zwei Eichenstämme mit sichtbaren Schnittkanten und zwei Eichenholzblöcke, die rundum mit Rinde bedeckt sind. Die Richtung der Rindenstruktur hängt davon ab, wie du den Block platzierst.

Möchtest du für den Bau deines Baumes *Laub* ernten, musst du eine *Schere* benutzen. Aus dem Laub kannst du auch dekorative Hecken bauen, oder du deckst damit leuchtende Blöcke ab, denn Laub ist lichtdurchlässig. Setzt du z. B. eine Kürbislaterne in eine Wand oder in den Boden und deckst sie mit Laub ab, hast du eine wunderbare indirekte Beleuchtung. Wenn du Laub selbst platzierst, zerfällt es nicht, das Spiel erkennt den Unterschied.

### Gärtnerei

Zu einem hübschen Garten gehören auf jeden Fall *Blumen*. Wo du Blumen findest und wie du sie vermehrst, steht in der Referenz unter »Gewächse«. Auch die *Azaleen*, die aus dem Laub der Azaleenbäume droppen, und die roten *Süßbeersträucher* eignen sich prima für einen Garten. Süßbeersträucher findest du in allen Taiga-Biomen. Erntest du mit einem Rechtsklick die *Süßbeeren*, kannst du sie essen oder zum Pflanzen von neuen Sträuchern verwenden: einfach mit den Beeren auf Grasboden oder Erde rechtsklicken.

Einen Gartenteich schmückst du mit *Seerosenblättern*, die du im Sumpf findest oder beim Angeln aus jedem Gewässer fischst. Seerosenblätter lassen sich nicht vermehren. Am Teichufer platzierst du *Zuckerrohr*, das du von einem Gewässer holst. Du kannst es nur dann auf Erde oder Sand pflanzen, wenn *direkt neben* dem Bodenblock Wasser ist. Zuckerrohr wächst von alleine bis auf eine Höhe von drei Blöcken und eignet sich damit auch sehr gut für den Bau einer Zuckerrohrfarm, falls du *Papier* für deine Bücher oder *Zucker* für deine Kuchen brauchst.

*Bambus*, den es nur im Dschungel gibt, passt ebenfalls gut zu einem Gartenteich. Im Gegensatz zu Zuckerrohr wächst Bambus ohne Wasser, braucht aber etwas Licht und wird ziemlich hoch. Um die Höhe zu begrenzen, platzierst du einen fast nicht sichtbaren *Faden* auf dem obersten Stück. Oder du legst eine Bambusfarm an und lässt sie richtig hoch wachsen, um sie regelmäßig zu ernten und daraus *Gerüste* zu craften, die beim Bauen großer Gebäude sehr nützlich sind. Beim Ernten von Zuckerrohr oder Bambus lässt du immer den untersten Block stehen, damit er wieder hochwachsen kann.

In üppigen Höhlen sammelst du *kleine Tropfblätter*. Dieses zarte Gewächs kannst du nur mit einer Schere ernten. Du pflanzt die kleinen Tropfblätter normalerweise im flachen Wasser. An Land lassen sie sich nur auf Ton oder Moos setzen. Die kleinen Tropfblätter gehören zu den wenigen Pflanzen, die du nicht vermehren kannst. Düngst du sie mit Knochenmehl, wird ein *großes Tropfblatt* daraus. Das kannst du vermehren, indem du es mit Knochenmehl immer höher wachsen lässt und dann abbaust. Du kannst dich sogar auf das Blatt stellen. Aber nur kurz, dann fällst du runter.

Um deinem Garten nachts ein zauberhaftes Funkeln zu verleihen, pflanzt du einige *Glühwürmchenbüsche*, die du an Gewässern und in Sümpfen findest.

Auch Moos könnte für deinen Garten interessant sein. Der *Moosblock* wächst in üppigen Höhlen. Aber nicht jeder Gärtner mag Moos, denn düngst du diesen Block mit Knochenmehl, breitet er sich in der Umgebung aus und ersetzt dadurch andere Blöcke. Als Crafting-Zutat eignet sich der Moosblock für die Herstellung von *bemoostem Bruchstein*, *bemoosten Steinziegeln* oder dekorativen *Moosteppichen*.

Es gibt noch weitere Pflanzen in Minecraft, wie Kakteen, Leuchtbeeren und Kakao. Ihre Fundorte und Vermehrung findest du alle in der Referenz unter »Gewächse«.

Zum Anlegen von *Trampelpfaden* rechtsklickst du mit einer Schaufel auf einen Grasblock und machst das Gras damit platt. Trampelpfade sind besonders in verschneiten Biomen nützlich, denn auf ihnen bleibt kein Schnee liegen. Hast du mal den falschen Block geplättet, musst du den Trampelpfad abbauen und bekommst Erde, die du wieder in das Loch setzt. Jetzt musst du warten, bis von den Nachbarblöcken Gras über die Sache wächst. Die *Grasblöcke* entstehen von ganz alleine aus Erde, wenn es hell genug ist. Je mehr Grasblöcke in der Nähe sind, desto schneller verwandelt sich Erde in einen Grasblock. Möchtest du einen Grasblock abbauen, um ihn woanders hinzusetzen, musst du eine mit *Behutsamkeit* verzauberte Schaufel nehmen, sonst bekommst du nur normale Erde. Wenn auf der Erde kein Gras wachsen soll, setzt du die etwas dunklere *grobe Erde* ein, die du aus Erde und Kies craftest.

Ein Gartenteich mit (hinten) Blumen, Azaleen und Süßbeersträuchern, (Mitte) Bambus, Moosblöcken (rechts neben dem Bambus, an der Seite grün statt braun), großen Tropfblättern und Zuckerrohr, (vorne) kleinen Tropfblättern, Seerosenblättern und Seegras (im Wasser) sowie einem Trampelpfad mit Holztreppen

## Pilzzucht

Bist du ein Pilzfreund, musst du zum Anbau in den Keller gehen, denn Pilze vermehren sich nicht bei hellem Licht und nicht unter freiem Himmel, auch nicht bei Nacht. Nur an Orten, wo du einen Pilz auf den Boden setzen kannst, stimmen die Bedingungen. Dann breiten sich die Pilze mit der Zeit auf jedem Block aus, auch auf Stein.

Wesentlich mehr Ausbeute an Pilzen bekommst du, wenn du nicht die kleinen *Pilze* anbaust, sondern baumgroße Riesenpilze, die normalerweise nur im dunklen Wald oder im Pilzland zu finden sind. Um einen solchen Riesenpilz selbst zu erzeugen, düngst du den kleinen Pilz mit Knochenmehl. Wenn er auf Erde oder einem ähnlichen Block steht und es nach oben ausreichend Platz zum Wachsen gibt, wird ein Riesenpilz daraus. Mit Riesenpilzen hast du genug Zutaten für viele leckere *Pilzsuppen*. Willst du den Riesenpilz nicht essen, sondern als dekoratives Baumaterial nutzen, musst du ihn mit der *Behutsamkeit*-Verzauberung abbauen. Dann erhältst du je nach Pilzart rote oder braune Pilzblöcke und Pilzstiele.

Um unabhängig vom Licht zu sein und damit auch unter freiem Himmel eine Pilzfarm anlegen zu können, muss der Boden aus bestimmten Varianten der Erde bestehen, nämlich aus *Podsol*, *Myzel* oder *Nezel*. Am einfachsten und ohne langwieriges Herumreisen bekommst du Podsol. Dazu setzt du vier Fichtensetzlinge in ein 2 × 2-Quadrat und düngst sie mit Knochenmehl. Dadurch wird nicht nur eine Riesenfichte erzeugt, sondern rundherum auch Podsol. Nun hast du die ideale Fläche für deine oberirdische Pilzfarm und dazu noch schön viel Fichtenholz. Möchtest du den Podsol abbauen, geht das wie bei Grasboden nur mit der *Behutsamkeit*-Verzauberung. Ein einziger Block reicht schon, um darauf einen Riesenpilz zu erzeugen.

Eine Pilzfarm unter freiem Himmel, jeder Riesenpilz steht auf einem Podsol-Block.

Warst du schon im Nether, dann hast du sicherlich die Nether-Riesenpilze entdeckt. Sie sind wesentlich nützlicher als die Oberwelt-Riesenpilze, weil sich ihre Stiele wie Holz in viele Gegenstände verarbeiten lassen. Um Nether-Riesenpilze anzubauen, setzt du einen kleinen Karmesinpilz auf Karmesin-Nezel oder einen Wirrpilz auf Wirr-Nezel und düngst sie mit Knochenmehl. Die Helligkeit und der Ort spielen dabei keine Rolle.

## Tierhaltung und Viehzucht

Hast du dir deine Sporen als Landwirt und Gärtner verdient, kommt die nächste Herausforderung: Tiere fangen und züchten, um sie danach – wenn du das Fleisch haben möchtest – zu schlachten. Dabei gehst du so vor:

1. Baue mit *Zäunen* ein großes Gehege in der Nähe deines Hauses. Für den Zugang baust du ein *Zauntor* ein oder legst einen Teppich auf den Zaun. Du kannst auf den Teppich springen, die Tiere nicht.
2. Sammle Futter (Weizenkörner, Weizen, Karotten etc.) und suche die Gegend nach Tieren ab – eine Übersicht über die Farmtiere findest du im nächsten Abschnitt.
3. Hast du ein Tier gefunden, nimm das passende Futter in die Hand, was dir sofort volle Aufmerksamkeit garantiert.
4. Gehe zurück zum Gehege, das Tier wird dir folgen. Sieh aber immer wieder zurück, ob es nicht irgendwo hängen geblieben ist oder abgelenkt wurde.
5. Schleuse das Tier ins Gehege, indem du mit dem Futter in der Hand hineingehst. Ist es drin, wechselst du den Slot deiner Schnellzugriffsleiste, damit du das Futter nicht mehr in der Hand hältst, läufst schnell aus dem Gehege und schließt das Zauntor mit einem Rechtsklick.

### Tiere an die Leine legen

Für den Tiertransport über längere Strecken eignet sich eine *Leine*, die du aus Fäden von Spinnen craftest. Zum Anleinen rechtsklickst du mit der Leine auf das Tier und ziehst es hinter dir her. Schaue dich immer wieder um, denn bleibt das Tier hängen, reißt die Leine und fällt auf den Boden. Ansonsten ist die Leine aber eine feine Sache: Du kannst auch sprinten oder schwimmen, das Tier wird immer hinter dir hergezogen, selbst wenn du den Gegenstand in deiner Hand wechselst.

Ist das Tier im Gehege, löst du die Leine mit einem erneuten Rechtsklick auf das Tier, wobei sie auf den Boden fällt.

Du kannst auch mehrere Tiere anleinen und gleichzeitig hinter dir herziehen. Besser wäre jedoch, eine Karawane zu bilden, die passt leichter durch Engstellen. Du verbindest zwei Tiere, indem du mit einem angeleinten Tier schleichend auf ein anderes rechtsklickst. Mit einer Schere löst du die Verbindung wieder. Willst du unterwegs eine Pause machen, z. B. weil du etwas Interessantes am Wegesrand entdeckt hast, bindest du die Leine mit einem Rechtsklick an einen *Zaun*, den du bei einem Tiertransport immer dabeihaben solltest. Beim Lösen vom Zaun mit einem Rechtsklick fällt die Leine wie üblich auf den Boden. Tipp: Nimm sicherheitshalber Ersatzleinen mit.

In Minecraft haben die Tiere keine unterschiedlichen Geschlechter, daher reichen fürs Züchten zwei Tiere derselben Gattung.

Dazu nimmst du wieder das passende Futter in die Hand und fütterst die einzelnen Exemplare mit Rechtsklicks. Das versetzt sie in Paarungsbereitschaft, was du anhand der aufsteigenden Herzen erkennst. Befinden sich zwei Tiere in Paarungsbereitschaft, nimmt die Natur ihren Lauf, und kurze Zeit später läuft ein Jungtier im Gehege umher.

Jungtiere sind noch nicht als Farmtiere nutzbar. Sie lassen sich nicht scheren oder melken, legen keine Eier und droppen beim Schlachten nichts. Erst nach etwa 20 Minuten wird ein Jungtier zum erwachsenen Tier. Durch Füttern verkürzt du die Zeit ein bisschen, aber der Effekt wird mit jeder Fütterung kleiner. Ungefähr sieben Fütterungen halbieren die restliche Zeit.

Das Vermehren von Tieren bringt 1 bis 3 Erfahrungspunkte (XP), das Schlachten erwachsener Tiere 1 bis 7 XP.

Jedes Tier hat ein Lieblingsfutter, mit dem du es anlockst und in Paarungsbereitschaft versetzt – Kühe z. B. sind vernarrt in Weizen.

Auf den folgenden Seiten findest du eine Übersicht über alle Tiere, die es in Minecraft gibt. Einige dienen als Nahrungsquelle, andere produzieren wichtige Rezeptzutaten, und auf wieder anderen kannst du sogar reiten.

## Farmtiere

Die typischen Farm- oder Bauernhoftiere laufen dir fast überall über den Weg, du musst sie nur einsammeln.

Huhn, Schaf, Kuh, Mooshroom (BE: Pilzkuh), Schwein, Biene, Kaninchen

Farmtiere dienen vorzugsweise als Nahrung oder zum Farmen anderer Rohstoffe wie Wolle, Milch und Honig. Alle Farmtiere lassen sich anleinen, füttern und vermehren. Die größeren und die Biene haben 4 bis 5 ❤, die beiden kleinen 1½ bis 2 ❤.

Schafe, Kühe, Schweine und Hühner in verschiedenen Varianten findest du in allen Biomen mit Grasboden. Kaninchen leben nur in der Taiga, der Wüste, verschneiten Biomen, auf Almen und im Blumenwald. Bienennester gibt es ebenfalls auf Almen und im Blumenwald sowie in Ebenen, Mangrovensümpfen und selten im Wald, Birkenwald und Kirschberghain. Mooshrooms leben nur im seltenen Pilzland, das meist als Insel mitten im Ozean liegt (siehe Kapitel »Dimensionswechsel – Nether, Ozeane und Tränke erforschen«). Diese seltsamen Kühe haben ihren Namen von den englischen Wörtern für »Muh« (*moo*) und »Pilz« (*mushroom*).

Schafe, Kühe und Mooshrooms lockst und vermehrst du mit *Weizen*. Für Schweine nimmst du *Karotten*, *Kartoffeln* oder *Rote Bete*, für Hühner *Weizenkörner* oder andere Samen. Kaninchen lassen sich mit *Karotten*, *Löwenzahn* und sogar *goldenen Karotten* füttern und vermehren, während du für Bienen jede kleine und große *Blume* nehmen kannst.

Beim Schlachten der Tiere bekommst du das entsprechende *rohe Fleisch*. Bei Schafen auch die *Wolle*, manchmal bei Kühen und Mooshrooms *Leder*, bei Hühnern eine *Feder*, bei Kaninchen *Kaninchenfell* und auch selten eine *Hasenpfote*, ein magischer Gegenstand, der auch im echten Leben so heißt, egal woraus er gemacht ist.

Statt **Schafe** zu schlachten, kannst du sie auch mit einer Schere rechtsklicken, um die Wolle zu bekommen. Wenn sie Gras fressen, wächst die Wolle wieder nach. Möchtest du mehr Farbe in deine Schafherde bringen, gib ihnen einen Farbstoff zu fressen. Die Wolle ist dann auch beim Scheren entsprechend bunt.

**Kühe** und **Mooshrooms** rechtsklickst du mit einem leeren Eimer, um sie zu melken. Trinkst du den *Milcheimer* aus, neutralisiert das alle Statuseffekte, die du durch Tränke, Monster oder giftiges Essen erhalten hast. Damit hast du ein prima Mittel gegen Vergiftungen und Hexenangriffe. Mooshrooms kannst du auch mit einer Schüssel melken, um eine nahrhafte *Pilzsuppe* zu bekommen. Vorsicht: Scherst du einer Mooshroom die Pilze ab, wird sie zu einer normalen Kuh, was du nicht rückgängig machen kannst. Im extrem seltenen Fall, dass eine Mooshroom vom Blitz getroffen wird, verwandelt sie sich in ein braunes Exemplar mit braunen Pilzen. Hast du einen Dreizack mit *Entladung*-Verzauberung, kannst du dem Zufall nachhelfen.

**Hühner** legen alle fünf bis zehn Minuten ein *Ei*. Mit diesem mischst du auf der Werkbank entweder einen Kuchen zusammen oder du wirfst es mit einem Rechtsklick zurück ins Gehege. Aus durchschnittlich einem von acht geworfenen Eiern schlüpft ein Küken, ganz selten auch mal mehrere.

**Bienen** stechen dich, wenn du sie schlägst oder ihr Nest ausräumen willst. Neben dem Schaden von 1 durch den Stich verpassen sie dir auch den Statuseffekt *Vergiftung*, der dir Leben abzieht. Daran stirbst du zwar nicht, weil mindestens ein halbes Herz übrig bleibt, aber du solltest sofort Honig trinken, um die Vergiftung aufzuhalten, und deine Energie regenerieren, denn ein zweiter Stich wäre tödlich, weil er wieder ein ganzes Herz Schaden abzöge. Abgesehen von ihrem wehrhaften Verhalten sind Bienen sehr nützliche Tiere. Zwar droppen sie nichts, aber sie produzieren Honig und Honigwaben in ihrem Nest.

### So betätigst du dich als Imker

- **Nestsuche**: Bienennester suchst du im passenden Biom (siehe in der Einleitung zum Abschnitt »Farmtiere«). Oder du pflanzt in deiner Baumfarm neben jeden Eichen- und Birkensetzling eine Blume, weil durchschnittlich in einem von 20 Fällen der ausgewachsene Baum ein Bienennest mit drei Bienen tragen wird.
- **Abbau**: Baue das Nest vorsichtig mit der *Behutsamkeit*-Verzauberung ab – möglichst in der Nacht oder bei Regen, wenn alle drei Bienen im Nest sind und nicht umherfliegen.
- **Aufhängung**: Das volle Nest trägst du nach Hause und hängst es dort auf. Bienen werden von allen Blumen und blühenden Pflanzen bis maximal 22 Blöcke neben ihrem Nest angezogen und sammeln dort Blütenstaub, den sie beim Zurückfliegen

teilweise verlieren. Fällt er dabei auf einen Acker, wirkt das wie eine Düngung mit Knochenmehl, die Pflanzen wachsen dann schneller.

- **Beruhigung**: Zünde ein Lagerfeuer unter dem Nest an. Das beruhigt die Bienen während der Honigernte, ansonsten greifen sie an. Ihr Stich ist zwar erträglich, aber sie sterben dabei, wie im echten Leben. So würdest du dein ganzes Bienenvolk verlieren.
- **Honigproduktion**: Bei Sonnenschein fliegen die Bienen munter zu den Blumen und kehren mit Blütenstaub beladen zurück. Im Nest verarbeiten sie ihn zu Honig, was ein paar Minuten dauert.

Bienchen und Blümchen. Die vordere Biene hat bereits Blütenstaub auf ihrem Hinterteil und fliegt zurück in den Bienenstock. Der linke Bienenstock ist schon voller Honig, der herausquillt. Unter beiden Bienenstöcken brennt ein Lagerfeuer, das zum Schutz der Bienen mit einem braunen Teppich abgedeckt ist (in der BE muss das Feuer offen sein).

- **Ernte**: Warte, bis aus dem Nest vorne und unten Honig tropft. Durch Rechtsklick mit einer *Glasflasche* erntest du den Honig. Die *Honigflasche* kannst du austrinken, sie neutralisiert jede Vergiftung, oder du craftest *Honigblöcke* daraus, die wunderbar klebrig sind. Statt Honig kannst du mit einer Schere auch drei *Honigwaben* ernten. Die brauchst du für neue Bienenstöcke. Zur platzsparenden Lagerung kannst du sie auch zu *Honigwabenblöcken* zusammenfügen.
- **Vermehrung**: Sobald du Honigwaben hast, fütterst du zwei Bienen mit jeweils einer Blume, damit sie sich paaren und vermehren.
- **Vergrößerung**. Jetzt brauchst du mehr Platz für die neuen Bienen. Crafte aus Brettern und Honigwaben neue *Bienenstöcke* und hänge sie zu dem Bienennest. Wenn eine Biene zurück in ein Nest will, das bereits mit drei Bienen belegt ist, nimmt sie das nächste Nest. Du kannst zwar nicht sehen, wie viele Bienen in einem Nest sind, aber wenn sie mit Blütenstaub beladen nicht hineinfliegt, ist es voll.

So vergrößerst du nach und nach dein Bienenvolk, erntest Honig und Honigwaben und baust in der Nacht oder bei Regen ein paar Bienenstöcke mit *Behutsamkeit* ab, um sie mitsamt den darin enthaltenen Bienen in eine Truhe zu legen, falls deine Bienen mal sterben sollten und du ein neues Volk brauchst. Alternativ kannst du Bienen auch mit einer Blume locken oder anleinen (sie bleiben dabei friedlich) und zu einer neuen Behausung führen.

**Dein Tier und du in einem Boot**

Mit einem angeleinten Tier durch einen Fluss zu schwimmen ist kein Problem, aber bei einem Ozean sieht das schon anders aus. In diesem Fall solltet ihr gemeinsam ein Boot benutzen (wie du ein Boot steuerst, steht im Kapitel »Reisefieber – unterwegs mit Pferden, Booten und Loren«).

Setze das Boot am Ufer ins Wasser, nimm das Tier an die Leine und ziehe es ins Boot. Wenn es nahe genug herankommt, springt es von selbst hinein. Manchmal hilft es auch, wenn du mit dem angeleinten Tier einmal ums Boot schwimmst. Wenn es drin ist, steigst du dazu. In der BE musst du mit dem Boot auf das Tier fahren. Dann schippert ihr ganz gemütlich über den großen Teich. Am Ziel angekommen, steigst du aus dem Boot. Das Tier geht von alleine nicht wieder heraus, daher leinst du es an und ziehst es raus.

## Treue Begleiter

Einige Wildtiere kannst du zähmen. Sie werden dann zu treuen Begleitern, die dir folgen und in schwierigen Situationen helfen. Diese Tiere sind nicht zum Farmen gedacht, sondern zur Unterstützung. Nachfolgend siehst du, welche Tiere sich zähmen lassen und was sie für dich tun.

Papagei, Wolf, Esel, Pferd, Maultier, Dromedar, Lama, Katze, Hilfsgeist

Alle treuen Begleiter lassen sich anleinen und füttern sowie vermehren (außer Papageien). Die Reittiere haben 7½ bis 16 , der Hilfsgeist und der gezähmte Wolf 10  und die kleinen Tiere 3 bis 5 .

Wilde **Pferde**, **Esel** und **Lamas** wandern in kleinen Herden durch die Savanne. Lamas findest du auch in den zerzausten Hügeln, Pferde und Esel in der Ebene und **Dromedare** in Wüstendörfern. Wie du diese Tiere zähmst und das Reiten lernst, erfährst du im Kapitel »Reisefieber – unterwegs mit Pferden, Booten und Loren«.

Lamas sind keine Kämpfer, aber wenn sie angegriffen werden, spucken sie und fügen damit ½  Schaden zu. Zum Züchten fütterst du Lamas mit *Strohballen*  und Dromedare mit *Kakteen* . Das Züchten von Pferden und Eseln ist dagegen teuer: Nur mit *goldenen Karotten*  oder *goldenen Äpfeln*  versetzt du sie in Paarungsbereitschaft. Jedes Reittier hat individuelle Eigenschaften wie Fellfarbe und Lebensenergie und bei Pferden und Eseln auch Geschwindigkeit und Sprungkraft. Durch gezielte Züchtung sind bessere Eigenschaften möglich. Paarst du ein Pferd mit einem Esel, erhältst du ein Maultier, das – wie im echten Leben – keine Nachkommen haben kann.

Die Gesundheit deines Reittiers siehst du in Form von kleinen Tiergesicht-Herzen, sobald du auf ihm sitzt. Durch Füttern gibst du ihm Gesundheit zurück und erhöhst damit auch kurzzeitig die Geschwindigkeit. Pferde und Esel fressen in diesem Fall auch Strohballen.

Wilde **Wölfe** leben im Wald und in der Taiga und fressen Schafe, Kaninchen und Füchse. Je nach Biom haben sie ein unterschiedliches Aussehen, vom Schneewolf über den Waldwolf bis zur Hyäne. Wilde **Katzen** in verschiedenen Rassen leben in Dörfern und fressen Kaninchen. Außerdem hat jede Hexe in ihrer Sumpfhütte eine schwarze Katze. Wilde **Papageien** in unterschiedlichen Farben findest du im Dschungel. Sie sind neugierig, verfolgen andere Kreaturen im Umkreis von 20 Blöcken und ahmen deren Stimmen nach – auch das Zischen des ansonsten lautlos schleichenden Creepers. Daher kannst du in ihrer Nähe viele seltsame Geräusche hören.

Um einen Wolf zu zähmen, fütterst du ihn mit *Knochen*. Bei einem wilden Papagei nimmst du *Weizenkörner* oder andere Samen. Auf keinen Fall aber einen Keks, denn dadurch stirbt er – wie im echten Leben, denn Papageien vertragen keine Schokolade. Eine Katze zu zähmen ist schwieriger, weil sie wegläuft. Halte einen *rohen Kabeljau* oder *rohen Lachs* in der Hand, nähere dich vorsichtig und bleibe oft stehen. Irgendwann wird sich die Katze nach dem Fisch umdrehen. Jetzt darfst du dich nicht bewegen und fütterst sie mit einem Rechtsklick ein- oder mehrmals. Hast du Wolf oder Katze erfolgreich gezähmt, setzen sie sich hin und haben ein rotes Halsband, das du mit einem Farbstoff-Rechtsklick umfärben kannst. Zahme Wölfe und Katzen jagen keine Tiere mehr.

Hast du Wolf, Katze oder Papagei gezähmt, folgen sie dir überall hin, außer du bringst sie mit einem Rechtsklick zum Sitzen. Zahme Papageien setzen sich auch auf deine Schultern, wenn du nahe genug herangehst. Durch Hopsen (Leertaste) schüttelst du sie wieder ab (BE: von einem Block herunterhopsen). Mit der Taste F5 änderst du deine Perspektive, um das zu sehen. Drücke die Taste mehrfach, um wieder in die Egoperspektive zurückzukehren.

Ein zahmer Wolf beschützt dich. Wenn du angegriffen wirst, stürzt er sich (wenn er in der Nähe ist) auf den Widersacher und verursacht 2 Schaden. Bei zahmen Katzen reicht schon ihre Anwesenheit, um Creeper und Phantome abzuhalten, denn sie mögen keine Katzen.

Die Gesundheit deines zahmen Wolfs erkennst du an der Stellung des Schweifs: Zeigt er zum Boden, ist es Zeit, seine Lebensenergie durch Verfüttern von Fisch oder Fleisch zu regenerieren. Das funktioniert auch mit Kugelfischen und dem verrotteten Fleisch von Zombies. Mit voller Gesundheit kannst du zahme Wölfe durch Füttern auch vermehren. Die Gesundheit von zahmen Katzen kannst du leider nicht erkennen. Fütterungen füllen ihre Lebensenergie aber auf jeden Fall wieder auf. Dann lassen sie sich auch vermehren. Neue Rassen kannst du aber nicht züchten, das Jungtier wird immer so aussehen wie eins der beiden Elterntiere.

Zahme Katzen haben ihre kleinen Eigenheiten, wenn sie frei herumlaufen dürfen. Sie setzen sich manchmal auf eine Truhe, die du dann nicht benutzen kannst, bis du die Katze mit einem Rechtsklick oder einem rohen Fisch zum Aufstehen bringst. Und wenn du dich ins Bett legst und am nächsten Morgen aufwachst, kann es passieren, dass dir deine frei herumlaufende Katze ein kleines Geschenk bringt, z. B. verrottetes Fleisch, eine Feder oder auch mal eine Phantomhaut.

Auch zahme Papageien treiben allerlei Unfug. Crafte einen *Plattenspieler* und spiele eine *Schallplatte* ab. Alle Papageien, die beim Start der Musik nahe genug am Plattenspieler sind, wackeln hin und her, egal ob sie fliegen, stehen oder sitzen. Papageien, die später dazukommen, machen nicht mit, und wer sich vom Plattenspieler entfernt, hört wieder auf. Daher ist es am besten, du setzt deine Papageien am Plattenspieler mit einem Rechtsklick hin, dann könnt ihr gemeinsam tanzen (du hüpfend).

Ein seltsames Tier ist der **Hilfsgeist** – kein wirklicher Geist, sondern eine Art fliegendes Äffchen, das in den Kerkern von Plünderer-Außenposten und Waldanwesen gefangen gehalten wird. Er kann im Dunkeln gut sehen und sammelt gerne Gegenstände ein. Seine Hilfsbereitschaft gab ihm seinen Namen. Gib ihm mit einem Rechtsklick einen

Gegenstand, und er wird zahm und versuchen, dir zu folgen. Dabei sammelt er in einem Umkreis von 60 Blöcken weitere Exemplare dieses Gegenstands für dich ein, wenn sie schwebend auf dem Boden liegen, und bringt sie dir. Damit ist der Hilfsgeist ein idealer Erntehelfer oder hilft dir beim Finden von Bockshörnern.

Möchtest du nicht, dass der Hilfsgeist hinter dir herfliegt, um seine Beute abzuwerfen, lässt du einen Notenblock erklingen. Dann bringt er die Gegenstände zum Notenblock, wo du sie einsammeln kannst. Spätestens alle 30 Sekunden muss der Notenblock erneut erklingen, sonst wendet sich der Hilfsgeist wieder an dich. Soll der Hilfsgeist aufhören zu suchen, nimmst du ihm den Gegenstand mit einem Rechtsklick wieder weg. Dann ist er nicht mehr zahm und fliegt ziellos umher. Du kannst ihn natürlich auch anleinen.

Um einen Hilfsgeist zu vermehren, brauchst du nur ein einziges Exemplar. Lass ihn zu Schallplattenmusik tanzen und füttere ihn in diesem Moment mit einer Amethystscherbe. Er ist dann so glücklich, dass er sich verdoppelt.

## Wildtiere

In einigen Biomen triffst du auf Wildtiere, die vor allem zur Belebung der Natur dienen. Weil es für den Hintergrund nicht wichtig ist, wo sich diese Tiere genau befinden, verschwinden manche wieder, wenn du weit genug weggehst. Das wird *Despawnen* genannt. Das solltest du beachten, falls du dir einen kleinen Zoo anlegen willst.

Fledermaus, Gürteltier, Fuchs, Ziege, Panda, Schnüffler, Eisbär, Schildkröte, Ozelot, Frosch

**MINECRAFT-LEXIKON – Despawnen**

Einige Wildtiere, alle Wassertiere und die meisten Monster verschwinden wieder, wenn du dich mehr als 128 Blöcke von ihnen entfernst (bei Fischen die Hälfte). Wenn du zurückkommst, spawnen neue Kreaturen an anderer Stelle. Das merkst du normalerweise nicht, außer du hast eine Kreatur eingesperrt. Dann kann es sein, dass sie weg ist.

Farmtiere und gezähmte Tiere despawnen nicht, sie bleiben dir erhalten. Möchtest du ein Tier, das normalerweise despawnt, oder ein Monster am Despawnen hindern, gibst du ihm mit einem *Namensschild* einen Namen. Kreaturen, die du gerade in einem Boot transportierst, despawnen ebenfalls nicht. Allerdings kann es trotz des Namens passieren, dass sich ein Tier irgendwo unglücklich einklemmt und stirbt, ohne dass du es merkst.

Auch die Wildtiere lassen sich anleinen (außer Fledermaus und Schildkröte). Eine Vermehrung ist ebenfalls für die meisten möglich, außer für Fledermaus und Eisbär (es gibt zwar Eisbärjunge, aber die spawnen in der Natur). Während Farmtiere und Reittiere ideal in einem Gatter oder einer Koppel aufgehoben sind, funktioniert das Einzäunen von Wildtieren nicht so gut: Fledermäuse und Ozelots despawnen (die anderen Wildtiere nicht), und Frösche und Ziegen springen 8 bzw. 10 Blöcke hoch über jeden Zaun. Die kleinen Wildtiere haben 3 bis 6, der Schnüffler 7, der Panda 10 und Schildkröte und Eisbär 15.

Die Wildtiere sind nicht zum Farmen gedacht und droppen beim Schlachten nichts oder nur Kleinigkeiten. Die **Ziege** kannst du allerdings mit einem leeren Eimer melken, um einen *Milcheimer* zu bekommen. Es gibt in Minecraft aber keinen Unterschied zwischen Kuh- und Ziegenmilch, und Käse gibt es auch nicht. Du kannst Ziegen mit *Weizen* vermehren, aber dass sie in Minecraft keine Farmtiere sind, erkennst du schon an ihrem wilden Schneeziegen-Aussehen. Du findest sie nur in Berggipfel-Biomen. Vorsicht: In seltenen Fällen rammen sie dich (1 Schaden) oder auch mal einen Baum oder Felsen. Dabei verlieren sie ein *Bockshorn*, das du als Signalhorn nutzen kannst. Es gibt acht Hornvarianten, die gleich aussehen, aber unterschiedlich klingen. Vier davon findest du auch in Plünderer-Außenposten.

Ebenfalls wild, aber eigentlich ganz niedlich, sind Füchse, Ozelots und Pandas. Alle drei kannst du vermehren. **Füchse** leben in der Taiga, wo sie vor allem nachts aktiv sind und kleine Tiere jagen. Sie heben jeden gedroppten Gegenstand auf und tragen ihn in ihrem Maul. Möchtest du den Gegenstand haben, ohne den Fuchs zu töten, wirf ihm Nahrung (außer Kuchen) hin. Dafür lässt er alles andere fallen.

Einem Fuchs näherst du dich am besten schleichend und tagsüber, wenn er an einem schattigen Plätzchen schläft. Fütterst du zwei Füchse mit *Süßbeeren* oder *Leuchtbeeren*, haben sie kurz darauf ein Junges, das keine Angst mehr vor dir hat. Allerdings folgt es erwachsenen Füchsen, wenn diese weglaufen, daher solltest du es anleinen, bis es ausgewachsen ist. Auch wenn er keine Angst mehr vor dir hat, bleibt dein Fuchs doch ein Wildtier und würde deine Hühner fressen, also sei vorsichtig.

Auch der **Ozelot** ist ein scheues Tier und läuft vor dir weg. Diese kleine Raubkatze aus Südamerika kannst du manchmal in kleinen Rudeln im Dschungel beobachten. Wenn du dich einem Ozelot langsam näherst und ihn mit *rohem Kabeljau* oder *rohem Lachs* fütterst, während er dich anschaut, fasst er Vertrauen, läuft nicht mehr weg und despawnt nicht mehr. Fütterst du zwei Ozelots, gibt es kurz darauf ein Junges. Das traut dir aber erst, wenn du es ebenfalls fütterst (in der BE traut es dir sofort).

Im Dschungel triffst du auch manchmal auf einen **Panda**, im Bambusdschungel etwas häufiger. Kein Wunder, diese seltenen chinesischen Bären mögen Bambus und setzen sich manchmal hin, um ihn zu fressen. Sie verteidigen sich, wenn sie angegriffen werden (3 Schaden), aber nur einmal, denn sie sind sehr friedfertig. Die Pandavariante mit braun-weißem Fell ist besonders selten.

Pandas haben unterschiedliche Eigenschaften. An ihrem Gesicht und Verhalten erkennst du, ob ein Panda faul, ängstlich, verspielt, schwächlich oder sauer ist.

Mit *Bambus* kannst du Pandas nicht nur locken, sondern auch paaren. Allerdings nur, wenn du nicht zu nahe herangehst und sich in einem Umkreis von fünf Blöcken mindestens acht Bambuspflanzen befinden. Ob diese Bedingung erfüllt ist, erkennst du daran, ob Herzchen aufsteigen oder die Pandas sich einfach nur hinsetzen und deinen Bambus auffressen.

Das **Gürteltier** lebt in den trockenen Biomen Savanne und Tafelberge und kann sich bei Gefahr zusammenrollen. Es liebt *Spinnenaugen* und lässt sich damit anlocken und vermehren.

Gürteltiere verlieren manchmal ein *Gürteltier-Hornschild*. Wenn du nicht darauf warten willst, kannst du das Gürteltier auch mit einem Pinsel abstauben. Aus den Hornschilden stellst du einen *Wolfspanzer* als Rüstung für deinen gezähmten Wolf her.

**Schildkröten** haben ein besonders interessantes Fortpflanzungsverhalten. Du findest sie an Stränden, sie lassen sich mit *Seegras* anlocken und vermehren. Dann wird eine Schildkröte trächtig und schwimmt zurück zu ihrem Heimatstrand. Dort sucht sie eine sandige Stelle auf und legt ein bis vier *Schildkröteneier*. Du kannst diese Eier einsammeln, aber nur mit der *Behutsamkeit*-Verzauberung. Platzieren kannst du die Eier überall – bis zu vier auf einem Block –, aber das Schlüpfen funktioniert nur auf Sand. Es dauert sehr lange, durchschnittlich vier bis fünf Minecraft-Tage (1:20 bis 1:40 Stunden), selten auch sieben (2:20 Stunden) oder mehr und schreitet, wie in Minecraft üblich, nur voran, wenn du nicht zu weit weggehst (du erinnerst dich an das Wachstum der Ackerpflanzen). Von Zeit zu Zeit bekommen die Eier in der Nacht Sprünge, die jedes Mal größer werden. Schließlich schlüpft aus jedem Ei eine winzige Schildkröte. Auch das geschieht meistens nachts. Die Jungtiere merken sich den Ort, an dem sie geschlüpft sind, und kehren später zur Eiablage wieder dorthin zurück.

Nach ungefähr einem weiteren Minecraft-Tag ist die kleine Schildkröte ausgewachsen. Das ist der entscheidende Augenblick für dich, denn dabei droppt sie ein *Schildkröten-Hornschild*, das nur fünf Minuten liegen bleibt, bis es verschwindet. Aus fünf Hornschilden craftest du einen *Schildkrötenpanzer*. Das ist ein spezieller Helm, der Atemluft speichert, womit du zehn Sekunden länger und damit doppelt solange wie ohne tauchen kannst.

Eine bereits ausgestorbene Tierart ist der **Schnüffler**, es gibt keine lebenden Exemplare mehr. Doch manchmal kannst du in *Ozeanruinen* im warmen Ozean *Schnüffler-Eier* finden, indem du *seltsamen Sand* mit dem Pinsel bearbeitest. Wie das genau funktioniert, ist im Abschnitt »Wegruinen ausgraben« im Kapitel »Extratour – Sehenswürdigkeiten bis zum Ende« beschrieben.

Setzt du ein Schnüffler-Ei auf den Boden, schlüpft nach etwa einem Minecraft-Tag ein Jungtier (wenn du nicht zu weit weggehst). Steht das Schnüffler-Ei auf einem Moosblock, dauert das Schlüpfen nur halb so lang.

Ausgewachsene Schnüffler sind sehr große Tiere und sehen mit ihrem moosgrünen Fell und den sechs Beinen seltsam urtümlich aus. Sie wandern langsam umher und schnüffeln ständig. Manchmal graben sie mit ihrer großen Nase im Boden und finden Samen von ausgestorbenen Pflanzen, die du in der Welt nirgends finden kannst: *Fackellilien* (BE: Fackelblumen) und *Kannenpflanzen*. Mit Fackelliliensamen kannst du Schnüffler vermehren. Dann legen sie ein Schnüffler-Ei.

Auch **Frösche** legen Eier, das wird »laichen« genannt. Sie leben im Sumpf und Mangrovensumpf. Dort hüpfen sie herum und ernähren sich von kleinen Schleimen, die sie mit ihrer langen Zunge fangen. Nur ein *Schleimball* bleibt dann noch übrig, den die Frösche droppen. Bringst du Frösche in den Nether, machen sie auch Jagd auf kleine Magmawürfel. Dann droppen sie je nach ihrer eigenen Farbe ein entsprechend buntes *Froschlicht*.

Fütterst du zwei Frösche mit Schleimbällen, wird einer trächtig und sucht die nächste Wasserstelle, um dort zu laichen. Aus dem Froschlaich schlüpft eine Kaulquappe, die sich nach einiger Zeit zu einem Frosch entwickelt. Kaulquappen kannst du mit einem Wassereimer einsammeln und woanders wieder freilassen. Die Farbe des Frosches hängt von der Temperatur des Bioms ab, in dem sich die Kaulquappe verwandelt: In kalten Biomen entstehen grüne Frösche, in gemäßigten ockerfarbene und in warmen perlmuttfarbene.

Der **Eisbär** wandert gerne durch Schnee und Eis und ist in der verschneiten Ebene, der Eiszapfentundra und dem gefrorenen Ozean zu Hause. Wie alle Wildtiere in Minecraft ist er grundsätzlich friedlich, außer du greifst ihn an. Ist aber ein Junges bei dem Eisbären, sieht die Sache anders aus und du solltest Abstand halten, sonst bekommst du 5 Schaden.

**Fledermäuse** hängen gerne in dunklen Höhlen oder Räumen an der Decke und flattern herum, wenn sie aufgeschreckt werden. In den Tagen um Halloween spawnen mehr Fledermäuse als sonst.

## Wassertiere

Auch im Wasser tummeln sich Tiere, darunter verschiedene Fische. Manchmal entdeckst du auch Jungfische, aber die spawnen natürlich. Vermehren kannst du nur den Axolotl.

**Kabeljau**, **Lachs**, **Tropenfisch** und **Kugelfisch** kennst du schon vom Angeln (Kapitel »Survival – das nackte Überleben«), aber schwimmende Fische haben mit dem Angeln nichts zu tun. Möchtest du einen schwimmenden Fisch haben, fängst du ihn mit einem *Wassereimer* (Rechtsklick auf den Fisch). Wenn du den Fisch mit dem Eimer ausleerst (Rechtsklick auf einen Block), solltest du das im Wasser tun, sonst produzierst du eine Überschwemmung. Außerdem überlebt der Fisch an Land nur kurz.

Kugelfisch, Kabeljau, Delfin, Tintenfisch, Leuchttintenfisch, Axolotl, Lachs, Tropenfisch

Fische haben nur 1½, der Kugelfisch allerdings 7,5 bis 15. Kabeljaue findest du im kalten, normalen und lauwarmen Ozean, Lachse im kalten und gefrorenen Ozean und in Flüssen, Tropenfische und Kugelfische im lauwarmen und warmen Ozean. Tropenfische kommen außerdem im Mangrovensumpf und in üppigen Höhlen vor. Es gibt über 2.700 verschiedene Tropenfischarten, aber 22 sind besonders häufig, darunter auch der bekannte Clownfisch.

Der Kugelfisch ist so winzig, dass du ihn kaum siehst. Das macht ihn beim Tauchen gefährlich, denn sobald du ihm zu nahe kommst, bläht er sich zu einer Kugel auf und sticht dich. Das führt neben der relativ geringen Verletzung durch den Stachel (1 Schaden) auch zum Statuseffekt *Vergiftung*. Daran stirbst du zwar nicht direkt – es bleibt immer ein halbes Herz übrig –, trotzdem solltest du schnell Honig trinken, um die Vergiftung aufzuhalten, und dich sofort regenerieren, denn der nächste Stich zieht wieder ein ganzes Herz Schaden ab. Fische kannst du nicht anleinen. Da du sie auch nicht vermehren kannst, liegt ihr Wert in der Dekoration für ein Aquarium, denn mit dem Eimer gefangene Fische despawnen nicht mehr.

**Tintenfische** und **Leuchttintenfische** haben 5, lassen sich anleinen, aber nicht vermehren und despawnen. Die normalen Tintenfische ziehen in kleinen Gruppen durch alle Gewässer. Wenn du sie angreifst, stoßen sie eine Tintenwolke aus. Sie droppen einen *Tintenbeutel*, den du zu Farbstoff oder einem Buch mit Feder weiterverarbeiten kannst.

Leuchttintenfische kommen nur in lichtlosen Gewässern vor (Tiefsee, Höhlen). Sie droppen einen *Leuchttintenbeutel*, aus dem du Leuchtrahmen herstellst, die heller sind als normale Rahmen. Sehr nützlich ist auch das Aufhellen von dunkler Schrift auf Schildern durch einen Rechtsklick mit dem Leuchttintenbeutel. Um diesen Effekt rückgängig zu machen, benutzt du auf dem Schild einen normalen Tintenbeutel.

**Delfine** haben 5, schwimmen in kleinen Gruppen durch normale, lauwarme und warme Ozeane und springen manchmal aus dem Wasser. Sie sind verspielt und stupsen Gegenstände an, die im Wasser schwimmen. Bei der Erkundung der Unterwasserwelt sind sie sehr hilfreich (siehe Kapitel »Dimensionswechsel – Nether, Ozeane und Tränke erforschen«). Aber falls du einen Delfin verletzt, wehrt er sich und fügt dir 1½ Schaden zu.

Du kannst Delfine anleinen, aber nicht vermehren. Sie sind Säugetiere und brauchen Luft zum Atmen. Weil sie unter Wasser manchmal stecken bleiben und ertrinken, aber auch gerne aus dem Wasser springen und an Land verenden, macht das die Haltung von Delfinen sehr schwierig. Außerdem despawnen sie.

Der **Axolotl** ist ein mexikanischer Lurch, der sich an das Höhlenleben angepasst hat. Normalerweise ist er braun, aber es gibt auch rosa Tiere und andere gezüchtete Varianten.

Axolotls haben 7 ❤, sind im Wasser der üppigen Höhlen zu Hause und jagen alle Arten von Fischen und Tintenfischen. Du fängst sie wie Fische mit einem Wassereimer, was auch das Despawnen verhindert. Anleinen ist möglich, aber an Land kriechen sie nur träge herum und gehen nach einigen Minuten ein.

Fütterst du Axolotls mit einem *Tropenfischeimer* (ein Wassereimer, mit dem du einen Tropenfisch gefangen hast), versetzt du sie in Paarungsbereitschaft. Das Junge erbt die Farbe von einem Elternteil. Ganz selten, nur in einem von 1.200 Fällen, wird das Junge stattdessen blau.

Axolotls können bei Gegnern unter Wasser hilfreich sein. Siehe dazu das Kapitel »Waffenmeister – Ritter, Kämpfer, Zauberlehrling« und dort den Abschnitt »Weitere Waffen«.

## Nethertiere

Auch im höllisch heißen Nether, den du im Kapitel »Dimensionswechsel – Nether, Ozeane und Tränke erforschen« kennenlernst, leben Tiere.

Schreiter, ausgetrockneter Ghast und Hoglin

Die roten **Schreiter** haben 10 ❤ und lieben die Hitze, denn sie leben in der Lava. Du kannst auf ihnen reiten und so die großen Lavaseen im Nether bequem überqueren (siehe Kapitel »Reisefieber – unterwegs mit Pferden, Booten und Loren«).

Außerhalb von Lava laufen Schreiter blau an und zittern vor Kälte. Aber sie erleiden dabei keinen Schaden. Du kannst sie anleinen und aus dem Nether holen. Frierend sind sie allerdings noch langsamer als sonst. Möchtest du Schreiter in einem Zoo halten, dann musst du sie vor Regen schützen, denn Wasser schadet ihnen, auch wenn sie dabei in Lava stehen. Sie despawnen nicht und lassen sich mit *Wirrpilzen* vermehren. Eine Schreiterfarm könnte nützlich sein, da sie beim Schlachten 2 bis 5 Fäden droppen.

Ein ziemlich wildes Tier ist der warzenschweinartige **Hoglin** (englisch *hog* heißt »großes Schwein«), der 20 ❤ hat und im Karmesinwald lebt. Hoglins greifen dich sofort an, wenn sie dich sehen. Sie haben nur Angst vor Netherportalen, Seelenankern und herumstehenden Wirrpilzen (nicht in der Hand) und halten davor Abstand. Die Angst vor Netherportalen hat einen guten Grund, denn wenn Hoglins den Nether verlassen, zombifizieren sie und werden zu wütenden Zoglins, die im Kapitel »Monsterkunde – die Kreaturen der Dunkelheit« beschrieben sind. Eine Hoglinfarm ist also nur im Nether möglich.

Mit Leinen, unbrennbaren Netherziegelzäunen und ein paar gut platzierten Wirrpilzen als Abstandshalter kannst du versuchen, zwei Exemplare einzufangen. Die solltest du sogleich mit *Karmesinpilzen* füttern. Das sorgt nicht nur für die Vermehrung, sondern verhindert vor allem, dass die mühevoll gefangenen Hoglins wieder despawnen. Angriffslustig bleiben sie aber auch nach der Fütterung. Sie droppen rohes Schweinefleisch und manchmal Leder.

Manchmal findest du im *Seelensandtal* einen kleinen, verschrumpelten Block, den **ausgetrockneten Ghast**. Das tote Monster scheint auf den ersten Blick nutzlos zu sein, nimm es trotzdem mit! Mit der richtigen Pflege wird daraus ein *glücklicher Ghast*, auf dem du sogar reiten kannst. Wie das geht, erfährst du im Kapitel »Reisefieber – unterwegs mit Pferden, Booten und Loren«.

### Die vier Reiter der Apokalypse

Bei Gewitter lohnt es sich, nach draußen zu gehen und auf Blitzeinschläge zu achten. Ebenen eignen sich besonders gut zur Beobachtung, weil sie so übersichtlich sind. Denn in seltenen Fällen (ein bis vier von 100) entsteht durch einen Blitzeinschlag ein *Skelettpferd*, das 15 Minuten lang herumwandert, bis es wieder verschwindet.

Doch Vorsicht: Das Pferd ist eine Falle! Gehst du näher als zehn Blöcke heran, schlägt noch mal ein Blitz ein, und ein gruseliger *Skelettreiter* erscheint auf dem Pferd und bringt gleich noch drei Kollegen mit. Die vier Reiter sind nicht nur durch ihre verzauberten Eisenhelme besonders geschützt und setzen dir mit ihren verzauberten Bogen ordentlich zu, sie sind auf ihren Skelettrossen auch ziemlich flink.

Nun heißt es, mit Pfeil und Bogen zu kämpfen (sonst triffst du das Pferd) und sie in unwegsames Gelände zu locken. Schaffst du es, mindestens einen Reiter zu beseitigen, ist dein Lohn das nunmehr herrenlose **Skelettpferd**, das ein ziemlich cooles Reittier abgibt. Dazu musst du es nicht extra zähmen, nur satteln (BE: ein Sattel ist nicht nötig). Du kannst es anleinen, aber nicht füttern oder vermehren. Es hat 7½, aber möchtest du seine Wunden heilen (du siehst seine Lebensanzeige, wenn du darauf sitzt), musst du ihm einen Wurftrank des *Schadens* hinwerfen, denn das Skelettpferd ist ein untotes Monster, dem ein Wurftrank der Heilung schaden würde.

Wenn du dem Zufall nachhelfen willst und Blitzeinschläge mit einem verzauberten Dreizack erzeugst oder Blitzableiter aufstellst, wird das nichts nützen, denn das Skelettpferd erscheint nur bei natürlichen Blitzen.

**Gratulation, du hast das 5. Survival-Level erreicht**

Du bist jetzt ein erfahrener Farmer – Hacke und Leine sind deine Lieblingswerkzeuge. Du hast Acker gepflügt, Feldfrüchte angebaut und auf der Werkbank Kuchen gebacken. Du hast eine Baumfarm und eine Pilzfarm angelegt und einen schönen Garten mit vielen Pflanzen. Doch nicht nur die Pflanzenvermehrung, auch das Züchten von Tieren ist kein Geheimnis mehr für dich, du kennst sie nun alle.

Damit steht dir eine Fülle von pflanzlichen und tierischen Rohstoffen zur Verfügung. So viel Nahrung brauchst du gar nicht, aber das Züchten und Schlachten von Tieren bringt auch Erfahrungspunkte.

Deutlich mehr Erfahrungspunkte und einige sehr wichtige Rohstoffe bekommst du von den Monstern. Doch bevor du auf Monsterjagd gehst, legst du dir im nächsten Kapitel erst einmal anständige Waffen und Rüstung zu. Und um diese noch effektiver zu machen, lernst du auch, wie man sie verzaubert.

# Waffenmeister – Ritter, Kämpfer, Zauberlehrling

*Vorbei sind die Zeiten, als du nur mit einem Steinschwert bewaffnet barfuß hinter den fliehenden Schafen hergerannt bist. Mittlerweile hast du längst ein Eisenschwert und eine Lederrüstung und schon das ein oder andere Monster erschlagen. Das wird aber nicht reichen, wenn du dich bald in gefährlichere Gebiete wagst: in die glühende Unterwelt, die dunkle Tiefsee oder gar das gefürchtete Ende. Dort hausen Monster von ganz anderem Kaliber.*

*Also hast du tief in der Erde nach Diamanten geschürft und daraus ein Schwert geschmiedet. Bald wird noch eine Diamantrüstung dazukommen, die du mit mächtigen Zaubersprüchen verbesserst. Deine Waffenschmiede steht unter Volldampf, der Amboss erklingt ohne Unterlass, und nachts hört man dein mystisches Gemurmel aus dem Zauberturm. Schließlich brauchst du für jede Gelegenheit die richtige Waffe und auch genügend Ersatz, wenn es hart auf hart kommt.*

## Mit Waffen ausstatten

Für eine deftige Mahlzeit gehst du zu deinen Schlachttieren und lässt das Schwert kreisen. Auch wenn du durch die Wildnis streifst und dunkle Höhlen erkundest, ist das Schwert dein wichtigster Begleiter – man weiß ja nie, was da so lauert.

Schwerter und Werkzeuge kannst du aus verschiedenen Materialien herstellen, die unterschiedliche Eigenschaften haben. Sieh dazu in der Referenz am Ende des Buches in den Abschnitt »Waffen«.

- Das **Material** bestimmt vor allem die Haltbarkeit. Waffen und Werkzeuge aus **Gold** halten nicht lange und sind nichts für den Kampf. Du benutzt sie nur für besondere Gelegenheiten in deinem Spiel, z. B. das Schlachten des »Festtagsbratens«. **Holz** ist das Waffenmaterial für den ersten Tag, dann benutzt du es nie wieder. **Stein** ist doppelt so haltbar, **Kupfer** noch besser, aber sobald du genug **Eisen** gefunden hast, ist Eisen dein Standardmaterial. Damit gehst du auf die Suche nach dem harten **Diamanten**, den du mindestens mit einer Eisenspitzhacke abbauen musst, sonst droppt nichts. Die Krönung der Materialien ist der **Netherit**, der aus dem antiken Schrott kommt, den du selten im Nether findest. Die Herstellung von Netherit ist im Kapitel »Heimwerken – hör mal, wer da craftet« im Abschnitt über den Schmiedetisch beschrieben.
- Die **Haltbarkeit** ist die Anzahl der Benutzungen, bevor der Gegenstand zerbricht. Du erkennst sie am immer kleiner werdenden Balken unter dem Gegenstand. Nicht nur Waffen und Werkzeuge haben eine Haltbarkeit, auch andere Gegenstände wie Schere oder Angel.

- Der **Schaden** wird von den Lebensherzen deines Gegners abgezogen. Wenn du dein Inventar öffnest und mit der Maus über eine Waffe fährst, siehst du den *Angriffsschaden* dieser Waffe. Er zählt in *halben* Herzen, d. h., bei »7 Angriffsschaden« werden dem Gegner mit jedem Treffer 3½ ❤ abgezogen.

- Mit der Maus siehst du auch die **Angriffsgeschwindigkeit** der Waffe. Je höher der Wert, desto schneller kannst du damit zuschlagen. Der Wert 1,6 gilt für alle Schwerter und bedeutet, dass du damit 16-mal in zehn Sekunden zuschlägst. Zum Vergleich: Mit der bloßen Hand bist du schneller und schlägst 40-mal in zehn Sekunden zu. Den schlechtesten Wert (0,6) hat der schwere Streitkolben. Damit schlägst du nur 6 mal in zehn Sekunden zu (in der BE gibt es keine spezielle Angriffsgeschwindigkeit).

**MINECRAFT-LEXIKON – Cooldown**

Die Wartezeit, bis du mit einer Waffe erneut zuschlagen kannst, wird *Cooldown* genannt. Je schwerer und unhandlicher die Waffe, desto kleiner ist die Angriffsgeschwindigkeit und desto länger dauert der Cooldown (in der BE gibt es keinen Cooldown).

Du erkennst den Cooldown an der Dauer, bis die Waffe nach einem Schlag wieder in deiner Hand nach oben steigt. Eine zusätzliche Anzeige kannst du unter OPTIONEN • GRAFIKEINSTELLUNGEN • ANGRIFFSANZEIGE einstellen. Als Kämpfer stellst du die Option auf FADENKREUZ, um die Anzeige immer im Blickfeld zu haben. Alternativ kannst du für eine Anzeige neben der Schnellzugriffsleiste SCHNELLZUGR. wählen. Wenn du die zusätzliche Anzeige nicht brauchst, stellst du auf AUS.

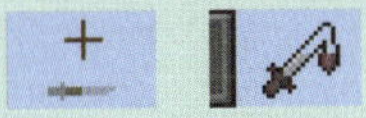

Zusätzliche Anzeige des Waffen-Cooldowns. Links: unter dem Fadenkreuz, rechts: neben der Schnellzugriffsleiste

Wenn du mit der Maus über dein Inventar fährst, wirst du entdecken, dass sich auch deine Werkzeuge als Waffen eignen! Einen Zombie mit der Schaufel abzuwehren verursacht noch immer mehr Schaden als mit der bloßen Hand (Eisenschaufel 2¼ ❤, Hand nur ½ ❤). Das gilt aber nur für Werkzeuge und Waffen, alles andere verursacht keinen stärkeren Schaden. Es ist also egal, ob du mit einem Stein, einem Papier, einem Boot oder mit der bloßen Hand zuschlägst, das ist schadensmäßig alles dasselbe.

Hast du nun die Waffe deiner Wahl in der Hand (Schwert, Axt, Spitzhacke, Schaufel oder Hacke), ist der Nahkampf gegen Monster ganz einfach: Nähere dich dem Monster so weit, dass du es triffst, schlage zu, und bleibe bis zum nächsten Hieb auf Distanz. Getroffene Monster taumeln zurück, rappeln sich aber schnell wieder auf. Bleibe daher immer in Bewegung und außer Reichweite, bis du erneut zuschlägst.

**Richtig zuschlagen**

Schlag ist nicht gleich Schlag. Es gibt verschiedene Techniken, die unterschiedlichen Schaden verursachen:

- **Zu früher Schlag**: Ist der Cooldown nicht vollständig abgelaufen, verursacht die Waffe weniger Schaden. Schlägst du dauerhaft ohne Beachtung des Cooldowns zu, verursachst du nur ein Fünftel des normalen Schadens. Wartest du ein bisschen, ist es etwas mehr. Den vollen Schaden verursachst du erst, wenn der Cooldown abgelaufen ist (in der BE gibt es keinen Cooldown).

- **Normaler Schlag**: Die Waffe schlägt von oben auf den Gegner und wirft ihn zurück.
- **Rempelschlag**: Sprinte auf den Gegner zu, während du ihn schlägst. Der Gegner wird dann weiter zurückgeworfen als normal.
- **Schwungschlag**: Den Schwungschlag gibt es nur beim Schwert (nicht in der BE). Wenn du stehst oder nur langsam gehst und mit einem ausgeruhten Schwert (es läuft kein Cooldown) zuschlägst, schwingt das Schwert automatisch deutlich sichtbar von der Seite und trifft nicht nur deinen Gegner mit vollem Schaden, sondern auch alle, die dicht bei ihm stehen, mit jeweils ½.
- **Kritischer Treffer**: Triffst du einen Gegner, während du auf ihn draufspringst, verursachst du 1,5-mal so viel Schaden wie üblich. Dabei fliegen kleine Sternchen auf. Ob du dabei von einem etwas höher gelegenen Versteck springst oder vor den Augen des Gegners mit der Leertaste hochhüpfst, ist egal. Wichtig ist nur, dass du nicht beim Hochspringen zuschlägst, sondern beim Runterfallen.

Links ein Schwungschlag, der zwei Zombies gleichzeitig trifft. Rechts erhält eine Spinne einen kritischen Treffer, den du an den kleinen Sternchen erkennst.

## Ein Schutzschild zur Verteidigung

Schläge und Pfeile deiner Gegner blockst du mit einem *Schild* ab, den du aus Brettern und einem Eisenbarren craftest.

Zum Blocken benutzt du den Rechtsklick (BE: Schleichen-Taste). Mit einem Linksklick würdest du lediglich auf den Gegner einprügeln, was mit dem Schild genauso wenig Schaden verursacht wie mit der bloßen Hand.

Wenn du blockst, fängt ein Schild den Stoß und den meisten Angriffsschaden ab, d. h., du wirst weniger zurückgestoßen und erhältst wenig bis keinen Schaden. Allerdings geht das mit der Zeit auf Kosten der Haltbarkeit des Schildes. Wenn du im Umgang mit dem Schild geschickter wirst, kannst du beim Blocken sogar Geschosse wie Pfeile, Feuer- oder Windkugeln auf deine Gegner zurückwerfen.

Hast du bereits Banner hergestellt (siehe dazu im Kapitel »Heimwerken – hör mal, wer da craftet« unter »Banner weben mit dem Webstuhl«), kannst du deinen Schild mit einem Banner zusammencraften, was in einer Schlacht besonders eindrucksvoll wirkt.

Eine Spielfigur mit gefärbter Lederrüstung hält ihren Schild, der ein gelb-rotes Banner trägt, in Blockstellung.

Wenn du den Schild nicht in der Schnellzugriffsleiste lässt, sondern in den dafür vorgesehenen Rüstungsslot in deinem Inventar legst, trägst du ihn plötzlich in der anderen Hand. Jetzt kannst du Schild und Waffe gleichzeitig benutzen: Mit einem Rechtsklick (BE: Schleichen) blockst du mit dem Schild, mit einem Linksklick schlägst du mit deiner Waffe zu. Und schon bist du deinem Gegner eine Nasenlänge voraus.

**MINECRAFT-LEXIKON – Zweithand (nicht in der BE)**

Du kannst nicht nur Schilde, sondern jeden beliebigen Gegenstand in die andere Hand nehmen, die *Zweithand* genannt wird. Dazu wählst du den Gegenstand per Mausrad oder Taste [1] bis [9] in der Schnellzugriffsleiste aus (oder du fährst bei geöffnetem Inventar mit der Maus über einen beliebigen Slot) und drückst dann die Taste [F]. Damit tauschst du den Inhalt beider Slots.

Bist du Linkshänder, stellst du in den OPTIONEN unter SKIN-ANPASSUNG ein, dass deine Haupthand die linke Hand sein soll. Entsprechend erscheint der Slot für die Zweithand dann auf der rechten Seite.

Die Zweithand ist aber nicht nur für das Blocken mit Schilden nützlich, sondern auch für andere Tätigkeiten. Führst du z. B. mit der Haupthand eine Spitzhacke und hältst Fackeln in der Zweithand, kannst du mit der linken Maustaste buddeln und mit der rechten Maustaste alle paar Meter eine Fackel an die Wand hängen.

Oder du nimmst eine Karte, die du normalerweise mit beiden Händen hältst, in die Zweithand. Dann ist sie als *Minimap* verkleinert und ständig sichtbar – sehr praktisch.

### Fernkampf mit Pfeil und Bogen

Für viele Widersacher ist der Fernkampf mit Pfeil und Bogen oder Armbrust die empfohlene Methode, da es zu gefährlich ist, ihnen zu nahe zu kommen.

Ein *Bogen* ist aus drei Stöcken und drei Fäden schnell hergestellt, eine *Armbrust* ist mit drei Stöcken, zwei Fäden, einem Eisenbarren und einem Haken schon ein bisschen aufwendiger. Um Fäden zu bekommen, sind Spinnen oder Höhlenspinnen deine erste Wahl. Allerdings benötigst du auch Munition – *Pfeile*, die aus Feuerstein, Stock und Feder bestehen. Feuersteine findest du beim Abbau von Kies, Stöcke hast du in deinen Truhen sicher schon im Überfluss, und Federn bekommst du von deiner Hühnerfarm.

Der Umgang mit dem **Bogen** will gelernt sein. Wähle ihn in der Schnellzugriffsleiste aus, ziele mit dem Fadenkreuz und schieße Pfeile, die irgendwo im Inventar liegen können, mit einem Rechtsklick. Je länger du die Maustaste gedrückt hältst, desto stärker spannst du den Bogen und desto mehr Schaden richtet der Schuss an. Bei voll gespanntem Bogen siehst du, wie der Pfeil einen Schweif von Kritische-Treffer-Sternchen hinter sich herzieht. Der Schaden beträgt dann 4 bis 5. Außerdem fliegt der Pfeil bei voll gespanntem Bogen weiter. Möchtest du das Bogenspannen ohne Schuss abbrechen, wechselst du einfach den Inventarslot.

Die Kunst ist das Zielen: Um ein bestimmtes Ziel in der Ferne zu treffen, zielst du mit dem Fadenkreuz leicht *darüber*, weil der Pfeil beim Fliegen der Schwerkraft folgt. Das übst du am besten an einer weit entfernten Wand. In die kannst du auch einen oder mehrere *Zielblöcke* einsetzen (aus Strohballen und Redstone). Hast du schon ein *Fernrohr* aus Kupferbarren und Amethystscherben gecraftet, kannst du deine Treffer kontrollieren, ohne jedem Pfeil hinterherzulaufen. Allerdings verschwinden gelandete

Pfeile nach einer Minute, spätestens dann ist also Einsammeln angesagt, falls du sparsam sein musst.

Am weitesten schießt du, wenn du einen perfekten 45°-Winkel ansetzt, dann schafft es ein Pfeil fast 120 Blöcke weit. Realistisch ist das Treffen eines weit entfernten Ziels jedoch höchstens bis zu einer Entfernung von 40 bis 50 Blöcken.

Das Schießen mit der **Armbrust** erfolgt in zwei Schritten: Zuerst spannst du die Armbrust mit einem langen Rechtsklick, bis die Sehne einrastet. Dann legt sich automatisch ein Pfeil aus deinem Inventar in die Waffe, und sie ist benutzbar – aber erst ein weiterer Rechtsklick löst sie aus. Du kannst also eine gespannte Armbrust in eine Truhe legen oder mehrere feuerbereit im Inventar haben, bis du eine auswählst und abdrückst, was mit gespannten Bögen nicht möglich ist. Mit einer Armbrust fliegt ein Pfeil etwas weiter und flacher als mit einem Bogen, auch hier lohnt sich vorheriges Üben. Der Schaden beträgt zwischen 3½ und 6½ (BE: immer 4½).

Mehr Schaden richtest du an, wenn du die Armbrust mit einer *Feuerwerksrakete* lädst, allerdings nur, wenn sie Feuerwerkssterne enthält. Die explodieren beim Auftreffen und richten, je nach Anzahl, in einem Umkreis von etwa 4 Blöcken einen Schaden von 5½ bis 9 an. Zum Laden der Armbrust musst du die Raketen in der Zweithand halten (BE: Schild-Slot).

## Weitere Waffen

Wenn du glaubst, dass Schaufeln und Feuerwerksraketen ungewöhnliche Waffen sind, dann hast du noch nie Schneebälle auf deine Gegner geworfen oder ihnen Spinnennetze in den Weg gesetzt. Und wusstest du, dass Betten großen Schaden anrichten können?

Hier ist eine Liste kreativer Waffen mit ihren Vor- und Nachteilen:

| Waffen für den Nahkampf | |
|---|---|
| Dreizack | Im Nahkampf stichst du mit einem Linksklick zu und verursachst 4½ Schaden. Der Dreizack ist nicht herstellbar, du kannst ihn selten nur von Ertrunkenen bekommen. |
| Feuerzeug | Einfach herzustellen (Feuerstein und Eisenbarren) und mehrfach benutzbar. Mit einem Rechtsklick zündest du den Block an, auf dem dein Gegner steht (auf den Bodenblock zielen, nicht auf den Gegner). Immer schön Abstand halten, sonst fängst du selbst an zu brennen. Und nicht in Holzhäusern benutzen. |

| Waffen für den Nahkampf | |
|---|---|
| Streitkolben | Du craftest ihn aus einem schweren Kern und einer Böenrute, die du beide nur in den *Prüfungskammern* bekommst.<br>Normalerweise verursacht der Streitkolben nur 3 ❤ Schaden. Führst du jedoch einen **Schmetterangriff** aus, indem du beim Zuschlagen auf deinen Gegner fällst, steigt der Schaden mit deiner Fallhöhe. Stürzt du z. B. aus 10 Blöcken Höhe auf deinen Gegner, fügst du mit dem Streitkolben schon 22½ ❤ Schaden zu. Ist der Streitkolben passend verzaubert, wird er noch stärker. Solange du triffst, bekommst du auch keinen Fallschaden. Achtung: Schmetterangriffe wirken nur, solange du keine Elytren trägst. |
| Zahmer Wolf | Solange sie nicht sitzen, greifen diese treuen Begleiter Gegner an, die du angreifst oder die dich angreifen (außer Creeper). Leider können sie dabei auch tödlich verletzt werden. |
| Axolotleimer | Weil Axolotl viele Unterwasserwesen angreifen, können sie dich bei der Erforschung des Ozeans unterstützen. Du musst den Eimer nur im richtigen Moment ausgießen. Wird ein Axolotl verletzt, stellt er sich kurze Zeit tot. Gießt du mehrere Axolotleimer aus, wird das Einsammeln schwieriger, denn sie verfolgen auch harmlose Tintenfische. |

| Waffen für den Fernkampf | |
|---|---|
| Brandpfeil | Schießt du einen Pfeil durch Feuer, das du z. B. vorher mit einem Feuerzeug angezündet hast, setzt der Pfeil das Ziel in Brand (in der BE nicht jeder Pfeil). Allerdings ist es schwierig, einen Pfeil durch Feuer zu schießen, wenn der Gegner sich schnell bewegt. Nutze stattdessen die Verzauberung *Flamme*. |
| Dreizack | Der Dreizack (siehe »Nahkampf«) ist auch im Fernkampf einsetzbar. Mit einem Rechtsklick geworfen verursacht er 4 ❤ Schaden. Wie beim Bogenspannen musst du die rechte Maustaste einen Moment lang halten, um voll auszuholen. Und du musst ein wenig über den Kopf des Gegners zielen, weil der Dreizack beim Fliegen nach unten fällt. Besonders im Unterwasser-Fernkampf sind Dreizacke gut geeignet, weil sie dort nicht abgebremst werden wie die anderen Fernkampfwaffen. |

| Waffen für den Fernkampf | |
|---|---|
| Windkugel | Windkugeln, die du aus Böenruten craftest und mit Rechtsklick wirfst, verursachen ½ ❤ Schaden und werfen eine kleine Gegnergruppe ein Stück zurück – ein entscheidender Vorteil, um sie auf Abstand zu halten. |
| Schneeball | Mit einem Rechtsklick wirfst du auch Schneebälle, die sich sehr leicht mit einer Schaufel im Schnee farmen lassen. Nimm gleich mehrere Stapel in dein Inventar (je 16 Stück). Sie verursachen zwar nur bei den kälteempfindlichen Lohen einen Schaden von 1½ ❤, werfen einen Gegner aber ebenfalls ein Stück zurück. |
| Ei | Dass du Eier werfen kannst und dass dann manchmal ein Küken schlüpft, weißt du schon von deiner Hühnerfarm. Eier verursachen keinen Schaden, werfen den Gegner aber wie Schneebälle zurück. |
| Wurftränke | Einen Wurftrank wirfst du direkt auf den Gegner. Die Phiole zerplatzt, und der Gegner bekommt den entsprechenden Effekt. Das Brauen von Tränken lernst du im Kapitel »Dimensionswechsel – Nether, Ozeane und Tränke erforschen«. |
| Verweiltränke | Einen Verweiltrank wirfst du auf den Boden. Dort zerplatzt er, und die entstandene Wolke schadet 30 Sekunden lang allen Kreaturen, die die Wolke berühren. |
| Getränkte Pfeile | Pfeile mit Trankeffekt craftest du mit acht Pfeilen und einem passenden Verweiltrank. Zusätzlich zum Pfeilschaden erhält der Gegner den Trankeffekt für 1/8 der normalen Dauer. |

| Verteidigung | |
|---|---|
| TNT | TNT stellst du aus Sand und Schwarzpulver her, das du von Creepern bekommst. Du platzierst den Block mit einem Rechtsklick und zündest ihn mit einem Feuerzeug oder Brandpfeil an. Dann dauert es ein paar Sekunden, die du nutzt, um mindestens 8 Blöcke weit wegzulaufen. Neben dem Schaden, den du in etwa 8 Blöcken Umkreis allen Kreaturen zufügst, entsteht auch ein Krater, der überlebenden Gegnern das Vorankommen erschwert. Platzierst du mehrere TNT-Blöcke nahe genug beieinander (maximal 4 Blöcke Abstand), löst das eine Kettenreaktion aus. |

| Verteidigung | |
|---|---|
| Bett | Im Nether und im Ende kannst du nicht schlafen, weil Betten dort explodieren, wenn du sie benutzt. Moment mal – dann wären sie in diesen Regionen doch eine prima Waffe? Richtig, du musst nur darauf achten, sie mit möglichst großem Abstand mit der rechten Maustaste anzuklicken, damit du dich nicht verletzt. Im Gegensatz zu TNT gehen sie nämlich sofort hoch. |
| Enderperle | Diese effektive Fluchthilfe bekommst du vor allem von Endermen. Beim Werfen einer Enderperle mit einem Rechtsklick teleportiert sie dich zu ihrem Landepunkt. Wenn du gut zielst, bist du sofort in Sicherheit – sofern du den Schaden von 2½ aushältst, den jeder Wurf unabhängig von der Entfernung verursacht. Zielst du in der Hektik des Kampfes allerdings daneben, kannst du auch in einen Abgrund fallen und sterben. |
| Goldener Apfel | Diese Heilnahrung findest du manchmal in Truhen, kannst sie aber auch mit einem Apfel und 8 Goldbarren selbst craften. Das Aufessen ist jederzeit möglich, selbst wenn du keinen Hunger hast. Sofort geht es dir besser, denn neben 2 + 9,6 Sättigung bekommst du auch zwei *Statuseffekte* (was ein Statuseffekt genau ist, steht im Kasten weiter unten):<br>*Absorption* von Schaden durch 2 Extraherzen für 2 Minuten. Die Extraherzen nehmen Schaden zuerst auf, bis sie aufgebraucht sind, ab dann werden deine normalen Lebensherzen verringert.<br>*Regeneration* von 2 |
| Trank | Neben den Schadenstränken, die du auf deine Gegner wirfst, gibt es auch nützliche Tränke – z. B. den Heiltrank –, die du mit einem Rechtsklick selber trinkst. |
| Spinnennetz | Hast du in einer Mine ein Höhlenspinnennest gefunden, dann ernte die Spinnennetze mit einer Schere, damit sie nicht kaputtgehen. In einem Kampf geschickt platziert, verlangsamen sie deine Gegner – außer Spinnen natürlich. Und du darfst nicht selbst hineinlaufen. |
| Wassereimer | Effektiver als Spinnennetze sind Wassereimer, denn damit schwemmst du besonders die in Gruppen angreifenden Zombies dauerhaft zurück. Allerdings brauchst du das passende Gelände, denn nur bei flachem Boden breitet es sich großflächig aus. Und im Nether verdampft Wasser sofort. |

| Verteidigung | |
|---|---|
| Lavaeimer | Schlimmer als der Wassereimer ist der Lavaeimer, denn Lava verbrennt viele Gegner, allerdings fließt sie in der Oberwelt nicht so weit. |
| Süßbeerstrauch, Kaktus, Magmablock | Hast du Süßbeeren und Knochenmehl bei dir, kannst du mit einem Rechtsklick auf den Erdboden schnell ein paar Sträucher pflanzen und zum Wachsen bringen, damit die Stacheln deine Gegner zurückhalten. In der sandigen Wüste nimmst du stattdessen Kakteen. Überall – auch im Nether – sind Magmablöcke ebenfalls eine gute Abwehr, die meisten Kreaturen meiden sie. |
| Totem der Unsterblichkeit | Ein Totem der Unsterblichkeit ist schwer zu finden, du bekommst es nur von einem Magier (siehe Kapitel »Monsterkunde – die Kreaturen der Dunkelheit«). Dafür hat es den sagenhaften Effekt, dich einmal vor dem Tod zu bewahren, dann ist es verbraucht. Wichtig: Es wirkt nur, wenn du es in der Haupt- oder Zweithand hältst (BE: Schild-Slot). Bei der Aktivierung bekommst du auch folgende Statuseffekte:<br>*Feuerresistenz* für 40 Sekunden<br>*Absorption* von Schaden durch 4 Extraherzen für 5 Sekunden<br>*Regeneration* von 18 (BE: 16)<br>Das ist genug Schutz, um auch aus Lava zu entkommen. |

**MINECRAFT-LEXIKON – Statuseffekt**

Ein *Statuseffekt* ist die Verbesserung oder Verschlechterung deines Zustandes oder Status. Sobald du einen Statuseffekt bekommst, steigen Partikel um dich herum auf, und du siehst ein kleines Symbol oben rechts am Bildschirm. Kurz vor Ablauf des Effektes blinkt das Symbol und verschwindet wieder, wenn der Effekt verflogen ist. Denn Statuseffekte sind nicht dauerhaft, sie wirken nur für wenige Sekunden bis einige Minuten.

Um die genaue Restdauer zu sehen, öffnest du dein Inventar. Dort erscheinen alle aktuellen Statuseffekte. Fährst du mit der Maus über ein Symbol, siehst du den Namen und die Restdauer.

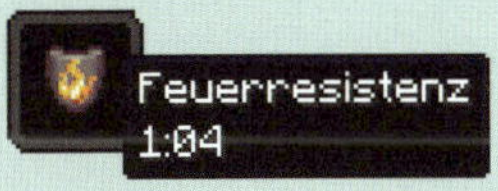


Hier dauert der Statuseffekt »Feuerresistenz« noch 1:04 Minuten.

Das Austrinken eines *Milcheimers* beendet sofort sämtliche Statuseffekte: die negativen, die du vor allem von Monstern bekommst, aber auch die positiven.

## Golems unterstützen dich beim Kampf

Aus dem Kapitel »Heimwerken – hör mal, wer da craftet« kennst du bereits den kleinen Kupfergolem. Deutlich größer und stärker sind seine Brüder, der Eisengolem und der Schneegolem. Auch diese beiden baust du aus Blöcken zusammen, die du aufeinanderstellst.

**Leben**: 50

**Schaden**: 3¾ bis 10¾

**Anleinen**: Ja

**Bauplan**: Vier Eisenblöcke und zuletzt ein geschnitzter Kürbis. Der Kürbis und der untere Eisenblock dürfen keine Blöcke neben sich haben, auch nicht Fackel, Teppich, niedriges oder hohes Gras.

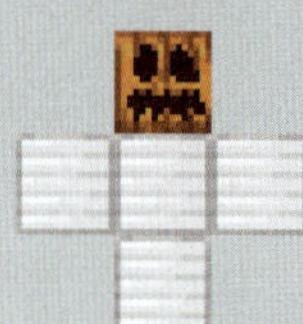

**Drop**: Eisenbarren, manchmal Mohn

Eisengolems wandern langsam umher. Wenn sie einen Dorfbewohner oder einen Kupfergolem treffen, schenken sie ihm manchmal eine Blume. Achte darauf, dass die Eisengolems dein Grundstück nicht verlassen können, denn wenn es in der Nähe ein Dorf gibt, gehen sie dorthin. Achte auch darauf, dass sie sich nicht an Kakteen, Süßbeersträuchern, Magmablöcken etc. verletzen können, denn wenn sie dort stecken bleiben, können sie sterben, ohne dass du es merkst. Ein verletzter Eisengolem zeigt Risse auf seiner Oberfläche. Durch einen Rechtsklick mit Eisenbarren kannst du ihn heilen.

Sobald ein Eisengolem ein feindliches Monster sieht, greift er es mit ziemlicher Stärke an, packt es und wirft es zur Seite.

**Leben**: 2

**Anleinen**: Ja

**Bauplan**: Zwei Schneeblöcke und zuletzt ein geschnitzter Kürbis.

**Drop**: manchmal Schneebälle

Schneegolems sind für die Kälte gemacht. In heißen Biomen wie Savanne, Tafelbergen oder Wüste schmelzen sie genauso wie im Regen. Gegen Regen kannst du sie immerhin mit einem Dach schützen.

Sobald ein Schneegolem ein feindliches Monster sieht, greift er es mit Schneebällen an. Das verursacht zwar keinen Schaden, wirft den Angreifer aber zurück. Außerdem ziehen Schneegolems eine Schneespur hinter sich her. Sie geben also auch eine prima Schneefarm ab. Damit deine Schneegolems nicht weglaufen, solltest du sie einzäunen.

## Rüstungen herstellen

Wenn du angegriffen wirst, sind Jeans und T-Shirt als Schutz eher ungeeignet, eine stattliche Rüstung muss her. Die besteht aus maximal vier Teilen: Helm, Harnisch, Beinschutz und Stiefeln (bei Leder- und Kettenrüstungen heißen die Teile etwas anders).

Für jedes Rüstungsteil stehen dir verschiedene Materialien zur Verfügung, die du in der passenden Anordnung auf die Werkbank legst. In der Referenz am Ende des Buches findest du im Abschnitt »Rüstung« eine Materialtabelle.

- **Material**: Das Material bestimmt wie bei den Waffen vor allem die Haltbarkeit. Die gute Nachricht: In Minecraft gibt es kein Gewicht. Mit voller Eisenrüstung bist du genauso beweglich wie im T-Shirt.

  Lederrüstungsteile schützen zusätzlich vor dem Erfrieren im Pulverschnee. Mit Lederstiefeln kannst du auf Pulverschnee sogar laufen, ohne einzusinken.
- Die **Haltbarkeit** reduziert sich bei jedem Treffer für alle getragenen Teile gleichzeitig, egal wo du getroffen wirst.

- Der **Rüstungsschutz** hilft bei allen Angriffen mit Nah- und Fernwaffen, aber auch bei Explosionen und beim Berühren von Kakteen. Rüstungen halten aber nicht jeden Schaden ab. Du kannst weiterhin verbrennen, ertrinken, dich vergiften, ersticken oder zu Tode stürzen – der Überlebensmodus hat seinen Namen nicht umsonst.

  Gezählt wird der Rüstungsschutz in halben Harnischen. Je besser das Material, desto widerstandsfähiger ist die Rüstung. Selbstverständlich lassen sich Teile verschiedener Materialien kombinieren. Die Summe für alle angelegten Teile siehst du in einer speziellen Rüstungsleiste über deiner Lebensleiste. Jeder halbe Harnisch reduziert einen Schaden um 4 %. Somit beträgt der maximale Schutz bei zehn vollen Harnischen 80 % des Schadens.

Die Rüstungsleiste über den Lebensherzen ist nur sichtbar, wenn du mindestens ein Rüstungsteil trägst. Je voller die Rüstungsleiste ist, desto weniger Schaden bekommst du.

Zum Anlegen einer Rüstung öffnest du dein Inventar und legst Helm, Harnisch, Beinschutz oder Stiefel in die dafür vorgesehenen Slots um deine Spielfigur. Du siehst dann auch gleich, wie du damit aussiehst, was besonders bei gefärbten Lederrüstungen nützlich ist. Außerhalb des Inventars ist für einen prüfenden Blick die Taste F5 geeignet (mehrfach drücken).

In den Rüstungsslots liegen Eisenhelm, Lederhose, Diamantharnisch und Goldstiefel. Zusätzlich ist auch ein Schild ausgerüstet. Fährst du mit der Maus über ein Rüstungsteil, siehst du den entsprechenden Rüstungsschutz in halben Harnischen, hier +2 bei der Lederhose.

Fährst du mit der Maus im Inventar über ein Rüstungsteil, siehst du bei Diamant- und Netheritteilen neben dem Rüstungsschutz weitere Eigenschaften:

- **Rüstungshärte** (nicht in der BE): +2 für jedes Diamantteil und +3 für jedes Netheritteil. Das bedeutet etwas mehr Schutz, weil diese Materialien härter sind.
- **Standfestigkeit**: +1 für jedes Netheritteil bedeutet erhöhten Rückstoßschutz – je mehr Netheritteile du trägst, desto besser.

Das sind ziemlich viele Eigenschaften und Kombinationsmöglichkeiten, aber letztlich wird es wie bei den Werkzeugen darauf hinauslaufen, dass du standardmäßig eine Eisenrüstung trägst, bis du genug Diamanten für eine Diamantrüstung gefunden hast.

Wie du deine Rüstung am Schmiedetisch verzierst, ist im Kapitel »Heimwerken – hör mal, wer da craftet« beschrieben.

## Weitere Rüstungen

Neben den Spielerrüstungen gibt es auch spezielle *Rossharnische* in verschiedenen Ausführungen (siehe Abschnitt »Rüstung« in der Referenz am Ende des Buches).

Rossharnische sind praktisch, wenn du hoch zu Ross in die Schlacht ziehst. Dann ist dein Pferd gut gegen Schläge und Pfeile geschützt. Du legst den Rossharnisch wie einen Sattel an, es gibt dafür einen eigenen Slot im Pferdeinventar.

Auch wenn ein Rossharnisch optisch nicht alle Körperteile des Pferdes bedeckt, gilt der Schutz doch für das ganze Tier, egal an welcher Stelle es getroffen wird.

Pferdeinventar mit magenta gefärbtem ledernen Rossharnisch und orange gefärbter Wolfspanzer mit hellblauem Halsband

Leider kannst du nur die Ledervariante craften. Die anderen Varianten findest du manchmal in Truhen. Die Ledervariante hat allerdings den Vorteil, dass du sie auch färben kannst, z. B. passend zu deiner Lederrüstung. Rossharnische nutzen sich nicht ab, das ist sehr praktisch. Aber sie können auch nicht verzaubert werden.

Deine gezähmten Wölfe schützt du mit einem *Wolfspanzer*, den du aus Gürteltier-Hornschilden herstellst, die manchmal von Gürteltieren fallen gelassen werden – oder du staubst dazu ein Gürteltier mit einem Pinsel ab. Verliert ein Wolfspanzer seine Haltbarkeit, bekommt er Risse. Dann reparierst du ihn durch Rechtsklick mit Gürteltier-Hornschilden. Mit einer Schere nimmst du deinem Wolf den Panzer wieder ab. Wolfspanzer färbst du genauso wie Lederrüstungen.

Für deine Spielfigur gibt es neben den normalen Rüstungsteilen noch einige Alternativen, z. B. den *Schildkrötenpanzer*. Diesen Helm craftest du aus fünf Schildkröten-

Hornschilden, die du von jungen Schildkröten einsammelst, wenn sie zu einem erwachsenen Tier werden. Der Schutz entspricht einem Eisenhelm, also +2 = 1 , der Schildkrötenpanzer ist aber deutlich haltbarer. Außerdem gibt er dir den Statuseffekt *Unterwasseratem*, womit du doppelt so lange unter Wasser bleibst wie ohne Helm, also 20 statt 10 Sekunden.

Ein eher kurioser Helm ist der *geschnitzte Kürbis*. Der sieht nicht nur wie ein Halloween-Kostüm aus, sondern hilft auch gegen Endermen (siehe Kapitel »Monsterkunde – die Kreaturen der Dunkelheit«), die sich dann nicht mehr beobachtet fühlen. Bearbeite einen normalen Kürbis mit der Schere, um diese modische Kopfbedeckung zu craften. Nachteil: Die Sicht ist deutlich eingeschränkt, und Rüstungsschutz gibt es auch keinen.

So sieht die Welt durch einen geschnitzten Kürbis aus.

## Rüstungen aufbewahren

Zur Ausstattung einer zünftigen Waffenkammer gehören mehrere *Rüstungsständer*. Deine Rüstungen hast du dann nicht nur schnell griffbereit, du kannst sie damit auch effektvoll präsentieren, z. B. in einer Schlossgalerie oder als Statuen am Eingang deiner Burg.

Zwei Rüstungsständer in goldener Pracht vor dem Eingang deiner Burg

Oder hänge nur eine Lederjacke an den Rüstungsständer und setze ihm einen geschnitzten Kürbis auf, dann hast du eine hervorragende Vogelscheuche.

Ein Rüstungsständer hat kein Inventar, du hängst die Teile direkt mit einem Rechtsklick auf, und sie landen automatisch am richtigen Platz. Zum Abnehmen rechtsklickst du mit der leeren Hand auf das gewünschte Teil.

In der BE haben Rüstungsständer sogar Arme und Beine wie eine Gliederpuppe und können einen Gegenstand in der rechten Hand halten, z. B. ein Schwert. Wenn du in der BE einen Rüstungsständer schleichend rechtsklickst, nimmt er eine von 12 unterschiedlichen Positionen ein, die du zur Auswahl nacheinander durchklicken kannst.

## Am Zaubertisch verzaubern

Hast du schon einige Tage in der Minecraft-Welt verbracht und deine ersten Diamantschwerter und -werkzeuge gecraftet, sind einzelne Monster keine wirkliche Bedrohung mehr, und du wühlst dich schon geschwind durch das Gestein. Doch du hast noch lange nicht die Grenze der Waffen- und Werkzeugschmiedekunst erreicht. Ab jetzt betrittst du die mystische Welt der Magie. Mit Verzauberungen erhältst du Werkzeuge, mit denen du noch schneller oder vorsichtiger Blöcke abbaust, gefährlichere Waffen, stärkere Rüstungen, Stiefel, mit denen du übers Wasser läufst, und vieles mehr.

Um einen Gegenstand zu verzaubern, brauchst du:

- **Zaubertisch**: Stelle ihn in an einem Ort auf, der nach hinten und seitlich noch etwas Platz bietet, um später Bücherregale zu ergänzen, die die Wirksamkeit der Zauberei erhöhen (siehe Kasten »Bücherwürmer zaubern besser« weiter unten).
- **Lapislazuli**: Jeder Zauber kostet zwischen einem und drei Lapislazuli. Du findest sie als Erz im Gestein.
- **Erfahrungsstufen**: Wie beim Schmieden verbraucht das Verzaubern Erfahrungsstufen, und zwar immer genauso viel wie Lapislazuli – also ein bis drei Stufen für einen Spruch. Allerdings musst du mindestens die beim jeweiligen Spruch rechts angezeigte Erfahrungsstufe haben, um diesen überhaupt anwenden zu können. Für besonders wertvolle Zauber wird maximal die Stufe 30 verlangt. Da heißt es fleißig Erfahrungspunkte sammeln. Wie das geht, ist im Kapitel »Heimwerken – hör mal, wer da craftet« im Kasten »Wie erhältst du viele Erfahrungspunkte?« beschrieben.

**Obsidian beschaffen**

Obsidian entsteht, wenn fließendes Wasser auf stehende Lava trifft. Der Nether, Minecrafts Unterwelt, ist zwar voller Lava, kommt aber nicht infrage, weil Wasser dort sofort verdampft. Daher folgst du am besten den nächstbesten Höhlen möglichst weit nach unten, denn ab 118 Blöcken unter dem Meeresspiegel sind alle Höhlen mit Lava gefüllt. Weil dort nur selten eine natürliche Wasserquelle auf Lava fließt, solltest du bei der Beschaffung von Obsidian einen Wassereimer bei dir haben, den du von einem erhöhten Punkt auf die Lava gießt. Achte darauf, dass dich das Wasser nicht in die Lava spült!

Nachdem unter Zischen und Qualmen Obsidian entstanden ist, nimmst du die Wasserquelle mit dem leeren Eimer wieder auf. Damit hast du nicht nur freie Bahn zu dem begehrten Obsidian, sondern auch frisches Wasser für die nächste Obsidianherstellung. Wenn du das noch nie gemacht hast, solltest du das Ausgießen und Aufnehmen von Wasser mit dem Eimer erst mal an einer ungefährlichen Stelle üben.

Nach dem Entfernen des Wassers gilt es, die Abbaustelle seitlich zu sichern. Zu diesem Zweck hast du einen Stapel Sand bei dir. Den lässt du vorsichtig am Rand der Obsidianfläche in die Lava fallen, damit diese beim Abbau des Obsidians nicht nachfließen kann.

Absicherung der Seite mit Sand, damit keine Lava nachfließen kann

Der Abbau selbst ist nur mit einer Diamantspitzhacke möglich und dauert trotzdem noch ewig. Du beginnst immer vom Ufer aus, denn dort war die ursprüngliche Lavaschicht oft nur einen Block dick, d. h., unter dem Obsidian triffst du auf harmlosen Stein. Weiter hinten kann unter dem Obsidian weitere Lava liegen. Das hat den Nachteil, dass die mühevoll abgebauten Blöcke in die Lava fallen und verbrennen können. Daher trocknest du jede auftauchende Lava mit Sand aus oder gießt Wasser darauf, das du gleich wieder wegnimmst, und stellst damit weiteren Obsidian her.

Trotz aller Vorsicht: Mit Lava ist nicht zu spaßen! Lasse lieber einen weghüpfenden Obsidianblock verbrennen als dich selbst und dein gesamtes Inventar beim Hinterherspringen.

Nun zum eigentlichen Verzaubern:

1. Rechtsklicke auf den Zaubertisch, dann öffnet sich das Zauberbuch.
2. Lege den zu verzaubernden Gegenstand in den linken Slot. Auf der rechten Seite erscheinen bis zu drei dazu passende zufällig ausgewählte Verzauberungen. Was sie genau bewirken, bleibt eine Überraschung, die mystischen Symbole aus dem *Standard Galactic Alphabet* haben keine echte Bedeutung. Du erhältst aber einen Hinweis auf die Wirkung, wenn du mit der Maus über die Einträge fährst.

   Die rechte grüne Zahl bei jedem Zauberspruch ist die Anzahl der Erfahrungsstufen, die du für die Verzauberung mindestens haben musst. Verdunkelte Sprüche kannst du nicht verwenden, weil du nicht genug Erfahrung hast. Die linke grüne Zahl ist die Anzahl der notwendigen Lapislazuli und Erfahrungsstufen, die der Zauber tatsächlich kostet, die also von deiner aktuellen Erfahrungsstufe abgezogen werden.

3. Suche dir jetzt mit einem Linksklick eine Verzauberung aus. Eine einfache Regel: Je mehr sie kostet, desto besser ist sie.

Nun kannst du den verzauberten Gegenstand in dein Inventar legen. Du erkennst verzauberte Gegenstände an ihrem blauvioletten Schimmer. Fährst du mit der Maus über den Gegenstand, siehst du im Detail, welche Eigenschaften er bekommen hat.

Dir werden auch Kombinationen aus mehreren Sprüchen angeboten. Allerdings kannst du das vorab nicht sehen und musst nehmen, was der Zaubertisch hergibt. Das macht das Ergebnis zum Glücksspiel. Eigene Kombinationen durch mehrfaches Verzaubern herzustellen ist am Zaubertisch nicht möglich, er nimmt nur unverzauberte Gegenstände an.

Gefällt dir von dem Angebot kein einziger Spruch, bringt das Wegnehmen des Gegenstandes oder der Wechsel zu einem anderen Zaubertisch leider nichts. Das Zauberbuch durchschaut diesen Trick und gibt dir erst dann neue Sprüche zur Auswahl, wenn du einen Spruch wirklich benutzt hast. Du kannst den Spruch dann mit einem Schleifstein wieder abschleifen.

**Bücherwürmer zaubern besser**

Die Anwesenheit vieler Bücher wirkt sich direkt auf deine Minecraft-Verzauberungen aus. Alles, was du dafür brauchst, sind *Bücherregale* aus Brettern und jeweils drei Büchern. Ein Buch besteht aus Papier, das du aus Zuckerrohr herstellst, und aus Leder, das du vor allem von Kühen bekommst. Gearbeitete Bücherregale verstärken den Zaubertisch nicht.

Je mehr Bücherregale, desto höhere Verzauberungsstufen erreichst du. Bis zu 15 dieser Regale sollten sich genau einen Block vom Zaubertisch entfernt befinden, wie im Bild gezeigt. Es darf absolut nichts zwischen dem Bücherregal und dem Zaubertisch sein, auch keine Fackel und kein Teppich. Auch zwei Regale übereinander wirken, z. B. unten 8 und oben 7. Zur Dekoration sind auch mehr als 15 Regale und mehr als zwei Regale übereinander möglich, nur aufs Verzaubern haben sie keine Wirkung.

Du erkennst die Wirksamkeit eines Bücherregals daran, dass daraus magische Symbole auf den Zaubertisch fliegen und dort Verzauberungen mit höheren Stufen erscheinen. Tipp: Wenn du Verzauberungen niedriger Stufen benötigst, ist es nicht notwendig, die Regale abzureißen. Du stellst einfach eine Fackel zwischen Zaubertisch und Bücherregal, und der Einfluss der magischen Schriften ist unterbrochen.

Die folgende Tabelle zeigt dir, welche Eigenschaften deine Ausrüstungsgegenstände durch Verzauberungen erhalten können. Grundsätzlich kannst du Werkzeuge, Waffen und Rüstungen aus jedem Material verzaubern, aber ein Holzschwert hält nicht so lange wie eins aus Eisen, Diamant oder Netherit, daher wird es selten verzaubert.

Viele Verzauberungen gibt es in verschiedenen Stufen, die mit den römischen Ziffern I, II, III, IV und V bezeichnet werden. Je höher die Stufe, desto besser die Wirkung.

| Werkzeuge | | |
|---|---|---|
| **Zauber** | **Werkzeug** | **Wirkung** |
| Behutsamkeit | | Erhalt eines Blockes, der normalerweise beim Abbau zerstört wird, z. B. Grasblock, Eis, Glas, Endertruhe, Melone und weitere |
| Effizienz | | schnellerer Abbau von Blöcken; max. Stufe V |
| Glück | | mehr Ausbeute beim Abbauen und Ernten; max. Stufe III |
| Glück des Meeres | | Angeln von mehr Schätzen statt Müll; max. Stufe III |
| Haltbarkeit | | längere Haltbarkeit eines Werkzeugs; max. Stufe III |
| Köder | | kürzere Wartezeit beim Anbeißen; max. Stufe III |

| Waffen | | |
|---|---|---|
| **Zauber** | **Waffe** | **Wirkung** |
| Bann | | mehr Schaden gegen untote Monster wie Phantome, Wither und alle Arten von Zombies und Skeletten; max. Stufe V |
| Dichte | | mehr Schaden beim Schmetterangriff; max. Stufe V |
| Durchbruch | | verringerter Rüstungsschutz des Gegners; max. Stufe IV |
| Durchschuss (BE: Durchbohren) | | Treffen von mehreren hintereinanderstehenden Zielen, auch durch Schilde hindurch; max. Stufe IV |
| Entladung | | Blitzeinschlag in den Gegner bei Gewitter |
| Flamme | | Schießen von Brandpfeilen |
| Haltbarkeit | | längere Haltbarkeit einer Waffe; max. Stufe III |
| Harpune | | mehr Schaden gegen Wasserkreaturen; max. Stufe V |
| Mehrfachschuss | | Schießen dreier Pfeile, verbraucht nur einen |
| Nemesis der Gliederfüßer | | mehr Schaden und kurze Verlangsamung von Spinnen, Höhlenspinnen, Silberfischchen, Bienen und Endermiten; max. Stufe V |
| Plünderung | | mehr Beute und mehr seltene Beute beim Kampf; max. Stufe III |
| Rückstoß | | stärkeres Zurückstoßen von Gegnern; max. Stufe II |
| Schärfe | | mehr Schaden; max. Stufe V |
| Schlag | | wie *Rückstoß*, aber für den Bogen |
| Schnellladen | | kürzere Ladezeit; max. Stufe III |
| Schwungkraft (nicht in der BE) | | mehr Schaden bei einem Schwungschlag (siehe am Anfang dieses Kapitels im Kasten »Richtig zuschlagen«); max. Stufe III |

| Waffen | | |
|---|---|---|
| **Zauber** | **Waffe** | **Wirkung** |
| Sog |  | Dreizack zieht dich beim Werfen unter Wasser oder bei Regen mit zum Ziel, eine beeindruckende Transportmöglichkeit; max. Stufe III |
| Stärke (BE: Kraft) |  | mehr Schaden; max. Stufe V |
| Treue |  | Rückkehr des Dreizacks nach dem Wurf; max. Stufe III (schneller) |
| Unendlichkeit |  | unendlich viele Pfeile, praktisch gegen den Enderdrachen |
| Verbrennung |  | zusätzlicher Brandschaden (außer bei feuerfesten Kreaturen); max. Stufe II |

| Rüstung | | |
|---|---|---|
| **Zauber** | **Rüstungsteil** | **Wirkung** |
| Atmung |  | längerer Atem unter Wasser; max. Stufe III |
| Dornen |  | Schaden für Angreifer; max. Stufe III |
| Explosionsschutz |  | mehr Schutz gegen Explosionen und Dämpfung der Druckwelle; max. Stufe IV |
| Federfall |  | weniger Schaden beim Herunterfallen; max. Stufe IV |
| Feuerresistenz |  | weniger Schaden und kürzere Brenndauer bei Feuer; max. Stufe IV |
| Haltbarkeit |  | längere Haltbarkeit eines Rüstungsteils; max. Stufe III |
| Schussschutz |  | mehr Schutz gegen Pfeile, Dreizacke und andere Geschosse; max. Stufe IV |
| Schutz |  | mehr Rüstungsschutz; max. Stufe IV |
| Wasseraffinität |  | Abbau von Blöcken unter Wasser genauso schnell wie an Land |

| Rüstung | | |
|---|---|---|
| **Zauber** | **Rüstungsteil** | **Wirkung** |
| Wasserläufer | | schnellere Bewegung unter Wasser; max. Stufe III |

### Schatzverzauberungen

Manchmal findest du in Truhen von Verliesen oder anderen Bauwerken ein *verzaubertes Buch*. Du kannst verzauberte Bücher auch von einem Dorfbewohner kaufen oder als Schatz beim Angeln erbeuten.

Neben den vielen Verzauberungen aus der obigen Liste können verzauberte Bücher auch Zauber enthalten, die es nicht am Zaubertisch gibt. Diese speziellen Verzauberungen, die du nur als Buch finden kannst, heißen *Schatzverzauberungen*.

| Schatzverzauberungen | | |
|---|---|---|
| **Zauber** | **Gegenstand** | **Wirkung** |
| Eisläufer | | Wasser wird kurzzeitig zu brüchigem Eis, über das du laufen kannst, reduziert auch den Schaden von Magmablöcken; max. Stufe II (größere Fläche) |
| Seelenläufer | | erhöht deine Geschwindigkeit auf Seelensand oder Seelenerde; max. Stufe III |
| Huschen | | erhöht deine Geschwindigkeit beim Schleichen; max. Stufe III |
| Reparatur | alle Werkzeuge, alle Waffen, alle Rüstungsteile und | Die Aufnahme von Erfahrungskugeln erhöht nicht deine Erfahrungspunkte, sondern die Haltbarkeit des verzauberten Gegenstandes, solange er in einer Hand oder als Rüstung getragen wird. Im Gegensatz zum Amboss, der ein Limit hat, kannst du hiermit beliebig oft reparieren. |

| Schatzverzauberungen | | |
|---|---|---|
| **Zauber** | **Gegenstand** | **Wirkung** |
| Windstoß | | wirft Gegner weiter zurück; max. Stufe III |
| Fluch der Bindung | alle Rüstungsteile und | Der Gegenstand kann nicht mehr ausgezogen werden, bis die Haltbarkeit verbraucht ist oder du stirbst. |
| Fluch des Verschwindens | alle Werkzeuge, alle Waffen, alle Rüstungsteile und | Der Gegenstand droppt nicht, wenn du stirbst, sondern verschwindet. |

Die Flüche bringen zumindest im Einzelspielermodus nichts. Im Mehrspielermodus kannst du andere Spieler mit einem verfluchten Gegenstand hereinlegen.

## Zauberbücher selbst herstellen

Mit dem Zaubertisch brauchst du viel Glück und Geduld, bis du endlich die Eigenschaft erzaubert hast, die du haben möchtest. In der Zwischenzeit füllen sich deine Truhen mit verzauberten Gegenständen – viel mehr, als du jemals benutzen kannst – oder du schleifst unnötige Verzauberungen am Schleifstein wieder ab, wodurch allerdings die verbrauchten Erfahrungsstufen ungenutzt verfallen.

Das muss nicht sein, es gibt eine praktische Alternative: Statt Werkzeug, Waffe oder Rüstungsteil direkt zu verzaubern, verzauberst du ein *Buch*. Damit speicherst du den Zauberspruch in diesem Buch und kannst ihn später auf einen Gegenstand anwenden – genau dann, wenn du den Spruch brauchst. Auf diese Weise legst du dir eine Bibliothek von *verzauberten Büchern* an, von denen du je nach Bedarf das passende auswählst.

Ein Buch besteht aus Papier und Leder. Beides sind nachwachsende Rohstoffe, die du bequem in einer kleinen Farm herstellen kannst. Die verzauberten Bücher lagerst du in Truhen oder gearbeiteten Bücherregalen.

Die Verbindung eines Gegenstandes mit einem verzauberten Buch geschieht mit dem Amboss, den du bereits im vorherigen Kapitel kennengelernt hast.

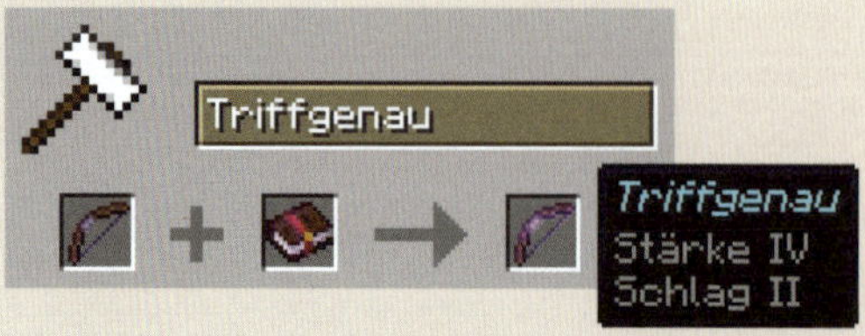


Auf dem Amboss schmiedest du ein verzaubertes Buch an einen Gegenstand und kannst ihm auch gleich einen besonderen Namen geben.

Verzauberte Bücher haben einen weiteren Vorteil: Du kannst mehrere Bücher nacheinander auf einen Gegenstand schmieden und dir damit genau die Kombination von Verzauberungen zusammenstellen, die du brauchst. Einige Verzauberungen schließen sich allerdings gegenseitig aus, du kannst sie nicht gemeinsam auf einen Gegenstand bringen. Es geht nur:

- Behutsamkeit *oder* Glück
- Bann *oder* Nemesis der Gliederfüßer *oder* Schärfe
- Sog *oder* Entladung beziehungsweise Treue
- Durchschuss *oder* Mehrfachschuss
- Unendlichkeit *oder* Reparatur
- Explosionsschutz *oder* Feuerresistenz *oder* Schussschutz *oder* Schutz
- Eisläufer *oder* Wasserläufer
- Dichte *oder* Durchbruch

Verzauberte Waffen erleichtern den Monsterkampf.

Wie du bereits beim Schmieden erfahren hast (im Kapitel »Heimwerken – hör mal, wer da craftet«), ist es ratsam, erreichte Erfahrungsstufen baldmöglichst zu verbrauchen, weil du niedrige Erfahrungsstufen deutlich schneller auffüllst als höhere. Sobald du also die passende Erfahrungsstufe erreicht hast, verzauberst du das nächste Buch und legst dir damit eine schöne Bibliothek von Zauberbüchern für jede Gelegenheit zu.

**MINECRAFT-LEXIKON – OP**

Wenn es um Verzauberungen geht, sprechen Spielerinnen und Spieler oft von einer »OP-Rüstung« oder einem »OP-Werkzeug«. *OP* ist die Abkürzung für das englische Wort *overpowered* (»übermächtig«) und bedeutet ein Maximum an hilfreichen Eigenschaften – eigentlich zu viel für den Überlebensmodus, bei dem es normalerweise mühevoll zugeht.

Ein OP-Helm ist z. B. ein Diamant- oder Netherithelm mit max. *Schutz*, max. *Atmung*, max. *Haltbarkeit*, *Wasseraffinität* und *Reparatur*. Eine OP-Spitzhacke ist eine Diamant- oder Netheritspitzhacke mit max. *Effizienz*, max. *Glück*, max. *Haltbarkeit* und *Reparatur*.

Es gibt auch einen OP-Apfel, den *verzauberten goldenen Apfel*. Wenn du ihn isst, gibt er dir nicht nur 2 + 9,6 Sättigung, sondern zusätzlich auch folgende Statuseffekte:

- *Feuerresistenz* für 5 Minuten,
- *Resistenz* durch 20 % Schadensreduzierung für 5 Minuten,
- *Absorption* von Schaden durch 8 Extraherzen für 2 Minuten und
- *Regeneration* von 8 (BE: 12).

Du kannst diese Wundernahrung nicht craften, sondern nur manchmal in Truhen finden. Solltest du mal einen verzauberten goldenen Apfel übrig haben, kannst du damit auch die Bannervorlage »Mojang-Logo« craften.

**Gratulation, du hast das 6. Survival-Level erreicht**

Du weißt jetzt, dass das Schwert nur eine von vielen Möglichkeiten ist, mit einem Monster umzugehen. Allerlei Nah- und Fernwaffen und eine Galerie von unterschiedlichen Rüstungen auf Rüstungsständern zieren nun deine Waffenkammer, und deine Burg wird von wehrhaften Golems bewacht.

Danach hast du in deinem Zauberturm die hohe Kunst des Verzauberns gelernt und kannst deine Werkzeuge, Waffen und Rüstungsteile mit magischen Fähigkeiten versehen. Du kennst dich mit dem Zaubertisch aus, kannst verzauberte Bücher selbst herstellen und weißt, was Schatzverzauberungen sind. Und vielleicht hast du auch schon einen OP-Apfel gefunden.

Jetzt bist du supergut gerüstet, aber hast du auch genug Übung? Nur wenn du deine Waffen flink und geschickt benutzen kannst, wirst du auch die stärkeren Monster besiegen können. Doch bevor du dich zum Aufwärmen in eine nächtliche Monsterjagd stürzt, wäre es schlau, deine Gegner im nächsten Kapitel erst einmal näher kennenzulernen – damit du keine unliebsamen Überraschungen erlebst.

# Monsterkunde – die Kreaturen der Dunkelheit

*Aus sicherer Entfernung blickst du abschätzend auf die benachbarte Wüste. Der Mond geht gerade auf und taucht die Sandhügel in ein fahles Licht. Stille. Nacht. Die Ruhe vor dem Ansturm der Monster.*

*Vorsichtig schleichst du dich näher. Auf den Hügeln scheint sich etwas zu bewegen. Du zückst dein Fernrohr. Da sind sie! Wüstenzombies, Skelette, Spinnen, Creeper, Hexen und sogar die unheimlichen Endermen. Normalerweise würde man sich jetzt in Sicherheit bringen, aber heute Nacht drehst du den Spieß um. Denn die Creeper droppen nach ihrem Ableben Schwarzpulver, das du dringend brauchst.*

*Du bist gut vorbereitet. Dein eiserner Brustharnisch schützt dich, und du hast dein wertvollstes Utensil mitgebracht. Heute Nacht soll es zum Einsatz kommen: »Beutemacher«, dein verzaubertes Diamantschwert. Das zähe Leder deiner Hose knarzt, als du unerschrocken Richtung Hügel stapfst. Erst hörst du nur ihre Stimmen. Dann wenden sie sich zu dir um. Jetzt geht es los!*

## Monster kennenlernen

In voller Rüstung und mit Schwert ausgestattet, hast du gute Chancen, gegen alle Arten von Monstern zu bestehen. Draußen spawnen sie vor allem nachts, wenn es dunkel ist (siehe im Kapitel »Survival – das nackte Überleben« den Kasten »Im Licht spawnen keine Monster«). In dunklen Höhlen stößt du zu jeder Tageszeit auf diese üblen Gesellen. Manche Monster spawnen auch nur an bestimmten Orten, z. B. in der Wüste, unter Wasser, im Nether oder im Ende.

Doch warum solltest du dich überhaupt mit Monstern abgeben? Du könntest doch ein friedliches Leben als Bauer oder Architekt führen und ihnen aus dem Weg gehen? Allerdings droppen Monster wichtige Gegenstände wie Schleimbälle, Lohenruten und Schwarzpulver. Außerdem bringen sie Erfahrungspunkte, die du zum Schmieden und Verzaubern benötigst. Die meisten Monster bringen 5 XP, Böen, Lohen, Magier, Wächter und Großwächter 10, die schnellen Zombiekinder 12 und Piglin-Barbaren 20. Außerdem macht es Spaß, eine schwierige Herausforderung anzunehmen und zu meistern.

Mit ein bisschen Aufmerksamkeit und Übung wird es dir nach kurzer Zeit gelingen, mühelos den Sieg davonzutragen. Schlage zu und gehe zurück. Dein Schlag schubst das Monster, das vergrößert den Abstand zusätzlich. Bleibt der Abstand immer groß genug, behältst du den Überblick. Am besten probierst du das in einem übersichtlichen Gelände aus – wie in einer Wüste oder Ebene.

Achte auf deine Lebensanzeige und laufe weg, wenn du nur die Hälfte deiner Herzen hast, um etwas zu essen und dich zu erholen. Wenn du sprintest, bist du schneller als die Monster.

Mit einem einzelnen Monster wirst du in der Regel gut fertig. Problematisch wird es, wenn du mehrere auf einmal triffst. Faustregeln: Halte Abstand zu Creepern. Blicke Endermen nicht ins Gesicht. Beseitige zuerst die Zombies, denn sie halten dich so gut auf Trab, dass du dabei mit etwas Glück auch den Attacken der anderen Monster entgehst. Ganz wichtig: Bleibe immer in Bewegung, laufe im Kreis um die Monster herum. Sie folgen dir wie die Tiere deiner Farm, wenn du Futter in der Hand hältst. Nur diesmal bist du selbst das Futter.

Die meisten Monster spawnen außerhalb deines Sichtfeldes (mindestens 24 Blöcke entfernt), wenn die Bedingungen stimmen. Dazu gehören Dunkelheit und der richtige Boden: Auf Stufen, Treppen oder Glas spawnen keine Monster. Und sie verschwinden auch wieder: Zombies und Skelette verbrennen bei Tagesanbruch, die anderen Monster verschwinden, sobald du weit genug weggehst, sie despawnen. Hast du mal an einem Ort zu viele Monster, stelle Fackeln auf und entferne dich weit genug. Kommst du später zurück, ist die Meute weg, und neue Monster konnten wegen des Lichts nicht spawnen.

Neben den Monstern, die überall im Dunkeln spawnen, gibt es auch Orte mit einer dauerhaften Monsterquelle. Das sind die *Spawner*, die du vor allem in *Verliesen* findest (siehe Kapitel »Forscherdrang – entdecke die Welt«). Aus diesen feurigen Käfigen spawnen in einem Umkreis von neun Blöcken immer wieder neue Monster, solange es dort dunkel ist. Stellst du eine Fackel auf den Spawner, reicht die Helligkeit schon aus, um ihn zu deaktivieren. Schaust du dir den Käfig dann näher an, erkennst du darin eine schnell rotierende kleine Version des Monsters, das er spawnt.

Du kannst einen Spawner mit der Spitzhacke zerstören, aber richtig genutzt entpuppt er sich als willkommene Quelle für nützliche Monster-Drops. Dazu baust du ihn zu einer sogenannten *Monsterfarm* aus. Weil beim Beseitigen von Monstern auch Erfahrungskugeln (englisch *XP* für *experience*) anfallen, wird eine Monsterfarm oft auch *XP-Farm* genannt.

**Spawner zur Monsterarena ausbauen**

Es gibt viele ausgeklügelte Möglichkeiten für die Automatisierung einer Monsterfarm, aber es geht auch ohne diesen Aufwand, indem du einen normalen Spawner zu einer einfachen *Arena* ausbaust. Da kannst du neben dem Farmen von Beute und XP den Monsterkampf auch tagsüber trainieren und musst nicht auf die Nacht warten. Prüfungs-Spawner in Prüfungskammern funktionieren anders und sind dazu nicht geeignet.

Als Erstes deaktivierst du den Spawner, indem du eine Fackel auf ihn stellst. Um die maximale Wirkung des Spawners auszunutzen, höhlst du um ihn herum einen 9 × 9 Blöcke großen Raum aus. Eine Wand des Raumes bleibt offen und wird erweitert zu einer 15 Blöcke langen Halle. An ihrem Ende hängst du Fackeln auf. Dort sind sie so weit entfernt, dass ihr Licht die Spawnfläche nicht erreicht (siehe Bild).

Genau 16 Blöcke vom Spawner entfernt ziehst du auf dem Boden eine deutliche Linie, z. B. mit roter Wolle. 14 Blöcke vom Spawner entfernt versperrst du die Halle mit einer Glasmauer, in die du eine Tür einsetzt.

Wenn alles fertig ist, entfernst du die Fackel vom Spawner und bringst dich in Sicherheit. Solange du auf der roten Linie oder näher am Spawner stehst, aktivierst du ihn durch deine Anwesenheit, was du an den kleinen Flammen erkennst, die aus dem Käfig schlagen. Bist du weiter weg, erlöschen die Flammen, und der Spawner ist nicht mehr aktiv.

Jetzt entscheidest du, wann du die Arena zum Kämpfen betrittst und wann du wieder hinausläufst.

Gehst du von der Halle weiter weg und kommst später zurück, kann es sein, dass im dunklen Teil der Halle auch andere Monster spawnen. Also nicht wundern, wenn du mal einen Creeper in deiner Arena siehst.

**i**

**MINECRAFT-LEXIKON – Mob**

Ein Monster wird auch als *Mob* bezeichnet. Der Begriff ist die Kurzform des englischen *mobile entity* und meint ganz allgemein ein »bewegliches Wesen« in einem Computerspiel. Damit gehören auch die Tiere zu den Mobs.

Weil das Wort »Mob« außerhalb von Computerspielen im Englischen und im Deutschen auch die Bedeutung von »Meute« und »Gesindel« hat und das perfekt zu den Monstern passt, wird »Mob« häufiger im Sinne von »Monster« gebraucht. Eine Mob-Farm ist also eine Monsterfarm.

Die typischen Monster, die dir überall begegnen, sind Zombie, Skelett, Spinne, Creeper und gelegentlich eine Hexe oder ein Enderman. Für den Anfang reicht das und bleibt übersichtlich. Möchtest du mehr Monster sehen – bis hin zu den besonders schweren Bossmonstern –, musst du bestimmte Orte aufsuchen oder etwas Bestimmtes tun.

In den nächsten Abschnitten lernst du alle Monster und ihre Eigenschaften kennen. Bei den Schadenswerten hat die BE manchmal kleine Abweichungen. Das wird der Einfachheit halber hier weggelassen, denn auf das eine oder andere Herz Unterschied kommt es nicht an.

Wichtig ist dagegen, dass es auch *untote Monster* gibt. Diese Gestalten leben nicht mehr, bewegen sich aber trotzdem, angetrieben von einer schädlichen Energie. Wirfst du diesen Monstern einen Wurftrank des *Schadens* zu, gibst du ihnen Energie zurück. Um sie zu schädigen, musst du sie mit einem Wurftrank der *Heilung* bewerfen. In den folgenden Abschnitten sind die Herzen dieser Monster dunkel dargestellt (), damit du sie als untot erkennst. Manche Monster haben auch einen Rüstungsschutz, der nachfolgend mit Harnischen  dargestellt wird, wobei 1  bedeutet, dass der Schaden, den du dem Monster zufügst, um 8 % reduziert wird.

## Menschenähnliche Monster

Der normale Zombie trägt mit seinem blauen T-Shirt und den Jeans genau dieselbe Kleidung wie die Standardspielerfigur *Steve* – er ist also eigentlich ein zombifizierter Spieler. Und das Skelett könnte – gruselige Vorstellung – die abgenagte Version davon sein. Von beiden untoten Monstern gibt es verschiedene Varianten mit speziellen Eigenschaften.

Auch die liebenswerten Dorfbewohner haben böse Verwandte, die alle an ihrer charakteristischen Nase erkennbar sind. Die Hexe ist z. B. ein Dorfbewohner, der vom Blitz getroffen wurde, was du in seltenen Fällen sogar beobachten kannst. Und dann sind da noch die *Illager*, deren Name ein Wortspiel aus den englischen Wörtern für »böse« (*ill*) und »Dorfbewohner« (*villager*) ist. Zu ihnen gehören die Plünderer, Diener und Magier mit ihren kleinen Plagegeistern.

### Zombie

Buddelst du dich auf der Suche nach wertvollen Erzen und Diamanten durch das Gestein und hörst ein grauenhaftes Stöhnen, das dir die Nackenhaare aufstellt, dann befindest du dich in der Nähe eines Zombies, der irgendwo hinter dem Fels in einer Höhle lauert.

Sobald er dich sieht, wird er dich verfolgen, bis nur noch einer von euch übrig ist. Draußen in der Oberwelt ist das fatal, denn Zombies erkennen dich aus doppelt so großer Entfernung wie die anderen Monster und sind oft nicht allein. Zu allem Überfluss spawnen sie manchmal auch mit Schwertern und Rüstung.

Sonnenlicht mögen Zombies gar nicht. Sobald die Sonne aufgeht, fangen sie an zu brennen – außer sie tragen einen Helm. Wenn ein Zombie brennt, läuft er manchmal ins Wasser, um sich zu retten. Im flachen Wasser macht ihm die Sonne nichts mehr aus. Geht ein

Zombie aber unter, fängt er nach einiger Zeit an zu zittern und verwandelt sich in einen Ertrunkenen. Dieser ist im Abschnitt »Monster im Ozean« genauer beschrieben.

Wie du einen *Zombiekopf* bekommst und was du damit anfängst, steht weiter unten im Abschnitt zum Creeper.

**Leben**: 10

**Schutz**: 1

**Schaden**: 1½

**Spawn**: überall und aus Spawnern in Verliesen und Prüfungskammern

**Geräusch**: Stöhnen

**Drop**: manchmal verrottetes Fleisch, selten: Eisenbarren, Karotte, Kartoffel, Eisenschaufel, Eisenschwert, Rüstungsteil

**Bonus**: wenn von geladenem Creeper getötet: Zombiekopf

Einige Zombies spawnen als Kind. **Zombiekinder** sind sehr gefährlich, weil sie den gleichen Schaden anrichten wie die Erwachsenen, aber sehr schnell rennen und so klein sind, dass sie auch durch ein Block große Öffnungen passen. Manche Zombiekinder reiten auf einem Huhn, sie werden deshalb *Hühnerreiter* genannt (in der BE reiten Zombiekinder auch auf anderen Tieren). Sie droppen als Bonus eine *Schallplatte*.

Manche Zombies spawnen auch als **Dorfbewohnerzombies**, die du sofort an ihrer Nase erkennst. Ein Dorfbewohnerzombie kann auch durch den Biss eines Zombies entstehen, denn Zombies stürzen sich auf jeden Dorfbewohner, den sie sehen. Im schlimmsten Fall können Zombies sogar ein ganzes Dorf ausrotten. Doch es gibt Hilfe: Du kannst einen Dorfbewohnerzombie mit einer Radikalkur heilen. Wenn du also Dorfbewohner in deiner Basis ansiedeln willst, gehst du nachts auf die Suche nach Dorfbewohnerzombies, lockst sie zu dir und heilst sie. Wie das funktioniert, steht im Abschnitt »Das Geheimnis der Iglus« im Kapitel »Extratour – Sehenswürdigkeiten bis zum Ende«.

### Wüstenzombie

**Leben**: 10

**Schaden**: 1½ + Effekt *Hunger*

**Schutz**: 1

**Spawn**: Wüste, Prüfungskammer

**Geräusch**: ausgetrocknetes Hauchen

**Drop**: manchmal verrottetes Fleisch, selten: Eisenbarren, Karotte, Kartoffel, Eisenschaufel, Eisenschwert, Rüstungsteil

Gewöhnliche Zombies mögen die Wüste nicht, sie spawnen daher dort nur selten. Stattdessen treiben sich dort die mumienartigen Wüstenzombies herum. Mit ihrem Stofflappen auf dem Kopf sind sie gegen die Sonne geschützt und verbrennen nicht im Tageslicht.

Neben dem normalen Schaden, den sie verursachen, vergiften sie dich für 7 Sekunden mit dem Statuseffekt *Hunger*. Das färbt deine Hungerleiste giftgrün und zieht dir Sättigung und Fleischkeulen ab. Den *Hunger*-Effekt bekommst du auch durch giftige Nahrung.

Auch bei dieser Zombievariante spawnen einige Exemplare als besonders schnelles und gefährliches Zombiekind, manche auch als Hühnerreiter.

Unter Wasser wird der ausgetrocknete Wüstenzombie zunächst einmal zu einem gewöhnlichen Zombie. Wenn er danach weiter unter Wasser bleibt, wird er zu einem Ertrunkenen.

## Skelett

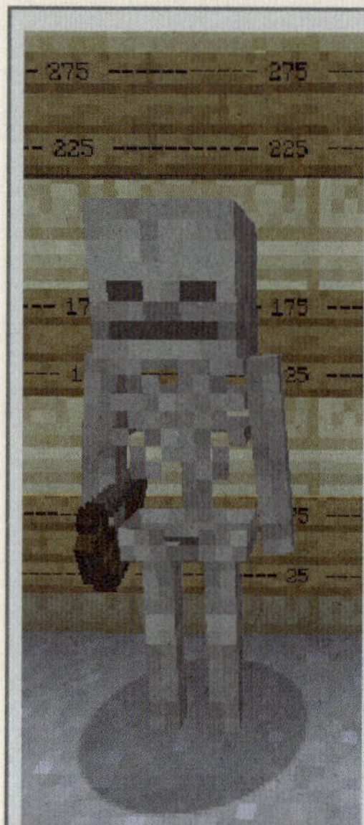


**Leben**: 10

**Schaden**: Fernkampf ½ bis 2, Nahkampf 1

**Spawn**: überall und aus Spawnern in Verliesen und Prüfungskammern

**Geräusch**: melodisches Klappern

**Drop**: manchmal: Knochen, Pfeil, selten: Bogen, Rüstungsteil

**Bonus**: wenn von geladenem Creeper getötet: Skelettschädel

Wirst du plötzlich getroffen, verlierst Lebensherzen und hast keine Ahnung, warum, dann sieh dich um. Wahrscheinlich versteckt sich irgendwo ein Skelett und benutzt dich als Zielscheibe.

Die mit Pfeil und Bogen bewaffneten Skelette gehören wie Zombies und Spinnen zu den häufigen Monstern. Damit sind sie eine gute Quelle für *Knochen*, aus denen du Knochenmehl fürs Düngen und Färben craftest. Ihre abgeschossenen Pfeile kannst du nicht aufsammeln, nur die Pfeile, die sie droppen, wenn du sie besiegt hast.

Im Gegensatz zu den anderen Monstern der Oberwelt sind Skelette auch im Nether zu finden, denn die Hitze stört sie nicht. Nur auf Sonnenlicht reagieren sie allergisch, sie verbrennen dann genauso wie Zombies. Und vor Wölfen – egal ob wild oder zahm – laufen sie weg, denn diese sind hinter ihren Knochen her.

Wenn du ein Skelett in den Bergen in Pulverschnee lockst, nützt das nicht viel, denn es stirbt nicht, sondern fängt an zu zittern und wird nach kurzer Zeit zu einem Eiswanderer (siehe nächster Abschnitt).

Wie du einen *Skelettschädel* bekommst und was du damit anfängst, steht im Creeper-Abschnitt.

Selten spawnt ein Skelett als *Spinnenreiter*, d. h., es reitet auf einer Riesenspinne und kann auch Wände hochklettern. Du hast es dann mit zwei Monstern gleichzeitig zu tun: Das Skelett feuert Pfeile ab, während dich die wendige Spinne krabbelnd und kletternd in Nahkämpfe verwickelt. Enge Passagen werden ihr aber zum Verhängnis, da kannst du sie leicht erwischen.

### Eiswanderer

**Leben**: 10

**Schaden**: Fernkampf 1½ bis 2½ + manchmal Pfeil der *Langsamkeit*, Nahkampf 1

**Spawn**: verschneite Ebene, Eiszapfentundra, gefrorener Fluss, gefrorener Ozean und Prüfungskammer

**Geräusch**: eisiges Schlittern

**Drop**: manchmal: Knochen, Pfeil, Pfeil der *Langsamkeit*, selten: Bogen

In Biomen mit weiten Schneeflächen triffst du auf den Eiswanderer, ein in Lumpen gehülltes Skelett. Damit ihm seine Beute in diesen flachen Landschaften nicht entkommt, benutzt er manchmal einen getränkten Pfeil mit dem Statuseffekt *Langsamkeit*, der dich für 30 Sekunden in Zeitlupe versetzt. Ist das geschehen, sind Pfeil und Bogen deine besten Freunde, denn bis du den Eiswanderer für den Schwerter-Nahkampf erreichst, hat er dich schon längst wieder getroffen.

In der BE kann der Eiswanderer selten auch als Spinnenreiter spawnen.

## Sumpfskelett

**Leben**: 8 ❤

**Schaden**: Fernkampf 1½ bis 2½ ❤ + manchmal Pfeil der *Vergiftung*, Nahkampf 1 ❤

**Spawn**: Sumpf, Mangrovensumpf, Prüfungskammer

**Geräusch**: Knacken, Knistern, melodisches Klappern

**Drop**: manchmal: Knochen, Pfeil, Pfeil der *Vergiftung*, selten: Bogen

In Sümpfen triffst du auf eine schmuddelige Variante der Skelette. Sie ist etwas langsamer und mit Moos und Pilzen bewachsen. Aber Vorsicht, ihre Pfeile sind vergiftet! Wirst du getroffen, fügt dir der Statuseffekt *Vergiftung* 1½ ❤ zusätzlichen Schaden zu, den du durch Trinken von Honig aufhalten kannst.

In der BE kann das Sumpfskelett auch selten als Spinnenreiter spawnen.

## Hexe

**Leben**: 13 ❤

**Schaden**: Wurftränke der *Langsamkeit*, *Vergiftung*, *Schwäche* und des *Schadens*

**Spawn**: überall, Überfälle, Sumpfhütten

**Geräusch**: Kichern

**Drop**: manchmal: Stock, Glasflasche, Leuchtsteinstaub, Redstone-Staub, Schwarzpulver, Zucker, Spinnenauge

Wanderst du nichtsahnend durch einen Sumpf und entdeckst eine wunderliche kleine Hütte, dann halte dich fern, denn hier haust immer eine Hexe, die in der Nähe ihrer *Sumpfhütte* herumläuft. Nachts spawnen weitere Hexen in jedem Biom, und an Überfällen auf unschuldige Dorfbewohner nehmen sie auch teil.

Hexen schlagen nicht mit Schwertern um sich, sondern werfen schädliche Tränke. Ein Hexenangriff beginnt mit einem Trank der *Langsamkeit*, gefolgt von *Vergiftung*, *Schwäche* und dann *Schaden*. Diese Statuseffekte bewirken einen besonders frustrierenden Tod, weil dir Zug um Zug die Möglichkeiten ausgehen, dich zu verteidigen oder zu fliehen. Und greifst du sie an, trinken sie schnell einen Heilungstrank.

Siehst du eine Hexe schon aus weiter Entfernung, gehst du mit Pfeil und Bogen kein Risiko ein. Läuft sie aber auf dich zu, sprinte in ihre Richtung und benutze sofort dein Schwert. Die Zeit, die sie zum Heilen benötigt, nutzt du für weitere Schwerthiebe. Hat dich dann doch mal ein Trank erwischt, kannst du dem negativen Statuseffekt mit Milch entgegenwirken.

Hexen droppen diverse Brauzutaten, die du aber anderweitig einfacher bekommst.

### Plünderer

**Leben**: 12

**Schaden**: Fernkampf 2, Nahkampf 1½

**Spawn**: Plünderer-Außenposten, Patrouillen, Überfälle

**Geräusch**: verärgertes Grummeln

**Drop**: manchmal: Armbrust, Pfeil (nur BE)

**Bonus**: bei einem Überfall selten Beute (nur BE)

**Räuberhauptmann**: unheilvolles Banner, unheilvolle Flasche

Der Plünderer gehört zu den Illagern (böse Dorfbewohner), sein Markenzeichen ist die Armbrust. Plünderer streifen alleine oder in Patrouillen mit bis zu fünf Gestalten durch die Welt. Treffen Plünderer auf dich oder einen Dorfbewohner, greifen sie an.

Ihr Zuhause ist ein Plünderer-Außenposten, den du manchmal bei deinen Forschungsreisen entdeckst (siehe Kapitel »Extratour – Sehenswürdigkeiten bis zum Ende«).

Der **Räuberhauptmann** ist an einem *unheilvollen* (BE: *ominösen*) *Banner* zu erkennen, das er auf seinem Kopf trägt. Außerdem droppt er eine *unheilvolle Flasche*. Trinkst du sie, bekommst du für 100 Minuten den Statuseffekt *Drohendes Unheil*, mit dem du in den *Prüfungskammern* mehr Beute machst (siehe Kapitel »Forscherdrang – entdecke die Welt«) oder einen *Überfall* auf ein Dorf auslöst (siehe Abschnitt »Bossmonster« weiter unten).

### Diener

**Leben**: 12

**Schaden**: bewaffnet 6½, unbewaffnet 2½

**Spawn**: Waldanwesen, Überfälle

**Geräusch**: strenges Murren

**Drop**: manchmal: Smaragd, Axt

**Bonus**: bei einem Überfall selten Beute (nur BE)

Der Diener ist ein Illager, der im Waldanwesen zu Hause ist. Das ist ein großes Gebäude mit vielen Räumen, das von Magiern und ihren Dienern bewohnt wird. Wie ein Waldanwesen aussieht und wo du es finden kannst, ist im Kapitel »Extratour – Sehenswürdigkeiten bis zum Ende« beschrieben.

Bei Überfällen auf Dörfer ist der Diener aber auch gerne mit dabei und schwingt seine Eisenaxt. Wenn dich ein Diener sieht, wird er fürchterlich wütend und sprintet in hohem Tempo auf dich zu. Schlage dann so schnell wie möglich mit dem Schwert zu und sorge dafür, dass er auf Distanz bleibt.

### Magier

**Leben**: 12

**Schutz**: 1 (nur BE)

**Schaden**: 3

**Fangzähne**: 3 auch mit Rüstung

**Spawn**: Waldanwesen, Überfälle

**Geräusch**: Murmeln wie ein Dorfbewohner

**Drop**: Totem der Unsterblichkeit, manchmal Smaragd

Der Magier ist wie seine Diener ein Illager und ebenfalls Bewohner des Waldanwesens. In seiner Freizeit beteiligt sich dieser Bösewicht an Überfällen auf Dorfbewohner.

Im Gegensatz zum angriffslustigen Diener versucht der Magier erst mal Abstand zu gewinnen, um aus der Entfernung fiese Zaubersprüche anzuwenden. Zum Beispiel beschwört er einige *Plagegeister* herbei, die dir das Leben schwer machen (siehe nächsten Abschnitt). Oder er lässt *Fangzähne* aus dem Boden schnellen, die entweder direkt auf dich zukommen oder – wenn du schon ganz nahe bist – einen Schutzkreis um ihn herum bilden. Die Fangzähne sorgen für erheblichen Schaden, du weichst ihnen also besser nach links oder rechts aus. Kurz vor dem Zaubern wirft der Magier seine Hände in die Luft, und ein magisches Horn ertönt. Erscheinen dabei weiße Partikel, beschwört er Plagegeister, bei violetten Partikeln folgen Fangzähne. Ist der Fangzahnangriff vorbei, lässt du Pfeile auf den Magier regnen. Am besten ist es aber, einen Magier zu überraschen. Stürme mit erhobenem Schwert auf ihn zu und füge ihm so viel Schaden wie möglich zu, bevor er zaubern kann.

Der Lohn für deine Mühe ist ein *Totem der Unsterblichkeit*, das ein Magier immer droppt. Die Anwendung ist im vorherigen Kapitel unter »Weitere Waffen« beschrieben.

Ein Magier wehrt sich durch Beschwörung von Fangzähnen, die er aus dem Boden schnellen lässt.

### Plagegeist

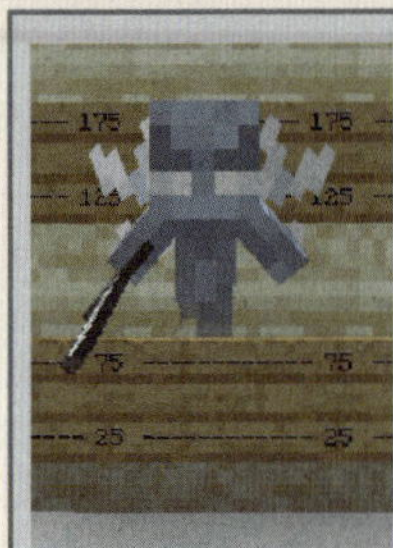

**Leben**: 7

**Schaden**: 4½

**Spawn**: durch Magier

**Geräusch**: geisterhaftes Sausen

Plagegeister sind kleine geflügelte Kreaturen, die ein böser Magier herbeibeschwört. Bei ihren starken Angriffen werden sie rot vor Zorn und wuseln wild um dich herum. Dabei fliegen sie ganz nach Geisterart problemlos auch durch Wände.

Erforsche Waldanwesen deshalb nur, wenn du eine Diamantrüstung trägst. Greift dich ein Magier mit Plagegeistern an, erledige diese zuerst, indem du ständig in Bewegung bleibst und deine Umgebung im Blick behältst, während du schnell mit dem Schwert zuschlägst. Erst nach den Plagegeistern kümmerst du dich um den Magier.

Die Plagegeister sind wahrscheinlich durch schwarze Magie aus Hilfsgeistern entstanden – diesen kleinen blauen, geflügelten Tieren, die die Magier manchmal in Waldanwesen gefangen halten.

### Wärter

**Leben**: 250

**Schaden**: Effekt *Dunkelheit*, Fernkampf: 5, Nahkampf: 15

**Spawn**: Tiefes Dunkel

**Geräusch**: Herzklopfen und qualvolles Stöhnen

**Drop**: Sculk-Katalysator

Der Schrecken des *Tiefen Dunkels* (siehe Kapitel »Forscherdrang – entdecke die Welt«, Abschnitt »Märchenhafte Höhlenbiome«) ist der blinde Wärter, eine Naturkraft der Dunkelheit. Er besteht wie das Sculk-Geflecht, das ihn hervorbringt, aus verdichteten Seelen vieler Verstorbener, die in ihm wie ein Herz schlagen und einen pulsierenden *Dunkelheit*-Effekt erzeugen.

Wird die ewige Stille dieser Region gestört, beginnen die geräuschempfindlichen Sculk-Sensoren zu schwirren, was die Sculk-Kreischer zum Schreien bringt. Nach dreimaligem Kreischen bricht der Boden auf, und ein Wärter formt sich aus dem Sculk, der mit seinen feinen Antennen nach dem Ruhestörer sucht, um ihn zum Schweigen zu bringen. Der Wärter erscheint aber nur bei bereits vorhandenen Sculk-Kreischern, nicht bei selbst platzierten oder solchen, die durch Sculk-Katalysatoren entstehen.

Vom Wärter nicht erwischt zu werden ist schwierig, denn wenn einer versagt, kommt bald darauf der nächste. Um das zu verhindern, hilft nur vorsichtiges Schleichen oder auf Wolle laufen und das Beseitigen aller Sculk-Kreischer. Mit der *Huschen*-Verzauberung schleichst du besonders schnell.

Je mehr Geräusche du machst, desto aggressiver wird der Wärter, was du an seinem schnelleren Herzschlag hörst. Aber er reagiert nicht nur auf Geräusche, sondern kann dich auch riechen, solange du in seiner Nähe bist. Stillstehen nützt also nichts. Ebenso ist Hochstacken oder in eine Nische schlüpfen nutzlos, denn sein Schallangriff durchdringt alle Wände. Du kannst versuchen, ihn mit Schneebällen oder Pfeilen abzulenken, die du hinter ihn schießt, aber du musst nach jedem Schuss fünf Sekunden warten, damit er nicht herausfindet, woher der Schuss kommt.

## Tierartige Monster

Eine Spinne im echten Leben ist harmlos und nützlich. Aber in Minecraft, mit einer Breite von zwei Metern, sieht das anders aus. Neben bekannten Monstern wie der Riesenspinne gibt es auch Fantasietiere wie den Creeper – ein Waldmonster, das mit Laub bedeckt ist und auf seinen vier kleinen Füßchen durch die Gegend schleicht. Oder das untote fliegende Phantom, das durch die Nacht saust und jeden angreift, der nicht genug geschlafen hat.

Die Unterscheidung zwischen fiesen Monstern und normalen Tieren ist in Minecraft ganz einfach: Monster verschwinden, wenn du die Schwierigkeit des Spiels auf FRIEDLICH stellst, Tiere bleiben.

Monster, auf die die Verzauberung *Nemesis der Gliederfüßer* wirkt, besitzen in der nachfolgenden Darstellung ein gelbes Herz (💛).

### Spinne

**Leben**: 8

**Schaden**: 1

**Spawn**: überall und aus Spawnern in Verliesen und Prüfungskammern

**Geräusch**: Schlürfen

**Drop**: manchmal: Faden, Spinnenauge

Während Zombies und Skelette bei Sonnenaufgang verbrennen, macht das Tageslicht den großen Krabblern nichts aus. Folglich kannst du auch tagsüber Spinnen begegnen, die in der Nacht zuvor gespawnt sind. Doch bei Licht sind Spinnen harmlos (außer sie werden gereizt). Du kannst also direkt zu ihnen gehen – sie tun dir nichts, auch wenn sie dich interessiert anschauen.

Bei Dunkelheit sieht die Sache allerdings anders aus, wobei ein Spinnenangriff grundsätzlich nicht besonders schlimm ist. Aber sie können Wände hochklettern. Deshalb ist es ratsam, für jedes Gebäude ein Dach oder einen Überhang vorzusehen, weil sie den nicht überwinden können.

Am bequemsten erledigst du Spinnen mit Pfeil und Bogen. Allerdings wird das Zielen zunehmend schwieriger, wenn sie dich entdeckt haben, denn sie können auch springen.

Da Spinnen überall spawnen, sind sie eine gute Quelle für Fäden und Spinnenaugen. *Fäden* brauchst du für das Craften von wichtigen Dingen wie Bogen, Angel, Leine, Bündel, Kerze und Gerüst, und *Spinnenaugen* sind eine Brauzutat für Schadenstränke und helfen bei der Gürteltierzucht.

## Höhlenspinne

**Leben**: 6

**Schaden**: 1 + Effekt *Vergiftung*

**Spawn**: Spawner in Minen und Prüfungskammern

**Geräusch**: Schlürfen

**Drop**: manchmal: Faden, Spinnenauge

Höhlenspinnen sind eine wirkliche Plage. Sie passen durch ein Block große Lücken, sie sind flinker als ihre Vettern an der Oberfläche, und sie geben den Statuseffekt *Vergiftung*, der dir 2½ abzieht und deine Herzen giftgrün färbt. An *Vergiftung* alleine stirbst du nicht, ein halbes Herz bleibt immer übrig. Aber der nächste Spinnenbiss zieht wieder ein ganzes Herz Schaden ab, das war's dann. Daher solltest du schnell Honig trinken, um die Vergiftung aufzuhalten. Zum Glück kriechen Höhlenspinnen nur aus Spawnern in verlassenen Minen oder Prüfungskammern und erscheinen nie an der Oberfläche oder an sonstigen dunklen Orten.

Du erkennst einen Höhlenspinnenspawner schon von Weitem, weil der Gang, in dem er steht, in ein dichtes Gewebe aus Spinnennetzen gehüllt ist. Möchtest du die Mine ohne Kampf weiter erkunden, baue den Gang schnell zu, bevor das typische schlürfende Geräusch die ersten Krabbler ankündigt.

Schnelligkeit ist auch die richtige Taktik für einen Angriff auf den Spawner, solltest du dich dafür entscheiden. Zücke dein Schwert – idealerweise verzaubert mit *Nemesis der Gliederfüßer* – und laufe unter ständigem Zerstören der vielen Spinnennetze rasch nach vorne bis zum Spawner, den du mit einer Spitzhacke zerschlägst oder mit einer aufgestellten Fackel deaktivierst. Achtung: Ist der Spawner beseitigt, sieh auch an die Decke – vielleicht treiben sich irgendwo noch einige Restspinnen herum.

Wenn du den Spawner beim ersten Anlauf nicht erreichst und zu viele Höhlenspinnen spawnen: Rückzug, Gang verschließen und mindestens 40 Blöcke weit weggehen. Nach einigen Minuten despawnen die Spinnen, weil kein Spieler in ihrer Nähe ist. Dann kommst du zurück und versuchst es erneut. Aber nimm dich beim schnellen Rückzug vor den Spinnennetzen in Acht! Verhedderst du dich, klebst du fest und kommst nur in Zeitlupe wieder raus. Eine Flucht ist dann nicht mehr möglich, und du wirst vergiftet.

## Silberfischchen

**Leben**: 4

**Schaden**: ½

**Spawn**: aus befallenen Steinen in Bergbiomen, Festungen, Iglukellern und Waldanwesen, sowie aus Spawnern in Festungen und Prüfungskammern

**Geräusch**: leises Kratzen

**Drop**: –

Bergbiome sind nicht nur schön anzusehen, es sind auch die einzigen Orte, an denen es Smaragde gibt. Leider sind ausgerechnet diese Biome von Silberfischchen befallen. Im echten Leben sind das harmlose Winzlinge, in Minecraft sind sie so groß wie Ratten. Sie stecken in den Steinen, was du von außen nicht erkennen kannst. Doch wenn der befallene Stein beim Abbauen zerbricht, wuseln ein paar Silberfischchen heraus und pieksen dich. Ein einzelner Pieks ist nicht besonders schlimm, aber die Viecher sind schwer zu treffen. Außerdem holen sie Verstärkung aus benachbarten befallenen Steinen.

Läufst du einfach weg, kriechen sie in andere Steine, und du hast das Problem, dass du nicht weißt, in welche.

## Creeper

**Leben**: 10

**Schaden**: 21½

**Spawn**: überall

**Geräusch**: Spielerschritte, bis es zischt und knallt

**Drop**: Schwarzpulver

**Bonus**: wenn von Skelett getötet: Schallplatte, wenn von geladenem Creeper getötet: Creeperkopf

Zombies stöhnen, Skelette klappern, Spinnen schlürfen – aber Creeper sind kaum zu erkennen, daher auch ihr Name (englisch *creep* heißt »schleichen« und *creepy* heißt »unheimlich«). Ihre Schritte klingen genauso wie deine eigenen. Nur wenn du stillstehst, kannst du sie hören. Dann ist es aber schon fast zu spät.

Sobald ein Creeper direkt neben dir steht, bläht er sich auf und zischt. Laufe dann schnell weg, damit er in sicherer Entfernung explodieren kann. Am komfortabelsten beseitigst du Creeper mit Pfeil und Bogen.

Creeper sind eine wichtige Quelle für *Schwarzpulver*, das du für Feuerwerk, TNT und als Brauzutat brauchst.

Mit etwas Geschick entpuppt sich der Creeper sogar als kleines Schatzkästchen: Wenn du ein Skelett oder einen Eiswanderer dazu bringst, einen Creeper abzuschießen, droppt das grüne Monster eine *Schallplatte*.

Die grünen Monster haben einen gehörigen Respekt vor Katzen und Ozelots und halten mindestens 6 Blöcke Abstand von ihnen, auch wenn sie von diesen Tieren nicht angegriffen werden. Das Zähmen und Züchten von Katzen ist also eine gute Idee, um dein Hauptquartier und deinen Bauernhof gegen Creeper abzusichern.

Schlägt ein Blitz in der Nähe eines Creepers ein, wird er elektrisch aufgeladen, wodurch seine Explosionskraft auf das Doppelte anwächst. Geladene Creeper erkennst du an ihrer hellblauen Aura. Um dem Zufall etwas nachzuhelfen, benutzt du bei Gewitter einen mit *Entladung* verzauberten Dreizack.

Wenn du es dann schaffst, dass der geladene Creeper explodiert und dabei einen Zombie, ein Skelett, einen Piglin oder einen anderen Creeper erwischt, droppen diese ihre *Köpfe*. Setzt du den Kopf auf einen *Notenblock*, den du danach rechtsklickst, hörst du das typische Monstergeräusch. Oder du legst den Kopf zur Tarnung in deinen Helmslot. Das reduziert die Entfernung, bis zu der dich die jeweiligen Monster erkennen, auf die Hälfte. Du kannst dich dann näher an sie heranschleichen.

Links ein aufgeladener Creeper, rechts Monsterköpfe auf Notenblöcken

## Böe

**Leben**: 15

**Schaden**: ½ mit jeder Windkugel

**Spawn**: nur in Prüfungskammern

**Geräusch**: fauchender Wind

**Drop**: Böenrute

Der Schrecken der *Prüfungskammern* ist die Böe, ein herumspringendes Monster, das dich mit schädlichen Windkugeln bewirft und deine Fernangriffe auf dich zurückschlägt. Hier brauchst du einen guten Rüstungsschutz und einen Schild.

Um den Windkugeln auszuweichen, solltest du immer in Bewegung bleiben. Gleichzeitig versuchst du, möglichst nah an die Böe heranzukommen, um dein Schwert einzusetzen, das am besten auch verzaubert ist. Einige Stapel Glasblöcke im Inventar helfen dir, den Bewegungsspielraum der Böe und der anderen Monster in den Prüfungskammern einzuengen und trotzdem den Durchblick zu behalten.

Hast du die Böe besiegt, sind dein Lohn ein oder mehrere *Böenruten*, aus denen du deine eigenen Windkugeln oder einen Streitkolben craftest oder einen *Trank der Windladung* braust.

## Knarz

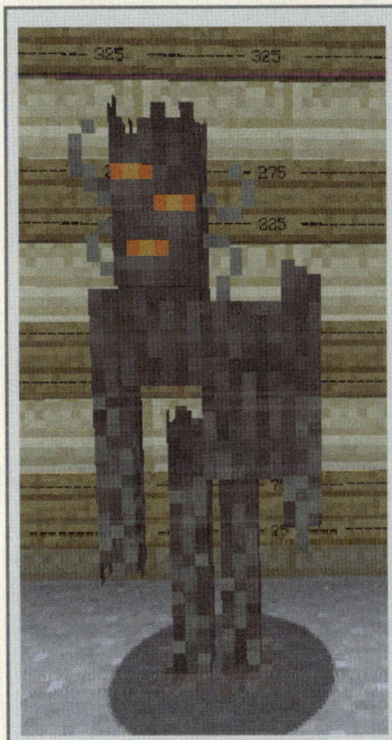

**Leben:** unverwundbar

**Schaden:** 1½

**Spawn:** *Blasser Garten*

**Geräusch:** Knacken und Knistern

**Drop:** nichts

Der *blasse Garten* ist ein unheimlicher und gefährlicher Wald. Nachts hörst du Knarze zwischen den Bäumen umherschleichen, aber du siehst sie nicht, weil sie perfekt getarnt sind und sich nur bewegen, wenn du nicht hinschaust. Wirst du plötzlich angegriffen, kannst du dich wehren, so viel du willst, die Baumwesen erleiden keinen Schaden. Nimm einen *Trank der Nachtsicht* zu dir, setze einen geschnitzten Kürbis auf und drücke [F1], um mehr zu sehen.

In Wirklichkeit sind nicht die Knarze das Problem, sondern der Wald selbst: In manchen Blasseichen steckt ein *Knarzherz*, das Eindringlinge loswerden will und die Knarze in der Nacht lebendig werden lässt. Schädigst du einen Knarz, fliegen graue Partikel zum zugehörigen Knarzherz, das mit heilenden Harzpartikeln antwortet. Dabei bilden sich *Harzklumpen* neben dem Knarzherz. Die kannst du mit Rechtsklick ernten und daraus *Harzziegel* und dekorative *Harzblöcke* herstellen.

Tagsüber verschwinden die Knarze wieder. Wenn du sie ganz loswerden willst, musst du das zugehörige Knarzherz finden und aus dem Baum entfernen, am besten mit *Behutsamkeit*, dann kannst du es weiterverwenden.

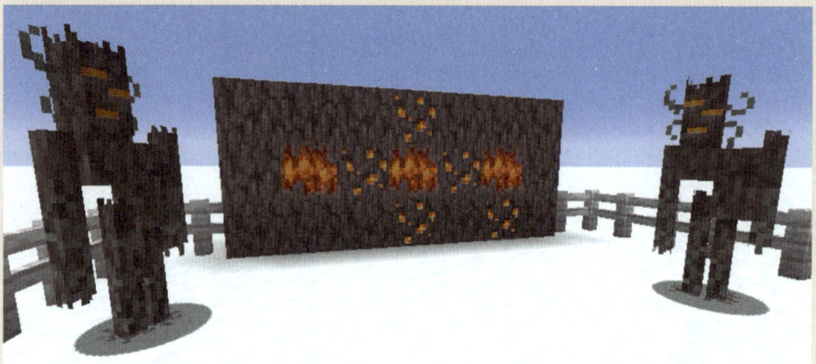

Eine Harzfarm mit drei Knarzherzen. Wenn die Knarze geschädigt werden, entstehen an den Blasseichenstämmen Harzklumpen.

Um Harzklumpen gezielt zu farmen, kannst du eigene Knarzherzen aus Blasseichenstämmen und Harzblöcken craften und zwischen zwei Blasseichenstämme setzen. Nachts erzeugen sie dann in einem Umkreis von 16 Blöcken Knarze.

## Phantom

**Leben**: 10

**Schaden**: 1

**Spawn**: in der Nacht oder bei Gewitter, wenn du nicht geschlafen hast

**Geräusch**: Flattern und Sausen

**Drop**: Phantomhaut

Hast du länger als drei Spieltage (eine Stunde) kein Bett benutzt, wirst du von Phantomen geplagt. Aber nicht in deinem Kopf, sondern ganz real in der Minecraft-Welt, denn diese Biester spawnen nachts unter freiem Himmel über unausgeschlafenen Spielerinnen und Spielern und greifen an. Flüchtest du ins Wasser, nützt das nichts, sie folgen dir.

Und bei Gewitter, wenn es draußen genauso dunkel ist wie in der Nacht, spawnen sie auch. Am besten wirst du sie los, wenn du dich sofort ins Bett legst. Ist dein Bett in diesem Augenblick nicht erreichbar, stellst du dich unter und wartest bis zum Morgengrauen, denn bei Tageslicht verbrennen diese Nachtmonster genau wie Zombies und Skelette.

Außerdem mögen Phantome keine Katzen und brechen ihren Luftangriff ab, wenn eine in der Nähe ist (16 Blöcke). Eine Hauskatze zu haben ist also immer praktisch.

Phantome droppen *Phantomhaut*, die du zum Reparieren von Elytren brauchst (siehe Abschnitt »Fliegen mit Elytren« im Kapitel »Reisefieber – unterwegs mit Pferden, Booten und Loren«) und als Zutat zum Brauen des Tranks des *sanften Falls*.

### Schleim

**Leben**: groß 8, mittel 2, klein ½

**Schaden**: groß 2, mittel 1, klein 0

**Spawn**: in Höhlen, im Sumpf und in Prüfungskammern

**Geräusch**: schleimiges Hüpfen

**Drop**: klein: manchmal Schleimball

Wenn du es einmal gehört hast, erkennst du das schleimige Hüpfgeräusch schon von Weitem. Schleime findest du manchmal in Höhlen, aber besser noch im Sumpf. Die größte Chance hast du dort bei Vollmond, während du bei Neumond leer ausgehst.

Auf den ersten Blick scheinen sie ungefährlich zu sein, weil sie so langsam sind. Deine Meinung ändert sich, wenn du einen großen Schleim erschlagen willst und er sich in mehrere mittelgroße Schleime teilt, die schneller sind und dich von allen Seiten angreifen. Und wenn du dich weiter wehrst, teilen sie sich noch mal auf. Allerdings sind die Minischleime harmlos. Sie schubsen dich zwar genauso wie die anderen, richten aber keinen Schaden an. Daher lautet die Devise bei Schleimen: Achte nur auf die großen und mittleren und ignoriere die kleinen.

Sind schließlich alle Schleime klein, geht es mit gezielten Schlägen an das Einsammeln der Beute. Denn jeder kleine Schleim kann *Schleimbälle* droppen, mit denen du klebrige Kolben oder Schleimblöcke craften kannst, die einen Fall aus großer Höhe abfangen. Auch Magmacreme lässt sich herstellen, mit der du den Trank der *Feuerresistenz* braust. Nicht zu verachten sind auch die Erfahrungspunkte: Maximal 28 XP sind von einem einzigen großen Schleim und allen seinen Teilen möglich.

## Zoglin

**Leben**: 20

**Schaden**: 1½ bis 4

**Spawn**: aus Hoglins in der Oberwelt

**Geräusch**: tiefes Grunzen

**Drop**: verrottetes Fleisch

Wenn du im Nether die wilden Hoglins kennenlernst (siehe Kapitel »Landwirtschaft – unsere kleine Farm«) und sie zwecks bequemer Vermehrung zu deiner Basis bringen willst, wirst du eine Überraschung erleben: Sobald du einen Hoglin durch ein Netherportal in die Oberwelt bringst, fängt er an zu zittern und zombifiziert nach kurzer Zeit zu einem Zoglin. Hoglinfarmen sind daher nur im Nether möglich.

Da Hoglins niemals freiwillig durch ein Netherportal laufen, musst du nachhelfen, wenn du einen Zoglin haben willst. Doch warum solltest du das tun? Vielleicht, weil sie sich anleinen lassen und sich auf alles stürzen, was für sie wie ein Lebewesen aussieht (auch Rüstungsständer, aber keine Creeper). Du hättest dann eine Kampfmaschine, solange du für genügend Abstand zu dir selbst und deinen Tieren sorgst. Als dauerhafte Wachhunde sind sie aber nicht geeignet, weil sie despawnen, sobald du dich weit genug entfernst. Das könntest du nur mit einem Namensschild verhindern.

## Monster im Nether

Der Nether ist eine andere Dimension der Welt, eine glühend heiße Unterwelt, die du nur über ein spezielles Portal erreichst (siehe Kapitel »Dimensionswechsel – Nether, Ozeane und Tränke erforschen«). Dort leben die Piglins, grunzende Schweinemenschen. Im Nether tummeln sich aber auch ziemlich große Monster wie die Ghasts – riesige, Feuer speiende Tentakelmonster, die durch die hallenartigen Lavahöhlen schweben.

Der Nether ist voller Feuer und Lava. Die meisten Monster sind immun dagegen, manche erleiden aber auch Schaden davon. Das ist nachfolgend bei jedem Nethermonster als Eigenschaft mit aufgeführt.

### Piglin

**Leben**: 8 ❤

**Schaden**: Fernkampf 1 bis 2½ ❤, Nahkampf 4 ❤

**Spawn**: Nether-Ödland, Karmesinwald, Bastionsruinen

**Feuer und Lava**: schädlich

**Geräusch**: Grunzsprache

**Drop**: manchmal: Goldschwert, Armbrust, Rüstungsteil

**Bonus**: wenn von geladenem Creeper getötet: Piglinkopf

Piglins sind unfreundliche, goldgierige Schweinemenschen (englisch *pig* bedeutet »Schwein«), die den Nether bewohnen. Dort laufen sie herum und machen manchmal Jagd auf Hoglins.

Nur wenn du ein goldenes Rüstungsteil trägst, kannst du dich nähern. Ansonsten werden sie aggressiv und greifen dich an. Das tun sie auch, wenn du in ihrer Nähe ihr geliebtes Gold abbaust, egal in welcher Form, oder einen beliebigen Behälter öffnest (Truhe, Fass) oder gar abbaust – auch wenn du ihn selbst vorher dort hingestellt hast und auch wenn kein Gold darin war.

Um bei einem Angriff Zeit zu gewinnen, kannst du sie mit Goldgeschenken ablenken (einfach auf den Boden werfen). Sie heben sie auf, untersuchen sie einen Moment und stecken sie dann ein.

Ihre Goldgier kannst du nutzen, indem du ganz friedlich mit einem goldenen Rüstungsteil bekleidet eine Piglingruppe aufsuchst und Goldbarren anbietest (auf den Boden werfen oder damit auf einen Piglin rechtsklicken). Im Tausch bekommst du dafür Netherblöcke wie Kies, Schwarzstein oder Seelensand, manchmal aber auch Obsidianblöcke, Enderperlen, Tränke der *Feuerresistenz*, verzauberte Bücher oder einen ausgetrockneten Ghast.

Piglinkinder reiten bisweilen auf jungen Hoglins. Die Kinder werden nicht aggressiv und tauschen auch keine Goldbarren.

Wie du einen *Piglinkopf* bekommst und was du damit anfängst, steht im Creeper-Abschnitt dieses Kapitels.

Sollte ein Piglin durch ein Netherportal in die Oberwelt gelangen, bekommt ihm das gar nicht, er zombifiziert (siehe übernächsten Abschnitt).

### Piglin-Barbar

**Leben**: 25

**Schaden**: bewaffnet 6½, unbewaffnet 3½

**Spawn**: Bastionsruinen

**Feuer und Lava**: schädlich

**Geräusch**: dumpfes schnarchendes Grunzen

**Drop**: Goldaxt

Piglin-Barbaren sind die Soldaten der Piglins. Sie hausen in Bastionsruinen, die du im Nether findest. Piglin-Barbaren greifen dich an, sobald du ihnen zu nahe kommst und lassen sich auch durch Goldrüstungen nicht davon abbringen. Goldgeschenke ignorieren sie ebenfalls.

Piglin-Barbaren sind sehr stark, zwei Schläge mit ihrer Goldaxt reichen schon, um deine zehn Herzen auszulöschen.

### Zombifizierter Piglin (BE: Zombie-Piglin)

**Leben**: 10

**Schutz**: 1

**Schaden**: bewaffnet 4, unbewaffnet 2½

**Spawn**: Nether-Ödland, Netherfestungen, Karmesinwald, aus Netherportalen, aus Piglins in der Oberwelt

**Feuer und Lava**: immun

**Geräusch**: sehr tiefes Grunzen

**Drop**: manchmal: verrottetes Fleisch, Goldklumpen, Goldschwert, selten: Goldbarren

Zombifizierte Piglins streifen in kleinen Gruppen durch den Nether und reiten manchmal auf einem Schreiter (siehe Kapitel »Landwirtschaft – unsere kleine Farm«). Im Gegensatz zu Piglins und den anderen Nethermonstern sind sie ganz entspannt und tun dir nichts, solange du nicht angreifst. Du kannst also unbeschadet an ihnen vorbeigehen, auch wenn ihr tiefes Grunzen gefährlich klingt. An deinem Gold sind sie auch nicht interessiert, weder zur Ablenkung noch zum Tauschen. Du solltest sie also ignorieren und in Ruhe lassen. Tust du das nicht, hast du es gleich mit allen Kumpanen in einem größeren Umkreis zu tun.

Die Ursache für ihre Zombifizierung scheinen die Netherportale zu sein, deren Ruinen du manchmal im Nether und in der Oberwelt findest. Denn wenn ein Piglin oder Piglin-Barbar durch ein solches Portal in die Oberwelt gerät, verwandelt er sich in einen zombifizierten Piglin. Hast du ein Netherportal an deiner Basis gebaut, solltest du es einzäunen, damit du nicht von einem zombifizierten Piglin überrascht wirst. Bedenke, dass es auch Zombiekinder gibt, die durch ein Block große Lücken passen.

### Ghast

**Leben**: 5

**Schaden**: 3 bis 8½

**Spawn**: Nether-Ödland, Seelensandtal, Basalt-deltas

**Feuer und Lava**: immun

**Geräusch**: babyartiges Greinen

**Drop**: manchmal: Ghast-Träne, Schwarzpulver

**Bonus**: wenn durch zurückgeworfene Feuerkugel getötet: Schallplatte

Ghasts sind im Nether eine besonders üble Sache. Ihr Name stammt von den englischen Wörtern *ghost* (»Geist«) und *ghastly* (»grässlich«) ab, und so verhalten sie sich auch: Du hörst nur ihr seltsam hohes und unheimliches Geräusch, siehst aber nichts, weil sie geisterartig irgendwo in den riesigen Netherhallen schweben. Jetzt heißt es vorsichtig sein und nicht gesehen werden, also vor allem freie Flächen meiden. Sobald du das typische rotzige Angriffsgeräusch hörst, bist du entdeckt. Dann wirst du kurz darauf mit explodierenden Feuerkugeln bespuckt – unangenehm bis tödlich. Außerdem können die Feuerkugeln dein Netherportal deaktivieren. Nimm deshalb lieber ein Feuerzeug mit, um es gegebenenfalls wieder zu aktivieren.

Im Nahkampf hast du gegen diese Monster geringe Chancen, obwohl sie sehr langsam sind. Aber sie entfernen sich so weit, dass du nicht an sie herankommst. Pfeil und Bogen oder Armbrust sind hier die besten Waffen. Bist du geschickt im Umgang mit dem Schild, kannst du auch versuchen, eine Ghast-Feuerkugel zurückzuschleudern, um den Angreifer damit zu treffen. Stirbt der Ghast dabei, droppt er eine *Schallplatte*.

Möchtest du die seltene *Ghast-Träne* bekommen, mit der du einen Enderkristall oder einen ausgetrockneten Ghast craften oder den Trank der *Regeneration* brauen kannst, musst du darauf achten, dass der Ghast nicht über einem Lavasee schwebt, wenn du ihn erwischst, sonst verbrennt deine Beute.

## Lohe

**Leben**: 10
**Schaden**: Fernkampf 2½ , Nahkampf 3
**Spawn**: in Netherfestungen, auch aus Spawnern
**Feuer und Lava**: immun
**Geräusch**: lautes Fauchen
**Drop**: Lohenrute

Der Nether ist voller Feuer, und manche sind sogar lebendig! Der Kampf gegen eine rauchende, fauchende und Feuer speiende Lohe ist unvermeidbar, sobald du Zaubertränke brauen möchtest. Nur sie droppt die begehrte *Lohenrute*, eine Kernzutat für den Braustand (siehe Kapitel »Dimensionswechsel – Nether, Ozeane und Tränke erforschen«).

Lohen findest du nur in Netherfestungen. Ihre Feuerkugeln sind nicht ganz so bedrohlich wie die der Ghasts, da sie nicht explodieren. Nachdem die Lohe eine Salve solcher Feuerkugeln abgesetzt hat, bleiben dir einige Sekunden, um sie anzugreifen. Mit Pfeil und Bogen bist du am besten beraten. Die Geheimwaffe gegen Lohen sind Schneebälle, die bei ihnen 1½ Schaden verursachen.

## Magmawürfel

**Leben**: groß 8 , mittel 2 , klein ½
**Schutz**: groß 6 , mittel 3 , klein 1½
**Schaden**: groß 3 , mittel 2 , klein 1½
**Spawn**: Nether-Ödland, Basaltdeltas, Netherfestungen, aus Spawnern in Bastionsruinen
**Feuer und Lava**: immun
**Geräusch**: sprungfedriges Hüpfen
**Drop**: groß, mittel: manchmal Magmacreme

Magmawürfel sind die feurigen Verwandten der Schleime aus der Oberwelt. Auch sie haben die Eigenart, sich zu teilen, wenn sie getroffen werden, bis du schließlich Mini-Magmawürfel beseitigen musst. Aber es gibt einige Unterschiede: Magmawürfel hüpfen nicht, sondern ziehen sich wie eine Sprungfeder auseinander und zusammen. Sie springen dich auch nicht seitlich an, sondern von oben auf dich herab. Und während die Miniwürfel bei den Schleimen harmlos sind, sind sie bei Magmawürfeln gefährlich und verursachen Schaden. Das ist ärgerlich, weil die Magmacreme nur von den mittleren und großen Würfeln gedroppt wird. Du hast also zum Schluss viele Miniwürfel übrig, die dir schaden wollen, aber nichts bringen.

Mit der *Magmacreme* kannst du den Trank der *Feuerresistenz* brauen.

## Wither-Skelett

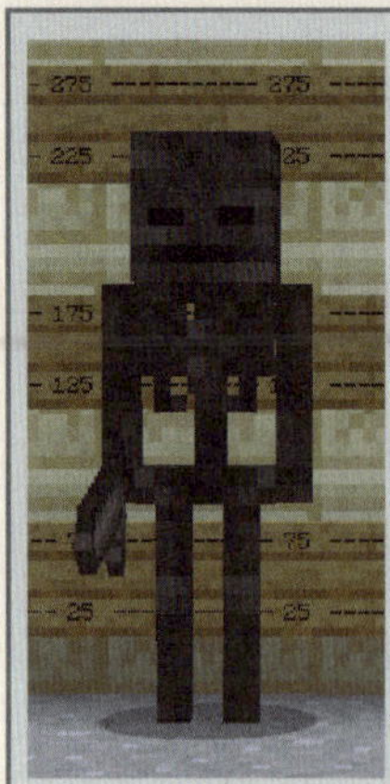

**Leben**: 10

**Schaden**: 4 + Effekt *Verdorrung*

**Spawn**: Netherfestungen

**Feuer und Lava**: immun

**Geräusch**: gedämpftes Klappern

**Drop**: manchmal: Knochen, Kohle, Steinschwert, selten: Wither-Skelettschädel

Wenn du eine Netherfestung erforschst, triffst du auf das Wither-Skelett. Die Nethervariante des bekannten Gerippes aus der Oberwelt kämpft aber mit Schwert statt Bogen. Das Wither-Skelett ist etwas größer als zwei Blöcke, was dir einen Vorteil im Nahkampf verschafft, wenn du dich in eine zwei Blöcke hohe Nische stellst, wo es dich nicht erreichen kann. Falls du erwischt wirst, musst du den Statuseffekt *Verdorrung* über dich ergehen lassen. Dieser zieht dir 2½ Herzen ab, saugt sozusagen deine Lebensenergie aus, und färbt deine Herzen schwarz, was es schwer macht, die verbleibende Lebensenergie zu erkennen. Bleibe also lieber auf Distanz. Der schreckliche Effekt gibt den Skeletten auch ihren Namen, denn das englische Wort *wither* heißt »verdorren« oder »verwelken«.

Außer Knochen und Kohle droppen Wither-Skelette einen Gegenstand, der interessant wird, sobald du ein Minecraft-Profikämpfer bist: einen *Wither-Skelettschädel*, mit dem du eines von Minecrafts Bossmonstern, den Wither, herbeibeschwörst.

In der BE kann das Wither-Skelett selten auch als Spinnenreiter spawnen.

## Monster im Ozean

Wenn du den Nether überlebt hast und Netherwarzen sammeln und Lohenruten erbeuten konntest, hast du die wichtigsten Zutaten für das Brauen gefunden (siehe Kapitel »Dimensionswechsel – Nether, Ozeane und Tränke erforschen«). Nun musst du nur noch Kugelfische angeln und Redstone ausgraben, um dir den verlängerten Trank der *Unterwasseratmung* zu brauen, mit dem du 8 Minuten tauchen kannst.

Dann bist du bereit für die Erforschung der Ozeane, die ebenfalls im Kapitel »Dimensionswechsel – Nether, Ozeane und Tränke erforschen« beschrieben sind. In dieser nassen und schwierigen Umgebung werden dir einige starke Monster begegnen.

### Ertrunkener

**Leben**: 10

**Schutz**: 1

**Schaden**: Fernkampf 4½, Nahkampf bewaffnet 5½, unbewaffnet 1½

**Spawn**: vor allem in Flüssen, aber auch in Ozeanen, Tropfsteinhöhlen, Ozeanruinen und wenn ein Zombie ertrinkt

**Geräusch**: Gluckern

**Drop**: manchmal: verrottetes Fleisch, Kupferbarren, Dreizack, selten: Angel, Nautilusschale

Im Wasser siehst du manchmal Ertrunkene auf dem Grund stehen. Tagsüber bist du an Land vor ihnen sicher, sie greifen dich nur an, wenn du im Wasser bist. Aber nachts oder bei Gewitter steigen sie aus dem Wasser und verfolgen dich auch an Land. Wenn die Sonne aufgeht, versuchen sie, wieder ins Wasser zu gehen, sonst verbrennen sie genau wie Zombies und Skelette.

Die Ertrunkenenkinder sind wie bei allen Zombievarianten besonders schnell. Manche Ertrunkenenkinder spawnen auch als Hühnerreiter.

Du weißt, dass du die Pfeile, die Monster auf dich schießen, nicht aufheben kannst. Mit dem Dreizack, den ein Ertrunkener nach dir wirft, ist es genauso. Du kannst diesen *Dreizack* nur bekommen, wenn du den Ertrunkenen besiegst. Das lohnt sich, denn ein verzauberter Dreizack wird zu einer sehr interessanten Waffe (siehe Kapitel »Waffenmeister – Ritter, Kämpfer, Zauberlehrling«). Die *Nautilusschale*, die du ebenfalls von Ertrunkenen bekommst, ist eine wichtige Zutat für den Aquisator, der dir unter Wasser eine große Hilfe ist (siehe Kapitel »Dimensionswechsel – Nether, Ozeane und Tränke erforschen«).

### Wächter

**Leben**: 15 ❤
**Schaden**: Strahl 3 ❤, Berührung 1 ❤
**Spawn**: Ozeanmonumente
**Geräusch**: hohles hauchendes Stöhnen
**Drop**: manchmal: roher Kabeljau, Prismarinscherbe, Prismarinkristalle

Das interessanteste Bauwerk im Ozean ist das Ozeanmonument. Doch dessen Erforschung ist schwierig, denn hier gibt es überall fischartige Wächter, die dich ins Visier nehmen, wenn du ihnen zu nahe kommst.

Nicht umsonst haben sie ein so großes Auge, denn das ist ihre Waffe. Ihr Augenstrahl lässt sich nur abschütteln, wenn du dich weit genug entfernst oder den Wächter angreifst. Allerdings hat das Monster auch Stacheln zur Verteidigung, was den Nahkampf schwierig macht.

Ein Schild ist ein guter Schutz gegen den Strahl, aber am besten lockst du den Wächter zwischen Hindernisse, um den Sichtkontakt zu unterbrechen. Mit einem Stapel Erdblöcke im Inventar baust du Hindernisse da auf, wo du sie brauchst. Als Beute bekommst du *Prismarinkristalle* und *Prismarinscherben*, die sich in verschiedenen Kombinationen zu Seelaternen oder Prismarinblöcken und -ziegeln craften lassen.

### Großwächter

**Leben**: 40
**Schaden**: Effekt *Abbaulähmung*, Strahl 4, Berührung 1
**Spawn**: Ozeanmonumente
**Geräusch**: langsamer als der normale Wächter
**Drop**: nasser Schwamm, manchmal: roher Kabeljau, Prismarinscherbe, Prismarinkristalle

Sobald du dich einem Ozeanmonument näherst, erlebst du seltsame Visionen: Ein geisterhafter Großwächter erscheint und versieht dich mit dem Statuseffekt der *Abbaulähmung*. Damit brauchst du 370-mal länger, um einen Block abzubauen, und deine Angriffe werden um ein Drittel langsamer. Solange der Großwächter lebt, schützt er sein Ozeanmonument in einem Umkreis von 50 Blöcken mit diesem Effekt. Dein Plan, einfach die Wände des Monuments zu öffnen und die Wächter zu erschlagen, schlägt damit fehl. Milch trinken funktioniert auch nicht, denn der Effekt kommt sofort wieder. Es bleibt dir nur der Weg durch den Eingang. Wie ein Ozeanmonument aufgebaut ist, steht im Kapitel »Dimensionswechsel – Nether, Ozeane und Tränke erforschen«.

In jedem Ozeanmonument leben drei Großwächter, einer in der Zentralkammer und zwei in den Seitenflügeln. Wie die normalen Wächter haben auch sie einen Augenstrahl und Stacheln. Der Augenstrahl des Großwächters verursacht mehr Schaden als der der kleinen Wächter, dafür gibt es in den Kammern des Ozeanmonuments bessere Möglichkeiten, ihm zu entgehen. Außerdem kann dich der Großwächter in der Enge weder verfolgen noch kann er flüchten.

Erst wenn du alle drei Großwächter gefunden und erledigt hast, endet die Abbaulähmung. Neben den Prismarinkristallen und Prismarinscherben, die auch die normalen Wächter droppen, droppt der Großwächter immer einen *nassen Schwamm*. Diesen kannst du beliebig oft in einem Ofen trocknen und zum Austrocknen von wassergefüllten Höhlen benutzen.

## Monster im Ende

Minecraft hat kein festgelegtes Ziel, trotzdem kannst du hier ein »Ende« erreichen – und zwar wortwörtlich, denn das Ende ist wie der Nether eine andere Dimension der Welt, die du über ein spezielles Portal betrittst (siehe Kapitel »Extratour – Sehenswürdigkeiten bis zum Ende«).

Die Landschaft im Ende ist ziemlich das Gegenteil vom Nether: eine triste, kahle Gegend ohne Sonne, mit frei im Weltraum schwebenden Steininseln. Die Bewohner sind die Endermen. Die haben mit den weit auseinander liegenden Inseln kein Problem, denn sie können sich teleportieren.

### Enderman

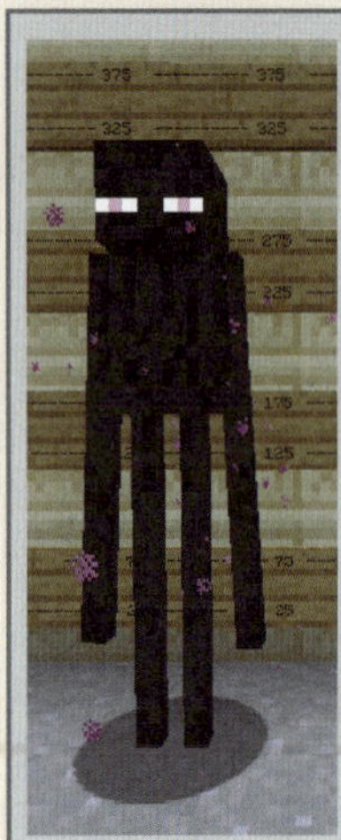

**Leben**: 20

**Schaden**: 3½

**Spawn**: überall im Ende, manchmal auch in der Oberwelt und im Nether

**Geräusch**: Schnarzsprache (»woop, woop«)

**Drop**: manchmal Enderperle

Endermen sind sehr reisefreudig. Zwar bevölkern sie hauptsächlich das Ende, aber vereinzelt triffst du sie auch in der Oberwelt und im Nether.

Auch wenn Endermen laufen können, bewegen sie sich am liebsten durch Teleportation. Ihre Leidenschaft ist das Umplatzieren von Blöcken: Immer wieder nehmen sie einen Block weg und setzen ihn woanders hin. Solange du ihn nicht direkt ansiehst, bleibt ein Enderman friedlich. Ansonsten fängt er vor Wut an zu zittern, schreit schrecklich, teleportiert sich hinter dich und greift an (es sei denn, du trägst einen geschnitzten Kürbis als Helm).

Die Teleportation macht das Bekämpfen schwierig, denn ein Enderman teleportiert sich sofort weg, gemeinerweise meistens hinter dich. Im Fernkampf hast du keine Chance, denn er ist stets schneller als der Pfeil. Im Nahkampf solltest du auf seine Beine schlagen, dann teleportiert er sich seltener weg. Bei Regen erkennst du die große Schwäche der Endermen: Sie hassen Wasser. Diese Abneigung kannst du ausnutzen: Provoziere einen Enderman und stelle dich schnell in flaches Wasser. Er wird versuchen, sich zu nähern, hält aber Abstand zum Wasser. So kannst du ihn einfacher erwischen.

Endermen sind die wichtigste Quelle für *Enderperlen*, kleine Kugeln, die dich dort hinteleportieren, wohin du sie wirfst. Damit hast du immer eine Fluchtmöglichkeit aus schwierigen Situationen. Allerdings verursacht die Teleportation 2½ Schaden, und die Enderperle zerplatzt bei der Landung. Enderperlen benötigst du außerdem, um Enderaugen zu craften, mit deren Hilfe du das Ende erreichst (Genaueres steht im Kapitel »Extratour – Sehenswürdigkeiten bis zum Ende«).

### Endermite (BE: Endermilbe)

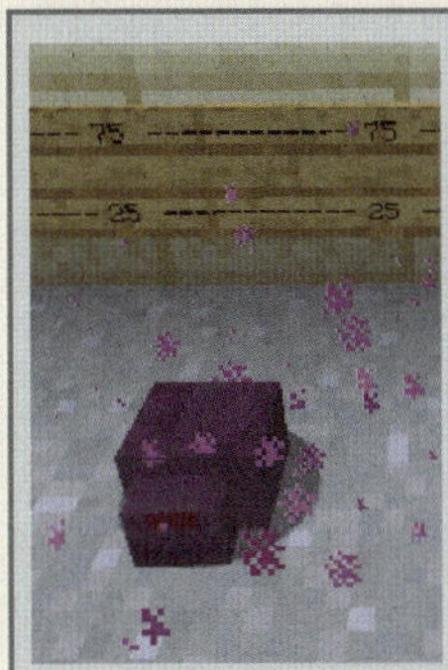

**Leben**: 4

**Schaden**: 1

**Spawn**: manchmal beim Wurf einer Enderperle

**Geräusch**: leises Krabbeln

**Drop**: –

Endermiten sind Ungeziefer, das manchmal zu deinen Füßen erscheint, nachdem du dich mit einer Enderperle teleportiert hast. Auch wenn sie nicht viel Schaden verursachen, sind sie doch gefährlich, denn du weißt erst mal nicht, woher der Schaden kommt. Irritiert suchst du nach einem Skelett, das auf dich schießt, während die Endermite immer weiter in deine Füße beißt. Am besten läufst du ein paar Schritte weg, wenn du nach einem Enderperlenwurf mehr Schaden als üblich bekommst. (Das englische Wort *mite* heißt »Winzling« oder »Milbe«.)

### Shulker

**Leben**: 15

**Schutz**: 10 bei geschlossener Schale, sonst 0

**Schaden**: 2 + Effekt *Schwebekraft*

**Spawn**: Endsiedlungen

**Geräusch**: lautes Rotzen

**Drop**: manchmal Shulker-Schale

Shulker verstecken sich in den Häusern und Schiffen der Endsiedlungen. In ihren Schalen sehen sie aus wie Blöcke und sind gut getarnt und geschützt. Ihr Name stammt von den englischen Wörtern *shell* (»Schale«) und *lurker* (»im Versteck Lauernder«) ab.

Es hat keinen Sinn, einen Shulker mit Blöcken zuzubauen oder mit einem fallenden Block wie Sand oder Kies zu ersticken, denn fallende Blöcke prallen an seiner Schale ab, und sobald er seine Schale nicht mehr öffnen kann, teleportiert er sich weg. Das passiert auch, wenn du die Blöcke um ihn herum abbaust und er frei in der Luft schwebt.

Wenn der Shulker dich entdeckt, spuckt er dich an, was sehr gefährlich ist, denn du kannst der Spucke nicht ausweichen, sie folgt dir. Und wenn sie dich schließlich getroffen hat, verursacht sie nicht nur Schaden, sondern auch den Statuseffekt *Schwebekraft*, der dich langsam 9 Blöcke nach oben schweben lässt. Hilflos wirst du von weiteren Spuckattacken getroffen und schwebst immer weiter nach oben. Bist du außer Reichweite des Shulkers, endet der Effekt und du stürzt senkrecht nach unten. Stiefel mit der Verzauberung *Federfall* können helfen.

Wenn du reaktionsschnell und geschickt bist, kannst du die Spucke mit einem Schild abwehren oder mit einem Schwert zerschlagen. Auch beim Fernkampf musst du den richtigen Moment abwarten, denn die Shulker-Schale muss offen sein, um einen Treffer zu landen. An einer geschlossenen Schale prallen deine Geschosse ab. Im Nahkampf ist eine möglichst starke Axt die beste Waffe, denn sie verursacht am meisten Schaden.

Der Lohn für deine Mühe sind die begehrten *Shulker-Schalen*. Du benötigst zwei Stück, um eine *Shulker-Kiste* zu craften, die deinen Inventarplatz enorm vergrößert, denn du kannst eine Shulker-Kiste wie eine normale Truhe füllen, dann abbauen und komplett gefüllt in dein Inventar legen.

## Bossmonster

Computerspielfans wissen es: Am Ende eines Levels erscheint immer ein besonders starkes Monster, das Bossmonster, sozusagen der Chef aller Monster. Minecraft hat zwar keine Level, aber drei Dimensionen: die Oberwelt, in der du das Spiel beginnst, den Nether (Unterwelt) und das Ende (Weltraum). Und in jeder Dimension gibt es ein Bossmonster. Das Gute daran: Du entscheidest selbst, ob du diese Kämpfe bestreiten möchtest oder nicht.

Weil du – wie bei Bossmonstern üblich – ziemlich oft draufhauen musst, haben alle Bosse eine spezielle Lebensanzeige, die Bossleiste. Die wird mit jedem Treffer kleiner, füllt sich aber wieder, wenn das Bossmonster Zeit genug hat, um Energie zurückzugewinnen. Das wird schwierig.

### Überfall mit Verwüster

In der Oberwelt kannst du einen *Überfall* auf ein Dorf auslösen. Wenn du das tust, erscheinen mehrere Wellen mit immer stärkeren Räubern, die zum Schluss einen Verwüster mit sich führen, der 50 hat.

Um einen Überfall auszulösen, musst du als Erstes einen Räuberhauptmann beseitigen – das ist ein Illager mit einem *unheilvollen Banner* auf dem Kopf. Von ihm bekommst du eine *unheilvolle* (BE: *ominöse*) *Flasche*, die es in den Stärken I bis V gibt. Trinkst du sie, erhältst du für 100 Minuten den Statuseffekt *Drohendes Unheil*, der sich in der Nähe eines Dorfes für 30 Sekunden in *Drohender Überfall* verwandelt.

Wie alle Statuseffekte kannst du auch diese durch Trinken von Milch neutralisieren. Tust du das nicht und wartest die 30 Sekunden ab, geht es los: Dein Effekt verschwindet und die Bossleiste erscheint. Während sie sich auflädt, läuten die Dorfbewohner die Glocke und flüchten in ihre Häuser.

Dann ertönt das Signalhorn der Räuber. Darauf solltest du achten, denn aus dieser Richtung kommt der Angriff. Jetzt musst du richtig gut kämpfen, um alle Angriffswellen zu überstehen. Normalerweise kommen fünf Wellen. War die Stärke deiner unheilvollen Flasche größer als I, sind es sechs Wellen.

Die Bossleiste steht für die Gesamtleben der Angreifer einer Welle. Mit jedem Angreifer, den du erledigst, wird die Bossleiste kleiner. Sind nur noch zwei Räuber übrig, wird ihre Anzahl gezeigt. Sobald du eine Welle komplett geschafft hast, ertönt nach einer kurzen Pause erneut das Signalhorn, dieses Mal aus einer anderen Richtung, die Bossleiste füllt sich wieder, und die nächste Welle rollt an.

Mit diesen Monstern musst du rechnen (in der BE sind es etwas weniger):

| Monster | Welle 1 | Welle 2 | Welle 3 | Welle 4 | Welle 5 | Welle 6 |
|---|---|---|---|---|---|---|
| Plünderer | 4 – 5 | 3 – 4 | 3 – 4 | 4 – 5 | 4 – 5 | 4 – 5 |
| Diener | 0 – 1 | 2 – 3 | 0 – 1 | 1 – 2 | 4 – 5 | 4 – 5 |
| Hexe | | | 0 – 1 | 3 | 0 – 1 | 0 – 1 |
| Magier | | | | | 1 | 1 |
| Verwüster | | | 1 | | 1 | 1 – 2 |
| **Summe** | 4 – 6 | 5 – 7 | 4 – 7 | 8 – 10 | 10 – 13 | 10 – 14 |

Die meisten Monster in dieser Tabelle kennst du schon. Neu ist der **Verwüster**, ein sehr starkes, wasserbüffelartiges Monster mit typischer Illager-Nase, das manchmal auch von einem Illager geritten wird. Verwüster tauchen nur bei Überfällen auf und greifen Spieler, Dorfbewohner und Eisengolems an. Auch wenn sie einen Sattel tragen, kannst du nicht auf ihnen reiten, das können nur die Illager. Außerdem ist der Sattel so stark befestigt, dass du ihn mit einer Schere nicht abschneiden kannst.

**Leben**: 50
**Schaden**: 6
**Spawn**: bei Überfällen
**Geräusch**: langes tiefes Grunzen
**Drop**: Sattel

Die Schwierigkeit bei der Bekämpfung eines Überfalls ist nicht nur die Stärke der Gegner, sondern auch das Finden. Sie verteilen sich im ganzen Dorf, du musst manchmal ziemlich lange suchen, bis du den letzten gefunden hast. Tipp: Wenn du mit der Glocke des Dorfes läutest, während ein Räuber in der Nähe ist, erhalten alle Räuber im Umkreis von 48 Blöcken kurzzeitig einen Leuchteffekt und sind durch Wände hindurch zu sehen (nicht in der BE).

In jeder Welle gibt es auch einen Räuberhauptmann, aber der droppt keine unheilvolle Flasche, die bekommst du nur außerhalb von Überfällen.

Wenn die Räuber es schaffen, das Dorf auszulöschen, d. h., wenn alle Dorfbewohner verschwunden oder alle Betten zerstört sind, hast du verloren, und in der Bossleiste steht »Niederlage«, während die Bösewichte die Arme hochreißen und sich freuen.

Schaffst du es dagegen, alle Wellen zu besiegen, zeigt die Bossleiste »Sieg« an. Die Dorfbewohner kommen heraus und schießen Feuerwerksraketen ab. Als Lohn erhältst du für 40 Minuten den Statuseffekt *Held des Dorfes*. Durch den Effekt erhältst du Rabatte von 30 % bis 55 % beim Handel mit den Dorfbewohnern in diesem Dorf. Dazu kommen die Erfahrungspunkte: Der Verwüster bringt 20 XP, der Magier 10, die anderen 5 bis 8. Alle Wellen zusammen, je nach Anzahl der Angreifer, bringen etwa 250 bis 450 XP.

### Wither

**Leben**: 150 (BE: 225)

**Schutz**: 2

**Schaden**: Entstehungsexplosion max. 34, Fernkampf 4 + Effekt *Verdorrung*

**Bauplan**: Vier Seelensand oder Seelenerde und zuletzt drei Wither-Skelettschädel. Der untere Block darf keine Blöcke neben sich haben.

**Geräusch**: zorniges Fauchen

**Drop**: Netherstern

Der untote Wither ist kein natürlich vorkommendes Monster, sondern wird von dir als besondere Herausforderung erschaffen. Die Zutaten bekommst du nur im Nether, du kannst ihn aber auch in der Oberwelt oder im Ende erschaffen. Allerdings solltest du das nicht in der Nähe deiner Basis tun, denn er richtet erheblichen Schaden an.

Schon seine Erschaffung ist zerstörerisch. Nach dem Zusammenbau verdunkelt sich der Himmel, und seine Bossleiste füllt sich, während er sich aufbläht. Die Zeit solltest du nutzen, um dich in Sicherheit zu bringen. Ist die Bossleiste voll, gibt es eine große Explosion. Dann fliegt er los und schießt mit schwarzen und blauen Schädeln auf dich und alle Kreaturen, außer auf untote Monster und Ghasts. Seine Geschosse explodieren, wobei die blauen Schädel etwas langsamer fliegen und mehr Blöcke zerstören. Außerdem verursachen die Schädel den Statuseffekt *Verdorrung*, der deine Lebensherzen schwarz färbt und dir 5 ❤ abzieht (das englische Wort *wither* heißt »verdorren«). Stirbt ein Wither-Opfer, bleibt dort eine *Wither-Rose* zurück, deren Berührung Schaden und ebenfalls den Effekt *Verdorrung* verursacht, indem sie alle 2 Sekunden ½ ❤ abzieht.

Wird der Wither verletzt, regeneriert er sich langsam von alleine. Außerdem saugt er seinen Opfern Lebenskraft ab, jedes gestorbene Opfer gibt ihm 2½ ❤ zurück.

Da der Wither fliegt, sind Fernwaffen der beste Angriff. Aber nur am Anfang, denn hast du die Bossleiste auf die Hälfte reduziert, aktiviert er einen Schutzschild, an dem Pfeile und Dreizacke abprallen. In der BE spawnen gleichzeitig drei Wither-Skelette zu seiner Unterstützung.

Mit seinem Schutzschild geht der Wither in den Nahkampf über. In die Enge treiben kannst du ihn dabei kaum, denn er zerstört alle Blöcke um sich herum (außer das unzerstörbare Grundgestein).

Hast du es schließlich doch geschafft, ist dein Lohn ein *Netherstern*, die wichtigste Zutat für ein Leuchtfeuer (siehe Kapitel »Dimensionswechsel – Nether, Ozeane und Tränke erforschen«). Außerdem bekommst du vom Wither 50 XP.

## Enderdrache

Beim Entdecken eines Endportals ist es deine Entscheidung, ob du hindurchgehst oder nicht. Denn sobald du das Ende aufsuchst, erscheint eine Bossleiste und du hörst ihn schon brüllen, den mächtigen Enderdrachen, der ruhelos zwischen den riesigen Obsidiansäulen seine Kreise zieht. Das Kapitel »Extratour – Sehenswürdigkeiten bis zum Ende« beschreibt ausführlich, wie du ins Ende gelangst und mit dem Drachen fertigwirst.

Während des Kampfes spuckt der Drache immer wieder Feuerkugeln, die beim Auftreffen zu einer schädlichen Wolke aus Drachenatem zerplatzen. Manchmal spuckt er auch direkt Drachenatem aus. Rechtsklickst du mit leeren Glasflaschen in die Wolke, sammelst du *Drachenatem* ein, den du als Brauzutat gut gebrauchen kannst.

Hast du den Enderdrachen schließlich besiegt, sind dein Lohn sagenhafte 12.000 XP in Form von sehr vielen Erfahrungskugeln und das *Drachenei*, dessen einzige Funktion darin besteht, die ultimative Trophäe zu sein, denn es existiert nur ein einziges Mal pro Welt.

Hat dir der Kampf gegen den Enderdrachen Spaß gemacht, kannst du beliebig oft einen neuen Enderdrachen beschwören. Der bringt dann immerhin noch 500 XP, aber kein weiteres Drachenei. Wie das funktioniert, steht auch im Kapitel »Extratour – Sehenswürdigkeiten bis zum Ende«.

**Größe**: Länge 16 Blöcke, Spannweite 15 Blöcke

**Leben**: 100 ❤

**Schaden**: Feuerkugel 3 ❤ pro Sekunde, Drachenatem 1½ ❤ pro Sekunde, Flügel 2½ ❤, Nahkampf 5 ❤

**Spawn**: im Zentrum des Endes, Respawnen durch den Spieler ist möglich

**Geräusch**: Brüllen

**Drop**: Drachenatem, Drachenei

### Gratulation, du hast das 7. Survival-Level erreicht

Uff, geschafft. Du hast alle Monster besiegt – zumindest theoretisch. Du kennst jetzt ihre Namen, ihre Vorlieben und ihre Schwächen. Nun kann dein Kampftraining beginnen. Die verschiedenen Waffen und Rüstungen hast du schon im vorherigen Kapitel kennengelernt. Jetzt kannst du sie an den Monstern deiner Gegend ausprobieren und deine Kampftechnik verbessern. Vielleicht hast du auch schon einen Spawner gefunden und eine Monsterarena gebaut.

In den Kampfpausen erholst du dich, trägst deine Beute nach Hause und entspannst dich beim Ausbau deiner Basis zu einem standesgemäßen Domizil. Viele Tipps und Tricks zum Bauen erhältst du im nächsten Kapitel.

# Architektenträume – bauen und einrichten

*Einen ganzen Tag lang hast du Holz gehackt, Ziegelsteine gecraftet und Schafe geschoren. Du hast das Gerüst deines Hauses errichtet, Balken, Wände und Fenster mit dem Talent eines Architekten und der Präzision eines Ingenieurs verlegt. Ein imposantes Fachwerkhaus ist daraus entstanden, mit zwei geräumigen Etagen, schönem Ausblick ins Grüne und einem spitzen Giebeldach aus Ziegelsteinen.*

*Die Inneneinrichtung war nicht weniger aufwendig, alle Möbel schön zu platzieren dauerte eine halbe Ewigkeit. Nun ist das Wohnzimmer endlich fertig. Gemälde an der Wand, Blumen auf dem Bücherregal und eine gemütliche Couch in Mandarinenorange schmücken die obere Etage. Dein ganzer Stolz: ein Kronleuchter mit acht Fackeln – einfach zu konstruieren, aber markant und aufsehenerregend.*

## Materialkunde

Beim Errichten von Bauwerken, Häusern und anderen dreidimensionalen Konstruktionen ist nicht nur ein guter Bauplan als Konstruktionsvorlage entscheidend, sondern auch, welche Blöcke du einsetzt. Es liegt nahe, Bruchstein zu verwenden, von dem du nach einigen Stunden Bergbau mehrere Truhen voll hast. Aber eine Hausfassade sieht mit Steinziegeln oder roten Ziegelsteinen wesentlich realistischer aus.

Für bunte Fassaden gibt es Keramik und Beton in 16 Farben. Gefärbte Wolle wirkt mit ihrer rauen Textur wie eine verputzte Wand und wird daher ebenfalls für Fassaden eingesetzt. Für die Gebäudestabilität spielt das keine Rolle – Hauptsache, es sieht gut aus. Einen Nachteil hat Wolle natürlich: Sie kann brennen.

**MINECRAFT-LEXIKON – Textur**

Auf jeder Seite eines Blocks befindet sich ein Muster, eine Bilddatei, die um den dreidimensionalen Würfel gewickelt wird. Dieses Muster nennt man *Textur*.

Die Texturen von gelber Keramik, gelbem Beton und gelber Wolle

Die meisten Blöcke sind würfelförmig und damit ideal geeignet, um Gebäude zu errichten. Doch wenn es an die Feinheiten geht, wirken ganze Blöcke oft klotzig. Dann nimmst du halbe Blöcke, die eigentlich für *Stufen*, *Treppen* und *Mauern* gedacht sind, mit denen du aber auch hoch in den Wänden Schrägen und Säulen andeuten kannst.

Mit Treppen, Stufen und Mauern baust du einen Säulenbogen auf Minecraft-Art.

Andere nicht würfelförmige Blöcke wie Teppiche, Pflanzen und Fackeln dienen der Dekoration. Aber auch wenn sie klein sind, nehmen sie stets den Platz eines ganzen Würfels ein. Daher kannst du nie an derselben Blockposition z. B. eine Fackel an die Wand hängen und einen Teppich auf den Boden legen. Beim Bauen von Möbeln oder Dekorationen wirst du schnell auf diese Tatsache stoßen.

Die Limitierung beim Bauen ist aber auch der Reiz an Minecraft. Gerade weil es keine schrägen oder runden Blöcke gibt und kleinteiliges Bauen nicht möglich ist, macht es immer wieder Spaß, neue Lösungen zu finden, um mit den gegebenen Möglichkeiten ein möglichst realistisches Ergebnis zu erzielen. Das kurbelt deine Kreativität an.

Die Schwerkraft spielt beim Bauen keine Rolle. Du weißt längst, dass du zwei Würfel übereinanderstellen und den unteren wegnehmen kannst, ohne dass der obere herunterfällt. Die wenigen Würfel, die doch nach unten fallen, gehören zu den sandartigen Blöcken: Sand, roter Sand, Kies und Trockenbeton.

### Stufen und Treppen

Stufen und Treppen gibt es für so gut wie alle Holz- und Steinmaterialien. Sie dienen eigentlich dazu, Höhenunterschiede beim Laufen zu überwinden. Während deine Spielfigur normalerweise springen muss, um einen Block höher zu gelangen (außer du hast die Option STEUERUNG • AUTOMATISCH SPRINGEN eingeschaltet), ist das bei Stufen und Treppen nicht nötig. Du läufst einfach auf eine Stufe oder Treppe zu und steigst automatisch nach oben.

Weil du Stufen und Treppen nicht nur normal, sondern auch kopfüber ausrichten kannst, sind sie für die Architektur interessant. Mit ihnen baust du Rundungen – soweit das im blockigen Minecraft überhaupt möglich ist.

Eine einzelne **Stufe** setzt du flach auf den Boden oder an die Decke. Hochkant kannst du Stufen nicht setzen. Zwei Stufen übereinander kannst du nur setzen, wenn sie dieselbe Textur haben, das sieht dann wie ein voller Block aus. Hat eine Stufe eine andere Textur, ist das ein anderer Block, der sich den gemeinsamen Blockplatz mit der ersten Stufe nicht teilen kann.

Wenn du eine **Treppe** platzierst, zeigt der niedrige Teil immer zu dir und der hohe von dir weg. Das heißt, du musst dich in eine andere Himmelsrichtung drehen, um eine Treppe andersherum zu platzieren. Probiere das aus: Drehe dich einmal auf der Stelle in alle vier Himmelsrichtungen und setze jedes Mal eine Treppe vor deine Füße.

Links: Um Stufen in die Luft zu setzen, brauchst du einen Hilfsblock (hier der rote Beton), an den du sie setzt. Wenn du fertig bist, nimmst du den Hilfsblock wieder weg. Rechts: Stufen mit unterschiedlichen Texturen kannst du nicht direkt aufeinandersetzen.

Setzt du danach Treppen in die freien Ecken, erkennst du, dass sie sich automatisch über Eck mit den Nachbartreppen verbinden.

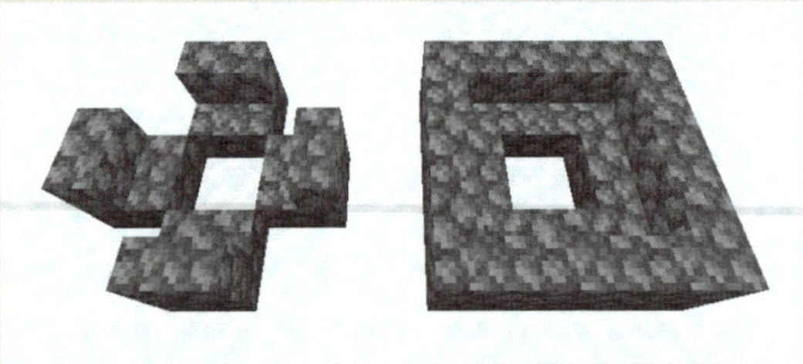

Links: Um diese vier Treppen zu setzen, stehst du in der Mitte und drehst dich einmal in alle vier Richtungen. Rechts: Setzt du danach Treppen in die Ecken, verbinden sie sich automatisch und bilden einen geschlossenen Ring.

Setzt du eine Treppe an die Decke, wird sie automatisch kopfüber gedreht. So weit, so einfach. Möchtest du sie dagegen kopfüber an eine Wand setzen, kommt es auf die Position deines Fadenkreuzes an: Nur wenn das Fadenkreuz beim Platzieren in die *obere* Hälfte des Wandblocks zeigt, setzt sich die Treppe kopfüber an diesen Block.

Links: Um eine Treppe kopfüber an eine Wand zu setzen, muss das Fadenkreuz beim Platzieren in die obere Hälfte des Wandblocks zeigen. Rechts: Dieser Ring aus vier Treppen ist nur mit Hilfsblöcken möglich (hier roter Beton), an die du die Treppen setzt.

### Mauern, Zäune, Glasscheiben, Gitter

Auch **Mauern** gibt es für viele Steinmaterialien. Das hölzerne Gegenstück dazu ist der **Zaun** . Beide Blöcke sehen niedrig aus, können aber von dir und den meisten Kreaturen nicht übersprungen werden. Ihr Hauptzweck ist daher die Eingrenzung oder Abgrenzung. Beim Platzieren verbinden sich Mauern und Zäune automatisch mit den meisten Nachbarblöcken.

Stellst du allerdings eine einzelne Mauer oder einen Zaunpfosten ohne Nachbarblock in die Landschaft, bleiben sie schlank und geben so hervorragende Säulen ab, die du beliebig weit nach oben ziehen kannst – ideal z. B. für eine Laterne.

Ähnlich wie Mauern und Zäune verbinden sich auch **Glasscheiben** und **Gitter** automatisch mit ihren Nachbarblöcken, egal, ob nach oben oder unten oder zu den Seiten. Das Platzieren mehrerer Scheiben oder Gitter nebeneinander ist allerdings ein bisschen schwieriger, denn du musst zum Anfügen ganz genau die dünne Kante der Nachbarscheibe oder des Nachbargitters treffen.

Mitte vorne: Auch unterschiedliche Steinarten verbinden sich zu einer gemeinsamen Mauer. Mitte hinten: Ein mittlerer Mauerpfosten bildet sich nur, wenn auf ihm etwas steht, z. B. eine Fackel. Links: Mauern verbinden sich seitlich auch mit Glasscheiben und Gittern, aber nicht mit Zäunen. Rechts: Normalerweise sind Mauern in der Mitte etwas niedriger als am Pfosten, aber wenn du sie übereinanderstellst, schließt sich der schmale Spalt. Rechts hinten: Einzelteile bilden Stangen.

Einzeln gesetzt ergeben auch Glasscheiben und Gitter dünne Stangen. Waagerechte Stangen sind jedoch nicht möglich (auch nicht mit Mauern und Zäunen).

Die folgenden Seiten machen dich mit den häufigsten Baumaterialien vertraut und geben dir Tipps für die Verwendung. Aus nur wenigen Rohstoffen kannst du mit Werkbank (oder Steinsäge) und Ofen in mehreren Schritten über 300 unterschiedliche Baublöcke craften. Eine Übersicht dieser Produktions- oder *Crafting-Ketten* zeigt dir das Begleitposter zu diesem Buch.

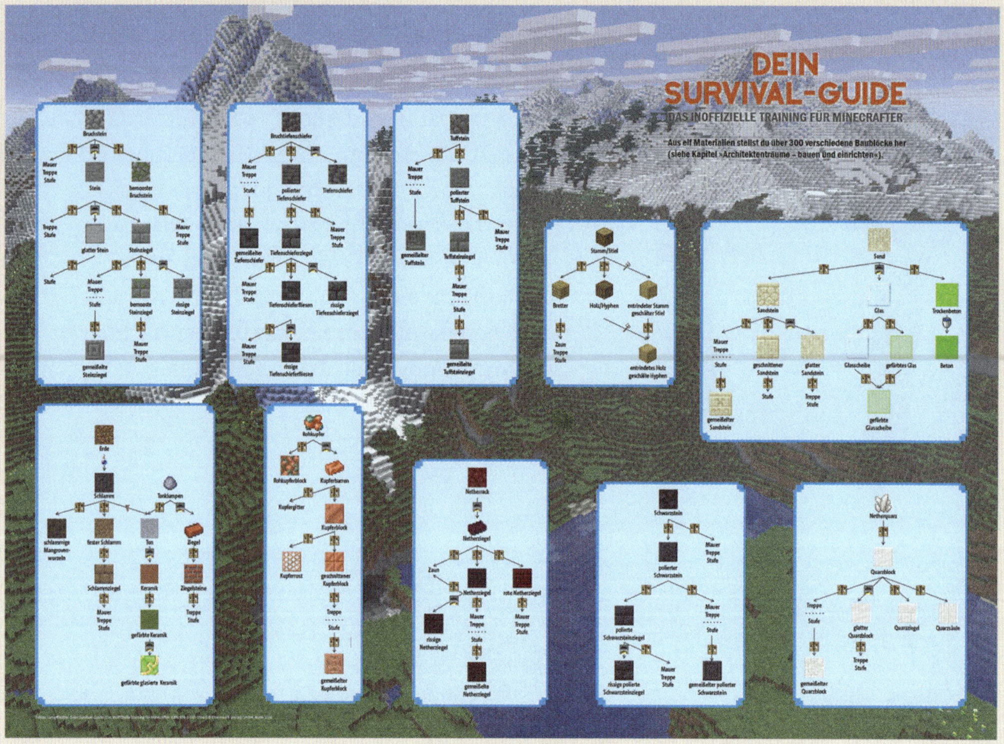


Das Begleitposter zeigt dir Crafting-Ketten zur Herstellung von mehreren Hundert verschiedenen Baublöcken.

## Stein und Tiefenschiefer

Stein und Tiefenschiefer sind mit Abstand die häufigsten Blöcke. Aus ihnen besteht die ganze Welt: Unter einer dünnen Schicht aus Erde oder Sand triffst du immer auf Massen von Stein und weiter unten auf den härteren Tiefenschiefer.

Bei deinen Grabungsarbeiten sind sicher schon Tonnen von *Bruchstein* und *Bruchtiefenschiefer* angefallen. So viel, dass du sie vielleicht gar nicht mehr aufgehoben hast. Dabei haben sie durchaus ihren Reiz, z. B. für grobe Mauern, Haussockel oder Pflasterstraßen.

Wirfst du sie in einen Ofen, schmelzen sie wieder zu den ursprünglichen Blöcken. Auch diese eignen sich gut zum Bauen. Es ist aber noch viel mehr möglich: In mehreren Schritten craftest du daraus 14 verschiedene Steinarten, aus denen du auch noch Mauern, Treppen und Stufen herstellen kannst. Zusammen sind das 43 unterschiedliche Baublöcke (siehe Poster).

Steinziegel eignen sich besonders für Mittelalter- oder Fantasygebäude, wie eine Burg oder die untere Etage eines alten Wohnhauses. Eine ganze Wand aus demselben Material wirkt jedoch neu und eintönig. Für einen realistischen alten Eindruck fügst du bemooste und rissige Steinvarianten ein.

Die bemoosten Steinziegel stellst du in Kombination mit Ranken aus Dschungel- oder Sumpfbiomen (verwende dazu eine Schere) oder mit Moosblöcken aus üppigen Höhlen her. Für die rissigen brennst du die normalen Varianten im Ofen, bis sie Risse bekommen.

Glatte Wände sehen neu aus. Mit Moos und Rissen erzielst du ein gealtertes Aussehen.

Zwischen Bruchstein und Bruchtiefenschiefer bist du beim Graben auch auf größere Vorkommen von anderen Materialien gestoßen. Neben Erde und Kies, die sich nicht für den Bau von Gebäuden eignen, sind das *Diorit*, *Andesit*, *Granit* und *Tuffstein*.

Diorit, Andesit und Granit kannst du nicht nur zu Mauern, Treppen und Stufen, sondern auch zu polierten Versionen verarbeiten. Deren Oberflächen sind glatter und gleichmäßiger mit abgeflachten Kanten, sodass sie sich hervorragend als Kacheln eignen. Auch davon gibt es Treppen und Stufen. Zusammen mit dem Tuffstein (siehe Poster) hast du damit 35 weitere Baublöcke.

Diorit, Andesit und Granit – jeweils neun Blöcke poliert (oben) und unbehandelt (unten)

Wenn du ganz genau auf eine Wand aus natürlichem Diorit, Andesit oder Granit siehst und die Pixelmuster der Blöcke vergleichst, erkennst du, dass Minecraft die Texturen automatisch dreht und spiegelt. Das ist kaum zu sehen, ergibt aber bei größeren Flächen einen besseren Gesamteindruck. Auch andere Texturen werden vom Spiel automatisch gedreht. Am deutlichsten siehst du das, wenn du mehrere Seerosenblätter nebeneinander aufs Wasser setzt.

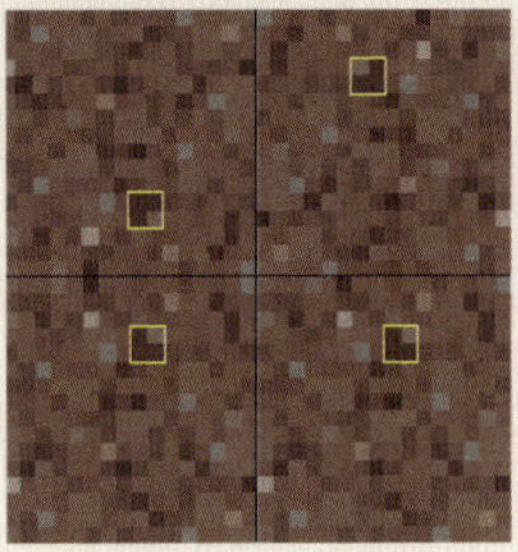

In der Nahsicht einer Granitwand erkennst du an einem bestimmten Pixelmuster (gelb markiert), dass das Spiel manche Blocktexturen automatisch dreht und spiegelt.

Es gibt aber auch Blöcke, die du selbst drehen kannst. Der Tiefenschiefer hat verschiedene Texturen auf jeder Seite und lässt sich in drei verschiedene Richtungen setzen: von *oben* auf einen Block, von *vorne* an einen Block und von der *Seite* an einen Block. Jede Setzrichtung zeigt eine etwas andere Textur.

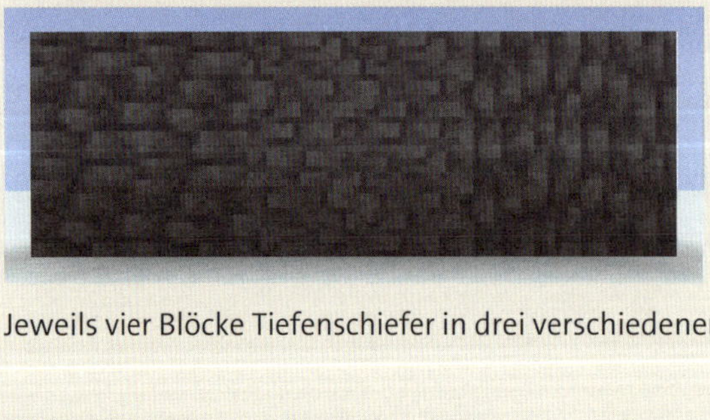

Jeweils vier Blöcke Tiefenschiefer in drei verschiedenen Setzrichtungen

Eine weitere Möglichkeit für abwechslungsreiche Wände ist das Mischen unterschiedlicher Blöcke mit ähnlicher Textur. Der grobe Tuffstein passt z. B. zum Bruchstein, er sieht nur etwas dunkler aus.

Wände sehen interessanter aus, wenn du das Baumaterial mischst. Links nur Stein; in der Mitte Stein, hellgraue Wolle, Andesit und Kies; rechts Bruchstein, bemooster Bruchstein und Tuffstein.

## Stämme, Holz und Bretter

Holz ist ein hervorragendes Baumaterial und hat den Vorteil, dass du es selbst anbauen kannst (siehe Kapitel »Landwirtschaft – unsere kleine Farm«). Der Nachteil ist die Brennbarkeit. Ein Kamin mit offenem Feuer im Holzhaus ist keine gute Idee (siehe weiter hinten in diesem Kapitel unter »Kamin«).

Auch Blitzschlag ist gefährlich. Er kommt zwar nur selten vor, kann aber ein Holzhaus komplett zerstören. Daher empfiehlt sich für Holzhäuser die Montage eines *Blitzableiters*, der Gewitterblitze in einem Radius von 128 Blöcken einfängt (BE: 64) und unschädlich macht, sofern er auf einem unbrennbaren Block steht.

Neben den neun Holzarten Eiche, Fichte, Birke, Tropenbaum, Akazie, Schwarzeiche, Mangrove, Kirsche und Blasseiche gibt es noch den Bambusblock und im Nether zwei holzartige Riesenpilze, den Riesen-Karmesinpilz und den Riesen-Wirrpilz, deren Stiele du wie Baumstämme zu verschiedenen Blöcken und Gegenständen verarbeiten kannst. Zu diesen Holzprodukten gehören auch *Stufen* und *Treppen* sowie *Zäune*, die das Gegenstück zu den steinernen Mauern bilden: Sie können nicht übersprungen werden und ergeben, frei stehend übereinandergesetzt, Holzstangen, z. B. für eine Veranda oder für Straßenlaternen. Aus zwei Bambusstufen craftest du *Bambusmosaik* und daraus auch wieder Stufe und Treppe.

Bei *Stämmen* siehst du die Schnittkanten mit den Jahresringen, die du gestalterisch nutzen kannst, z. B. für einen Baumstumpf oder einen gefällten Baum, der auf dem Boden liegt. Wie Tiefenschiefer kannst du diesen Block in drei verschiedene Richtungen setzen: von *oben*, von *vorne* oder von der *Seite* an einen Block. Jede Setzrichtung zeigt ein anderes Muster.

Möchtest du keine Jahresringe sehen, sondern rundherum Rinde, craftest du *Holz* bzw. aus den Riesen-Netherpilzstielen *Hyphen* (Pilzblöcke mit Haut rundherum ohne Schnittflächen). Es geht aber auch ganz ohne Rinde oder Pilzhaut: Durch einen Rechtsklick mit einer *Axt* auf Stamm, Holz, Pilzstiel oder Hyphen schälst du die Rinde bzw. Haut ab und erhältst die *entrindete* bzw. *geschälte* Version, die sich z. B. zum Bau von dekorativen Balken in deinen Gebäuden eignet. Insgesamt stehen dir mit allen Holz- und Riesenpilzarten und ihren Blockvarianten 97 Baublöcke in unterschiedlichen Farben zur Verfügung.

Jeweils vier Blöcke Eiche, Fichte, Birke, Tropenbaum, Akazie, Schwarzeiche, Mangrove, Kirsche, Blasseiche, Bambus, Karmesinpilz und Wirrpilz – oben als Bretter, in der Mitte entrindet und unten mit Rinde

## Sand, Sandstein, Glas, Beton

In den Wüsten findest du massenweise gelben Sand, während Tafelberge von roten Sandflächen umgeben sind. Sand eignet sich nur bedingt als Baumaterial, da er wie Kies nach unten fällt, wenn sich unter ihm kein anderer Block befindet. Zwar kannst du Sand in Wänden mit festem Unterbau durchaus benutzen, aber immer mit dem Nachteil, dass dir bei jedem Umbau die Blöcke herunterfallen. Doch Sand hat trotzdem das Potenzial zu großartigen Konstruktionen, denn beide Sandarten sind das Ausgangsmaterial für die interessanten Baustoffe Sandstein, Glas und Beton.

*Sandstein* und *roten Sandstein* craftest du auf der Werkbank. Gelben Sandstein findest du auch in der Wüste, wenn du ein bisschen tiefer gräbst. Doch damit nicht genug: Mit Werkbank (teilweise auch Steinsäge) und Ofen stellst du von beiden Sandsteinen weitere Varianten her: glatt, geschnitten und gemeißelt. Für orientalisch oder afrikanisch angehauchte Bauwerke das ideale Baumaterial.

Sowohl gemeißelten als auch glatten Sandstein findest du übrigens schon fertig und abbaubar in Wüstendörfern und Wüstentempeln.

Sandstein und roter Sandstein in den Varianten (von links nach rechts) normal, geschnitten, glatt und gemeißelt

**MINECRAFT-LEXIKON – Easter Egg**

*Easter Eggs* gibt es in Filmen, Comics und Computerspielen – der Begriff lässt sich direkt mit »Osterei« übersetzen. Denn sie wurden versteckt und wollen entdeckt werden. Sieh dir einmal genau die Textur von *gemeißeltem Sandstein* an. Erkennst du dort ein bekanntes Monster?

Beispiele für weitere Easter Eggs in Minecraft:

- Das Regenbogenschaf hast du schon im Abschnitt über das Färben im Kapitel »Heimwerken – hör mal, wer da craftet« kennengelernt.
- Ähnliche Easter Eggs gibt es auch mit anderen Namen: Gib einer beliebigen Kreatur mit einem Namensschild den Namen `Dinnerbone` oder `Grumm` (so heißen zwei Minecraft-Entwickler der ersten Stunde). Die Kreatur wird dann auf dem Kopf stehen. Besonders kurios wird es, wenn es ein Reittier ist.
- Gibst du einem Kaninchen den Namen `Toast`, ändert es sein Fell in das des verschwundenen Kaninchens eines Spielers, der darüber mit einem Minecraft-Entwickler gesprochen hatte.
- Spielst du Minecraft zu Weihnachten, sehen alle Truhen wie eingepackte Geschenke aus.
- Spielst du Minecraft an Halloween, tragen viele Zombie- und Skelettmonster einen geschnitzten Kürbis auf dem Kopf.

Easter Eggs: Die meisten gemeißelten Varianten bilden eine Gefahr ab – erkennst du, welche?

Schmilzt du Sand oder roten Sand in einem Ofen, wird daraus *Glas*, eines der wichtigsten Materialien überhaupt, da es lichtdurchlässig und somit die Basis für alle Fensterscheiben ist. Zudem lässt sich Glas färben (mit 16 Farbstoffen, siehe die Referenz am Ende des Buches). Aus Glas craftest du die dünnen Glasscheiben – auch wieder in allen 16 Farben –, die sich wie Zäune mit jedem benachbarten Block verbinden. Ohne Nachbarblock bleiben sie Glasstangen.

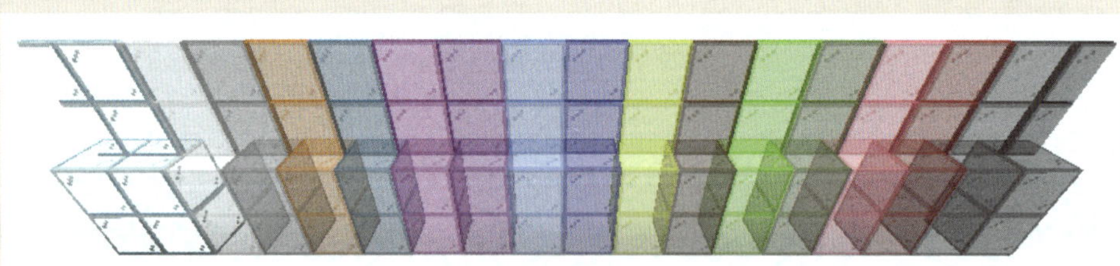

Glasscheiben und Glasblöcke in 16 Farben und ganz links ungefärbt

Für bunte Gebäude ist *Beton* ein guter Baustoff, denn auch ihn gibt es in 16 Farben. Sandstein, Glas und Beton in allen Varianten ergeben (ohne die instabilen fallenden Blöcke) insgesamt 70 verschiedene Baublöcke (siehe Poster).

Zur Herstellung von Beton beginnst du auf der Werkbank mit dem Mischen von Sand (roter Sand ist nicht geeignet), Kies und einem Farbstoff in beliebiger Anordnung zu *Trockenbeton* . Trockenbeton fällt wie Sand und Kies nach unten. Kommt er aber mit Wasser in Berührung, wird daraus fester Beton.

Füllst du eine flache Grube mit Wasser und setzt den Trockenbeton hinein, wird dieser zu Beton, den du herausnimmst und in deinem Gebäude verbaust. Allerdings ist das Wasser dann verbraucht, und du musst die Grube für die nächste Betonherstellung erneut mit Wasser füllen. Daher ist es bequemer, du setzt den Trockenbeton an das Ende von fließendem Wasser und von dort aus immer weiter hinein Richtung Quelle, ohne aber die Wasserquelle selbst zu zerstören. Nach dem Abbau des Betons breitet sich das Wasser von der Quelle ausgehend wieder aus, und du kannst die nächste Ladung Beton mit demselben Wasser herstellen.

Zur bequemen Betonherstellung setzt du den Trockenbeton an das Ende von fließendem Wasser (im Bild ganz rechts) und von dort Richtung Quelle, ohne die Quelle selbst (die Wasserreihe ganz links) zu zerstören.

Beton in 16 Farben

### Schlamm, Ton und Ziegelsteine

Erde gibt es in Minecraft fast überall. Gießt du eine Wasserflasche mit einem Rechtsklick auf Erde aus, wird daraus Schlamm (den du auch in Mangrovensümpfen findest). Häuser aus Erde oder Schlamm werden normalerweise weder im echten Leben noch in Minecraft gebaut. Wird Schlamm aber mit Stroh stabilisiert, ist das z. B. in Afrika durchaus ein verbreiteter Baustoff. In Minecraft stellst du aus Schlamm zusammen mit Weizen den festen Schlamm her, den du zu Ziegeln, Treppen und Stufen weiterverarbeitest.

Stellst du Schlamm auf einen Block, unter dem ein Tropfstein hängt, trocknet er langsam aus und wird zu Ton. Das dauert zwar lange, ist aber eine Möglichkeit, aus Erde zu Hause Ton zu farmen. Oder du gehst zum nächsten Fluss oder See und suchst dort nach Ton. Besonders viel Ton findest du in üppigen Höhlen. Ton hat eine ähnliche Textur wie Sand, ist aber hellgrau. Du erkennst auch am Geräusch, dass du Ton und nicht Sand abbaust. Auf diese Weise sammelst du *Tonklumpen*, die du auf zwei Arten weiterverarbeitest.

Den hellgrauen Ton findest du im flachen Wasser. Links daneben der etwas dunklere Kies, darunter gelber Sand.

Im Ofen brennst du aus Tonklumpen den klassischen roten Backstein bzw. *Ziegel*, der zu den ältesten Baumaterialien der Welt gehört, und craftest daraus *Ziegelsteine*. Diese wiederum geben, mit Werkbank oder Steinsäge zu Stufen und Treppen weiterverarbeitet, hervorragende Dächer ab.

Doch mit Tonklumpen ist noch mehr möglich: Auf der Werkbank machst du daraus wieder die ursprünglichen Tonblöcke, die du im Ofen zu brauner *Keramik* brennst – ein solider Block, der sich ebenfalls hervorragend als kreatives Baumaterial eignet. Denn mithilfe von Farbstoffen (siehe die Tabelle in der Referenz am Ende des Buches) nimmt er einen von 16 verschiedenen Farbtönen an. Im Gegensatz zu den klaren Farben von Beton hat gefärbte Keramik eher erdige Farbtöne, was du besonders deutlich an der weißen Keramik siehst. Einige Farbtöne kannst du in den Tafelbergen auch in großen Mengen in freier Natur farmen.

Keramik in 16 erdigen Farben und ganz links ungefärbt

Ein weiterer Brennvorgang fügt der gefärbten Keramik eine Glasierung hinzu, wodurch sie herrliche Oberflächen erhält, die sich zu größeren Mustern zusammensetzen lassen. Sieh dir dazu das Bild im Abschnitt über das Färben im »Heimwerken«-Kapitel an. Insgesamt 44 verschiedene Baublöcke kannst du aus Schlamm, Ton und Keramik herstellen.

## Kupfer

Kupfer findest du in teilweise riesigen Erzadern (suche in Tropfsteinhöhlen) im Untergrund. Das Rohkupfer schmilzt du zu Kupferbarren, die du zu kompakten *Kupferblöcken* craftest.

Aus Kupferblöcken stellst du Kupferroste und geschnittene Kupferblöcke und daraus wiederum Treppen und Stufen her, die vorzugsweise zum Bau von Dächern gedacht sind. Eine gemeißelte Variante gibt es auch noch.

Interessanterweise werden alle Blöcke aus Kupfer mit der Zeit grün. Das kennst du auch aus dem echten Leben, wenn du an die grünen Dächer von alten Gebäuden denkst. Ursprünglich haben sie alle einmal kupferfarben in der Sonne geglänzt. Doch wenn Kupfer längere Zeit der Luft ausgesetzt ist, ändert es seine Farbe. Man sagt dazu, es *oxidiert*.

Kupfer in den Zuständen normal, angelaufen, verwittert und oxidiert

Die Umwandlung in den jeweils nächsten Zustand dauert etwa einen Minecraft-Tag (20 Minuten). Du kannst die Oxidation etwas beschleunigen, wenn du mindestens vier Blöcke Abstand zwischen den Kupferblöcken lässt, denn zusammenhängende Flächen oxidieren langsamer.

In jedem Stadium hältst du die weitere Oxidation auf, indem du die Blöcke mit *Honigwaben* zusammencraftest oder bereits platzierte Blöcke per Rechtsklick mit einer Honigwabe einwachst. Die Honigwaben verbrauchen sich dabei, weshalb eine Bienenzucht ratsam ist (siehe Kapitel »Landwirtschaft – unsere kleine Farm«). Mit einer Axt (ebenfalls Rechtsklick) schabst du das Wachs wieder ab, und der Block kann weiter oxidieren. Weitere Behandlungen mit der Axt schaben auch die Oxidation ab, bis hin zum blanken Kupfer. In allen Block- und Farbvarianten bringt dir Kupfer 24 verschiedene Baublöcke (ohne das Rohkupfer).

## Netherziegel, Schwarzstein, Basalt und Quarz

So wie die Oberwelt vor allem aus Stein besteht, besteht der Nether hauptsächlich aus dem rötlichen *Netherrack* . Der Name kommt von dem englischen Wort *rock* (»Fels«), bei dem das »o« durch ein »a« ersetzt wurde (wie bei »Ghost« und »Ghast«). Besonderheit: Feuer auf Netherrack (oder auf Magmablöcken) erlischt nicht, es ist daher ein idealer Untergrund für dauerhafte Flammen in einer feuerfesten Umgebung.

Netherrack ist an sich kein besonders schönes Baumaterial, lässt sich aber weiterverarbeiten: Im Ofen brennst du daraus Netherziegel, die du wie Ziegelsteine zu Blöcken craftest. Die riesigen Netherfestungen bestehen aus diesem Material.

Aus den *Netherziegeln* kannst du nicht nur Mauern, Treppen und Stufen herstellen, sondern auch Zäune, die im Gegensatz zu Holzzäunen nicht brennen und sich mit ihnen auch nicht verbinden. Stellst du einen Netherziegelzaunpfosten zwischen zwei Holzzäune, hast du einen bequemen Durchschlupf für deine Tiergatter, ohne ständig ein Zauntor öffnen zu müssen.

Ein Netherziegelzaunpfosten zwischen Holzzäunen ist ein Durchschlupf, den große Tiere nicht benutzen können.

Fügst du beim Craften Netherwarzen hinzu, erhältst du *rote Netherziegel*, aus denen du ebenfalls Mauern, Treppen und Stufen herstellen kannst, aber keine Zäune. Übrigens lautet das englische Wort für »Netherwarze« *nether wart*, was ebenfalls durch einen Buchstabentausch von »o« gegen »a« aus *nether wort* (»Netherwurz«) entstanden ist.

In den Basaltdelta-Biomen des Nethers findest du Basalt und Schwarzstein. *Basalt* kommt in langen dünnen Säulen vor, die du wie Baumstämme in verschiedene Richtungen setzen kannst. Auf der Werkbank lässt sich Basalt polieren oder im Ofen glätten.

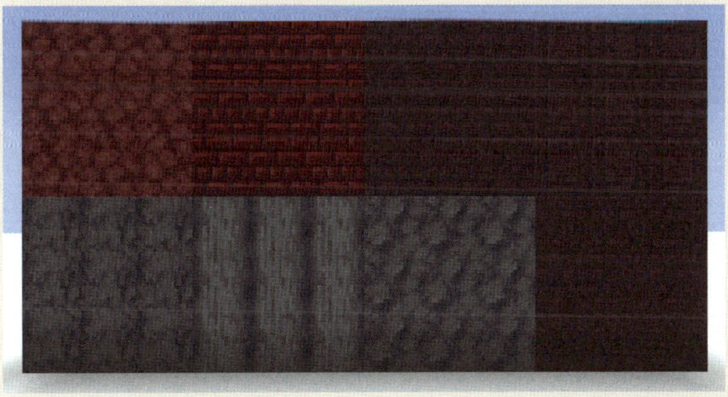

Oben links Netherrack, daneben rote und normale Netherziegel, gefolgt von der gemeißelten und darunter der rissigen Variante. Unten links Basalt, daneben die polierte und die glatte Version.

Mit *Schwarzstein*, der eine ähnlich kugelige Textur wie Bruchstein oder Tuffstein hat, ist mehr möglich: Daraus kannst du Mauern, Treppen und Stufen herstellen, die polierte Version lässt sich zu Ziegeln craften, und gemeißelte und rissige Versionen gibt es auch noch.

Auch der edelste Baustoff kommt aus dem Nether. *Netherquarz* wird aus Netherquarzerz gewonnen, das überall im Netherrack steckt. Auf den großen freien Flächen ist das Erz leicht zu sehen. Aber Vorsicht, wenn du dich in die Wände gräbst: Überall kann Lava hervorquellen, und die fließt im heißen Nether so schnell wie Wasser.

Aus Netherquarz craftest du Quarzblöcke. Der *Quarzblock* hat abgeschrägte Kanten wie die polierten Steine, die du schon kennst. Er ist das Ausgangsmaterial für Treppen, Stufen, eine glatte Version, Quarzziegel und die besonders dekorative Quarzsäule – die in Minecraft natürlich eckig ist. Die Säule hat wieder die Besonderheit, dass du sie wie einen Baumstamm in drei verschiedene Richtungen setzen kannst: von oben, von vorne oder von der Seite an einen Block.

Mit Netherquarz kannst du auch Granit und Diorit herstellen und daraus wiederum Andesit, aber es ist viel einfacher, diese Steine überall aus dem Felsen zu graben, als im Nether auf Quarzsuche zu gehen.

Schwarzstein (poliert, normal, gemeißelt, Ziegel, rissig) und Quarz (normal, glatt, gemeißelt, Ziegel, Säule)

## Andere Baublöcke

Du hast jetzt über 350 Baublöcke kennengelernt, aber das ist immer noch nicht alles. Es gibt noch weitere interessante Baublöcke, die etwas schwieriger zu bekommen sind:

- Durch die blassen Wälder schleichen unheimliche Knarze (siehe Kapitel »Monsterkunde – die Kreaturen der Dunkelheit«). Verwundest du einen, bilden sich Harzklumpen an den Bäumen, die du erhitzt und zu **Harzziegeln** formst, aus denen du Blöcke, Mauern, Treppen, Stufen und eine gemeißelte Version herstellst.
- In Tropfsteinhöhlen findest du neben den spitzen Tropfsteinen auch kompakte **Tropfsteinblöcke**.

- Im felsigen Untergrund stößt du manchmal auf Geoden, die Amethystkristalle enthalten (siehe Kapitel »Forscherdrang – entdecke die Welt«). Diese Geoden sind von weißem **Kalzit** umgeben, der auch im Bergbiom *Steinige Gipfel* vorkommt.
- In der Tiefsee gibt es Ozeanmonumente, die im Kapitel »Extratour – Sehenswürdigkeiten bis zum Ende« beschrieben sind. Sie bestehen aus türkisem **Prismarin**, der die Eigenschaft hat, seine Farbe leicht zu ändern. Den Block gibt es auch als Mauer, Treppe und Stufe. Du baust die Blöcke direkt aus dem Monument ab – oder du gehst auf Wächterjagd, denn diese Monster droppen Prismarinscherben, aus denen du verschiedene Varianten zusammensetzen kannst: normalen Prismarin, Prismarinziegel und dunklen Prismarin.
- Das schwer zu erreichende Ende besteht nahezu komplett aus dem gelben **Endstein**. Diesen Stein abseits vom Enderdrachen ungestört abzubauen ist kein Problem, aber erst wenn du den Enderdrachen besiegt hast, öffnet sich das Portal für den Rückweg. Alternativ dazu legst du im Ende deine Beute und dein Inventar in eine Endertruhe und springst in die Leere. Du erscheinst dann an deinem Spawnpunkt, öffnest eine andere Endertruhe und bekommst alles wieder. Aus Endstein craftest du Endsteinziegel und daraus Mauern, Treppen und Stufen.
- Hast du im Ende den Außenring erreicht, findest du manchmal aus **Purpurblöcken** gebaute Endsiedlungen, die ebenfalls im Kapitel »Extratour – Sehenswürdigkeiten bis zum Ende« beschrieben sind. Dort steht auch, wie du Purpurblöcke aus geplatzten Chorusfrüchten selbst herstellen kannst. Aus dem Purpurblock craftest du Treppe, Stufe und eine Säule.

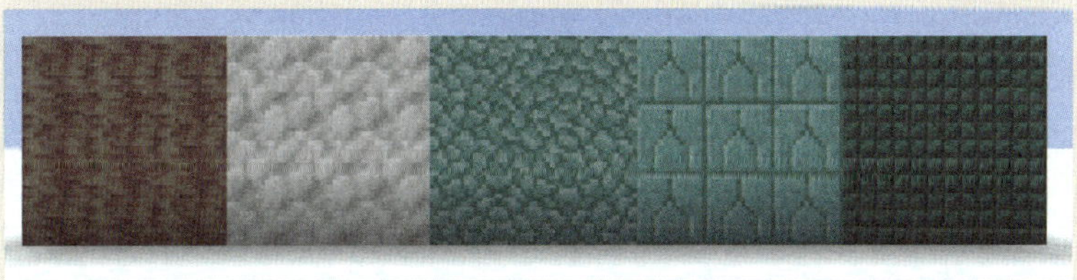

Tropfsteinblock, Kalzit, Prismarin, Prismarinziegel, dunkler Prismarin

Endstein, Endsteinziegel, Purpurblock, Purpursäule

Neben den typischen Baublöcken gibt es noch weitere würfelförmige Blöcke in Minecraft, die aber kaum zum Bauen von Gebäuden verwendet werden – entweder weil sie zu selten sind oder weil sie sich eher als einzelne Schmuckelemente eignen. Trotzdem kannst du auch damit experimentieren und z. B. ein kleines Gebäude oder einen Raum aus Smaragdblöcken oder Sculk errichten. Denn grundsätzlich kann jeder Block, den es in Minecraft gibt, verbaut werden. Sämtliche Blöcke, die es im Spiel gibt, findest du in der Referenz am Ende des Buches.

## Ein Bauprojekt

Bauprojekte zu beginnen ist gar nicht so einfach. Du möchtest etwas richtig Schönes bauen, weißt aber nicht, was und wie. Als Inspiration hilft ein Blick auf die Onlinekarte eines Multiplayer-Bauservers, z. B. von *Unlimitedworld* (*https://map.unlimitedworld.de/?l#main;surface*). Drehe in der Karte am Mausrad für den Zoom und halte die rechte Maustaste gedrückt, um die Karte zu verschieben.

Auch die folgenden Seiten zeigen dir eine Idee für ein Bauprojekt. Ein paar Tipps vorab:

- **Richte dir eine Baustelle ein**: Lange Wege zu deiner Basis oder deinem Lager unterbrechen den schnellen Baufortschritt. Stelle die notwendigen Arbeitsgeräte wie Werkbank, Steinsäge, mehrere Öfen und einige Truhen direkt an deine Baustelle.
- **Leuchte die Baustelle aus**: So kannst du auch nachts arbeiten und bleibst ungestört, denn Monster können im Licht nicht spawnen. Ein Zaun schützt die Baustelle vor neugierigem Monsterbesuch von außerhalb. Gegen das Auftauchen von Phantomen stellst du ein Bett auf: Ein kurzer Rechtsklick reicht, dann gilt das Bett schon als benutzt. Außerdem hast du damit deinen Spawnpunkt hierher verlegt, falls du mal vom Baugerüst fällst.
- **Konstruiere größer, als du denkst**: Errichte deine Häuser lieber ein bisschen größer, als du zu Beginn planst. Wenn alle Wände stehen und die Decke eingezogen ist, wirken die Räume viel kleiner.
- **Achte auf eine angenehme Raumhöhe**: Zum Stehen brauchst du nur zwei Blöcke, aber so niedrige Decken wirken einengend wie in einer kleinen Abstellkammer. Lasse nach oben ein, besser noch zwei zusätzliche Blöcke Platz.
- **Baue mit Gerüsten**: Das Gerüst, das du aus Bambus und Fäden herstellst (lege dir eine Bambusfarm an, du brauchst viele Gerüste), ist für den Hausbau ein sehr praktischer Block. Im Gegensatz zum Hochstacken mit Erdblöcken ist ein Gerüst viel schneller auf- und abgebaut.

Zum **Aufbauen** stellst du ein Gerüst auf den Boden und rechtsklickst darauf *seitlich* mit weiteren Gerüsten. Diese stellen sich dann automatisch obendrauf. Mit jedem Rechtsklick wird die Säule höher. Durch Springen steigst du im Gerüst nach oben, mit Schleichen wieder nach unten.

Rechtsklickst du mit Gerüsten von *oben* auf ein Gerüst, werden die neuen Gerüste in Blickrichtung automatisch seitlich an das erste angehängt. Klicke mit der rechten Maustaste dauerhaft von oben auf das oberste Gerüst, um einen Ausleger zu erzeugen. Nach sechs seitlichen Blöcken fällt das siebte Gerüst am Ende des Auslegers auf den Boden und bleibt dort stehen. Rechtsklicke weiter, bis sich durch die fallenden Gerüste eine zweite Säule aufgebaut hat.

Genauso einfach ist auch der **Abbau**: Wenn du einen Gerüstblock weghaust, fallen alle Gerüste darüber in sich zusammen, du musst sie nur noch einsammeln. Hast du also zu hoch gebaut, kletterst du bis zur Wunschhöhe, schaust nach oben und entfernst das Gerüst über dir. Damit droppen auch alle weiteren Gerüste darüber.

Für den Aufbau dieses Gerüsts brauchst du nur zwei Stellen mit Gerüsten in der Hand rechtszuklicken: den Block unten links (oder rechts) und den Block oben links (oder rechts). Alles Weitere baut sich von selbst auf, wenn du weiter rechtsklickst. Der Abbau geschieht ebenfalls mit zwei Klicks: Entferne die beiden untersten Gerüste, und alle anderen droppen.

### Fachwerkhaus

Sieht man sich die Baumaterialien in Minecraft an (Steinziegel, Stämme, Bretter, Ziegelsteine), ist das Spiel wie geschaffen für mittelalterliche Fachwerkhäuser – darum sieht man sie auch sehr häufig in Multiplayer-Städten. Suche zur Inspiration im Internet nach »minecraft fachwerkhaus«. Meist reicht schon ein Bild, um ein Gebäude nachzubauen. Was du schlecht erkennst und vielleicht anders zusammensetzt, ist dann künstlerische Freiheit.

Bei Fachwerkhäusern sind oft die oberen Stockwerke etwas größer als die darunterliegenden. Für die Übergänge an der Fassade verwendest du umgedrehte Treppen. Im oberen Sims wechseln sich Treppen und Stufen ab, was den Rand dekorativer macht.

Das Erdgeschoss, das die Last der oberen Stockwerke trägt, ist aus stabilen Steinziegeln und Bruchstein gebaut. Das Fachwerk der Obergeschosse besteht aus einem Balkengerüst, die Zwischenräume sind weiß verputzt (Wolle) oder mit Holzbrettern gefüllt. Das

Dach aus Ziegelsteinen ist steil angelegt, der Rauch aus dem Schornstein besteht aus Spinnennetzen.

Baust du das Haus exakt so nach und verwendest für die Steintreppen eine Steinsäge (die spart Material), brauchst du auf ganze Stacks aufgerundet 22 Stacks Tonklumpen, um 1.408 Ziegel für die Ziegelsteine zu brennen. Da lohnt es sich, mehrere Öfen gleichzeitig aufzustellen. Für die Steinziegel und Bruchsteine brauchst du 5 Stacks Bruchstein und für das Holz 5 Stacks Schwarzeichenstämme. Der Rest sind Kleinigkeiten: etwas mehr als 1 Stack weiße Wolle, 18 Stacks Glas und eine Tür.

Natürlich musst du nicht die hier vorgeschlagenen Materialien verwenden, sondern kannst mit beliebigen anderen experimentieren. Vielleicht ist dir das Holz zu dunkel oder das Dach zu rot. Blättere noch einmal zurück in diesem Kapitel und sieh dir die Texturen der verschiedenen Materialien an. Verwende vielleicht Diorit oder Kalzit statt der weißen Wolle, Schlammziegel statt Brettern für das Dachgeschoss oder Tiefenschieferfliesen für ein Schieferdach.

## Inneneinrichtung mit kreativen Möbeln

Mobiliar und Dekorationen zusammenzustellen ist das i-Tüpfelchen für jedes Bauwerk. In Minecraft gibt es nur wenige Möbel, und Hinsetzen ist nicht vorgesehen. Der Reiz besteht darin, aus den begrenzten Materialien, die das Spiel zur Verfügung stellt, Möbel nachzubilden. Tische, Stühle, Schränke, Regale – alles baust du aus anderen Blöcken zusammen. Doch bevor du kreativ wirst, sieh dir an, was Minecraft von Haus aus in Sachen Inneneinrichtung zu bieten hat:

- **Betten**: Gibt es in 16 Farben. Entweder färbst du ein Bett durch Hinzufügen eines Farbstoffs um, oder du craftest das Bett gleich aus der passend gefärbten Wolle (eine Tabelle aller Farbstoffe findest du in der Referenz am Ende des Buches).
- **Regale**: Mit Rechtsklick stellst du schön sichtbar bis zu drei unterschiedliche Gegenstände in ein Regal. Weil es sie in allen Holzarten gibt, eignen sich leere Regale auch hervorragend als Dekoration, z. B. für den Bau von Wandvertäfelungen oder Querbalken.
- **Bücherregal**: Dieser Block dient eigentlich zur Verstärkung eines Zaubertisches, eignet sich aber auch als dekoratives Möbel. Das **gearbeitete Bücherregal** kann sogar bis zu sechs Bücher aufnehmen. Zu einer zünftigen Bibliothek gehört natürlich auch ein **Lesepult**.
- **Arbeitsgeräte**: Nicht unbedingt fürs Wohnzimmer geeignet, aber in eine Küche gehören natürlich ein Ofen und ein Wasserkessel. Auch ein Braustand eignet sich als Küchengerät. Und Geräte wie Werkbank, Kartentisch und Schmiedetisch wirken mit einem Teppich abgedeckt gleich ganz anders.

- **Gemälde** : Ein Gemälde zeigt beim Platzieren an der Wand ein zufälliges Motiv. Gefällt dir das Motiv nicht, nimm das Gemälde wieder weg und hänge es erneut auf, dann erscheint wieder ein zufälliges Motiv. Es gibt auch unterschiedliche Gemäldegrößen, von 1 × 1 bis zu 4 × 4 Blöcken Fläche, je nach vorhandenem Platz. Möchtest du ein kleineres Gemälde an der Wand haben, musst du den vorhandenen Platz mit Hilfsblöcken verkleinern. Sobald das kleine Gemälde an der Wand hängt, nimmst du die Hilfsblöcke wieder weg.
- **Blumentopf** : Zum Aufstellen aller Arten von Blumen und anderen Gewächsen, auch Kakteen, Setzlingen und Pilzen.
- **Laternen** : Laternen und Kupferlaternen kannst du an die Decke hängen – gerne auch an *Ketten* – oder auf einen Block stellen. Direkt neben dem Bett hast du damit eine schöne Nachttischlampe. Eine Alternative ist die blaue *Seelenlaterne* , die du mit Seelenfackel statt Fackel craftest. Die entscheidende Zutat zur Seelenfackel ist Seelensand oder Seelenerde aus dem Nether.
- **Rüstungsständer** : Die kennst du schon aus dem Kapitel »Waffenmeister – Ritter, Kämpfer, Zauberlehrling«. Mit Rüstungsständern baust du dekorative Statuen für Eingangshallen, Treppenhäuser oder ungenutzte Ecken.
- **Banner** : Das Weben von Bannermustern hast du im Kapitel »Heimwerken – hör mal, wer da craftet« kennengelernt. Die Möglichkeiten gehen dabei weit über Burgwappen und Länderfahnen hinaus. Senkrechte hellgraue Streifen auf braunem Hintergrund sehen z. B. wie Orgelpfeifen aus. Mit mehreren Bannern dieser Art dekorierst du einige Holzblöcke zur Kirchenorgel um. Als Orgeltasten legst du Schienen auf die Holzblöcke.

- **Glasierte Keramik** : Jeder der 16 glasierten Keramikblöcke hat ein anderes Muster, abhängig vom verwendeten Farbstoff. Beim Platzieren der Blöcke bestimmt deine Blickrichtung die Drehung des Musters. Es gibt vier Himmelsrichtungen und folglich vier Drehungsmöglichkeiten. Durch Kombination von Drehung und verschiedenen Blöcken ergeben sich immer neue Muster – ideal als Wand- und Bodenschmuck.
- **Teppiche** : Sehen aus wie Wolle und lassen sich wie diese in 16 Farbtönen färben. Teppiche sind zwar flach, belegen aber trotzdem einen ganzen Blockplatz. Stört das, verlegst du gefärbte Wollblöcke als Boden. Teppiche sind übrigens lichtdurchlässig: Wenn du in deinem modernen Wohnzimmer keine mittelalterlichen Fackeln an der Wand haben möchtest, versenke Kürbislaternen im Boden und decke sie mit Teppichen ab.
- **Rahmen** : Eine Alternative zum Gemälde: Hänge den Rahmen an die Wand und setze per Rechtsklick einen beliebigen Gegenstand aus deiner Schnellzugriffsleiste hinein. Weitere Rechtsklicks drehen den Gegenstand im Rahmen. Hast du den Gegenstand auf dem Amboss umbenannt (siehe Kapitel »Heimwerken – hör mal, wer da craftet«), ist der Name über dem Rahmen zu sehen. Craftest du einen fertigen Rahmen mit einem Leuchttintenbeutel zusammen, den du von Leuchttintenfischen bekommst, hast du einen *Leuchtrahmen* .

  Auch Karten kannst du in Rahmen hängen. Damit sind sogar von dir selbst hergestellte Bilder möglich (siehe Kasten »Pixel-Art«). Eine Besonderheit sind Knöpfe, Hebel und Fackeln, weil sie durch einen Rahmen stoßen, wenn du ihn darüber hängst. Mache das mit einer Fackel und setze dann eine Steinstufe in den Rahmen. Das sieht wie ein schicker Fackelhalter aus.

  Der Clou: Rahmen können nicht nur an die Wand gehängt, sondern auch auf der Ober- und Unterseite eines Blockes platziert werden. Lege einen Rahmen auf einen Bretterblock und setze eine Pilzsuppe hinein. Das sieht aus wie eine Schüssel, die auf einem Tisch steht. Eine Holztreppe stellt den Stuhl dar.

Mit diesen Gegenständen lässt sich schon fast ein gemütliches Zimmer einrichten. Aber was ist mit Sofa, Couchtisch und Kronleuchter? Wie du solche Möbel herstellst, liest du auf den folgenden Seiten.

i

**MINECRAFT-LEXIKON – Pixel-Art**

Mit einer Karte, einem Rahmen und viel Geduld ergeben sich ungeahnte Möglichkeiten: Aktiviere in einer flachen Ebene oder Wüste eine Karte und baue auf dem Boden ein riesiges Bild aus bunten Blöcken zusammen. Dadurch entsteht auf deiner Karte eine verkleinerte Version des Bildes, wobei jeder Block auf dem Boden einem Pixel auf der Karte entspricht. Das wird *Pixel-Art* genannt. Zum Schluss hängst du dein Bild mit einem Rahmen an die Wand. Wenn das Bild die Karte komplett ausfüllen soll, brauchst du dazu allerdings über 16.000 Blöcke (128 × 128).

## Sofa

Ein Sofa besteht aus Treppen oder Stufen für die Sitzfläche und Falltüren oder Schildern für die Rücken- und Seitenlehnen.

Für das Ledersofa aus roten Netherziegeltreppen (siehe die folgenden Bilder) platzierst du zuerst die mittlere Treppe. Dann stellst du dich auf diese, schaust nach links und nach rechts und platzierst dabei eine zweite und dritte Treppe direkt daneben. Durch deine geänderte Blickrichtung drehen sich die beiden Treppen und verbinden sich automatisch mit der ersten Treppe.

Das zweite Modell hat eine Sitzfläche aus polierten Schwarzsteinstufen und Seitenlehnen aus Schwarzeichenholzschildern. Die Rückwand besteht aus Schwarzeichenholztüren, an die du drei graue Banner hängst. Dazu musst du schleichen, sonst öffnest du die Türen. Das Besondere dabei: Ein *hängendes* Banner besetzt nur den *oberen* Block, die untere Hälfte kann in einen anderen Block hineinhängen.

Die Sitzfläche des dritten Sofas besteht aus glatten roten Sandsteinstufen. Die Rückenlehne sind hochgeklappte Eichenholzfalltüren, die Seitenlehnen Eichenholzschilder. Der Clou sind die beiden gelben Kissen, die aus Bannern bestehen. Der Trick liegt dabei unter dem Sofa: Bevor du die Sandsteinstufen platzierst, entfernst du die drei Blöcke darunter. In das linke und rechte Loch stellst du jeweils ein gelbes, passend gedrehtes Banner. Ein *stehendes* Banner besetzt nur den *unteren* Block, seine obere Hälfte kann in einen anderen Block hineinragen. Das nutzt du aus und deckst die Löcher mit den Sandsteinstufen zu. Doch dann werden die gelben Banner schwarz, weil ihre Füße im Dunkeln stehen. Daher stellst du in das mittlere Loch eine Kürbislaterne, die du mit der dritten Sandsteinstufe abdeckst.

## Stuhl

Ein Stuhl oder Sessel ist im Prinzip ein Sofa mit nur einer statt drei Sitzflächen. Der einfachste Stuhl ist eine Treppe. Ein Sessel ist eine Treppe mit zwei Schildern als Armlehne. Nimmst du eine Stufe statt einer Treppe, brauchst du auch eine Rückenlehne. Dazu stehen dir Türen, Falltüren und Schilder aus verschiedenen Hölzern, Kupfer oder Eisen zur Verfügung. Für die Sitzflächen gibt es über 50 verschiedene Treppen oder Stufen. Damit kannst du mehrere Hundert Kombinationen an Sofas und Stühlen bauen.

Auf Treppen und Stufen kann man in Minecraft nicht sitzen, daher sind Sofas und Stühle reine Dekoration. Es gibt aber einen Trick, um doch auf einem Stuhl sitzen zu können: Baue eine Lore ein! Dazu legst du eine Schiene zwischen zwei Falltüren (linkes Bild), setzt eine Lore darauf und klappst die Falltüren hoch. Dann zielst du mit dem Fadenkreuz unter die Lore, bis der dünne schwarze Rahmen der Schiene erscheint (mittleres Bild), und haust die Schiene weg. Die Lore sinkt dadurch ein Stück nach unten. In die Lore setzt du dich mit einem Rechtsklick (rechtes Bild). Drücke mehrfach F5, um das zu sehen. Mit Schleichen stehst du wieder auf.

## Tisch

Auf dem folgenden Bild siehst du verschiedene Tischvarianten für Wohn- und Esszimmer oder die Küche:

- Einfach, aber effektiv: ein Zaunpfahl aus Akazienholz mit einem gelben Teppich. Auch Mauern geben gute Tischbeine ab. Und als Tischplatte funktioniert auch eine Fichtenholzfalltür, weil sie nicht durchbrochen ist, ebenso wie Druck- und Wägeplatten aus Stein, Holz, Eisen oder Gold.
- Daneben steht nur ein Gerüst. Das kann ein Beistelltischchen darstellen oder auch einen Hocker.
- Der schwere Tisch hat zwei Ambosse als Füße und blaue Teppiche als Tischplatte. Um einen Teppich auf einen Amboss zu legen, musst du schleichen. Der Teppich zwischen den Ambossen schwebt nur scheinbar in der Luft. In Wirklichkeit liegt er auf einem fast nicht sichtbaren Faden, den du zwischen die Ambosse auf den Boden legst. Tipp: Mit Fäden und darauf platzierten scheinbar schwebenden Teppichen kannst du auch einen Sonnenschirm bauen.
- Der letzte Tisch besteht aus Schwarzeichenholz. Zäune sind die Füße und Falltüren die Tischplatte. Die mittlere Falltür ist abgesenkt, um einen Blumentopf mit blauer Orchidee daraufzustellen. Zum Absenken stellst du einen Hilfsblock unter eine Nach-

barfalltür, setzt die mittlere Falltür seitlich an die Oberkante des Hilfsblocks und entfernst diesen wieder.

## Regal und Schrank

Das Prinzip hast du jetzt schon raus: Aus Falltüren, Türen und Stufen setzt du Regale und Schränke zusammen und füllst sie mit Dekoration.

Das erste Regal auf den folgenden Bildern besteht nur aus fünf Falltüren: Schwarzeichenholz für die Fächer und Fichtenholz für die Seite. Beim Übereinanderstellen von Falltüren musst du schleichen. Mit ein oder zwei Hilfsblöcken stackst du dich hoch, um auch die oberste Falltür zu platzieren. Ein Blumentopf mit Schwarzeichensetzling dient als Deko.

Das zweite Regal hat Fächer aus Quarzstufen und Seitenwände aus Akazienholzfalltüren. Die Deko sind eine Endertruhe und ein Blumentopf mit Karmesinpilz.

Das dritte Regal besteht aus einem Unterbau aus poliertem Schwarzstein, darüber Bücherregale. Den Deckel bilden zwei Birkenholzstufen mit einer Birkenholztreppe in der Mitte. Unten links und rechts sind hochgeklappte Birkenholzfalltüren. Die Schubladen bestehen aus Rahmen, in die du jeweils einen Amboss gesetzt hast. Darüber platzierst du Birkenholzschilder. Die Ambosse stoßen durch die Schilder und sehen wie Griffe aus.

Zum Schluss ein verschlossener Schrank aus Schwarzeichenholztüren und Fichtenholzfalltüren an den Seiten. Wenn du zwei Türen nebeneinandersetzt, achte darauf, dass du die zweite Tür neben die Klinke der ersten Tür stellst, damit das Spiel die Klinken automatisch korrekt ausrichtet. Der Deckel des Schranks besteht aus zwei Fichtenstufen. Öffnest du den Schrank, sind Boden und Rückseite Fichtenholzbretter. Der Inhalt sind eine Truhe, ein Rüstungsständer und ein Haken.

### Kronleuchter

Aus Eisengittern, Seelenfackeln und Eisenketten baust du einen imposanten Kronleuchter im kühlen Design. Statt Eisengittern und Fackeln kannst du auch Kupfergitter oder Holzzäune und Kerzen passend zu deiner Einrichtung verwenden.

Die kleinere Variante ist ein Standleuchter, z. B. aus Bambuszäunen. Als Fuß ist hier ein gemeißelter polierter Schwarzstein im Boden versenkt.

## Kamin

In Burgen aus massivem Stein oder in modernen Bungalows aus Beton gehört ein Kamin zur gemütlichen Einrichtung. Offenes *Feuer* ist nicht für Holzhäuser geeignet, denn es breitet sich seitwärts und nach unten bis zu zwei Blöcke weit und nach oben bis zu fünf Blöcke weit auf brennbare Blöcke aus, auch durch Decken und Wände hindurch! Da ist ein Holzhaus schnell bis auf die Grundmauern niedergebrannt. Statt eines offenen Feuers nimmst du *Lagerfeuer*, die verbreiten ihr Feuer nicht.

Der abgebildete Kamin besteht aus poliertem Diorit, der wie Marmor aussieht. Als Rauchabzug sind Dioritmauern nach oben gezogen. Vor der Feuerstelle sind Eisengitter auf Eisenblöcken angebracht. Unter und hinter den Lagerfeuern bildet grauer Beton einen verrußten Hintergrund.

## Küchenzeile mit Herd und Spüle

Die Küchenzeile auf dem nächsten Bild hat Schränke aus grauem Beton, die mit Birkenholzfalltüren verkleidet sind. Rechts oben hängt ein Räucherofen an der Wand, daneben drei weiße Betonblöcke mit zwei Steinknöpfen als Kühl- und Gefrierschrank. Die Arbeitsfläche wird durch Fichtenholzbretter gebildet, darauf steht ein Braustand als Kaffeemaschine. Der Herd ist ein Schmelzofen mit Eisenfalltür als Herdplatten, daneben die Spüle und ein Wasserkessel mit Haken als Hahn.

## Badezimmer

Badezimmer sind gerne in Blau und Weiß gehalten. Das Beispiel in dem nächsten Bild hat Bodenfliesen aus Quarzsäulen, die abwechselnd gedreht sind. Die Badewanne besteht aus sechs Quarztreppen, in deren Mitte Wassereimer ausgeleert wurden. Der Wasserhahn ist ein Haken.

Das Handtuch ist ein weißes Banner mit hellblauem Längsstreifenmuster. Der Spiegel ist auch ein Banner! Seine Oberfläche entsteht durch einen hellblauen »Farbverlauf« mit einem zweiten Muster, einem grauen »Bord«. Unter dem Spiegel finden sich ein Haken als Wasserhahn und ein Wasserkessel als Waschbecken.

Die Dusche besteht aus Glasscheiben mit einem Boden aus poliertem Andesit. Der Duschkopf ist ein Hebel. Die Toilette daneben ist ein Kessel mit Eisenfalltür, zwei Eisenblöcken in der Wand und einem Steinknopf. Der Knopf öffnet sogar den Deckel. In einem Rahmen hängt weiße Wolle als Toilettenpapier.

### Büro

Der Chefsessel hat eine Eisentür mit weißem Banner und Eisenfalltüren als Lehne. Die Sitzfläche und der Schreibtisch bestehen aus polierten Schwarzsteinziegeltreppen und einer Stufe.

Eisenfalltüren lassen sich im Gegensatz zu Holzfalltüren nicht mit einem Rechtsklick umklappen. Du gräbst links und rechts ein zwei Blöcke tiefes Loch, stellst jeweils eine Redstone-Fackel hinein, deckst die Löcher wieder zu und legst die Eisenfalltüren darauf. Sie werden durch die Redstone-Fackel aktiviert und stellen sich automatisch auf.

Das Besondere ist der Laptop auf dem Schreibtisch. Dazu legst du erst eine Grobwägeplatte aus Eisen auf den Tisch. Dann gehst du auf die Rückseite des Tisches und befestigst ein Fichtenholzschild an der Wägeplatte. Nun gehst du wieder auf die Vorderseite und hängst schleichend ein Gemälde an das schwebende Schild.

Im Hintergrund befindet sich ein Pflanzenkübel aus Falltüren und einem Rosenstrauch. Du kannst solche Kübel auch mit Ketten von der Decke hängen lassen.

**Gratulation, du hast das 8. Survival-Level erreicht**

Stein, Holz, Sandstein, Glas, Beton, Ziegelsteine, Keramik, Kupfer, Netherblöcke, Prismarin – für deine zukünftigen Bauprojekte hast du einen Überblick über die ganze Vielfalt der Baublöcke mit ihren unterschiedlichen Texturen bekommen. Das Poster zeigt dir die passenden Crafting-Ketten.

Beim Errichten eines realistischen Fachwerkhauses hast du gelernt, Gerüste zu benutzen und Treppen kopfüber zu platzieren. Schließlich hast du deiner Kreativität freien Lauf gelassen und mit teilweise gewagten Materialkombinationen und einigen Tricks dein Haus dekorativ eingerichtet.

Aus deinem schönen Haus – oder von deinem Balkon aus – lässt du nun den Blick über deine Ländereien schweifen. Auch da hast du schon einiges erreicht: Felder, ein hübscher Garten, verschiedene Viehweiden, ein Bergwerk, das tief in den Untergrund führt, ein großes Lager und vielleicht eine Monsterarena. Deine Wege werden immer länger. Daher erfährst du im nächsten Kapitel, wie du Reittiere und Boote benutzt und sogar eine kleine Bahnlinie baust. Das liefert dir auch gleich Ideen für neue Bauprojekte, z. B. einen rustikalen Reitstall, einen kleinen Bootshafen oder einen Bahnhof für dein Grundstück.

# Reisefieber – unterwegs mit Pferden, Booten und Loren

*Gemächlich schwebst du mit deinem glücklichen Ghast über die eisigen Berge. Im Schlepptau hängen eine prall gefüllte Beutetruhe und ein Huhn, das du in das Boot locken konntest. Kalt ist es hier oben, der Wind pfeift dir um die Ohren, aber das macht nichts. Du genießt einfach nur die grandiose Aussicht.*

*Zugegeben, die Beschaffung dieses ungewöhnlichen Reittiers war nicht einfach – auf der Suche nach einem ausgetrockneten Ghast bist du mehrmals im Nether gestorben – aber es hat sich gelohnt. Jetzt kannst du die Welt endlich so richtig erforschen: Über Berge, Abgründe und Ozeane hinweg wirst du fliegen, an exotischen Orten landen, wertvolle Beute einsammeln und alles ganz bequem zurück in deine Basis bringen. Das wird großartig.*

## Pferde, Schweine und andere Tiere reiten

Neben deinen Beinen, die dich schon durch Dutzende Biome getragen haben, gibt es in Minecraft eine ganze Reihe anderer Fortbewegungsmittel und Transportmöglichkeiten. Das Reiten auf Pferden ist dabei die klassische Variante.

Hast du ein wildes Pferd in der Savanne oder in einer Ebene gefunden, musst du es erst *zähmen*. Das funktioniert wie beim Rodeo. Rechtsklicke mit leerer Hand auf das Pferd, um aufzusteigen. Früher oder später wirft es dich mit lautem Wiehern ab, woraufhin du das Aufsteigen so lange wiederholst, bis das Pferd Herzen der Zuneigung zeigt und du sitzen bleibst. Wenn du das Pferd fütterst (siehe Kapitel »Landwirtschaft – unsere kleine Farm«), wird es mit jeder Fütterung zutraulicher und wirft dich weniger oft ab. Dass es dein Futter annimmt, erkennst du am Geräusch. Sobald es dein Futter nicht mehr annimmt, ist es satt und direkt beim nächsten Aufsitzen zahm.

Lenken kannst du das Pferd aber noch nicht, dazu fehlt dir ein Sattel. Öffnest du dein Inventar, *während* du auf dem Pferd sitzt, siehst du das Pferdeinventar mit zwei Slots: für einen Sattel und für einen Rossharnisch (siehe Kapitel »Waffenmeister – Ritter, Kämpfer, Zauberlehrling«).

Im Pferdeinventar rüstest du dein Pferd mit Sattel und Rossharnisch aus.

Einen *Sattel*  craftest du aus Leder und einem Eisenbarren. Sobald du den Sattel in das Pferdeinventar gelegt hast, kannst du das Pferd mit den üblichen Steuerungstasten bewegen und mit der Maus die Richtung angeben. Mit der Schleichen-Taste steigst du wieder ab.

Beim Reiten sind deine Hände weiterhin frei, du kannst mit der Spitzhacke Blöcke abbauen, Gegner angreifen, eine Werkbank benutzen, Knöpfe drücken und alle anderen Aktionen mit der linken und der rechten Maustaste ausführen, auch wenn der Pferdekopf dabei die Sicht etwas einschränkt.

Reiten auf Pferden ist nicht nur deutlich schneller als Laufen, die Tiere steigen auch ohne Sprung einen ganzen Block nach oben. Für höhere Hindernisse bringst du dein Pferd zum *Springen*. Dazu drückst du reitend gleichzeitig zur jeweiligen Steuerungstaste die Leertaste, wodurch sich ein blauer Pferdesprungbalken über deiner Schnellzugriffsleiste auflädt. Sobald du die Leertaste loslässt, springt das Pferd – je länger die Aufladung war, desto höher. Die ganze Zeit reitest du weiter vorwärts. Wenn du stehen bleibst, springt das Pferd nur auf der Stelle.

Mit einem Pferd bist du schneller unterwegs, hier trägt es einen goldenen Rossharnisch.

Geschwindigkeit und Sprunghöhe sind bei jedem Pferd unterschiedlich, je nach dessen Lebensenergie. Die liest du an der Anzahl der Tierherzen ab, die anstelle deines Hungerbalkens zu sehen sind, wenn du auf einem Pferd sitzt. Dazu muss es nicht gezähmt sein, d h., du kannst schon vor der Zähmung entscheiden, ob das Pferd deinen Wünschen entspricht.

| Lebensenergie | Geschwindigkeit | Sprunghöhe |
|---|---|---|
| 7,5 | 4,9 Blöcke/Sek. | 1,1 Blöcke |
| 9 | 7,3 Blöcke/Sek. | 1,9 Blöcke |
| 11 | 9,7 Blöcke/Sek. | 2,9 Blöcke |
| 13 | 12,1 Blöcke/Sek. | 4,0 Blöcke |
| 15 | 14,6 Blöcke/Sek. | 5,3 Blöcke |

Zum Vergleich: Deine normale Gehgeschwindigkeit ohne Pferd beträgt 4,3 Blöcke/Sek., beim Sprinten sind es 5,6 Blöcke/Sek. Und springen kannst du nur etwas höher als einen Block – für Zaun oder Mauer reicht das nicht, sie bilden ein 1,5 Blöcke hohes Hindernis, auch wenn man ihnen das nicht ansieht.

## Esel und Maultiere

Findest du keinen Rüstungsslot auf deinem Pferd, dann sieh dir das Tier noch einmal genauer an. Du hast dann einen Esel oder ein Maultier, denen Pferderüstungen nicht passen. Dafür haben sie einen anderen Vorteil: Sie können Lasten schleppen!

Steige ab, nimm eine *Truhe*  in die Schnellzugriffsleiste, und setze sie mit einem Rechtsklick als Satteltaschen auf das Tier.

Satteltaschen bringen 15 Slots Transportinventar pro Tier. Du kannst die Satteltaschen füllen und leeren, wenn du auf dem Tier sitzt, oder von außen, wenn du es schleichend rechtsklickst. Die Satteltaschen sind fest mit dem Tier verbunden, du bekommst sie nur beim Ableben des Tieres als Truhe zurück.

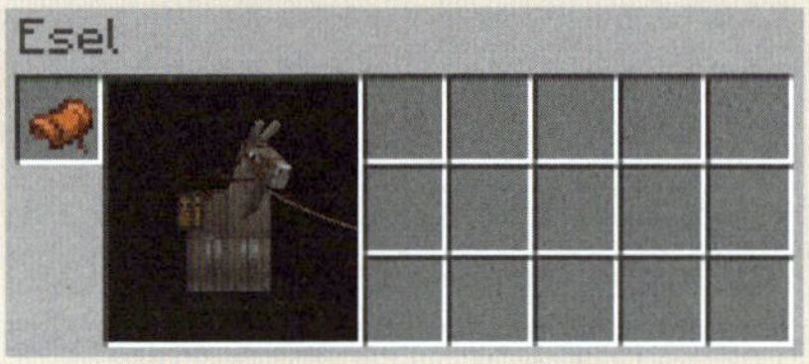


Das Eselinventar hat einen Slot für den Sattel und 15 Inventarslots, wenn du dem Esel per Rechtsklick eine Truhe als Satteltaschen angehängt hast.

Da du Tiere anleinen und aus mehreren Tieren eine Karawane bilden kannst, steht einem größeren Transport nichts im Wege. Du verbindest zwei Tiere, indem du mit einem angeleinten Tier schleichend auf ein anderes rechtsklickst. Mit einer Schere löst du die Verbindung wieder.

### Lamas

Lamas sind keine Reittiere. Du kannst zwar aufsitzen, sie aber nicht lenken. Dafür sind sie Lastentiere, die automatisch Karawanen bilden, d. h., sie laufen schön geordnet hintereinander. Sobald du das erste Tier an die Leine nimmst, trotten bis zu neun Artgenossen ohne Leine hinter deinem geführten Exemplar her. Zum Führen musst du nicht laufen, du kannst z. B. auch auf einem Lastesel reiten.

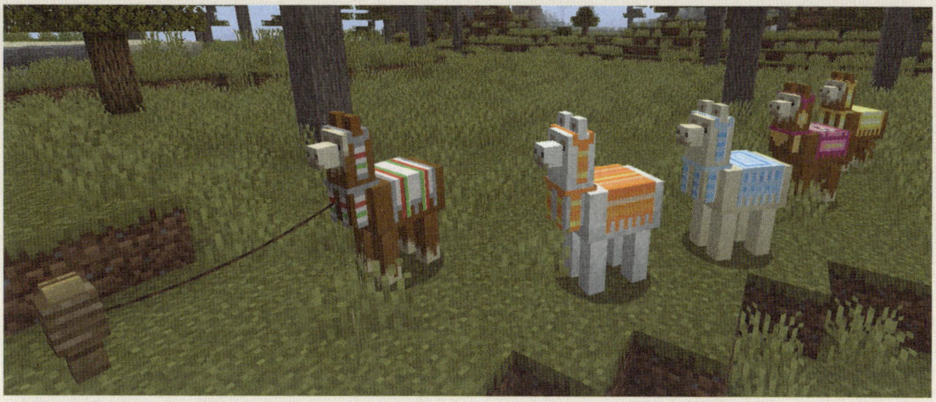

Eine Karawane mit geschmückten Lamas, noch ohne Satteltaschen. Das erste Lama ist an einen Zaunpfosten gebunden, die anderen folgen dem ersten ohne Leine.

Zähmen ist für die Karawanenbildung nicht notwendig. Aber nur ein gezähmtes Lama kannst du mit Teppichen und Satteltaschen ausrüsten. Das Zähmen geschieht auf Rodeo-Art wie bei den Pferden. Liebevolles Füttern (siehe Kapitel »Landwirtschaft – unsere kleine Farm«) verringert auch hier die Anzahl der Abwürfe.

Sobald du auf einem gezähmten Lama sitzt, kannst du das Lamainventar öffnen. Das hat keinen Sattel-Slot, sondern bietet Platz für einen *Teppich* . Schmückst du deine Lamas mit unterschiedlich gefärbten Teppichen, kannst du sie voneinander unterscheiden, falls sie in ihren Satteltaschen bestimmte Gegenstände transportieren. Dazu legst du den Teppich in das Lamainventar, das du öffnest, wenn du reitest oder wenn du das Lama schleichend rechtsklickst. Möchtest du den Schmuck ändern, tauschst du den Teppich einfach aus oder nimmst ihn wieder weg. Lenken lässt sich das Lama auch mit einem Teppich nicht, du kannst es nur an der Leine führen.

Satteltaschen hängst du wie beim Esel per Rechtsklick mit einer *Truhe*  an das Lama. Die meisten Lamas können allerdings nicht so viel tragen wie ein Esel, sie haben nur 3 bis 9 Slots in ihrem Inventar. Nur sehr wenige Lamas haben 12 oder 15 Slots. Leider siehst du das erst nach dem Anlegen der Satteltaschen, die du auch nicht wieder wegnehmen kannst.

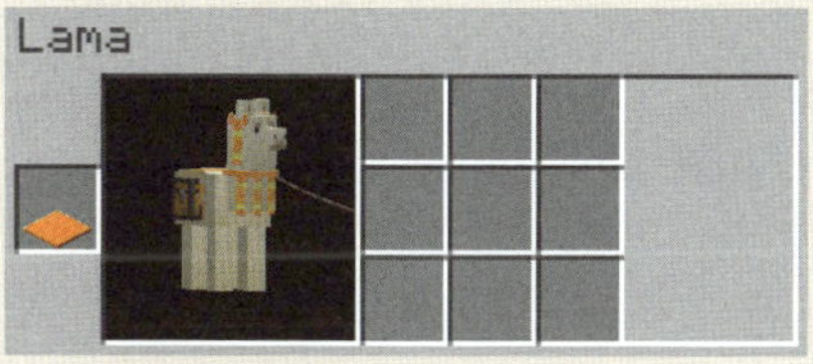


Ein Lamainventar mit orangem Teppich und 9 Inventarslots

## Dromedare

Die friedlichen Dromedare werfen dich beim Aufsitzen nicht ab. Nach kurzer Zeit kannst du einen Sattel ins Inventar legen und das Tier lenken. Im Multiplayer-Spiel können sogar zwei Spieler auf einem Tier reiten. Du sitzt dabei so hoch, dass dich Zombies nicht erreichen können. Mit ihren langen Beinen spazieren Dromedare allerdings auch über Zäune und Mauern, das solltest du beim Bauen von Gehegen beachten.

Drückst du beim Vorwärtsreiten gleichzeitig `Strg`, beginnt das Dromedar zu *sprinten*. Und wenn du beim Reiten gleichzeitig die Leertaste drückst und dann loslässt, kann das Tier sogar über kleine Schluchten springen.

## Schreiter

Warst du schon im Nether, dann hast du die roten Schreiter gesehen, die ganz gemütlich über die riesigen Lavaseen spazieren. Weil das langsame, friedliche Tiere sind, musst du sie noch nicht einmal zähmen. Es reicht, per Rechtsklick einen *Sattel* aufzulegen, schon kannst du aufsitzen. Das Problem ist jetzt das Lenken. Der Schreiter bleibt einfach stehen. Du brauchst eine *Wirrpilzrute*, d. h. eine Angel, die du mit einem Wirrpilz aus dem Nether zusammencraftest. Hältst du dem Tier die leckere Wirrpilzrute vor die Nase, läuft es in jede gewünschte Richtung. Mit einer Schere kannst du den Sattel wieder abnehmen.

Außerhalb der Lava sind Schreiter ziemlich langsam, doch auf Lava laufen sie etwa so schnell wie du beim Gehen, wodurch du relativ flott und sicher über die heiße Gefahrenquelle getragen wirst. Nach dem Ritt kannst du deinen Schreiter mit einer Leine an einem mitgebrachten Netherzaunpfahl (brennt nicht) anbinden, damit er beim Rückweg noch da ist.

### Schweine

Pferde sind schnell, Esel, Maultiere und Lamas tragen Lasten, Dromedare sind groß, Schreiter sind feuerfest. Schweine sind nichts von alledem, aber sie sind witzig.

Ein Schwein reitest du so ähnlich wie einen Schreiter: Einfach Sattel auflegen und aufsitzen reicht nicht, du brauchst eine *Karottenrute* – eine Angel mit Karotte – als Anreiz, der das Tier zum Laufen bringt. Mit einer Schere kannst du den Sattel wieder abnehmen.

Schweine traben erst mal langsam los, erreichen aber bis zu 5,2 Blöcke/Sek. und sind damit fast so schnell wie du beim Sprinten. Und wie die anderen Reittiere laufen auch Schweine über einen ganzen Block einfach hinweg. Springen wie Pferde können sie jedoch nicht. Solange du kein Pferd hast, ist ein Reitschwein für lange Strecken durchaus eine Alternative zum Sprinten, denn Sprinten und das Springen auf einen ganzen Block macht hungrig, während dich Reiten keine Energie kostet.

## Boot fahren

In Minecraft gibt es Flüsse und Seen, die du mühelos mit gedrückter W- und Leertaste durchschwimmst. Gelangst du allerdings an einen großen Ozean, ist diese Art der Fortbewegung langwierig und kostet Energie (du bekommst Hunger). Außerdem kannst du beim Schwimmen nicht anhalten, denn sobald du die Finger von der Tastatur nimmst, gehst du unter. Für lange Wasserstrecken ist daher ein Boot besser geeignet.

*Boote* craftest du aus allen neun Holzarten bzw. ein *Floß* aus Bambusbrettern.

Du setzt das Boot mit der rechten Maustaste ins Wasser und steigst auch mit einem Rechtsklick ein. Wenn du dich im Boot sitzen sehen möchtest, drückst du mehrfach F5. Zum Aussteigen nimmst du wie beim Reiten die Schleichen-Taste.

Mit einem Boot überquerst du größere Seen oder Ozeane.

Das Rudern erfordert etwas Übung. Du benutzt die Steuerungstasten W, A, S und D, um das Boot nach vorne zu beschleunigen, abzubremsen oder zur Seite zu drehen. Nebenbei kannst du dich mit der Maus umschauen, das Boot dreht sich dabei *nicht* mit. Es fährt weiter in die Richtung, in die es ausgerichtet ist. Das ist also anders als beim Laufen oder Reiten, wo du dich immer in die Richtung bewegst, in die du mit der Maus (und dem Fadenkreuz) blickst.

Hast du den Dreh erst mal raus, überquerst du mit einem Boot mit einer Geschwindigkeit von 8 Blöcken/Sek. große Gewässer und umschiffst Inseln schneller, als du schwimmen (2,2 Blöcke/Sek.) oder sprinten (5,6 Blöcke/Sek.) kannst.

Auch für den Tiertransport sind Boote geeignet, siehe dazu den Kasten »Dein Tier und du in einem Boot« im Kapitel »Landwirtschaft – unsere kleine Farm«. Für den Gütertransport craftest du ein *Truhenboot*. Von außen füllst du die Truhe schleichend. Sitzt du im Boot, öffnest du sie zusammen mit deinem Inventar. Für größere Transporte verbindest du mehrere Truhenboote, indem du mit einem angeleinten Truhenboot ein zweites schleichend rechtsklickst. Mit einer Schere trennst du die Verbindung wieder.

Ein größerer Transport mit vier Truhenbooten

Hast du eine interessante Landestelle ausgemacht, nähere dich langsam und steige mit Schleichen aus. Dann befestigst du dein Boot mit einer Leine an einem Zaun, damit es nicht wegschwimmt. Möchtest du das Boot mitnehmen, schlägst du mehrfach schnell darauf, um es in einen Gegenstand zu verwandeln, den du in dein Inventar aufnimmst. Bei einem Truhenboot solltest du die Truhe vorher leeren, sonst fällt der ganze Inhalt ins Wasser.

Boote kannst du auch auf dem Land bewegen, aber nur sehr langsam. Und du kannst mit ihnen keine Absätze überwinden, selbst ein Teppich ist schon zu hoch. Dafür fahren sie aber extrem schnell auf Eis! In kalten Biomen solltest du daher ein Boot aufs Eis setzen. Damit bist du 40 Blöcke/Sek. schnell. Baust du dir eine Rennstrecke aus *Blaueis* (findest du in Eisbergen oder du craftest es aus Packeis), sind es sogar 73 Blöcke/Sek. Das Lenken erfordert bei diesen Geschwindigkeiten gutes Fingerspitzengefühl. Und wenn du mal vom Eis ins Wasser rutschst, musst du aussteigen und das Boot abbauen, weil die Eiskante für die Umkehr zu hoch ist.

Auf Eis fahren Boote besonders schnell.

## Über den Wolken mit dem glücklichen Ghast

In Minecraft gibt es tatsächlich so etwas wie lebendige Heißluftballons. Damit kannst du ganz entspannt durch die Welt reisen. Die Beschaffung ist allerdings nicht ganz einfach und erfordert eine Expedition in den gefährlichen Nether (siehe Kapitel »Dimensionswechsel – Nether, Ozeane und Tränke erforschen«). Erkunde die höllisch heiße Unterwelt so lange, bis du auf ein *Seelensandtal* stößt. Dort untersuchst du die knochigen Netherfossilien, denn manchmal liegt ein *ausgetrockneter Ghast* daneben, den du einsammelst und in die Oberwelt bringst. Alternativ dazu kannst du den ausgetrockneten Ghast auch aus 8 Ghast-Tränen und einem Seelensand craften. Das Rezept und der Fundort neben den Fossilien deuten darauf hin, dass in grauer Vorzeit wilde Kämpfe zwischen riesigen Netherkreaturen und Ghasts stattgefunden haben müssen. Nach endlosen Zeiten sind von den Kreaturen nur noch Knochen übrig und die in den Seelensand gefallenen Ghast-Tränen zu ausgetrockneten Ghasts geworden. Auf der Werkbank geht das natürlich schneller.

Ghastlein, glücklicher Ghast und im Wasser ein ausgetrockneter Ghast mit grünen Partikeln

Zurück in der sicheren Oberwelt legst du den ausgetrockneten Ghast ins Wasser. Im Laufe eines Minecraft-Tages (etwa 20 Minuten) wird seine Farbe langsam heller, und er bekommt ein Lächeln. Schließlich steigt ein kleines *Ghastlein* aus dem Wasser, das in der Nähe seines Entstehungsortes bleibt und munter umherfliegt. Nach einem weiteren Minecraft-Tag wächst das Ghastlein zu einem *glücklichen Ghast* (BE: fröhlicher Ghast) mit 10 heran. Fütterst du das Ghastlein fleißig mit Schneebällen, geht es schneller.

Ein Schneeball ist auch nützlich, um einen glücklichen Ghast anzulocken, falls er einmal zu weit weg sein sollte. Füttern, vermehren oder heilen kannst du erwachsene Tiere jedoch weder mit Schneebällen noch mit anderen Gegenständen.

Um einen glücklichen Ghast zu reiten, brauchst du ein *Geschirr* (BE: Harnisch), das du aus Leder, Glas und Wolle craftest. Die Wolle bestimmt die Farbe des Geschirrs. Auf der Werkbank kannst du das Geschirr auch nachträglich umfärben.

Sobald du dem glücklichen Ghast das Geschirr mit Rechtsklick angelegt hast, bringt dich ein weiterer Rechtsklick auf den Kopf des Tieres. Im Multiplayer-Spiel kannst du sogar drei weitere Spieler mitnehmen. Beim Reiten bewegst du das große Tier mit der Tastatur und steuerst es durch deine Blickrichtung in jede gewünschte Richtung, auch nach oben oder unten. Drücke mehrfach [F5], um zu sehen, wie du als cooler Pilot aussiehst. Möchtest du wieder absteigen, benutzt du die Schleichen-Taste. Und mit einer Schere kannst du auch das Geschirr wieder abnehmen.

Gemächlich, aber dafür relativ gefahrlos, kannst du nun über weite Strecken hinweg über der Welt schweben. Achte darauf, immer wieder nach oben zu fliegen (am bequemsten mit der Leertaste), denn das Nach-unten-Sehen bringt dich dem Boden näher. Das ist nachts besonders gefährlich, denn Skelette schießen auf dein Reittier, das dadurch Tierherzen verliert. Verletzte Ghasts heilen mit der Zeit von selbst, wobei es bei Niederschlag oder genau auf Wolkenhöhe deutlich schneller geht. Spätestens jetzt wird klar, warum die Ghasts hier so glücklich und im Nether so mies drauf sind: weil es hier Wasser gibt.

Glückliche Ghasts mit Truhenboot, Tieren und Boot mit Dorfbewohnern

Das entspannte Reisen ist aber noch lange nicht alles. Noch nie waren Transporte über größere Strecken so einfach wie mit einem glücklichen Ghast. Dazu nimmst du deine Tiere oder Boote mit Rechtsklick an die Leine und befestigst sie mit einem schleichenden Rechtsklick am Ghast. Mit einer Schere schneidest du die Leinen später wieder ab.

Oder du benutzt den Ghast als bewegliche Bauplattform. Sitze zuerst mit Rechtsklick auf und manövriere das Tier an die passende Stelle. Dann stehst du mit Schleichen auf.

Solange du dich auf dem Kopf des Ghasts befindest, verharrt er völlig bewegungslos, während du bequem an deinem Bauwerk arbeiten kannst. Aber Vorsicht: Sobald du den Kopf verlässt, schwebt der Ghast davon. Nimm daher immer einen Schneeball zum Anlocken und eine Leine zum Festbinden mit. Und versuche bloß nicht, auf die Ghasts im Nether zu springen, durch die fällst du einfach hindurch.

## Gleise verlegen und Loren fahren

Neben dem Reiten und Rudern ist das Fahren in einer Lore eine weitere schnelle Art, sich fortzubewegen. Weil das eine fest installierte Schienenstrecke voraussetzt, wird die Lore eher für häufig benutzte Strecken eingesetzt. Dann kannst du dich auf der Fahrt bequem zurücklehnen. Oder du hast einfach Spaß daran, ein komplexes Schienensystem in der Landschaft zu verlegen und die entstandene Strecke abzufahren.

### Gleise verlegen

Eine normale *Schiene* besteht aus 6 Eisenbarren und einem Stock. Schienen verbinden sich automatisch miteinander. Daher ist es egal, wenn die erste Schiene in die falsche Richtung zeigt, sie richtet sich neu aus, sobald die zweite danebenliegt.

Auf diese Weise bilden sich auch Kurven automatisch, sobald du eine Schiene *neben* die geradeaus führende Strecke legst. Wiederholst du das in abwechselnden Richtungen (links, rechts, links, rechts etc.), entsteht ein diagonaler Gleisabschnitt. In diagonalen Strecken fahren Loren trotzdem ganz ruhig und wackeln nicht hin und her.

Schienen erkennen auch eine Steigung und heben sich schräg an, wenn du sie verbindest. Du achtest lediglich darauf, dass es pro Schiene immer nur einen Block nach oben oder unten geht. Allerdings sind längere Steigungen von Loren schwer zu überwinden, weil sie dabei immer langsamer werden. Bei einem hohen Berg ist ein Tunnel die bessere Wahl. Ein Block Breite und zwei Blöcke Höhe genügen schon, damit du dir nicht den Kopf anstößt.

Bei längeren Strecken musst du nicht jede Schiene einzeln setzen. Halte mit einem Stapel Schienen in der Hand die rechte Maustaste dauerhaft gedrückt, während du gleichzeitig nach vorne gehst. Dadurch setzt du mit jedem Schritt automatisch eine Schiene auf den Boden.

Auch unter Wasser kann deine Schienenstrecke verlaufen. Die Loren werden bei der Fahrt etwas langsamer, und Passagiere können ertrinken, wenn die Strecke zu lang ist und sie keine Vorsorge treffen, aber es ist möglich.

Selbst im Flug sind Loren richtungstreu. Du kannst sie über einen Abhang schicken und nach freiem Fall unten mit Schienen auffangen, sie fahren normal weiter.

Kurven, Steigung, Abhang, Wasser und Diagonale

Schwieriger wird es, wenn ein Gleis auf eine andere Strecke stößt, wie bei T-Verbindungen und Kreuzungen. Zwar fährt die Lore weiter, weil sie auf das nächste Gleis springt, auch wenn es mit dem ersten nicht korrekt verbunden ist, aber die neue Richtung bei einer T-Verbindung ist immer Osten oder Süden, nie Westen oder Norden.

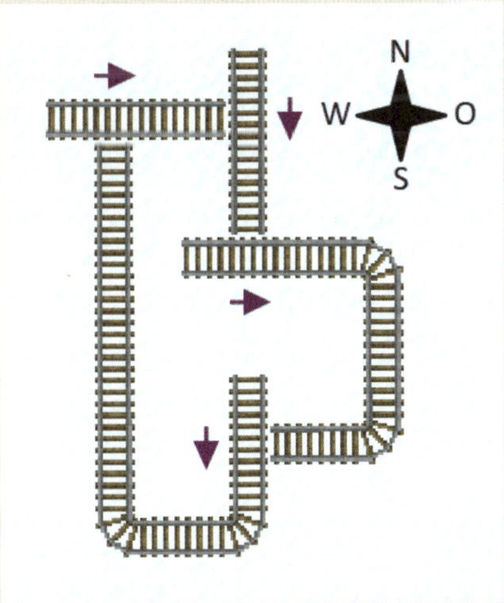


T-Verbindungen: Eine Lore, die auf ein West-Ost-T stößt, biegt immer nach Osten ab, bei einem Nord-Süd-T immer nach Süden.

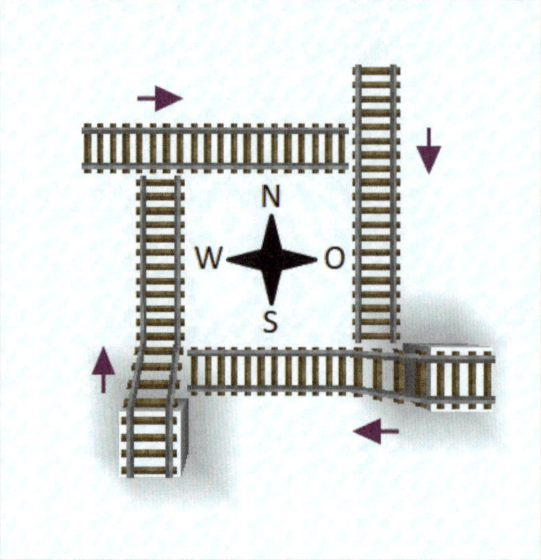


Möchtest du, dass die Lore an einer T-Verbindung nach Westen oder Norden abbiegt, musst du sie auf eine schräge Schiene stoßen lassen.

Auch Kreuzungen haben eine Einschränkung: Sie funktionieren nur in zwei Richtungen, weil sich automatisch ein Kurvenstück bildet. Dieses Kurvenstück musst du so setzen, dass es beiden Fahrtrichtungen abgewandt ist, damit es nicht benutzt wird. Sieh dazu auf das nächste Bild.

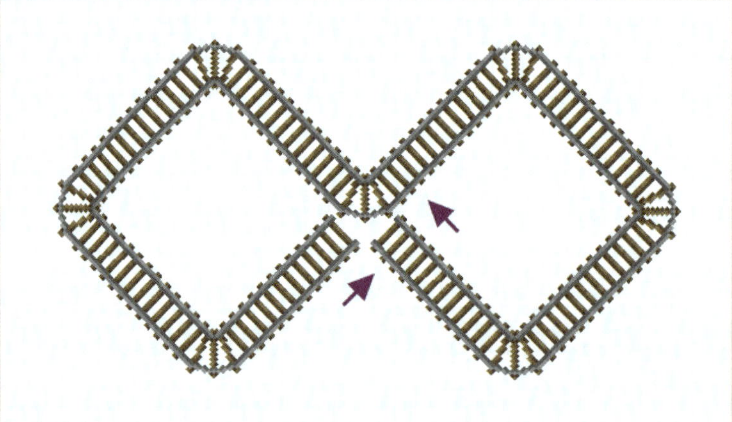

Kreuzung: Das Kurvenstück in der Kreuzung bildet sich automatisch, das ist nicht zu vermeiden. Setze es so, dass es beiden Fahrtrichtungen abgewandt ist und nicht als Kurve benutzt wird.

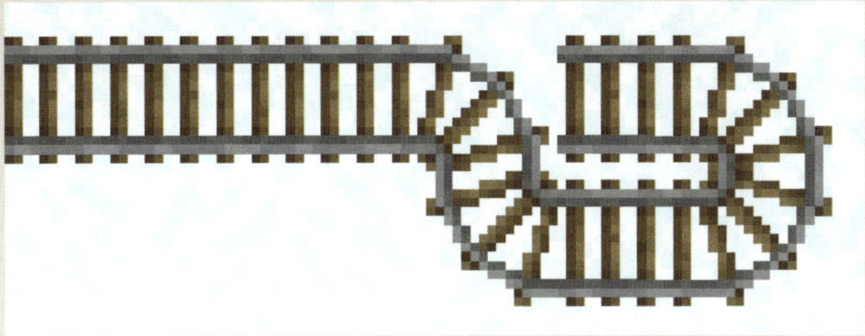

Richtungsumkehr: Die Lore kommt von links, fährt eine Schleife und kehrt nach links zurück.

## Loren – Eisenwannen mit Funktion

Eine *Lore* ist eine kleine Eisenwanne auf Rädern, wie man sie früher im Bergbau benutzte. Du kannst Loren mit einem Rechtsklick nur auf eine Schiene setzen, ohne Schiene lassen sie sich nicht platzieren. Wie beim Boot entfernst du eine Lore durch mehrfaches schnelles Schlagen, bis sie zu einem Gegenstand wird, den du aufheben kannst.

In eine normale Lore setzt du dich mit einem Rechtsklick hinein und steigst mit Schleichen wieder aus. Tiere und andere Kreaturen ziehst du mit einer Leine in eine Lore. Falls das nicht klappt, gehst du mit dem Tier an der Leine um die Lore herum, bis es drinsitzt. Es passt aber immer nur ein einziger Passagier in eine Lore, nicht zwei.

Links eine Lore, rechts eine Güterlore

Hineingeworfene Gegenstände (mit [Q] gedroppt) fahren nicht mit einer normalen Lore, sie bleiben auf den Schienen liegen. Für den Transport von Gegenständen nimmst du eine *Güterlore*, die du aus einer Truhe und einer Lore craftest. Wie eine Truhe hat sie 27 Slots.

Die Alternative zur Güterlore ist die *Trichterlore* . Sie hat den Vorteil, automatisch gefüllt und geleert zu werden, hat dafür aber nur fünf Slots. Du craftest sie aus einem Trichter und einer Lore.

Wenn die Trichterlore direkt unter einer Truhe oder einem anderen Behälter steht, saugt sie den Inhalt heraus, bis sie voll ist. Wie bei einem normalen Trichter (siehe Kapitel »Heimwerken – hör mal, wer da craftet«) kannst du Gegenstände auch einfach in die Trichterlore werfen oder mit einem Rechtsklick hineinschauen und den Inhalt ändern.

Die gefüllte Trichterlore behält ihren Inhalt, bis sie zu einer Schiene kommt, unter der ein Trichter steht. Solange der Trichter leer ist, saugt er den Inhalt aus der Trichterlore und gibt ihn weiter. Das Leeren dauert länger als das Füllen, und beides braucht seine Zeit. Die Trichterlore muss also an beiden Stellen stehen bleiben, um Inhalt aufnehmen oder abgeben zu können.

Du hast nun drei Loren kennengelernt, aber wie bewegst du sie? Das Schieben über eine lange Strecke wäre nicht nur mühsam, sondern sogar unmöglich, denn Loren sind schon für einen einzigen Block Steigung zu schwer zum Schieben. Auch wenn du dich in eine Lore setzt und sie mit den Steuerungstasten [W] und [S] vor und zurück bewegst, kommst du nicht über die Steigung hinweg. Du brauchst einen Antrieb.

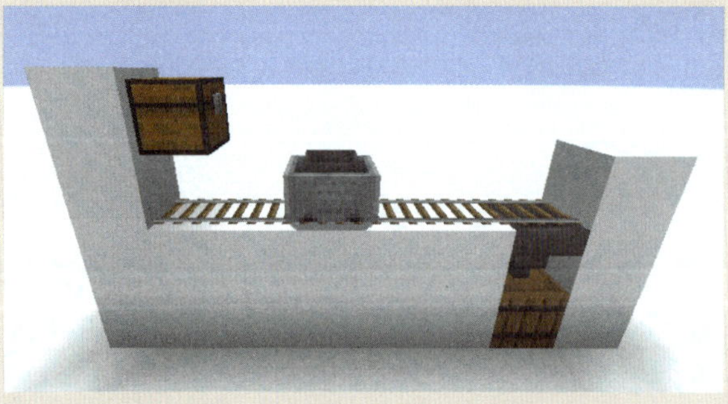

Links hängt eine Truhe, aus der die Trichterlore Gegenstände saugt. Rechts ist ein Trichter unter der Schiene, der die Trichterlore leert und den Inhalt an das Fass darunter weitergibt.

Dafür gibt es die *Antriebslore* , die so etwas Ähnliches wie eine Lokomotive darstellt. Du craftest sie aus einer Lore und einem Ofen, setzt sie auf die Schienen und fütterst sie per Rechtsklick mit einem Kohlestück. Das gibt ihr Energie für drei Minuten und legt auch gleichzeitig die Fahrtrichtung fest, je nachdem, ob du sie mit der Kohle vorne oder hinten anklickst.

Die Antriebslore fährt konstant mit 4 Blöcken/Sek., auch bei Steigung und Gefälle. Mit einem einzigen Kohlestück schafft sie in drei Minuten eine Strecke von 720 Blöcken, dann bleibt sie stehen. Um größere Strecken zu bewältigen, gibst du mehr Kohle hinein. Maximal sind 9 Stück für 27 Minuten Energie möglich, was für eine Strecke von 5.040 Blöcken reicht. Allerdings fährt die Antriebslore schon bei der ersten Kohle los. Um sie aufzuhalten, schiebst du ihr einen klebrigen Kolben in den Weg, an dem eine Schiene hängt.

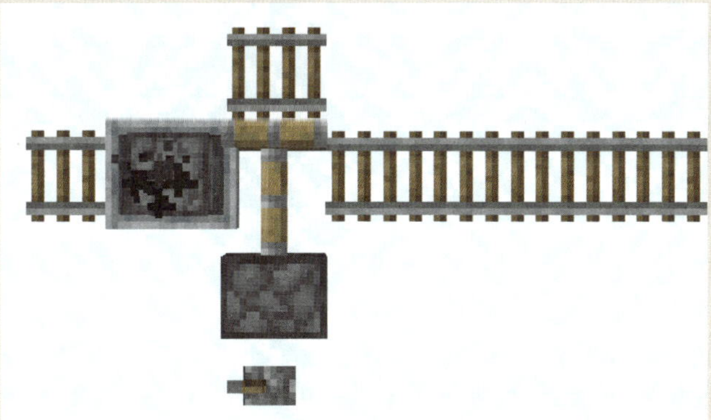

Um eine Antriebslore mehrfach zu füllen, ohne dass sie losfährt, fährst du mit einem Hebel einen klebrigen Kolben aus, an dem eine Schiene hängt. Wenn du fertig bist, ziehst du den klebrigen Kolben mit der Schiene zurück, damit die Antriebslore losfahren kann.

Während der Fahrt stößt die Antriebslore andere Loren vor sich her, die sie dabei ziemlich weit schubst. Ein zusammenhängender Zug ist das nicht. Zur Abhilfe kannst du die Loren zwischen zwei Antriebsloren stellen, die du kurz nacheinander startest. Die hintere Antriebslore schubst die Loren, die vordere Antriebslore verhindert, dass sie zu weit geschubst werden.

Ein Zug mit zwei Güterloren, einer Lore mit Kuh und einer Lore mit Spielfigur zwischen zwei Antriebsloren

Güterloren, die von einer Antriebslore geschoben werden, sind für größere Materialtransporte von deinem Bergwerk oder deiner Farm zu deinem Hauptlager eine Alternative zu Eseln oder einer Lamakarawane. Du kannst mehrere Züge auf die Reise schicken und zum Schluss hinterherfahren, um alles am Ziel einzusammeln. Allerdings fahren Loren ohne Spielfigur nur bis zum Horizont, die Welt dahinter bleibt inaktiv, bis du dich näherst. Du kennst das Prinzip schon von deinen Farmen.

Es gibt noch eine weitere Lore, die aber ziemlich zerstörerisch ist: Die *TNT-Lore* . Sie explodiert, wenn sie z. B. an einen Block stößt, von einem brennenden Pfeil getroffen wird oder mehr als drei Blöcke tief auf den Boden fällt.

Du kannst die TNT-Lore auf eine Horde Monster rollen lassen und zur Explosion bringen, aber dazu musst du erst Schienen bis zu den Monstern legen. Du kannst sie auch benutzen, um Krater in die Landschaft zu sprengen, aber das geht auch mit normalem TNT. Daher ist sie eher eine Spielerei. Aber hey, Minecraft ist ja ein Spiel.

Vom Haus zur Mine geht es nur bergauf – mit Redstone ist das kein Problem

### Elektroantrieb mit Redstone

Antriebsloren haben mehrere Nachteile:

- Manchmal schubsen sie die anderen Loren aus den Gleisen,
- du weißt nie, wie viel Energie sie noch haben,
- sie können nur von Hand mit Kohle befüllt werden, und
- du kannst sie nicht, während du selbst in einer Lore geschoben wirst, nachfüllen, denn das würde ihre Richtung ändern.

Diese Probleme gibt es nicht, wenn du statt Antriebsloren Redstone für den Antrieb verwendest. Das funktioniert so: Du baust in die gesamte Strecke in gewissen Abständen *Antriebsschienen* ein, die jeder Lore, die darüberfährt, einen Schub geben. Dauerhafte Energie erhält jede Antriebsschiene von einem eingeschalteten *Hebel* oder einer *Redstone-Fackel* neben ihr. Sobald die Antriebsschiene Energie hat, leuchtet sie hellrot. Möchtest du die Redstone-Fackel verbergen, gräbst du ein zwei Blöcke tiefes Loch, stellst die Redstone-Fackel hinein, deckst sie mit einem Block ab und legst darauf die Antriebsschiene.

Für jede Antriebsschiene brauchst du sechs Goldbarren, einen Stock und ein Häufchen Redstone-Staub. Für eine Redstone-Fackel brauchst du ebenfalls einen Stock und Redstone-Staub.

Die notwendigen Abstände zwischen den Antriebsschienen sind unterschiedlich und hängen vom Gelände (Steigung, Gefälle) und der Ladung der Loren ab (leer, Passagier, voll beladene Güterlore). Volle Loren haben mehr Schwung und fahren weiter als leere Loren. Das musst du im Einzelfall ausprobieren. Sieh, wie weit deine Loren rollen, und setze, bevor sie stehen bleiben, eine neue Antriebsschiene. Du kannst an eine aktivierte Antriebsschiene auch weitere Exemplare ohne Redstone-Fackel ansetzen, sie leiten den Strom der Fackel auf bis zu acht Schienen weiter. Mehr Antriebsschienen geben mehr Schub, maximal bis zu einer Geschwindigkeit von 8 Blöcken/Sek. Kurven sind mit Antriebsschienen nicht möglich.

Auch zum Starten einer Lore verwendest du eine Antriebsschiene. Stelle einen Block daneben und setze einen Knopf darauf. Stelle eine Lore auf die Antriebsschiene und einen zweiten Block *hinter* die Lore. Setze dich hinein und drücke den Knopf. Die Antriebsschiene erhält Strom und schiebt dich mit der Lore auf die Strecke. Sie beschleunigt die Lore aber nur, wenn dahinter wirklich ein voller Block steht.

Aussteigen kannst du mit Schleichen überall, selbst bei voller Fahrt passiert dir nichts.

Eine Start- und Endstation. Der Knopf aktiviert die Antriebsschiene (sie leuchtet hellrot), die die Lore nach vorne schiebt, aber nur, wenn hinter der Lore ein voller Block steht (hier roter Beton).

Ist eine Antriebsschiene nicht aktiviert (dunkelrot), wirkt sie als starke Bremse. Jede Lore bleibt sofort darauf stehen. Damit baust du Zwischenstationen, wo immer du automatisch anhalten und später weiterfahren möchtest. Damit du auf einer durchgehenden Strecke von beiden Seiten einen Block hinter der Lore hast, der für den Start nötigt ist, gräbst du zwei Löcher, in die du Antriebsschienen legst. Je nachdem von welcher Seite die Lore ankommt, hat sie hinter sich einen Block, sobald sie mit ihrer Vorderseite im Loch hängt (siehe nächstes Bild).

Zusätzlich zu dem Startknopf bringst du auch einen Hebel an. Damit kannst du die Zwischenstation auf Durchfahrt schalten, falls du irgendwann später hier nicht mehr anhalten möchtest.

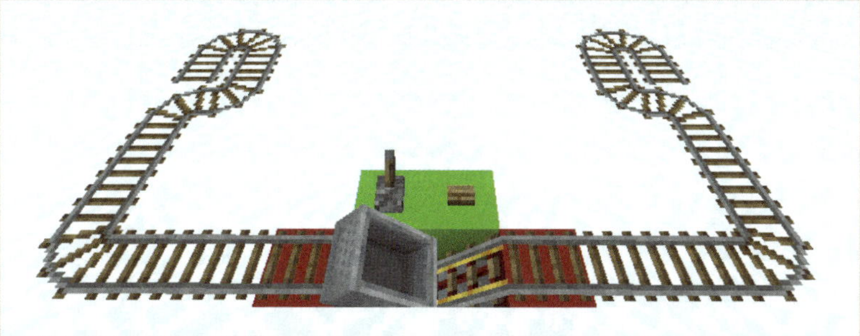

Eine Zwischenstation. Egal aus welcher Richtung die Lore kommt, sie bleibt an der ersten deaktivierten Antriebsschiene hängen, bis du den Knopf drückst. Hier kam sie von links und blieb an der linken Antriebsschiene hängen. In dieser Position hat sie automatisch links hinter sich einen Block (roter Beton), weil sie mit ihrer Vorderseite in dem Loch hängt. Wenn du die Antriebsschienen aktivierst, schieben sie die Lore folglich nach rechts aus dem Loch. Der Hebel ist für später, er schaltet auf dauerhafte Durchfahrt ohne Anhalten.

Möchtest du bei einer Start- oder Zwischenstation mehr Schub haben, setzt du mit einigen Schienen Abstand weitere aktivierte Antriebsschienen ein. Direkt an der Station solltest du die Antriebsschienen nicht verlängern, denn im deaktivierten Zustand würden sie eine ankommende Lore zu früh abbremsen.

## Weichen

Bei einem größeren Streckennetz mit mehreren Start- und Zielorten brauchst du Weichen, um je nach Wunsch in die eine oder andere Richtung fahren zu können.

Für eine Weiche benötigst du nur einen Hebel und eine T-Verbindung, wie auf dem Bild zu sehen. Der Hebel erzeugt eine Kurve, die je nach Hebelstellung zwei Richtungen miteinander verbindet. Stößt eine Lore aus der dritten Richtung auf die abgewandte Kurve, fährt sie einfach geradeaus weiter. Damit kannst du aus allen Richtungen kommend in jede andere Richtung weiterfahren.

Um die Weiche während der Fahrt umschalten zu können, setzt du die Antriebsschienen so weit weg, dass die Loren aus jeder Richtung relativ langsam auf die Weiche zufahren. Wenn das nicht reicht, baust du Zwischenstationen vor die Weiche. Damit hält deine Lore an, und du hast genügend Zeit, um den Weichenhebel umzulegen.

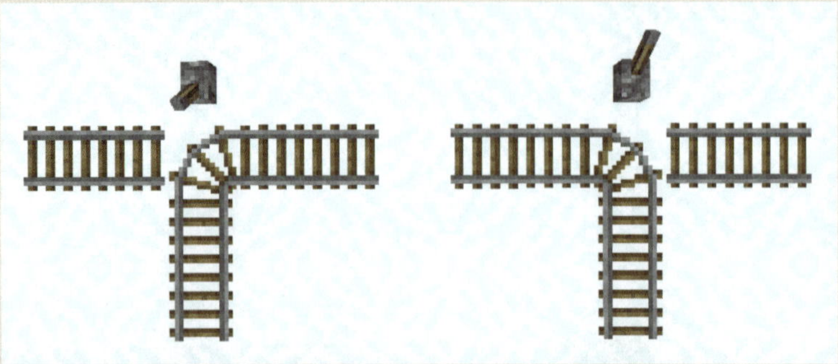

Der Hebel schaltet die Weiche um. Alle Richtungen sind damit möglich, weil Loren geradeaus weiterfahren, wenn sie auf eine abgewandte Kurve stoßen.

### Aktivierungsschiene und Sensorschiene für Fortgeschrittene

Für Spezialeinsätze gibt es noch zwei weitere Schienen. Die *Aktivierungsschiene* hat im aktiven Zustand (hellrot) folgende Funktionen:

- Sie wirft den Passagier aus einer Lore. Ideal für Haltestellen.
- Sie sperrt eine Trichterlore, die ab sofort keine Gegenstände mehr aufsaugt. Zum Entsperren muss die Trichterlore über eine inaktive Aktivierungsschiene (dunkelrot) fahren.
- Sie zündet eine TNT-Lore.

An einer Start- und Endstation ist eine Aktivierungsschiene eingesetzt (hellrot leuchtend). Sie wird durch eine Redstone-Fackel aktiviert, die an dem Block mit dem Knopf hängt. Kommt ein Passagier von rechts mit einer Lore an, wird er auf der Aktivierungsschiene ausgeworfen. Die Lore fährt weiter auf die inaktive Antriebsschiene (golden) und wartet. Wer einsteigt, drückt den Knopf. Dadurch werden gleichzeitig die Lore angeschoben und die Aktivierungsschiene ausgeschaltet.

Die zweite Spezialschiene ist die *Sensorschiene*. Sie erzeugt ein Redstone-Signal, solange sich eine Lore darauf befindet. Damit ist z. B. folgendes möglich:

- Das Auslösen eines Ankunftssignals oder einer Bahnschranke.
- Das automatische Schalten einer Weiche ohne Hebel. Dazu wird die Sensorschiene direkt vor der Kurve in der Weiche gesetzt. Fährt eine Lore über die Sensorschiene, wechselt die Kurve.
- Eine automatische Weiterfahrt: Die Sensorschiene wird vor einer Zwischenstation eingesetzt. Sie startet eine Redstone-Warteschleife, während die Lore in der Zwischenstation steckt. Nach Ablauf der Warteschleife werden automatisch die Antriebsschienen für die Weiterfahrt aktiviert.
- Eine automatische Beladestation für Trichterloren (siehe Kapitel »Redstone – Minecraft unter Strom«).

Die Lore fährt über drei Sensorschienen. Die erste wird gerade berührt (sie leuchtet hellrot) und aktiviert eine Redstone-Lampe, die zweite Sensorschiene aktiviert einen Notenblock (akustisches Signal) und die dritte einen klebrigen Kolben, der nach oben ausfährt (z. B. für eine Bahnschranke).

## Fliegen mit Elytren

Du hast richtig gelesen – der Traum vom Fliegen ist auch im Survival-Modus möglich. Allerdings nur für Abenteurer, die es bis ins Ende geschafft haben und dann noch weitergegangen sind, bis in die äußersten Randregionen. Wer dort lange genug die zahllosen schwebenden Inseln absucht, findet manchmal eine Endsiedlung (siehe Kapitel »Extratour – Sehenswürdigkeiten bis zum Ende«). In seltenen Fällen ist die Endsiedlung größer und hat sogar ein schwebendes Schiff. Da musst du wirklich lange suchen oder einfach Glück haben. In jedem Schiff hängt in einem Rahmen ein Paar *Elytren* . Das Wort kommt aus der Insektenkunde, die harten Deckflügel der Käfer werden so genannt.

Elytren sind zwei Gleitflügel, die du wie ein Insekt auf deinen Rücken schnallst, indem du sie in den passenden Rüstungsslot legst. Das solltest du im Ende aber nicht sofort tun, sondern deine wertvolle Beute so schnell wie möglich in eine Endertruhe legen und erst ausprobieren, wenn du sicher zu Hause bist. Nichts wäre ärgerlicher, als bei den ersten Flugversuchen im Ende in die bodenlose Leere zu stürzen und die Flügel wieder zu verlieren. Denn du kannst Elytren nicht craften, nur finden.

Elytren falten sich wie ein Umhang zusammen, wenn sie auf dem Rücken liegen.

Der Gleitflug mit Elytren erfordert etwas Übung. Für den Anfang stellst du dich auf drei Blöcke. Springe dann mit der Leertaste in die Luft, und drücke sie gleich ein zweites Mal, wenn du den höchsten Punkt des Sprungs erreichst. Das entfaltet die Flügel. Direkt danach bewegst du nur noch die Maus. Schaue immer auf den Horizont. Schaust du zu steil nach oben, stürzt du ab. Schaust du nach unten, rast du in die Tiefe. Machst du zu schnelle Richtungswechsel, stürzt du auch ab. Hier ist Fingerspitzengefühl gefragt. Versuche, möglichst lange mit dem Fadenkreuz auf dem Horizont oder knapp darüber zu bleiben. Wenn das gut funktioniert, kannst du von einem höheren Ort starten.

Deine Flugrichtung wird nur durch die Maus bestimmt. Nach oben fliegen kannst du damit nicht, nur nach unten gleiten. Mit etwas Übung sind sehr lange Gleitflüge mit der Mindestgeschwindigkeit von 7,2 Blöcken/Sek. möglich.

Eine Spielfigur gleitet mit Elytren über die Landschaft.

So viel Spaß das Fliegen macht, es nutzt die Elytren leider auch ab. Die maximale Haltbarkeit liegt bei 7:12 Minuten Flugdauer. Danach sind sie ausgefranst und fliegen nicht mehr. Die Verzauberung *Haltbarkeit* Stufe III verlängert die Haltbarkeit auf 28:44 Minuten Flugdauer.

Da du keine neuen Elytren craften kannst, hilft nur eine Reparatur mit vier *Phantomhäuten*. Das kostet allerdings immer mehr Erfahrungspunkte, bis der Amboss streikt. Da ist es besser, die Elytren mit *Reparatur* zu verzaubern, wodurch neue Erfahrungspunkte direkt in die Reparatur der Elytren umgewandelt werden, was endlos oft möglich ist, sofern du sie gerade trägst (siehe Kapitel »Waffenmeister – Ritter, Kämpfer, Zauberlehrling«).

Zum Schluss noch ein Trick, mit dem du doch nach oben fliegen kannst: Nimm einfache *Feuerwerksraketen* (ohne Feuerwerkssterne) in die Hand und rechtsklicke sie, während du mit Elytren fliegst. Eins ist sicher: Wenn du das einmal gemacht hast, wirst du es immer machen.

**Gratulation, du hast das 9. Survival-Level erreicht**

Du hast viele neue Reisemöglichkeiten kennengelernt, und dein Bewegungsradius hat sich entscheidend vergrößert. Hoch zu Pferd entdeckst du neue Gebiete und Biome, die weit entfernt von deiner Basis liegen. Für kleine Materialtransporte nimmst du Esel oder Lamas. Mit dem glücklichen Ghast schwebst du über alle Hindernisse hinweg. Und für kurze Wege zwischendurch ist dein Reitschwein zur Stelle.

Die nächsten Bauprojekte können auch geplant werden: ein Gleisnetz mit Start- und Zwischenstationen, Kreuzungen und Weichen, um die wichtigsten Orte auf deinem Grundstück zu verbinden – natürlich nicht so einfach, wie hier dargestellt, sondern mit schönen Bahnwärterhäuschen und Bahnsteigen. Vielleicht baust du auch eine Achterbahn, die in vielen Kurven erst hoch hinauf und dann steil nach unten durch Tunnel und Höhlen führt. Und daneben eine Eisbahn für Boote, mit vielen Schikanen und Hindernissen.

Das nächste Kapitel führt dich noch weiter weg, in eine andere Dimension. Dort wartet der Nether auf dich, der höllisch heiße Untergrund von Minecraft. Dort musst du wichtige Zutaten besorgen, um die hohe Kunst des Tränkebrauens zu erlernen. Damit du endlich auch die Tiefsee erforschen kannst, auf der Suche nach Korallenriffen und Ozeanmonumenten.

# Dimensionswechsel – Nether, Ozeane und Tränke erforschen

*Nervös stehst du vor deinem violett schimmernden Netherportal. Das ist nicht dein erster Gang in den Nether, du hast schon einige Erkundungen gewagt. Vor ein paar Tagen hast du im Nether jenseits des großen Lavasees die schattenhaften Umrisse riesiger schwarzer Säulen entdeckt. Eine Netherfestung!*

*Heute soll es ernst werden. Du willst Beute machen. Am Ufer des Lavasees wartet bereits ein angeleinter und gesattelter Schreiter auf dich. Lohenruten in der Netherfestung sind dein Ziel, damit du endlich Tränke brauen kannst, vor allem den »Trank der Unterwasseratmung«, der dir bis zu acht Minuten Atemluft in der Tiefsee spendet. Du hast nämlich vor einiger Zeit in der Oberwelt vom Boot aus ein verlockendes Ozeanmonument erspäht.*

*Ein letztes Mal prüfst du dein Inventar. Die Rüstung ist mit »Feuerresistenz« verzaubert, die goldenen Stiefel werden die Piglins beruhigen, ein Schild gegen Ghast-Feuerkugeln, genügend Pfeile und ein Ersatzbogen sind eingepackt, und etwas zu essen hast du auch dabei. Entschlossen schreitest du durch das Portal und bist von dieser Welt verschwunden.*

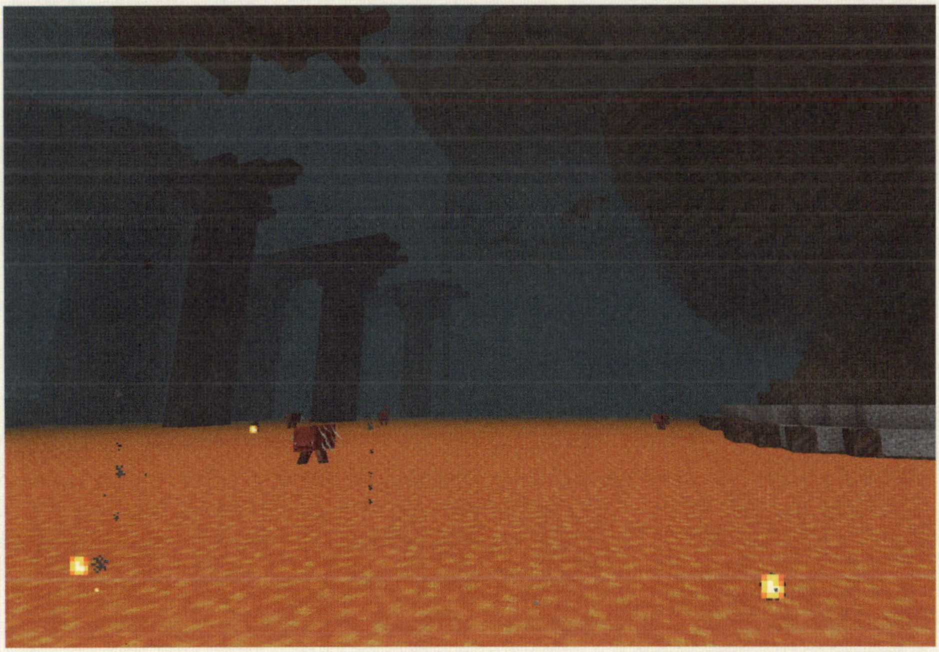

## Nether erreichen und überleben

Der Nether ist Minecrafts höllisch heiße Unterwelt (*nether* ist ein englisches Wort für »unter«) – eine endlose Höhlenlandschaft mit Feuer und riesigen Lavaseen, ohne Himmel, ohne Sonne, im ewigen Dämmerlicht. Geschmolzenes Gestein quillt aus den Höhlendecken, diverse Monster schießen endlose Feuerkugelsalven auf dich, und Wasser verdampft sofort.

Der Nether muss irgendwo weit unter der unzerstörbaren Grundgesteinsschicht der Oberwelt liegen, aber genau weiß man das nicht, denn er ist nur über Portale erreichbar. Versuchst du, dich im Nether nach oben zu graben, wirst du nicht weit kommen, denn auch hier versperrt dir Grundgestein den Weg – und nach unten auch.

Das Graben im Nether ist außerdem extrem gefährlich. Jederzeit kann der Boden unter deinen Füßen fehlen, und du fällst in eine tiefe Höhle oder schlimmer noch, in einen Lavasee. Achte beim Graben also immer auf Löcher vor deinen Füßen.

Die zweite Gefahr sind die kleinen Lavaquellen, die überall im Netherrack – dem rötlichen Gestein des Nethers – stecken. Stößt du beim Graben darauf, quillt die Lava, die du von der Oberwelt als zähflüssige, langsam fließende Masse kennst, hier, im glühend heißen Nether, mit großer Geschwindigkeit hervor. Sie fließt so schnell und so weit wie Wasser in der Oberwelt und verbrennt dich in Sekunden. Grabe also immer mit langem Arm möglichst weit nach vorne und sei jederzeit auf einen schnellen Rückzug gefasst, falls du auf eine Lavaquelle stößt.

Im Nether kann unter jedem Boden ein Abgrund liegen, Lava fließt so schnell wie in der Oberwelt das Wasser, und Ghasts machen dir mit Feuerkugeln das Leben schwer.

Der Aufenthalt im Nether ist also kein Sonntagsausflug, sondern gestaltet sich eher als Kurzbesuch, um Material und Dinge zu besorgen, die du in der Oberwelt benötigst.

Um den Nether zu erreichen, errichtest du aus Obsidian ein Netherportal. Du hast vielleicht schon in der Oberwelt die eine oder andere *Portalruine* entdeckt. Der Grasboden ist dort durch Netherrack, Magmablöcke und Lava zerstört. Möglicherweise kamen vor langer Zeit unbekannte Goldsucher aus dem Nether, um die Oberwelt zu plündern, Goldreste findest du oft an den Portalruinen.

Eine Portalruine in der Oberwelt mit einem Goldblock

Ein vollständiges *Netherportal* besteht aus reinem *Obsidian* und muss mindestens vier Blöcke breit und fünf Blöcke hoch sein (größer ist auch möglich). Obsidian gibt es überall, wo Wasser auf Lava trifft. Du benötigst allerdings eine Diamantspitzhacke zum Abbau. Tipps dazu findest du im Kasten »Obsidian beschaffen« im Kapitel »Waffenmeister – Ritter, Kämpfer, Zauberlehrling«.

Mit einem Feuerzeug rechtsklickst du in einen Obsidianrahmen und aktivierst damit das Portal. Falls du eine Portalruine reparierst, achte darauf, Blöcke mit violett tropfendem *weinendem Obsidian* durch normalen Obsidian zu ersetzen, sonst funktioniert das Netherportal nicht.

Sobald du vier Sekunden in einem aktiven Netherportal stehst, wirst du in den Nether teleportiert und kommst dort aus einem anderen Netherportal heraus. Doch sei beim Durchschreiten vorsichtig, du könntest direkt an einer Klippe landen. Die beiden Portale in Oberwelt und Nether sind miteinander verbunden, durch das Portal im Nether kehrst du wieder zurück und landest am Ausgangspunkt.

Denke beim Bau von Netherportalen auch daran, sie einzuzäunen, damit keine Tiere hineinlaufen und Nethermonster, die bei dir herauskommen, zurückgehalten werden. Möchtest du ein Netherportal deaktivieren, gießt du Wasser in den Rahmen (BE: baue einen Block des Rahmens ab).

Doch bevor du dich jetzt voreilig in den Nether stürzt, packe noch ein paar wichtige Dinge ein, denn im Nether gibt es kaum Nahrung oder Material für Werkzeuge und Waffen. Das musst du alles mitnehmen und schön vorsichtig damit umgehen.

- **Rüstung**: Am besten mit Verzauberung *Feuerresistenz*. Denke auch an mindestens ein goldenes Rüstungsteil, um die Piglins zu beruhigen (siehe Kapitel »Monsterkunde – die Kreaturen der Dunkelheit«).
- **Schild**: Als Schutz gegen die Feuerkugeln der Ghasts und Lohen.
- **Bogen**: Mit einem ganzen Stapel Pfeile oder, besser noch, mit der Verzauberung *Unendlichkeit*.
- **Schwert**: Aus Eisen genügt, denn das Risiko, es im Nether zu verlieren, ist hoch.
- **Spitzhacke**: Für Durchgänge in den Höhlen und Bauwerken und zum Abbau der Erze. Nimm besser zwei oder drei Spitzhacken mit.
- **Nahrung**: Weil es im Nether fast keine gibt – außer manchmal rote und braune Pilze. Schüsseln für eine Pilzsuppe craftest du aus den Stielen der Riesenpilze.
- **Bruchstein**: Zum Hochstacken auf eine andere Höhlenebene, zum Überqueren von Abgründen und für Schutzwälle sind mehrere Stapel Bruchstein gut geeignet, weil er mit seiner hellen Textur im Nether gut zu sehen ist. So erkennst du, wo du schon warst, und findest leichter zurück.

Nun bist du gut gerüstet. Doch bevor es losgeht, noch ein paar Tipps für deine ersten Ausflüge in den Nether:

- **Inventarplatz**: Nimm so wenige Dinge mit wie nötig. Es kann jederzeit alles in der Lava verbrennen. Außerdem brauchst du den Platz für Beute. Nimm frisches Werkzeug mit voller Haltbarkeit.
- **Transport**: Lavaseen überquerst du mit einem Schreiter (siehe Kapitel »Reisefieber – unterwegs mit Pferden, Booten und Loren«). Mit einem Pferd in den Nether zu gehen ist keine gute Idee, dort ist es zu unwegsam.

Eine seltene Portalruine im Nether

- **Betten**: Im Nether gibt es keinen Tag und keine Nacht, daher kannst du dort keine Betten benutzen. Du kannst sie zwar aufstellen, aber sobald du ein Bett rechtsklickst, explodiert es und hinterlässt einen großen Krater.
- **Seelenanker**: Da Betten im Nether explodieren, kannst du sie nicht zum Ändern deines Spawnpunktes benutzen. Dafür gibt es den *Seelenanker* , den du aus weinendem Obsidian und Leuchtstein craftest. Den Seelenanker stellst du im Nether an deinen Wunschpunkt, lädst ihn per Rechtsklick mit bis zu vier Leuchtsteinen auf und benutzt ihn mit einem weiteren Rechtsklick ohne Leuchtstein, um deinen Spawnpunkt umzusetzen. Wenn du das nächste Mal stirbst (egal, ob im Nether oder in der Oberwelt), landest du jetzt hier. Dabei wird eine Leuchtstein-Aufladung verbraucht. Denke also daran, wieder mit Leuchtstein nachzuladen, wenn alle vier Aufladungen verbraucht sind. Aufstellen und aufladen kannst du den Seelenanker auch in der Oberwelt, aber sobald du ihn dort mit einem Rechtsklick benutzt, explodiert er genauso wie Betten im Nether.

- **Wasser und Lava**: Im Nether ist es zu heiß für Wasser, es gibt dort keins. Wenn du einen Wassereimer ausleerst, verdampft das Wasser sofort. Daher kannst du im Nether auch keinen Obsidian herstellen. Stattdessen holst du mit leeren Eimern Lava aus dem Nether in deine Basis und stellst dort Obsidian her, es ist genug Lava da. Ein unendlicher Brunnen ist mit Lava nicht möglich, das geht nur mit Wasser (siehe Kapitel »Landwirtschaft – unsere kleine Farm«).

- **Höhen und Tiefen**: Der Nether ist nur ein Drittel so hoch wie die Oberwelt. Zur Orientierung dient die Oberfläche der großen Lavaseen, die im ganzen Nether auf gleicher Höhe liegen. Diese Seen sind etwa zehn Blöcke tief. Einzelne lavagefüllte Schluchten reichen noch tiefer, maximal aber nur 31 Blöcke. Spätestens dann kommt eine durchgehende Schicht aus undurchdringlichem Grundgestein. Über den Lavaseen geht es maximal 90 Blöcke hoch bis zur höchsten Höhlendecke. Wenige Blöcke später versperrt eine weitere Grundgesteinsschicht den Weg nach oben.
- **Orientierung**: Schon nach kurzer Zeit kannst du in den riesigen Höhlen die Orientierung verlieren. Karten funktionieren im Nether nicht. Am besten setzt du dir Orientierungspunkte mit weithin sichtbarem Bruchstein. Von wichtigen Punkten notierst du die Koordinaten mit [F3] (siehe Kapitel »Survival – das nackte Überleben«) oder platzierst dort einen Leitstein, falls du schon Netherit hast (siehe Kapitel »Heimwerken – hör mal, wer da craftet«).
- **Zeit**: Auch Uhren funktionieren im Nether nicht, sie drehen im ewigen Dämmerlicht durch. Und wundere dich nicht, dass dein Weizen zu Hause nicht weiterwächst. Die Zeit steht in der Oberwelt still, wenn du dich im Nether (oder im Ende) aufhältst.

**Der Nether als Abkürzung für weite Reisen**

Der Nether ist nicht nur in der Höhe und Tiefe deutlich kleiner als die Oberwelt, er verkleinert auch Entfernungen auf ein Achtel der Oberwelt-Entfernungen. Wenn du dich im Nether 1.000 Blöcke weit in eine Richtung bewegst und dort ein Netherportal aufbaust und benutzt, erscheinst du in der Oberwelt 8.000 Blöcke von deinem Ausgangspunkt entfernt! Auf diese Weise ist der Nether eine Möglichkeit für weite Überraschungsreisen in die Oberwelt.

Wenn du einen weit entfernten Zielort in der Oberwelt schon kennst, kannst du den Weg über den Nether auch als gezielte Abkürzung benutzen. Das geht so:

- Gehe in deiner Basis durch ein Netherportal und notiere dir mit [F3] die Koordinaten des Ankunftsportals im Nether.
- Gehe zurück in die Oberwelt, begib dich zu dem gewünschten Zielort (z. B. dein Bergwerk) und stelle dort ein Netherportal auf. Es muss mindestens 128 Blöcke weit von allen anderen Netherportalen in der Oberwelt entfernt sein, damit beim Hindurchgehen ein neues Portal im Nether entsteht. Dann geh hindurch.
- Im Nether baust du von dem neuen Portal aus einen sicheren und bequemen Weg zu deinem ersten Portal, dessen Koordinaten du notiert hast. Liegen deine beiden Orte in der Oberwelt z. B. 2.400 Blöcke auseinander, musst du im Nether nur 300 Blöcke zwischen den beiden Portalen zurücklegen (ein Achtel).

## Welche Rohstoffe gibt es im Nether?

Der Nether hat eine ganz eigene Landschaft. Hier gibt es besondere Biome, Kreaturen, Bauwerke und Rohstoffe, die es in der Oberwelt nicht gibt. Eine Reise in den Nether ist daher unverzichtbar.

Wenn du dich für die Nethertiere interessierst, sieh in das Kapitel »Landwirtschaft – unsere kleine Farm«, die Nethermonster sind im Kapitel »Monsterkunde – die Kreaturen der Dunkelheit« beschrieben. Hier geht es um die Rohstoffe. Zuerst lernst du die kennen, die überall erhältlich sind. Weiter unten werden die speziellen Netherbiome näher beschrieben und welche Rohstoffe du dort besonders häufig findest. Zum Schluss folgen die Netherbauwerke, die ebenfalls eine Quelle für ganz besondere Rohstoffe sind.

- **Netherrack** (BE: Netherstein) ist das rotbraune Gestein des Nethers und in jedem Netherbiom zu finden, entweder direkt an der Oberfläche oder wenige Blöcke darunter. Im Ofen schmilzt du Netherrack zu Netherziegeln, aus denen du verschiedene Blöcke craften kannst (siehe Poster).
- **Magmablock** ist ein fester heißer Block im Gegensatz zur flüssigen Lava. Läufst du darüber, verbrennst du dir die Füße. Gegenmaßnahme: Schleichen (auch wenn es unlogisch erscheint). Du kannst diesen schwach leuchtenden Block aus Magmacreme craften, aber einfacher ist es, ihn im Nether in großen Mengen abzubauen. Besonderheit: Stilles, nicht fließendes Wasser über einem Magmablock erzeugt einen beliebig hohen *Blasenstrudel*, der alles nach unten auf den Block zieht – ideal für einen schnellen Lift nach unten. Du darfst nur beim Landen das Schleichen nicht vergessen (der Lift nach oben funktioniert mit Seelensand im Wasser).
- **Leuchtstein** ist ein kristalliner Block, der in großen leuchtenden Klumpen an den Höhlendecken hängt. Oft musst du dich hochstacken, um ihn zu erreichen. Beim Abbau zerbricht er zu Leuchtsteinstaub. Tipp: Baue vor dem Abbau eine kleine Plattform, um den Staub aufzufangen, damit er nicht in die Lava fällt. Du brauchst Leuchtsteinstaub zum Brauen, kannst aber auch wieder Leuchtsteinblöcke daraus craften, die sich gut als Beleuchtung eignen.
- **Netherquarzerz** liegt im Gestein des Netherrack. Beim Abbau bekommst du Netherquarz, aus dem du Quarzblöcke craftest (siehe Poster).
- **Nethergolderz** ist ebenfalls ein Erz im Netherrack. Beim Abbau bekommst du Goldklumpen. Allerdings mögen es die Piglins gar nicht, wenn sie das sehen.
- **Antiker Schrott** ist ein seltener Fund. Er liegt nicht offen herum, sondern steckt tief verborgen in den unteren Schichten des Netherrack, sozusagen das Diamanterz des Nethers. Der Schrott stammt wohl von längst verschwundenen Bewohnern aus vergangenen Zeiten. Um den Schrott wiederzuverwenden, schmilzt du ihn zu hand-

lichen Netheritplatten ein. Daraus stellst du zusammen mit Gold Netheritbarren her, das Rohmaterial für die härtesten Werkzeuge, Waffen und Rüstungen (siehe dazu den Schmiedetisch im Kapitel »Heimwerken – hör mal, wer da craftet«). Alles aus Netherit, vom antiken Schrott bis zum Netherithelm, schwimmt in Lava, ohne zu verbrennen.

Typische Rohstoffe im »Nether-Ödland«: Magmablöcke und etwas Seelensand an den Ufern der Lavaseen, im Netherrack Netherquarzerz und Nethergolderz, an der Decke Leuchtsteinklumpen

## Nether-Ödland

Im Nether gibt es unterschiedliche Biome, jedes mit einem ganz besonderen Aussehen in einem farblich passenden Dämmerlicht.

Das häufigste Biom ist das **Nether-Ödland**, das in ein rotbraunes Licht getaucht ist. Wie der Name schon sagt, ist es ziemlich eintönig. Der Netherrack, aus dem der gesamte Nether besteht, ist hier offen sichtbar und von keiner Oberfläche bedeckt. Daher kannst du Nethererze hier besonders leicht erkennen. An den Ufern der großen Lavaseen liegt oft Kies oder Seelensand. Hier und da brennen Feuer. *Besondere Rohstoffe*: Keine.

## Seelensandtal

Das **Seelensandtal** ist ein leeres und unheimliches Biom, sozusagen die Wüste des Nethers. Du läufst in einem türkisen Licht über die klagenden Gesichter Tausender alter Seelen, denn daraus besteht der Seelensand. Manchmal hörst du ihre Stimmen im ewig rauschenden Wind. Hier und da ragen Gerippe von uralten Netherfossilien aus dem Boden. Die Feuer brennen blau, es sind Seelenfeuer, die sich von den Seelen nähren.

Vereinzelt stehen Basaltsäulen wie abgestorbene Bäume ohne Äste in der verlorenen Landschaft. *Besondere Rohstoffe*:

- **Seelensand** verlangsamt das Gehen, als ob die alten Seelen nach dir greifen würden. Du kommst nur schwer voran, außer du hast deine Stiefel mit *Seelenläufer* verzaubert. Wenn du aus Seelensand einen Wither zusammenbaust (siehe Kapitel »Monsterkunde – die Kreaturen der Dunkelheit«), erwacht dieser zu schrecklichem Leben und verwüstet alles.

  Die Seelen haben aber auch etwas Positives: Seelensand ist der einzige Boden, auf dem Netherwarzen wachsen. Unter Wasser erzeugen die entweichenden Seelen eine aufsteigende *Blasensäule*. Damit baust du einen schnellen Lift nach oben, das Gegenstück zu dem Lift mit Magmablöcken. Und schließlich craftest du Seelenfackeln und Seelenlagerfeuer aus Seelensand, die beide mit blauem Licht brennen.
- **Seelenerde** ist verdichteter Seelensand. Seelenerde verlangsamt das Gehen nicht und erzeugt auch keine Blasensäule. Als Crafting-Zutat und für den Zusammenbau des Withers funktioniert sie aber genauso wie Seelensand.
- **Knochenblock** ist der Bestandteil der Netherfossilien, die als Reste von riesigen Gerippen auf dem Boden liegen. Aus Knochenblöcken gewinnst du Knochenmehl, der ein guter Dünger oder Grundlage für weißen Farbstoff ist.
- **Ausgetrocknete Ghasts** liegen manchmal neben einem Netherfossil. Nimm diesen verschrumpelten Block auf jeden Fall mit zurück in die Oberwelt, denn du kannst ein lebendiges Reittier daraus machen! Wie das geht, erfährst du im Kapitel »Reisefieber – unterwegs mit Pferden, Booten und Loren«.

Das »Seelensandtal« besteht aus weiten Flächen von Seelensand und Seelenerde mit blauen Seelenfeuern. Links hinten eine einzelne Basaltsäule, vorne ein Fossil.

## Basaltdeltas

Unzählige Lavatümpel und -flüsse zwischen Basaltsäulen und Magmablöcken bilden ein weitverzweigtes Gewirr im Biom der **Basaltdeltas**, das in einem aschgrauen Licht liegt. Das macht dieses Biom besonders gefährlich, denn du kannst jederzeit in einen Lavatümpel stolpern und verbrennen. Besonders, wenn dich Magmawürfel angreifen, die es hier häufiger als in den anderen Netherbiomen gibt, oder wenn du Deckung vor einer Ghast-Feuerkugel suchst. *Besondere Rohstoffe*:

- **Basalt** ist ein Baumaterial mit grauer Textur, aus dem du Säulen formst.
- **Schwarzstein** ist ebenfalls ein Baumaterial. Hieraus kannst du Mauern, Treppen und Stufen craften.

Mehr zu beiden Baublöcken findest du im Kapitel »Architektenträume – bauen und einrichten« und auf dem Poster zu diesem Buch.

Die »Basaltdeltas« sind durchzogen von einem Gewirr aus Lavatümpeln und -flüssen.

## Netherwälder

Im Gegensatz zu den ansonsten ziemlich kargen Netherbiomen haben die Netherwälder einen üppigen Bewuchs. Hier stehen baumgroße Netherpilze, zwischen und auf denen weitere Gewächse sprießen.

Der *Karmesinwald* ist in ein karmesinrotes Licht getaucht, das ihm seinen Namen gibt (im echten Leben wird diese Farbe übrigens aus Pflanzenläusen gewonnen). Im Karmesinwald leben die Piglins, die gerne Jagd auf Hoglins machen, die sich hier auch sehr wohlfühlen.

Der *Wirrwald* erscheint in einem tiefvioletten Licht. Die meisten Kreaturen fürchten diesen Wald. Sie sind verwirrt und beunruhigt von den türkisen Riesenpilzen, deren Oberfläche sich leicht bewegt. Endermen sind davon jedoch fasziniert und hier häufiger als anderswo im Nether anzutreffen. *Besondere Rohstoffe*:

- **Karmesin-Nezel** und **Wirr-Nezel** sind so etwas Ähnliches wie Grasblöcke, nur mit rotem oder türkisem Pilzgeflecht statt Gras. Nezel ist wie Myzel ein hervorragender Boden für oberirdische Pilzfarmen (siehe Kapitel »Landwirtschaft – unsere kleine Farm«). Mit einem einzigen Nezelblock, den du mit der *Behutsamkeit*-Verzauberung abbaust, kannst du viele weitere erzeugen, indem du ihn neben Netherrack stellst, den du mit Knochenmehl düngst. Düngst du danach weiter, wachsen Pilze und Wurzeln auf dem Nezel. Das funktioniert auch in der Oberwelt.
- **Karmesinpilz** und **Wirrpilz** sind kleine Pilze, die auf dem Nezel wachsen. Hoglins mögen den Karmesinpilz und lassen sich damit vermehren, während Schreiter den Wirrpilz lieben (denke an die Wirrpilzrute) und du sie damit vermehren kannst. Wie mit den kleinen Pilzen der Oberwelt kannst du auch mit den Netherpilzen Riesenpilze züchten, indem du sie auf das passende Nezel setzt und mit Knochenmehl düngst.
- **Karmesinstiel** und **Wirrstiel** sind die Stiele der Riesenpilze. Die Stiele lassen sich wie Holz verarbeiten, d. h., du kannst daraus Bretter, Türen, Zäune etc. craften. Sie lassen sich auch mit der Axt schälen. Wenn du die Schnittfläche oben und unten nicht sehen willst, craftest du aus den Stielen **Hyphen** , die rundherum mit Pilzgeflecht bedeckt sind und keine Schnittflächen haben. Auch diese lassen sich mit der Axt schälen.
- **Netherwarzenblock** und **Wirrwarzenblock** bilden die Hüte der Riesenpilze. Den roten Netherwarzenblock kannst du auch aus Netherwarzen herstellen, für den Wirrwarzenblock gibt es kein Crafting-Rezept.
- **Pilzlicht** ist ein hell leuchtender Block in den Hüten der Riesenpilze. Das Pilzlicht eignet sich gut als Beleuchtung für deine Bauwerke. Du kannst es zwar nicht craften, aber über eine Riesenpilzfarm ernten.
- **Karmesinwurzeln** , **Wirrwurzeln** und **Nethersprossen** wachsen zwischen den Riesenpilzen auf dem Boden. Sie sind die Grasbüschel des Nethers. Um sie zu farmen, düngst du das passende Nezel mit Knochenmehl.
- **Trauerranken** und **Zwirbelranken** wachsen in entgegengesetzte Richtungen. Die roten Trauerranken hängen traurig nach unten und werden bis zu 25 Blöcke lang, wenn sie Platz haben. Die türkisen Zwirbelranken zwirbeln sich nach oben, ebenfalls bis zu 25 Blöcke. Beide Ranken eignen sich gut zum Klettern. Einfach die Leertaste in der Ranke drücken und mit Schleichen anhalten. Möchtest du das Rankenwachstum

stoppen, rechtsklickst du die *Spitze* mit einer Schere. Das funktioniert übrigens auch bei Höhlenranken und Seetang, aber nicht bei normalen Ranken. Das Ernten der Ranken erfolgt dagegen wie gewohnt mit einem Linksklick mit der Schere. Die geernteten Ranken kannst du neu anpflanzen, um weitere zu ernten.

Links: Im »Wirrwald« wachsen türkise Riesenpilze, dicke Zwirbelranken, kleine Wirrpilze, Wirrwurzeln und Nethersprossen auf Wirr-Nezel. Rechts: Im »Karmesinwald« gibt es karmesinrote Riesenpilze, an denen Trauerranken hängen. Auf dem Boden aus Karmesin-Nezel wachsen Karmesinwurzeln und kleine Karmesinpilze.

### Rohstoffe in den riesigen Netherbauwerken

Bei deinen abenteuerlichen Reisen durch den Nether stößt du manchmal auf sehr große, von Piglins bewohnte Bauwerke. Sie scheinen ziemlich alt zu sein, denn sie sind schon verfallen und haben oft Lücken und große Fehlstellen in den Mauern.

Wenn du Mauern aus Schwarzstein oder Schwarzsteinziegeln entdeckst, hast du eine **Bastionsruine** gefunden, eine verfallene Burg mit vielen Kammern und Treppen. Beim Erforschen musst du aufpassen, dass du nicht abstürzt. Die Piglins kannst du durch ein goldenes Rüstungsteil beschwichtigen, aber die Piglin-Barbaren und die Hoglins werden dich auf jeden Fall angreifen.

Neben vielen leeren Räumen gibt es auch manchmal etwas Interessantes zu entdecken:

- **Netherwarzen** sind pilzartige Gewächse, die auf Seelensand gedeihen. Du brauchst sie zum Craften von roten Netherziegeln und als Grundlage für sämtliche Tränke. Manchmal haben die Piglins im Innenhof ein Netherwarzenfeld angelegt. Nimm einige mit für deine eigene Netherwarzenfarm zu Hause. Wie das geht, steht im Abschnitt über das Brauen in diesem Kapitel.

Eine Bastionsruine mit Piglin-Barbaren

- **Golddurchzogener Schwarzstein** ist vermutlich entstanden, als die goldgierigen Piglins ihr gelbes Lieblingsmetall in Blöcke geschmolzen haben und etwas danebengegangen ist. Du findest ihn nur auf dem Boden in den Bastionsruinen. Einige Steine sind offen sichtbar, auf anderen steht eine Truhe. Beim Abbau erhältst du manchmal den Stein selbst, manchmal auch kleine Goldklumpen.
- **Goldblöcke** sind die Schätze der Piglins, die ganz verrückt nach Gold sind. In einigen Kammern liegen einzelne Goldblöcke herum, es gibt aber auch Schatzkammern mit über einem Dutzend.
- Die **Schmiedevorlage »Netheritaufwertung«** (BE: »Netherit-Upgrade«) findest du nur in den Truhen von Bastionsruinen, nirgends sonst. Damit machst du deine Diamantausrüstung noch haltbarer (siehe die Beschreibung des Schmiedetischs im Kapitel »Heimwerken – hör mal, wer da craftet«).

Noch viel, viel größer als Bastionsruinen sind die riesigen **Netherfestungen**. Du erkennst sie an ihren Mauern aus braunen Netherziegeln. Im Gegensatz zu den kompakten Bastionsruinen bestehen Netherfestungen vor allem aus sehr langen Brücken, die oft abgebrochen sind und im Nichts enden. Die Brücken stehen auf sehr hohen Säulen, in denen du dich ungestört nach oben graben kannst. Danach wird es allerdings gefährlich, denn neben den üblichen Nethermonstern bewachen auch Wither-Skelette und schießwütige Lohen die endlosen Brücken und Gänge. Diese beiden Monster findest du nur in Netherfestungen.

Netherfestungen sind riesig, ihre Ausmaße verlieren sich im Dunst.

- **Netherwarzen** wachsen in einem ganz bestimmten Treppenhaus von Netherfestungen. Frei im Nether gibt es sie nicht.
- **Lohenruten** sind einer der Hauptgründe, trotz all der Gefahren in eine Netherfestung einzudringen. Diese feurigen Hinterlassenschaften der Lohen brauchst du zum Craften eines *Braustands* und zur Herstellung von *Lohenstaub*, der für jeden Brauvorgang nötig ist. Aber auch Enderaugen (damit erreichst du das Ende), Feuerkugeln und Magmacreme (eine Brauzutat) lassen sich aus Lohenstaub herstellen.
- **Wither-Skelettschädel** sind die begehrte Beute, die du manchmal von Wither-Skeletten erhältst. Weil du drei Stück brauchst, um einen Wither zusammenzubauen, müssen zahlreiche Wither-Skelette von dir besiegt werden, bis es so weit ist.

## Die hohe Kunst des Tränkebrauens

Nach deiner Rückkehr aus dem gefährlichen Nether ist es Zeit für eine etwas ruhigere Tätigkeit: Beschäftige dich mit der Kunst des Tränkebrauens, denn durch Tränke erhältst du ganz erstaunliche Fähigkeiten.

Tränke wirken anders als Verzauberungen, die du aus dem Kapitel »Waffenmeister – Ritter, Kämpfer, Zauberlehrling« kennst. Verzauberungen sind an einen Gegenstand gebunden, den du benutzen musst, damit die Verzauberung wirkt. Tränke wirken durch *Statuseffekte* direkt auf dich selbst. Du kennst positive Statuseffekte bereits von den goldenen Äpfeln und dem Totem der Unsterblichkeit aus dem Kapitel »Waffenmeister – Ritter, Kämpfer, Zauberlehrling«. Mit Tränken aktivierst du solche Effekte gezielt in den passenden Situationen: Du läufst schneller, springst höher oder bist immun gegen Verbrennungen – ein Sturz in die Lava macht dir nichts mehr aus.

Für das Brauen von Tränken richtest du dir am besten einen Braukeller oder ein Labor ein. Du brauchst

- zur Herstellung von vielen **Glasflaschen**, die aus jeweils drei Glasblöcken gecraftet werden, eine Truhe mit Sand, einen Ofen zum Schmelzen des Sandes, Brennstoff wie Kohle oder Lavaeimer und eine Werkbank zum Craften der Flaschen,
- zum Abfüllen von **Wasserflaschen** einen Brunnen (ein Wasserblock reicht schon),
- einen **Braustand**, den du aus einer Lohenrute craftest,
- Vorräte an **Lohenstaub** als Braustand-Brennstoff und **Netherwarzen** für den Basistrank,
- Vorräte an Brauzutaten (siehe die Tabelle weiter unten) sowie
- **Fässer** zum stilechten Lagern der Tränke.

Deine Tränke braust du mit dem *Braustand*. Dazu öffnest du ihn mit einem Rechtsklick, stellst bis zu drei Wasserflaschen oder Tränke in die unteren Slots und legst die gewünschte Brauzutat in den oberen Slot. Als Brennstoff wird Lohenstaub benötigt, den du in den linken oberen Slot füllst. Von dort gelangt er über einen spiralförmigen Zulauf in die Brennkammer. Sobald der Braustand korrekt bestückt ist, steigen Blasen aus der Brennkammer auf. Ein nach unten gerichteter Pfeil zeigt den Braufortschritt an.

Ein einzelner Lohenstaub reicht für 20 Brauvorgänge. Am effektivsten braust du immer drei Tränke gleichzeitig, denn Zutaten und Lohenstaub verbrauchen sich pro Brauvorgang und nicht pro Flasche.

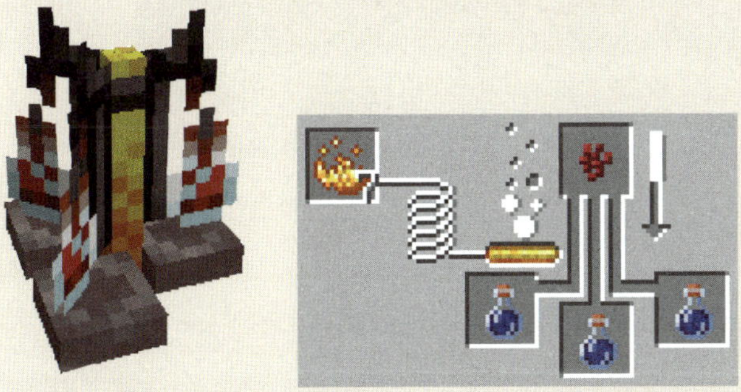

Der Braustand hat unten drei Slots für Wasserflaschen oder Tränke, darüber einen Slot für die Zutat (hier eine Netherwarze) und links oben einen Slot für den Brennstoff Lohenstaub.

Jeder Trank beginnt mit einer einfachen Wasserflasche. Dazu nimmst du eine leere Glasflasche und füllst sie per Rechtsklick mit Wasser. Dann beginnt der erste Brauvorgang: Aus drei *Wasserflaschen* und einer *Netherwarze* braust du drei *seltsame Tränke*.

Der *seltsame Trank* hat dieselbe Wirkung wie eine Wasserflasche, nämlich gar keine. Aber er ist der notwendige Basistrank, den die richtigen Tränke brauchen, um zu wirken. Niemand weiß, wo die geheimnisvollen Netherwarzen herkommen, denn sie wachsen im Nether nicht in freier Natur, sondern in Netherfestungen. Vielleicht gab es diese Festungen schon vor den Piglins, denn die kennen nur den Trank der Feuerresistenz. Erst die Hexen scheinen mit weiteren Zutaten experimentiert zu haben.

**Netherwarzenfarm anlegen**

Da fast alle Tränke aus dem *seltsamen Trank* gebraut werden, brauchst du viele Netherwarzen. Daher lohnt sich das Anlegen einer Netherwarzenfarm neben deinem Braukeller. Netherwarzen wachsen nur auf Seelensand. Die Kraft der Seelen reicht ihnen, sie brauchen kein Wasser und kein Licht.

Eine einzige Netherwarze reicht schon, um eine Farm zu gründen. Einfach auf Seelensand pflanzen und warten, bis sie ihre volle Größe erreicht. Das kann etwas länger dauern, denn Dünger wirkt nicht. Beim Ernten erhältst du mehr Netherwarzen, als du gepflanzt hast, und kannst dein Feld vergrößern.

Ein Braukeller mit Seelenlaternen, Brunnen, Werkbank, Braustand, Ofen, Netherwarzenfeld, Fässern und Truhen

Wenn du genug *seltsame Tränke* gebraut hast, bist du bereit für den zweiten Brauvorgang. Du nimmst die *seltsamen Tränke* als Ausgangsbasis und braust für den gewünschten Effekt eine bestimmte Zutat hinein (siehe Tabelle). Die Zutaten bekommst du von Monstern, Tieren und Pflanzen, Genaueres steht in der Referenz am Ende des Buches.

Den fertigen Trank trinkst du mit einem Rechtsklick. Solange er wirkt, wirbeln kleine Kringel in der Farbe des Tranks um dich herum.

| **Seltsamer Trank + Zutat = Ergebnis** | **Wirkung (Statuseffekt)** |
|---|---|
| + Magmacreme = Feuerresistenz | *Feuerresistenz* für 3 Minuten: Du bekommst von Feuer, Magmablöcken und Lava keinen Schaden, auch wenn du weiterhin Flammen in deinem Sichtfeld hast. |
| + glitzernde Melonenscheibe = Heilung | *Direktheilung*: Gibt dir sofort 2 Lebensenergie. |
| + goldene Karotte = Nachtsicht | *Nachtsicht* für 3 Minuten: Deine Sichtweite in der Nacht, in dunklen Höhlen und unter Wasser wird deutlich größer. |
| + Ghast-Träne = Regeneration | *Regeneration*: Gibt dir schrittweise 9 . |
| + Phantomhaut = Sanfter Fall | *Sanfter Fall* für 1:30 Minuten: Du fällst langsamer und bekommst keinen Fallschaden. |
| + Schildkrötenpanzer = Schildkrötenmeister | Für 20 Sekunden:<br>*Resistenz* verringert den Schaden, den du bekommst, um 60 %.<br>*Langsamkeit* verlangsamt dein normales Gehen um 60 %. |
| + Zucker = Schnelligkeit | *Schnelligkeit* für 3 Minuten: Dein Gehen, Sprinten und Schleichen wird 20 % schneller. |
| + Hasenpfote = Sprungkraft | *Sprungkraft* für 3 Minuten: Du springst auf Zäune und Mauern (aber nicht 2 Blöcke hoch). |
| + Lohenstaub = Stärke | *Stärke* für 3 Minuten: Deine Angriffe verursachen 1½ mehr Schaden bei deinen Gegnern. |
| + Kugelfisch = Unterwasseratmung | *Unterwasseratem* für 3 Minuten: Deine Luftblasenleiste wird unter Wasser nicht reduziert. |

Während die bisherigen Tränke eine positive Wirkung haben, die du üblicherweise selbst nutzt, gibt es auch Tränke mit negativer Wirkung, die auf deine Gegner wirken sollten:

| Seltsamer Trank + Zutat = Ergebnis | Wirkung (Statuseffekt) |
|---|---|
| + Stein = Befall | *Befallen* für 3 Minuten: Wer mit diesem Effekt Schaden erleidet, erzeugt 1 bis 3 Silberfischchen, was umstehende Angreifer zusätzlich schädigen kann. |
| + Schleimblock = Schleimen | *Schleimen* für 3 Minuten: Wer mit diesem Effekt stirbt, hinterlässt 2 mittlere Schleime, was umstehende Angreifer zusätzlich schädigen kann. |
| + Spinnenauge = Vergiftung | *Vergiftung*: Zieht langsam 9 ab, nur ein halbes Herz bleibt immer übrig. |
| + Spinnennetz = Weben | *Weben* für 3 Minuten: Wer mit diesem Effekt stirbt, hinterlässt 2 bis 3 Spinnweben, was umstehende Angreifer verlangsamen kann. |
| + Böenrute = Windladung | *Windgeladen* für 3 Minuten: Wer mit diesem Effekt stirbt, löst eine Windböe aus, was umstehende Angreifer zurückwirft. |

Das sind aber nicht die einzigen negativen Tränke, es gibt noch weitere, du kennst sie von den Hexen. Diese Tränke stellst du in einem dritten Brauvorgang her, indem du in einige Tränke ein *fermentiertes Spinnenauge* hineinbraust, das du aus einem Spinnenauge, Zucker und einem braunen Pilz craftest.

| Fermentiertes Spinnenauge + Trank = Ergebnis | Wirkung (Statuseffekt) |
|---|---|
| + Schnelligkeit oder<br>+ Sprungkraft<br>= Langsamkeit | *Langsamkeit* für 1:30 Minuten: Das Gehen, Sprinten und Schleichen wird 15 % langsamer. |
| + Heilung oder<br>+ Vergiftung<br>= Schaden | *Direktschaden*: Zieht dir sofort 3 Lebensenergie ab. |

| Fermentiertes Spinnenauge + Trank = Ergebnis | Wirkung (Statuseffekt) |
|---|---|
| + Wasserflasche = Schwäche | *Schwäche* für 1:30 Minuten: Deine Angriffe verursachen 2 weniger Schaden bei deinen Gegnern. |
| + Nachtsicht = Unsichtbarkeit | *Unsichtbarkeit* für 3 Minuten: Du selbst bist unsichtbar, nur deine Rüstung und die Gegenstände in deinen Händen sind noch zu sehen. Wenn du nichts davon trägst, sieht man nur noch die Kringel, die der Effekt verursacht. |

Das Austrinken eines *Milcheimers* beendet sämtliche Statuseffekte sofort. Wenn du mit deinen selbst gebrauten Tränken experimentierst, solltest du immer einen Milcheimer zur Hand haben.

### Weiterbrauen: Tränke verlängern oder verstärken

Wenn du den gewünschten Trank bis hierhin gebraut hast, stehst du vor der Entscheidung, was du für deinen speziellen Fall als Nächstes brauchst: eine längere Wirkdauer oder einen stärkeren Effekt. Beides ist möglich, aber nicht gleichzeitig.

Für eine **verlängerte Wirkdauer** braust du *Redstone-Staub*, den du als Erz abbaust, in deinen Trank. Die Tränke wirken dann mindestens doppelt so lange, außer den Tränken der *Heilung* und des *Schadens*. Die wirken direkt und haben keine Dauer, du kannst sie nicht verlängern. Besonders interessant ist die Verlängerung der Tränke der *Regeneration* und der *Vergiftung*, denn dadurch geben oder nehmen sie mehr Lebensherzen.

Mit dem verlängerten Trank der »Feuerresistenz« schwimmst du 8 Minuten in Lava, die Flammen machen dir nichts aus.

Für einen **verstärkten Effekt** braust du *Leuchtsteinstaub* , den du von Leuchtsteinen aus dem Nether holst, in deinen Trank. Das verdoppelt die Wirkung des Tranks, verkürzt allerdings die Wirkdauer. Die Tränke der *Feuerresistenz*, *Nachtsicht*, *Schwäche*, *Unsichtbarkeit*, *Unterwasseratmung* und des *Sanften Falls* können nicht verstärkt werden. Und die Tränke des *Befalls*, *Webens*, *Schleimens* und der *Windladung* kannst du weder verlängern noch verstärken.

## Nochmals weiterbrauen: Tränke werfen

Der Sinn der positiven Tränke liegt auf der Hand. Aber wie bringst du deine Gegner dazu, negative Tränke zu trinken? Die Antwort ist einfach: Du bewirfst sie damit. Bei der Landung zerplatzt das Glas, und die Wirkung wird freigesetzt.

Einen normalen Trank kannst du nicht werfen. Um ihn werfbar zu machen, braust du eine weitere Zutat hinein:

- Mit *Schwarzpulver* , das du von Creepern, Ghasts oder Hexen bekommst, wird aus einem normalen Trank ein **Wurftrank**, der sein Aussehen in eine Phiole ändert. Wirfst du sie, spritzen Kringel in einem Umkreis von vier Blöcken herum. Die volle Wirkung trifft nur das Lebewesen an der Aufschlagstelle, weiter weg wird die Wirkung schwächer.
- Mit *Drachenatem* , den du vom Enderdrachen aufsammelst, wird aus einem normalen Trank ein **Verweiltrank**, der wie eine Glaskugel aussieht. Verweiltränke wirfst du ebenfalls auf den Boden. Beim Zerplatzen bildet sich eine Kringelwolke mit einem Radius von drei Blöcken, die 30 Sekunden auf dem Boden verweilt und dabei langsam kleiner wird, während sie verdunstet. Die Wirkung überträgt sich auf jedes Lebewesen, das die Wolke berührt. Allerdings haben Verweiltränke nur ein Viertel der normalen Wirkdauer. Bei den Tränken mit sofortiger Wirkung (*Heilung* und *Schaden*) halbiert sich der Effekt. Trotzdem bringen diese beiden Verweiltränke mehr als ihre normalen Gegenstücke, denn sie wirken bis zum Verschwinden der Wolke. Wirfst du einen verstärkten Verweiltrank der *Heilung* auf deine Füße, bekommst du in 5 Sekunden 10 Lebensenergie zurück (normal sind 2, verstärkt 4).

Wurftränke und Verweiltränke kannst du aus jedem Trank brauen, egal, ob normal, verstärkt oder verlängert. Allerdings sind manche Monster gegenüber manchen Tränken immun, das musst du im Einzelfall ausprobieren.

Wurf- und Verweiltränke eignen sich nicht nur für negative Effekte, auch das Werfen von positiven Tränken kann nützlich sein. Zum Beispiel bekommen untote Monster nur durch einen Trank der *Heilung* Schaden. Und im Multiplayer-Modus könnt ihr euch mit positiven Tränken gegenseitig bewerfen, um euch zu helfen.

Nachts in der Wüste: Ein verlängerter Trank der »Nachtsicht« (grüne Kringel) gibt dir eine gute Sicht, und ein verstärkter Verweiltrank der »Heilung« (rote Kringelwolke) schadet einem untoten Skelett und gleich auch zwei Wüstenzombies.

### Pfeile in Tränke tunken

Beim Werfen von Tränken hast du oft das Problem, nahe genug an den Gegner heranzukommen. Besser für den Fernkampf sind *getränkte Pfeile*: Aus einem Verweiltrank und 8 Pfeilen craftest du 8 getränkte Pfeile, die neben dem üblichen Pfeilschaden auch den jeweiligen Effekt auf den Gegner übertragen, allerdings nur mit 1/8 der normalen Wirkdauer. In der BE kannst du alternativ zum Craften der Pfeile auf der Werkbank auch den normalen Trank in einen leeren Kessel schütten und Pfeile eintunken. Du brauchst dann keinen Drachenatem und musst keine Verweiltränke brauen.

Ein spezieller Pfeil, den du nicht aus Tränken herstellst, ist der *Spektralpfeil*, den du aus Leuchtsteinstaub und einem Pfeil craftest. Der Spektralpfeil gibt dem Gegner für 10 Sekunden den Statuseffekt *Leuchten*. Damit siehst du seinen Umriss durch alle Wände hindurch.

Die Lohe in der Netherfestung hast du im Blick, aber wo ist das bewaffnete Wither-Skelett geblieben? Zum Glück hast du ihm einen Spektralpfeil verpasst, damit siehst du es hinter der Wand.

Bist du mit einer ganzen Sammlung von unterschiedlichen Pfeilen unterwegs, nimmst du den Bogen mit der Taste [F] in die Zweithand (siehe Kapitel »Waffenmeister – Ritter, Kämpfer, Zauberlehrling«). Dann kannst du mit der Haupthand den passenden Pfeil auswählen und per Rechtsklick verschießen.

## Seltsame Suppen und Leuchtfeuer

Neben den Tränken in allen Varianten gibt es noch eine ganz andere Möglichkeit, Statuseffekte zu bekommen: Iss eine *seltsame Suppe*. Du kannst sie immer essen, auch wenn du nicht hungrig bist. Sie wirkt zwar nur kurz, aber dafür sind die Zutaten leicht zu beschaffen, du musst noch nicht einmal in den Nether gehen.

Manchmal findest du seltsame Suppen in den Truhen eines Schiffswracks, aber von außen ist ihr Effekt nicht erkennbar. Du kennst ihn nur, wenn du die Suppe selbst herstellst. Dazu brauchst du weder einen Braustand noch einen Ofen, denn in Minecraft werden Suppen auf der Werkbank zusammengemischt. Die Effekte kommen durch das Zusammenwirken von Pilzen und Blumen.

Lege eine Schüssel, einen roten Pilz, einen braunen Pilz und eine kleine Blume in beliebiger Anordnung auf die Werkbank. Welche Blume welche Wirkung hat, verrät auch das Rezeptbuch der Werkbank nicht. Du müsstest es durch Ausprobieren selbst herausfinden – oder einfach in diese Tabelle schauen:

| Zutat | Wirkung (Statuseffekt) |
|---|---|
| Blaue Orchidee oder Löwenzahn | *Sättigung*: Diese seltsame Suppe gibt 6½ + 21,2 Sättigung. Das macht extrem satt. Jede andere seltsame Suppe gibt nur 3 + 7,2 Sättigung wie eine normale Pilzsuppe. |
| Geschlossene Augenblüte | *Übelkeit* für 7 Sekunden |
| Kornblume | *Sprungkraft* auf einen Zaun oder eine Mauer für 5 Sekunden |
| Maiglöckchen | *Vergiftung* von 4 |
| Margerite | *Regeneration* von 1 |
| Mohn oder Fackellilie | *Nachtsicht* für 5 Sekunden |
| Porzellansternchen oder geöffnete Augenblüte | *Blindheit* für 11 Sekunden: Deine Sicht reicht nur wenige Blöcke weit, dahinter wird es schwarz. |

| Zutat | Wirkung (Statuseffekt) |
|---|---|
| Tulpe | *Schwäche* durch 2 weniger Schaden am Gegner für 7 Sekunden |
| Wither-Rose | *Verdorrung* von 1½ |
| Zierlauch | *Feuerresistenz* für 3 Sekunden |

### Dauerhafte Effekte mit Leuchtfeuern

Die einen kleckern mit Blumensüppchen, die anderen klotzen mit einer vierstöckigen Pyramide aus 164 Eisenblöcken und setzen ein Leuchtfeuer obendrauf, um Statuseffekte nicht sekundenweise zu bekommen, sondern dauerhaft.

Ein *Leuchtfeuer* ist schwierig herzustellen, denn die Kernzutat ist ein *Netherstern*, den du nur vom Wither bekommst. Hast du ein Leuchtfeuer gecraftet, ist es anfangs nur ein schön hell leuchtender Block. Seine ganze Kraft entfaltet es erst, wenn du es auf eine Pyramide aus Eisenblöcken setzt. Du kannst auch Gold-, Smaragd-, Diamant- oder Netheritblöcke nehmen, das macht keinen Unterschied, aber sie sind deutlich schwerer zu beschaffen. Gemischte Pyramiden aus diesen Blöcken sind auch möglich. Auf der Pyramide sendet das Leuchtfeuer einen weithin sichtbaren Lichtstrahl senkrecht nach oben.

Zusätzlich spendet es in einem gewissen Umkreis einen oder zwei nützliche Statuseffekte an Spieler (nicht an Monster). Der Wirkungsradius der Effekte ist seitlich und nach unten begrenzt, nach oben aber nicht. Daher solltest du eine Leuchtfeuerpyramide möglichst im Keller bauen. Der Lichtstrahl muss allerdings frei bis in den Himmel leuchten können, sonst springt das Leuchtfeuer nicht an. In die Löcher für den Lichtstrahl setzt du Glasblöcke ein, damit du nicht hineinfällst. Mit einem gefärbten Glasblock im Lichtstrahl gibst du ihm eine individuelle Note.

Wenn das Leuchtfeuer leuchtet (egal in welcher Farbe), ist es bereit für die Auswahl des Effektes:

- *Schnelligkeit*: Beschleunigt dein normales Gehen um 20 % oder bei Verstärkung um 40 %.
- *Eile*: Beschleunigt deine Angriffsgeschwindigkeit um 10 % und deine Abbaugeschwindigkeit um 20 %. Bei Verstärkung verdoppeln sich beide Werte.
- *Resistenz*: Verringert den Schaden, den du bekommst, um 20 % oder bei Verstärkung um 40 %.
- *Sprungkraft*: Du springst auf Zäune und Mauern oder bei Verstärkung zwei Blöcke hoch.
- *Stärke*: Deine Angriffe verursachen 1½ oder bei Verstärkung 3 mehr Schaden bei deinen Gegnern.
- *Regeneration*: Gibt dir langsam, aber ständig Lebensenergie zurück.

Um einen Statuseffekt zu aktivieren, rechtsklicke das Leuchtfeuer, klicke dann den Effekt unter PRIMÄRE KRAFT an, lege einen Eisenbarren in den Slot (oder einen anderen der abgebildeten Gegenstände, welcher ist egal) und klicke auf das grüne Häkchen. Kurz darauf beginnt der Effekt dauerhaft zu wirken. Die Reichweite der Wirkung hängt von der Höhe der Pyramide ab: Mit nur einer Pyramidenstufe beträgt der Radius rund um das Leuchtfeuer 20 Blöcke, mit jeder weiteren Stufe erhöht er sich um 10 Blöcke.

Möchtest du das Leuchtfeuer ausschalten, musst du aus der obersten Pyramidenstufe einen Block entfernen. Mit einem klebrigen Kolben, der den Block nach Bedarf wegzieht und wieder hinschiebt, bastelst du dir einen Ein- und Ausschalter.

Je nach Größe der Pyramide stehen unterschiedliche Effekte zur Auswahl. Hier hat die Pyramide nur eine Stufe, denn die Effekte der zweiten, dritten und vierten Stufe sind nicht auswählbar (dunkelgrau). Als Effekt ist »Eile« gewählt, der entsprechende Knopf ist gedrückt. Die Bezahlung (ein Eisenbarren) liegt schon im Slot, das grüne Häkchen kann angeklickt werden.

Hat die Pyramide vier Stufen, ist neben PRIMÄRE KRAFT auch die SEKUNDÄRE KRAFT freigeschaltet. Damit hast du folgende Möglichkeiten:

- **Regeneration**: Du wählst zusätzlich zum ersten Effekt als zweiten Effekt die *Regeneration* mit dem Herz-Symbol. Beispiel: Klicke links auf und rechts auf .
- Oder **Verstärkung**: Du verstärkst den ersten Effekt, indem du ihn auf der rechten Seite noch einmal anklickst. Beispiel: Klicke links auf und rechts auch auf .
- Oder **zwei Effekte**: Du wählst zwei verschiedene Effekte ohne Regeneration. Dazu klickst du den ersten Effekt erst links und rechts an, und dann links einen *anderen* Effekt. Die Anzeige kommt dabei durcheinander, aber es funktioniert trotzdem. Beispiel: Klicke links auf , rechts auf und links auf .

Um mehr als zwei Effekte zu bekommen, brauchst du weitere Leuchtfeuer. Es ist aber *nicht* nötig, dafür weitere Pyramiden zu bauen. Es reicht, wenn du die vorhandene Pyramide auf allen Stufen an einer Seite um einen Block erweiterst und das zweite Leuchtfeuer neben das erste stellst.

Ein Doppel-Leuchtfeuer ist durch seitliche Erweiterung der Pyramide möglich. Hier hat die Pyramide nur eine Stufe, aber durch das zweite Leuchtfeuer kannst du beide Effekte dieser Stufe gleichzeitig einstellen.

Leuchtfeuer sind sehr nützlich für umfangreiche Bauvorhaben, größere Grabungsaktionen, das bequeme Überspringen der Zäune und Tiergatter deiner Farmen oder für nächtliche Monsterjagden im Wirkungsradius.

Bei Entdeckungsreisen sind jedoch Tränke weiterhin die beste Wahl – besonders, wenn du dich in gefährliche Gebiete wagst wie den Nether oder die Tiefsee.

## Die Wunder der Ozeane

Nicht nur im echten Leben, auch in Minecraft bedecken Ozeane den größten Teil der Welt. Sie können Hunderte bis Tausende Blöcke groß sein. So riesige Wasserflächen schwimmend zu durchqueren ist keine gute Idee. Sobald du die Tastatur loslässt, gehst du unter und ertrinkst. Mit einem Boot (siehe Kapitel »Reisefieber – unterwegs mit Pferden, Booten und Loren«) bist du nicht nur deutlich schneller, sondern auch bequemer unterwegs.

Vielleicht entdeckst du dabei auch das seltenste Biom, das es in Minecraft gibt, das mysteriöse **Pilzland**. Hier wächst nichts außer Pilzen. *Besondere Rohstoffe*: überall Pilze, rote und braune, kleine und riesige. Hier wächst kein Gras, der ganze Boden ist mit Myzel bedeckt, einer besonderen Variante der Erde, auf der Pilze hervorragend gedeihen. Nur im Pilzland findest du Mooshrooms – rote Kühe, die mit Pilzen bewachsen sind.

Das seltene »Pilzland« im Ozean

Es gibt auch einen Ozean, auf dem du laufen kannst: den **gefrorenen Ozean**. Hier bedecken Eisberge das Wasser, dazwischen liegen große Eisflächen. *Besondere Rohstoffe*: Eis, Packeis und Blaueis. Alle Eisvarianten kannst du nur mit der *Behutsamkeit*-Verzauberung abbauen. Auf dem Eis siehst du Eisbären und im Wasser Lachse.

Achtest du auf die Wasserfarbe, erkennst du fünf unterschiedliche Temperaturen: Der **gefrorene** Ozean hat eine tiefblaue Farbe. Daneben gibt es noch den **kalten**, den **normalen**, den **lauwarmen** und den **warmen** Ozean. Mit steigender Temperatur wird die Wasserfarbe immer heller. Ansonsten unterscheiden sich die mittleren drei Varianten kaum voneinander. *Besondere Rohstoffe*: In den mittleren drei Temperaturen gibt es Tintenfische und Fischschwärme (Lachse, Kabeljaue, Tropenfische und Kugelfische, jeweils passend zur Temperatur). Delfine tummeln sich nur im normalen, lauwarmen und warmen Ozean.

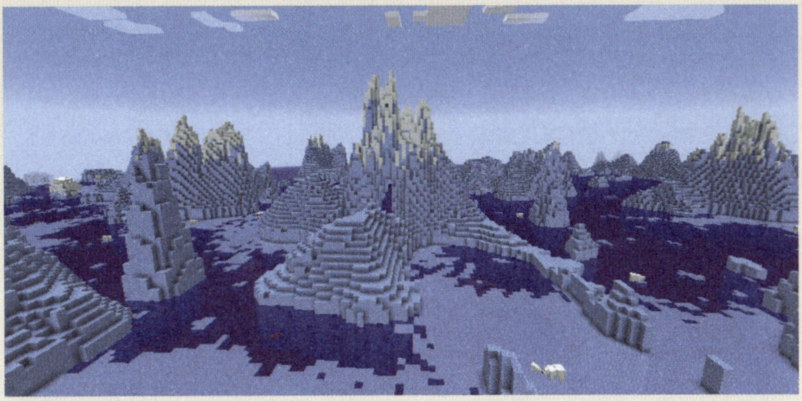

Ein »gefrorener Ozean« mit Eisbergen

Ein normaler Ozean (links) trifft auf einen lauwarmen Ozean (rechts) mit hellerer Wasserfarbe.

Der **warme Ozean** ist die Heimat der bunten Korallenriffe. Das Wasser ist hier noch heller als das lauwarme. *Besondere Rohstoffe*: Korallenriffe bestehen aus kleinen Formationen bunter Korallenblöcke in fünf Farben, die mit Korallen und Korallenfächern bewachsen sind. Dazwischen wachsen Gruppen von Meeresgurken. Das sind schwach leuchtende, korallenähnliche Fantasielebewesen, die außerhalb des Wassers absterben.

Lebende Korallen, Korallenblöcke und Korallenfächer kannst du nur mit der Verzauberung *Behutsamkeit* abbauen, sonst werden sie zu grauen toten Korallen. Dasselbe passiert auch, wenn du lebende Korallen außerhalb des Wassers platzierst. Zwischen den Korallen schwimmen Tropenfischschwärme. Es gibt über 2.700 verschiedene Arten. Vorsicht: Manchmal ist ein giftiger Kugelfisch dabei!

Möchtest du zu Hause eine Unterwasserlandschaft anlegen, sieh in die Referenz am Ende des Buches und dort in den Abschnitt »Wassergewächse«.

Ein Korallenriff, das es nur im »warmen Ozean« gibt

Ein Ozean ist durchschnittlich 16 Blöcke tief. Der Boden ist in den kälteren Ozeanen mit Kies bedeckt, in den wärmeren mit Sand, Erde und Ton (wichtig für die Ziegelherstellung). In allen Ozeanen wachsen Seegras und Seetang auf dem Boden.

Im Zentrum eines Ozeans gibt es oft ein **Tiefseebiom**, das doppelt so tief ist. Wassergefüllte Höhlen und Schluchten führen noch weiter nach unten. Und solltest du einen großen Haufen aus glattem Basalt im Ozean finden, dann öffne ihn vorsichtig, denn im Inneren steckt eine Geode voller Kristalle (siehe Kapitel »Forscherdrang – entdecke die Welt«).

## Tauchen und Sprint-Tauchen

Manchmal siehst du vom Boot aus Höhlen, Schluchten, alte Ruinen, ein Wrack oder in der Tiefsee ein Ozeanmonument leuchten. All diese Schätze kannst du nur tauchend erreichen. Beim *Tauchen* lässt du dich im Wasser nach unten sinken und benutzt wie an Land die Richtungstasten [W], [A], [S] und [D]. Um schneller abzutauchen, drückst du die Schleichen-Taste (linke [⇧]-Taste). Zum Aufsteigen drückst du die Leertaste.

Besonders schnell ist das *Sprint-Tauchen*: Drücke wie beim Sprinten an Land zweimal hintereinander [W] oder tippe beim Vorwärtsbewegen die linke [Strg]-Taste (Konsole: ○/B zum Abtauchen, ✕/A zum Aufsteigen, linker Joystickknopf zum Sprint-Tauchen).

Normalerweise stehst du unter Wasser aufrecht, nur beim Sprint-Tauchen liegst du waagerecht im Wasser.

Unter Wasser wird eine *Luftblasenleiste* eingeblendet, und du siehst deine Atemluft schwinden. Wenn sie aufgebraucht ist, nehmen deine Lebensherzen ab. Dann heißt es schnell auftauchen, sonst ertrinkst du. Tipp: Rechtsklicke beim Auftauchen von unten dein Boot an, dann sitzt du sofort drin.

Achtung: In gefrorenen Ozeanen ist das Tauchen besonders gefährlich, denn beim Auftauchen kannst du leicht unter einer Eisdecke landen und ertrinken.

Hast du schon mehr Erfahrung, nutzt du einen mit *Atmung* verzauberten Helm (60 Sekunden mit Stufe III) oder den verlängerten Trank der *Unterwasseratmung* (8 Minuten) und mit *Wasserläufer* Stufe III verzauberte Stiefel, um dich schneller zu bewegen. Zusätzlich verbesserst du deine Sicht mit dem verlängerten Trank der *Nachtsicht*. Die einfachste wasserfeste Beleuchtung sind Kürbislaternen (mit einer Schere einen Kürbis schnitzen und eine Fackel dazucraften).

Triffst du beim Tauchen einen **Delfin**, machst du eine erstaunliche Entdeckung: Solange du in seiner Nähe bleibst (maximal 9 Blöcke), schenkt er dir den Statuseffekt *Gunst des Delfins*. Damit bist du beim Sprint-Tauchen noch schneller (das funktioniert auch in der BE, nur ohne Anzeige des Statuseffektes).

## Eine Unterwasserstation bauen

Damit du zum Luftholen nicht ständig auftauchen musst, baust du dir aus acht Glasblöcken eine *Taucherglocke*: Stelle vier Glasblöcke übereinander, setze an die Seiten des *dritten* Glasblocks je einen weiteren Glasblock und zerstöre die unteren *drei* Glasblöcke wieder. Das ergibt eine Glaskuppel mit Luftblase.

Die drei unteren Glasblöcke (hier rot gefärbt) brauchst du nur für den Aufbau, dann zerstörst du sie wieder.

Eine größere *Unterwasserstation* zu bauen scheint dagegen erst einmal schwierig zu sein, weil dir ständig Wasser in die Konstruktion läuft. Es gibt aber eine ziemlich einfache Methode. Das Bild zeigt, wie es geht. Auf diese Art baust du nach und nach mehrere Glaskuppeln und verbindest sie, bis du eine richtig große Station hast. Noch einfacher geht es, wenn du schon Schwämme aus einem Ozeanmonument hast, denn sie saugen Wasser auf und können für den wiederholten Gebrauch im Ofen getrocknet werden.

Bau einer Unterwasserstation: erst den kompletten Innenraum aus Erde aufbauen, dann mit Glas umhüllen. Im Eingang halten zwei seitlich angebrachte Leitern das Wasser zurück. Zum Schluss die Erde vorsichtig von innen entfernen. Statt Leitern kannst du auch Schilder oder offene Türen für den Eingang verwenden.

### Ruinen entdecken

Bei deinen Tauchgängen stößt du unter Wasser manchmal auf *Portalruinen*. Sie müssen aus einer uralten Zeit stammen, als hier noch kein Ozean war, denn Netherportale funktionieren nicht im Wasser.

Eine Portalruine im Ozean – vorne rechts ein Magmablock, der einen gefährlichen Blasenstrudel erzeugt

Die Magmablöcke, die schon an Land unangenehm sind, weil sie dir die Füße verbrennen, erzeugen unter Wasser gefährliche Blasenstrudel, die dich nach unten saugen und sogar Boote zum Kentern bringen.

Weitere Hinweise auf eine untergegangene Zivilisation sind die *Ozeanruinen* aus Steinziegeln oder Sandstein. Du findest Reste von Türmen, Tempeln und kleinen Siedlungen. In den meisten Ozeanruinen gibt es irgendwo eine Truhe, die neben Kleinkram auch einen kleinen Schatz enthalten kann. Aber Vorsicht: Oft lungern Ertrunkene an diesen Ruinen herum.

In Ozeanruinen stößt du manchmal auf *seltsamen Sand* oder *seltsamen Kies*. Wie du diese Blöcke mit einem Pinsel bearbeitest, um Gegenstände freizulegen, steht im Abschnitt »Wegruinen ausgraben« im Kapitel »Extratour – Sehenswürdigkeiten bis zum Ende«. Auch Schnüffler-Eier holst du auf diese Weise aus dem Boden, aber nur im Sand von Ozeanruinen im *warmen Ozean*.

Eine Ozeanruine, die von Ertrunkenen bewacht wird

Wenn du deinem Glück bei der Suche nach Schatztruhen auf die Sprünge helfen möchtest, suchst du die Nähe von Delfinen: Fütterst du einen Delfin per Rechtsklick mit rohem Kabeljau oder rohem Lachs, blinken grüne Sternchen auf, und er schwimmt nicht mehr hin und her, sondern zielstrebig mit einer deutlichen Luftblasenspur zur nächsten Ozeanruine oder zu einem Schiffswrack. Am Ziel nickt er noch mal kurz und tummelt sich dann wieder.

Liegt das Ziel am Ufer und ist dort nichts zu sehen, könnte es sich um einen vergrabenen Schatz handeln, aber du weißt nicht genau, wo er liegt. Mit einer Schatzkarte aus einem Schiffswrack wäre das einfacher.

## Schiffswrack erkunden und Schätze ausgraben

Schiffswracks gibt es in allen Stadien des Verfalls. Oft liegt nur ein Bug oder ein Heck auf dem Ozeangrund, manchmal aber auch ein vollständiger Dreimaster. Ist das Wasser nicht tief, kann ein Wrack auch aus dem Wasser ragen.

Bis zu drei Truhen lassen sich in einem Wrack entdecken, je nachdem, welche Teile des Schiffes erhalten sind: Im Bug steht eine Vorratstruhe, in der Kajüte im Heck eine Schatztruhe und im Laderaum darunter eine Kartentruhe. Die Kartentruhe ist die interessanteste, denn sie enthält immer eine Schatzkarte.

Ein vollständiges Schiffswrack ragt aus dem Wasser.

Eine *Schatzkarte* zeigt einen 512 × 512 Blöcke großen Teil der Welt, wobei Wasser vorerst nur als gestrichelte Fläche und Land als glatte Fläche dargestellt wird. Ein rotes »X« markiert den Schatz. Solange du außerhalb des dargestellten Bereiches bist, ist deine eigene Position nur ein kleiner weißer Punkt am Kartenrand. Um den Schatz zu finden, bestimmst du als Erstes die Himmelsrichtung deiner Position auf der Karte. Ist der weiße Punkt z. B. oben, bist du im Norden, ist er oben links, bis du im Nordwesten. Nun musst du dich in die entgegengesetzte Richtung bewegen, also nach Süden bzw. Südosten, um dich dem Schatz zu nähern. Beginnt der weiße Punkt am Rand wegzuwandern, korrigierst du deine Richtung, indem du dich entgegengesetzt bewegst. Wird der weiße Punkt kleiner, entfernst du dich, wird er größer, kommst du dem Schatz näher. Wenn du in den Bereich der Karte kommst, füllt sich die Landschaft in der Karte, und der weiße Punkt wird zum Richtungspfeil. Am Ziel angekommen, gräbst du etwa 5 bis 10 Blöcke tief und ein bisschen im Umkreis, bis du die Truhe gefunden hast.

Auf Schatzkarten ist der Schatz mit einem roten »X« markiert, während deine aktuelle Position erst mal nur ein weißer Punkt am Kartenrand ist.

Näherst du dich dem Schatz, füllt sich die Karte mit Landschaft, und deine Position wird zum Pfeil.

Die vergrabenen Schätze sind die einzige Möglichkeit, ein *Herz des Meeres* zu finden, einen sehr nützlichen Schatz. Hast du ihn, musst du noch acht *Nautilusschalen* sammeln, die du beim Angeln aus dem Wasser fischst oder von Ertrunkenen erbeutest. Zusammen mit dem *Herz des Meeres* craftest du daraus einen *Aquisator*. Dieser kleine Block sieht erst mal unscheinbar aus, hat aber eine ganz erstaunliche Fähigkeit:

Aktivierst du ihn, öffnet er sich und schwebt auf der Stelle, während er dauerhaft den Statuseffekt *Meereskraft* spendet, der die Statuseffekte *Unterwasseratem*, *Nachtsicht* und *Eile* zusammenfasst. Dadurch bekommst du im Wirkungsradius dauerhaft Atemluft, eine bessere Sicht und eine schnellere Abbau- und Angriffsgeschwindigkeit. Mit anderen Worten: Um unter Wasser anständig bauen zu können, brauchst du einen Aquisator.

Zur Aktivierung musst du unter Wasser um den Aquisator herum maximal drei Blockringe mit einem Abstand von einem Block bauen (siehe zweites Bild). Als Material sind nur Prismarin, dunkler Prismarin, Prismarinziegel und Seelaternen möglich, und es müssen mindestens 16 Blöcke verbaut sein, sonst funktioniert es nicht. Die Blöcke holst du dir von einem Ozeanmonument, oder du craftest sie aus Prismarinscherben, die du von Wächtern bekommst. An welchen Positionen du die Blöcke platzierst, ist egal, solange es eine Position in den drei Blockringen ist. Mit 16 Blöcken wäre z. B. ein geschlossener Ring möglich (siehe erstes Bild) oder vier Säulen mit je vier Blöcken. Das Maximum sind 42 Blöcke für alle drei Ringe.

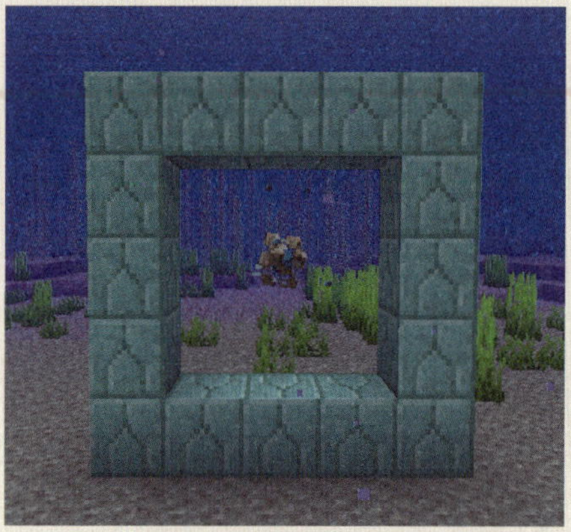

Ein minimal (16 Blöcke) und ein maximal (42 Blöcke) aktivierter Aquisator. Die Mischung der Blöcke spielt keine Rolle, solange du Prismarinvarianten oder Seelaternen verwendest.

Mit dem Minimum von 16 Blöcken beträgt der Wirkungsradius des Aquisators 32 Blöcke, was schon ziemlich viel ist. Durch Hinzufügen weiterer Blöcke steigt der Wirkungsradius, bis er schließlich bei 96 Blöcken liegt, wenn du alle drei Ringe gebaut hast.

Ein auf diese Art maximal aktivierter Aquisator öffnet sein Auge mit dem Zusatzeffekt, dass er nach und nach alle Monster in einem Umkreis von acht Blöcken beseitigt, wenn sie Kontakt mit Wasser oder Regen haben.

### Ozeanmonument plündern

Ruderst du mit deinem Boot durch eine Tiefsee (in allen Ozeanen außer dem warmen), erkennst du manchmal den Schein von Seelaternen unter Wasser. Dort liegt ein *Ozeanmonument*, ein großer alter Tempel einer längst vergangenen Zivilisation. Möchtest du gezielt auf die Suche gehen, handle in einem Dorf mit einem Kartografen-Lehrling, der dir eine *Ozean-Entdeckerkarte* anbietet. Die funktioniert wie eine Schatzkarte, die du im vorherigen Abschnitt kennengelernt hast.

Die alten Monumente sind verlassen – bis auf die Wächter, fischartige Monster, die jeden angreifen, der sich nähert. In jedem Monument sind drei Wächter im Laufe der Jahrhunderte so groß geworden, dass sie nicht mehr herauskönnen und in einem Umkreis von jeweils 50 Blöcken dauerhaft den Statuseffekt *Abbaulähmung* verbreiten, solange sie leben. Im Kapitel »Monsterkunde – die Kreaturen der Dunkelheit« ist das genauer beschrieben.

Die Vorderseite eines Ozeanmonumentes und Wächter

Die *Abbaulähmung* hindert dich daran, einfach die Wände des Monuments zu öffnen und die Großwächter zu erschlagen. Dir bleibt nur, den Eingang zu nehmen und mit einer guten Ausrüstung und vielen Tränken (*Unterwasseratmung*, *Nachtsicht*, *Schnelligkeit*, *Heilung*, *Regeneration*, *Stärke*) die Großwächter im Inneren aufzustöbern.

Das ist schwierig, denn nach dem Eingang folgt ein Labyrinth aus vielen kleinen, miteinander verbundenen Kammern über drei Stockwerke, die in jedem Monument anders aussehen. Auf der Suche nach Durchgängen solltest du auch immer an die Decke schauen, auch dort kann es zur nächsten Kammer weitergehen. Leider stören ständig diese Wächter. Sehr hilfreich sind dabei Axolotls, die du in Eimern mitnimmst und im

Inneren des Monuments freilässt, denn sie greifen die Wächter an. Dafür lohnt sich zu Hause der Bau einer Axolotlfarm, denn je mehr Axolotls du mitnimmst, desto besser. Erschlägst du einen Wächter, der gerade einen Axolotl angreift, bedankt sich das Tier, indem es dir den Statuseffekt *Regeneration* gibt und die *Abbaulähmung* von dir nimmt (bis du sie nach spätestens einer Minute von einem Großwächter wiederbekommst).

Um die drei Großwächter zu finden, musst du in beide Seitenflügel gelangen, die links und rechts vom Eingang liegen, sowie in den hinteren Teil des Monuments mit der Zentralkammer, in dem sich ein großer Würfel aus dunklem Prismarin befindet.

Die Zentralkammer im Ozeanmonument mit dem großen Würfel aus dunklem Prismarin

Hast du die drei Großwächter besiegt, kannst du endlich Blöcke abbauen. Außerdem hast du von jedem einen Schatz bekommen, nämlich einen *nassen Schwamm*. Was erst mal lächerlich klingt, entpuppt sich bei näherer Betrachtung als sehr nützlich, denn einen nassen Schwamm kannst du beliebig oft in einem Ofen trocknen und dann Wasser aus Teichen und Unterwasserräumen saugen. Das Bauen von großen Unterwasserstationen wird damit zum Kinderspiel. Manchmal befindet sich im oberen Stockwerk des Ozeanmonuments sogar ein ganzer Raum voller Schwämme.

Nicht zu verachten sind auch die Goldblöcke, die sich im Inneren des großen Würfels aus dunklem Prismarin verstecken. Die hell leuchtenden Seelaternen sind ebenfalls interessant. Du kannst sie nur mit der *Behutsamkeit*-Verzauberung mitnehmen, sonst zerbrechen sie zu Prismarinkristallen. Allerdings lassen sich aus Prismarinkristallen und Prismarinscherben wieder neue craften.

### Gratulation, du hast das 10. Survival-Level erreicht

In diesem Kapitel hast du zuerst den Nether betreten und seine Herausforderungen gemeistert: Biome voller Lavaseen erkundet, Monster besiegt, Bauwerke erobert und Rohstoffe gesammelt.

Mit reicher Beute bist du nach Hause zurückgekehrt, hast dir einen Braukeller eingerichtet und verschiedene Tränke gebraut: nützliche, schädliche, verlängerte, verstärkte, werfbare und verweilende, in die du schließlich auch deine Pfeile getunkt hast. Gestärkt durch eine seltsame Suppe hast du ein Leuchtfeuer aufgebaut, das dir dauerhafte Statuseffekte spendet.

Schließlich hast du auf deinen Ozean-Expeditionen Eisberge, Korallenriffe, Ruinen und Wracks gesucht, Schätze ausgegraben, ein Ozeanmonument geplündert und mithilfe eines Aquisators eine Unterwasserstation gebaut.

Du bist schon weit herumgekommen in der Minecraft-Welt. Dabei hast du viele merkwürdige Bauwerke entdeckt. Einige wurden in diesem und in früheren Kapiteln bereits besprochen, die restlichen folgen im nächsten Kapitel. So langsam wird es auch Zeit, dich auf das Ende vorzubereiten. Im letzten Abschnitt des nächsten Kapitels erfährst du, wie du dort hinkommst – und wie du lebend wieder zurückkehrst, beladen mit den größten Schätzen, die das Spiel zu bieten hat, um danach weitere Abenteuer zu erleben. Denn in Minecraft gibt es zwar »das Ende«, aber kein Spielende.

# Extratour – Sehenswürdigkeiten bis zum Ende

*Du hast den halb im Sand versunkenen Wüstentempel tatsächlich wiedergefunden. Auf deiner Forschungsreise in der letzten Woche hattest du das Bauwerk zufällig entdeckt. Heute bist du mit einem Lastesel zurückgekehrt – natürlich angemessen ausgestattet und auf alles vorbereitet.*

*Vorsichtig betrittst du das alte Gemäuer, das Schwert immer griffbereit. Das Innere ist schattig und kühl. Du kundschaftest alle Ecken aus, aber hier ist nichts. Keine Spur von Monstern, Fallen oder einem Schatz. Du läufst die Seitengänge ab, siehst in alle Räume, Nischen und auch in die Türme, aber nichts. Wie kann das sein?*

*Enttäuscht und lustlos baust du hier und da einige Blöcke ab. Hier muss doch irgendwo ... Plötzlich fällt der letzte abgebaute Block in einen tiefen Schacht und schlägt klackernd auf dem Boden auf. Fast hätte es dich auch erwischt. Eine verborgene Kammer! Mit Schatztruhen. Na also!*

## Tempel und andere Bauwerke erforschen

In der Minecraft-Welt stößt du immer wieder auf seltsame Bauwerke, die ein besonderes Abenteuer versprechen. Aus dem Bergbau kennst du schon *Verliese* mit Monsterspawnern, verlassene *Minen* mit Höhlenspinnen, *Prüfungskammern* und *antike Städte* voller Sculk (Kapitel »Forscherdrang – entdecke die Welt«). Die Hexe aus dem Kapitel »Monsterkunde – die Kreaturen der Dunkelheit« haust mit ihrer schwarzen Katze in einer *Sumpfhütte*. Und im vorherigen Kapitel hast du alles über *Portalruinen*, die Bauwerke im Nether (*Netherfestungen*, *Bastionsruinen*) und die Reste alter Zivilisationen unter dem Meeresspiegel erfahren (*Schiffswracks*, *Ozeanruinen*, *Ozeanmonumente*).

Jetzt lernst du die restlichen Bauwerke der Oberwelt mit ihren teils friedlichen und teils feindlichen Bewohnern kennen. Im hinteren Teil dieses Kapitels dreht sich dann alles um das Ende: wie du es erreichst und wie du es lebend wieder verlässt.

Eine kleine Warnung vorweg: Willst du dir die Überraschung nicht nehmen lassen und die Geheimnisse der Bauwerke lieber auf eigene Faust erkunden, dann überfliege diese Seiten nur und kehre erst wieder zurück, wenn du irgendwo auf ein Problem stößt, das du nicht lösen kannst.

### Wegruinen ausgraben

Manchmal stößt du auf einige bunte Keramikblöcke, die offensichtlich nicht zur Landschaft gehören. In der Nähe von Gewässern liegen sie teilweise unter Wasser. Dabei handelt es sich um die Spitze eines antiken Turms. Gräbst du den ganzen Turm aus, entdeckst du die löchrigen Reste eines antiken Weges mit weiteren kleinen Ruinen.

Diese archäologische Fundstätte solltest du näher untersuchen und vorsichtig jeden fremden Block freilegen. Um das ganze Ausmaß zu erfassen, gräbst du am besten einen zwei Blöcke breiten Graben um alle fremden Blöcke.

Halte beim Ausgraben besonders nach Kies Ausschau. Einige Kiesblöcke haben etwas dunklere Flecken. Bewegst du einen *Pinsel*, den du aus Feder, Kupferbarren und Stock craftest, mit Rechtsklick über so einen *seltsamen Kies* (BE: verdächtigen Kies), erscheint ein Gegenstand. Pinsle dann weiter, bis du den Gegenstand ganz freigelegt hast. Vorsicht: Baust du einen seltsamen Kies ab, ist der Gegenstand darin verloren – da nützt auch die Verzauberung *Behutsamkeit* nichts. Weil du seltsamen Kies nur schwer erkennst, solltest du zur Sicherheit einfach alle Kiesblöcke in deiner Fundstätte kurz anpinseln.

Die meisten Gegenstände, die du beim Pinseln freilegst, kannst du auch anderweitig finden oder craften. *Töpferscherben* (BE: Keramikscherben) dagegen bekommst du nur auf diese Weise. Bei genauerem Betrachten der Motive auf diesen Scherben erkennst du, dass die längst ausgestorbenen Bewohner dieser Ruinen noch lebende Schnüffler kannten, sich vor Creepern in Acht nahmen und Minen gruben. Aus bis zu vier Töpferscherben und/oder *Ziegeln* craftest du einen *verzierten Krug* (BE: dekorierten Topf). Nimmst du nur Ziegel, hat der Krug keine Verzierungen. Mit Rechtsklicks kannst du nacheinander bis zu einem Stapel gleichartige Gegenstände in einen Krug legen. Du bekommst sie aber nur wieder heraus, indem du den Krug zerbrichst.

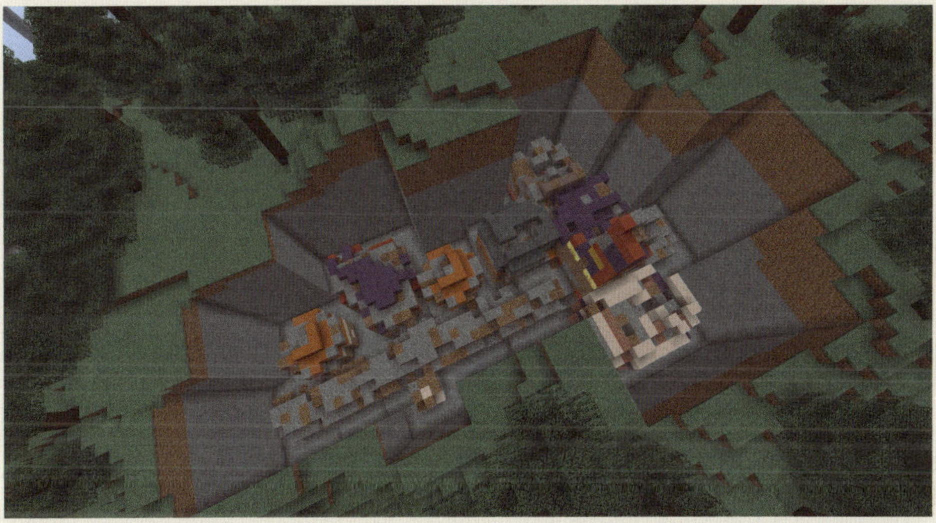

»Wegruinen« mit löchrigem Kiesweg und kleinen Ruinen am Rande. An der Oberfläche waren nur die obersten Blöcke der roten Turmspitze rechts zu sehen, der Rest wurde ausgegraben.

### Wüstenbrunnen und Wüstentempel entdecken

Sehr selten entdeckst du mitten in der *Wüste* ein kleines Bauwerk, das ganz für sich allein steht. Es handelt sich um einen *Wüstenbrunnen*. Obwohl sie keinen Brunnenschacht, sondern nur ein flaches Becken hat, spendet diese von unbekannten Erbauern geschaffene Konstruktion unendlich viel Wasser: Schöpfst du das Wasser genau aus der Mitte, füllt es sich automatisch nach – wie bei dem unendlichen Brunnen, den du aus dem Kapitel »Landwirtschaft – unsere kleine Farm« kennst.

Ein seltener Anblick: Ein Wüstenbrunnen neben einem Wüstentempel

Deutlich größer und schon von Weitem an seinen zwei Türmen mit den orangefarbenen Symbolen zu erkennen ist der *Wüstentempel*, den es ebenfalls nur im Wüstenbiom gibt. Wüstentempel haben schon so manchen Sandsturm überstanden und sind deshalb oft mit Sand bedeckt.

Zwischen den Türmen liegt der Haupteingang, wenn er nicht verschüttet ist. Hinter den Türmen erstreckt sich eine Halle mit einer pyramidenförmigen offenen Kuppel, durch die das Sonnenlicht fällt. Die Türme haben auf ihrer Rückseite einen Ausgang auf das Dach, dort kannst du auch einsteigen.

Das Innere des Tempels ist vollkommen leer: keine Monster, keine Fallen, keine Truhen, keine Schätze. Der Tempel scheint schon seit langer Zeit ausgeplündert zu sein.

Doch der Schein trügt: Seine Schätze verbirgt der Wüstentempel in einem geheimen Schacht unter dem zentralen Bodenblock. Beim Öffnen ist größte Vorsicht angesagt, denn wenn du in den Schacht stürzt, ist das dein Ende. Auf dem Boden liegt nämlich eine graue Steindruckplatte, die eine Sprengfalle auslöst – die gesamte Kammer mit allen vier Schatztruhen fliegt in die Luft, sobald du die Platte betrittst.

Am besten gräbst du vorsichtig einen Abstieg seitlich neben dem Schacht. Unten angekommen, baust du als Erstes die Steindruckplatte mit einer Spitzhacke ab (das löst sie nicht aus), damit du in Ruhe die Truhen plündern kannst. Unter dem Boden findest du neun Blöcke TNT, die du auch mitnehmen kannst. Oder du lässt es krachen: Setze an die Stelle der Steindruckplatte eine Holzdruckplatte, die empfindlicher ist. Gehe dann vorsichtig wieder nach oben in die Halle und lasse einen Block von oben auf die Holzdruckplatte fallen – kawumm!

Wenn du Pech hast, hörst du die Explosion, ohne die Kammer überhaupt gesehen zu haben, weil in der Dunkelheit des Schachtes ein Monster gespawnt ist und die Druckplatte ausgelöst hat.

Unter dem Wasser des Wüstenbrunnens und im Innenraum des Wüstentempels findet du manchmal *seltsamen Sand*. Wie du diesen mit einem Pinsel bearbeitest und was du dabei finden kannst, steht im Abschnitt »Wegruinen ausgraben«.

## Dschungeltempel erforschen

Der *Dschungel* ist ein undurchdringliches Dickicht aus Laub und Ranken, durch das du dir mühsam deinen Weg bahnen musst. Wenn du dabei unvermutet auf bemoosten Bruchstein triffst, hast du soeben einen *Dschungeltempel* entdeckt!

Die Bauweise des Dschungeltempels ist von seltsamer Architektur: Auf einem kastenförmigen Sockel sitzt ein Tempelraum mit kleinen dicken Säulen an den Außenseiten und auf dem Dach.

Betrittst du das Innere, siehst du zwei Treppen nach oben und eine nach unten. Oben ist ein kleiner Rundgang mit Fensteröffnungen, die manchmal schon halb verschüttet sind.

Unten ist es fensterlos und dunkel. Auf einer Seite erstreckt sich ein Gang mit vielen Nischen, auf der anderen Seite hängen drei rätselhafte Hebel an der Wand. Halte dein Schwert griffbereit, falls in den dunklen Ecken Monster spawnen. Läufst du neugierig den Gang nach hinten, wirst du plötzlich von Pfeilen getroffen. Verwirrt schaust du dich um, entdeckst eine Truhe und wirst schon wieder beschossen. Die Ursache sind Stolperdrähte, die getarnte Pfeilwerfer auslösen.

Leuchte die Gänge mit Fackeln aus und sieh genau auf den Boden. Dann entdeckst du im Gang und vor der Truhe zwei gegenüberliegende *Haken* an der Wand, zwischen denen ein *Stolperdraht* auf dem Boden liegt. Sobald du darüberläufst, schießt ein *Werfer*, der hinter Ranken versteckt ist, Pfeile auf dich. Zur Deaktivierung baust du die Fäden mit einer Schere ab (Linksklick), oder du schlägst die Haken von der Wand. Beides löst die Fallen nicht aus (mehr dazu im Kapitel »Redstone – Minecraft unter Strom«).

Die Hebel an der Wand öffnen eine Geheimtür im Boden der Eingangshalle, wenn du sie in der richtigen Reihenfolge umlegst:

1. Schalte den Hebel an der hinteren Wand ein.
2. Schalte den Hebel an der Treppe erst ein, dann wieder aus.
3. Schalte den Hebel an der hinteren Wand wieder aus. Der mittlere Hebel ist ohne Funktion.

Hast du alles richtig gemacht, findest du eine versteckte Schatztruhe.

### Das Geheimnis der Iglus

Iglus sind klein. Du musst schon genau hinsehen, um in einer *verschneiten Ebene* oder *verschneiten Taiga* einen Schneehaufen als Iglu zu erkennen.

Im Inneren ist ein Iglu gemütlich, aber karg eingerichtet: nur Bett, Werkbank und Ofen, das war's.

Oder auch nicht! Denn in der Hälfte der Iglus liegt unter dem Teppich eine Falltür verborgen. Von dort führt eine lange Leiter tief nach unten in einen gruseligen Keller. In dem schummrigen Gemäuer triffst du auf zwei Gefangene, die in ihren Zellen versauern. Daneben stehen ein Braustand, ein Kessel und eine Truhe.

An den Zellen hängt ein Schild mit zwei Pfeilen. Sie bedeuten, dass aus dem einen Gefangenen der andere werden kann und umgekehrt. Die Erklärung: Hier experimentiert jemand mit der *Heilung von Dorfbewohnerzombies*. Einer ist schon geheilt und wartet darauf, aus der Zelle gelassen zu werden, der andere ist noch zombifiziert. Um ihn zu heilen, öffnest du nur den oberen Teil seiner Zelle, sonst greift er dich oder den Dorfbewohner an und zombifiziert ihn wieder. Dann wirfst du einen *Wurftrank der Schwäche*  auf den Dorfbewohnerzombie. Eine Phiole mit genau diesem Trank steht im Braustand. Anschließend gibst du ihm mit einem Rechtsklick den *goldenen Apfel*  zu essen, der in der Truhe liegt. Der Dorfbewohnerzombie beginnt zu zittern, was einige Minuten dauert. Danach ist er geheilt und wird zu einem normalen Dorfbewohner. Bis dahin bleibt er gefährlich und verursacht in dem zittrigen Zustand sogar noch mehr Schaden als sonst.

Nach der Heilung hast du zwei Dorfbewohner und kannst mit ihnen ein neues Dorf gründen, wie weiter hinten im Abschnitt über die Dorfgründung genauer beschrieben.

Ein Iglukeller mit zwei Gefangenen

## Plünderer-Außenposten erobern

*Plünderer*, die du bereits aus dem Kapitel »Monsterkunde – die Kreaturen der Dunkelheit« kennst, ziehen in Patrouillen durch das Land und greifen dich und Dorfbewohner an. Ihr Zuhause sind die *Plünderer-Außenposten*, die sie in verschiedenen Biomen gebaut haben. Du erkennst einen Außenposten immer an dem großen Wachturm. Daneben stehen einige Zelte, Strohpuppen für Armbrust-Schießübungen und ein Käfig, in dem manchmal ein Eisengolem oder ein Hilfsgeist eingesperrt ist.

Einen Plünderer-Außenposten erforschst du nicht im Vorbeigehen, hier ist erst mal Kämpfen angesagt. Die Plünderer sind bewaffnet und laufen ziemlich schnell. Halte also schön Abstand und lasse dich nicht von mehreren Plünderern in die Zange nehmen. Den Eisengolem zu befreien wäre auch eine gute Idee, denn er greift die Plünderer an.

Siehst du einen Plünderer mit einem unheilvollen Banner auf dem Kopf, handelt es sich um einen *Räuberhauptmann*. Besiegst du ihn, erhältst du den Statuseffekt *Drohendes Unheil*. Was es damit auf sich hat, ist im Kapitel »Monsterkunde – die Kreaturen der Dunkelheit« im Abschnitt »Überfall mit Verwüster« genauer beschrieben.

## Waldanwesen in Besitz nehmen

Neben den rauen Plünderern, die in ihren Außenposten in der Wildnis hausen, gibt es auch feinere Herrschaften, die nicht minder böse sind: Die fiesen *Magier* mit ihren *Dienern* (siehe Kapitel »Monsterkunde – die Kreaturen der Dunkelheit«) bewohnen großzügige Waldanwesen.

*Waldanwesen* sind selten und liegen mehrere Tausend Blöcke vom Welt-Spawnpunkt entfernt in einem *dunklen Wald*, der mit seinem dichten Blätterdach sowieso schon unheimlich ist. Bahnst du dir einen Weg durch einen dunklen Wald und stößt unvermittelt auf ein drei Etagen hohes hölzernes Herrenhaus, hast du ein Waldanwesen gefunden. Möchtest du gezielter vorgehen, handle in einem Dorf mit einem Kartografen-Gesellen, der dir eine *Wald-Entdeckerkarte* anbietet. Die funktioniert wie eine Schatzkarte, die du von den Schiffswracks aus dem Kapitel »Dimensionswechsel – Nether, Ozeane und Tränke erforschen« kennst, und führt dich zu einem Waldanwesen.

Von außen sehen alle Waldanwesen gleich aus, aber innen haben sie unterschiedliche und teilweise ziemlich rätselhafte Räume, die es zu erforschen gilt. Ein Waldanwesen ist die ideale Ausgangsbasis für dein eigenes Hauptquartier, natürlich nur nach einer umfangreichen Aufräumaktion.

Das ist nicht einfach, denn hier wimmelt es von Monstern, die in den dunklen Räumen spawnen. Neben den üblichen Verdächtigen wie Zombies, Creepern und Skeletten triffst du auf Diener, die übel gelaunt auf dich zulaufen und ihre Eisenaxt schwingen. Etwas seltener begegnest du Magiern, die noch gefährlicher sind, denn sie zaubern dir Plagegeister und metallene Fangzähne auf den Hals. Im Kapitel »Monsterkunde – die Kreaturen der Dunkelheit« hast du sie schon kennengelernt.

Am besten stürzt du dich gut vorbereitet und ausgerüstet ins Abenteuer. Packe ein paar Dutzend Fackeln in dein Inventar und statte dich mit verzauberten Diamantrüstungen und -schwertern aus. Nimm reichlich Essen mit, du wirst auf einige harte Gegner treffen. Nimm ein Bett mit, baue dir einen kleinen Unterschlupf neben dem Waldanwesen und benutze dort das Bett, um deinen Spawnpunkt umzusetzen. Dann hast du nach einem verlorenen Kampf nur einen kurzen Weg zurück.

Im Haus angekommen, verbarrikadierst du den Eingang, damit keine neuen Monster von draußen hereinkommen, sobald es dämmert. Kämpfe dich dann systematisch von Raum zu Raum, von Etage zu Etage und setze überall Fackeln an die Wand, damit es hell genug ist, um das Spawnen weiterer Monster zu verhindern. Markiere die Räume, in denen du schon warst, um die Übersicht zu behalten.

Ganz zum Schluss, wenn du noch mal in Ruhe die leeren Räume durchwanderst, um die merkwürdigen Sitten der Bewohner zu studieren, lohnt es sich auch, einen kleinen Grundriss für jede Etage zu skizzieren. Manchmal gibt es nämlich irgendwo einen oder mehrere Räume ohne Zugang, die rundherum von Wänden umgeben sind.

Ein Waldanwesen ist voller Gänge, Räume und Monster.

## Dörfer erkunden

In den flachen Biomen *verschneite Ebene*, *Taiga*, *Ebene*, *Savanne* und *Wüste* hat sich ein Volk niedergelassen, das friedlich in Dörfern lebt und dort seinen Tätigkeiten nachgeht.

Ein *Dorf* besteht aus kleinen Hütten und großen Häusern, langen Wegen, einem Brunnen mit Glocke, mehreren Feldern, Tiergattern, Weglaternen und Stroh- oder Eishaufen, je nach Biom. Es gibt auch ganz kleine Dörfer mit nur wenigen Gebäuden. Das Baumaterial passt immer zum Biom, z. B. Iglus aus Schnee und Eis in der verschneiten Ebene, Akazienholzbretter in der Savanne oder Sandstein in der Wüste.

Ein Dorf in einer verschneiten Ebene

Die *Dorfbewohner* sind Menschen mit Riesennasen und Glatzen, die unverständlich murmeln und brummeln. Sie tragen eine zum Biom passende Tracht und haben verschiedene Berufe. Spazierst du durch ein Dorf, bleiben sie stehen und sind meistens bereit, mit dir zu handeln. Schau dazu in den Abschnitt »Handel mit Dorfbewohnern« weiter unten.

**MINECRAFT-LEXIKON – NPC**

Die englische Abkürzung *NPC* steht für *non-player character*, auf Deutsch »Nicht-Spielerfigur«. Damit ist ein Lebewesen in einem Spiel gemeint, das wie ein Spieler aussieht, aber keiner ist, sondern vom Spiel selbst gesteuert wird. In Computerspielen gibt es NPCs, die einfach nur im Hintergrund herumlaufen, um eine Gegend zu beleben. Manchmal bekommt man von ihnen auch Aufgaben, die man erledigen muss, oder man kann mit ihnen handeln, wie mit den Dorfbewohnern von Minecraft.

Abgesehen vom Handel kannst du in Dörfern noch weitere interessante Dinge bekommen, die du schon aus dem Kapitel »Landwirtschaft – unsere kleine Farm« kennst:

- In Dörfern streunen allerlei *Katzen* herum. Zähme eine Katze, und sie wird dir immer folgen.
- Auf den Feldern erntest du *Ackerfrüchte*, um dir zu Hause eigene Felder anzulegen.
- *Truhen* enthalten oft interessante Dinge.

Du kannst dich frei an den Tieren, Feldern und Truhen bedienen, das nimmt dir niemand übel. Aber achte darauf, dass du keine Dorfbewohner schlägst, sonst sind sie verärgert und machen dir schlechtere Handelsangebote. Außerdem bekommst du es mit dem *Eisengolem* zu tun, den es in vielen Dörfern gibt. Die Dorfbewohner haben ihn zu ihrem Schutz gebaut, er hat ihre typische große Nase. Möchtest du selbst einen Eisengolem bauen, sieh ins Kapitel »Waffenmeister – Ritter, Kämpfer, Zauberlehrling«.

Ein Eisengolem bewacht ein Savannendorf.

Nachts schlafen die Dorfbewohner in ihren Betten, hinter den Türen sind sie sicher. Denn Zombies, die nachts die Gegend unsicher machen, sind ganz wild auf Dorfbewohner und jagen sie, um sie zu zombifizieren. Ganz besonders schlimm ist eine **Zombiebelagerung**. Dieses schreckliche Ereignis kann in größeren Dörfern (mehr als 10 Betten und mehr als 20 Dorfbewohner) mit 10 % Wahrscheinlichkeit um Mitternacht eintreten (nicht in der BE), wenn du selbst in dem Dorf anwesend bist. Dann spawnen haufenweise Zombies mitten im Dorf, auch wenn es hell erleuchtet oder mit Zäunen und Mauern geschützt ist, und stürzen sich auf dich und die Dorfbewohner. Diese sind hinter ihren Türen sicher (außer bei SCHWIERIGKEIT: SCHWER oder im SPIELMODUS: HARDCORE, da können die Zombies Türen aufbrechen).

Auch tagsüber kann es Probleme geben: Wenn außerhalb des Dorfes ein Signalhorn tutet, geraten die Dorfbewohner in Panik, läuten die Glocke und flüchten in ihre Häuser. Denn jetzt steht ein **Überfall** an. Dabei strömen mehrere Gruppen von Räubern und Plünderern aus dem Umland ins Dorf und versuchen, alle Bewohner auszulöschen (siehe Kapitel »Monsterkunde – die Kreaturen der Dunkelheit«). Im Gegensatz zur Zombiebelagerung hast du es allerdings selbst in der Hand, ob ein Überfall stattfindet oder nicht, du musst mit dem Statuseffekt *Drohendes Unheil* absichtlich ein Dorf betreten, um den Überfall auszulösen. Das tust du natürlich nur, wenn du dir sicher bist, dass du alle Räuber besiegen kannst, denn zur Belohnung wirst du zum *Held des Dorfes* ernannt und erhältst Rabatte beim Handel mit den befreiten Dorfbewohnern.

Ganz selten findest du ein dunkles und **verlassenes Dorf**. Dort gibt es keine Lampen und Türen mehr, die Fensterscheiben sind dreckig, überall hängen Spinnennetze, und in den Wohnungen hausen Dorfbewohnerzombies. An Handel ist dort nicht zu denken, aber du kannst versuchen, die Dorfbewohnerzombies zu heilen, wie es im Abschnitt über das Iglu beschrieben ist.

## Handel mit Dorfbewohnern

Dorfbewohner sind fleißig, den ganzen Tag laufen sie herum und gehen ihren Beschäftigungen nach. Sie haben verschiedene Berufe, die du an ihren Schürzen, Jacken und Hüten erkennst, die sie über ihrer biomspezifischen Tracht tragen. Jeder Beruf hat einen zugehörigen *Arbeitsblock* nach dem Motto »Zeig mir deinen Arbeitsblock, und ich sag dir, wer du bist«.

Dorfbewohner mit allen Berufen auf den zugehörigen Arbeitsblöcken. Jeweils drei tragen dieselbe Biom-Tracht (verschneite Ebene, Taiga, Ebene, Savanne, Wüste).

| Arbeitsblock | Beruf | spezielle Kleidung |
|---|---|---|
| Räucherofen | Metzger | weiße Schürze |
| Wasserkessel | Gerber | Schürze und Handschuhe aus Leder |
| Fass | Fischer | Fischlederhut, Schürze mit Fisch |
| Schmelzofen | Panzermacher (alte Bezeichnung für die Hersteller von Brustpanzern, BE: Rüstungsschmied) | Schutzbrille |

| Arbeitsblock | Beruf | spezielle Kleidung |
|---|---|---|
| Schleifstein | Waffenschmied | Augenklappe |
| Steinsäge | Maurer (BE: Steinmetz) | schwarze Schürze mit Hammer |
| Schmiedetisch | Grobschmied (BE: Werkzeugschmied) | Lederschürze ohne Handschuhe |
| Lesepult | Bibliothekar | rote Kappe, Brille |
| Braustand | Geistlicher | violette Robe |
| Kartentisch | Kartograf | Monokel |
| Bognertisch | Pfeilmacher | Fellkappe |
| Komposter | Bauer | Strohhut |
| Webstuhl | Schäfer | Lederkappe, weißes Schaffell |
| – | Berufsloser | – |
| – | Nichtsnutz | grünes Gewand |

Der Bognertisch des Pfeilmachers hat für dich bisher keine Funktion.

Die Robe des Geistlichen trägt auf dem Rücken ein Creeper-Gesicht. Offenbar verehren die Dorfbewohner diese stillen Waldwesen, die ihnen auch nichts tun.

Wenn sie dich sehen, bleiben die Dorfbewohner stehen und sehen dich an. Rechtsklickst du einen Dorfbewohner mit Beruf, ist er bereit, mit dir zu *handeln*. Dorfbewohner ohne Beruf können nicht handeln und schütteln den Kopf (nicht in der BE). Bei einem *Nichtsnutz* ist Hopfen und Malz verloren, aber einem *Berufslosen* kannst du einen Arbeitsblock hinstellen, er wird dann diesen Beruf annehmen. Du solltest aber keinen Arbeitsblock wegnehmen, der einem anderen Dorfbewohner gehört, weil er sonst seine Angebote nicht mehr auffüllen kann. Jeder Dorfbewohner hat seinen eigenen Arbeitsblock, den er mit niemandem teilt.

Beim Handeln siehst du die Angebote des Dorfbewohners als Liste. Er kauft und verkauft Waren gegen Smaragde. Wählst du ein Angebot und gibst dem Dorfbewohner die gewünschten Gegenstände, erhältst du von ihm Smaragde bzw. die Ware. Bei manchen Angeboten musst du zwei unterschiedliche Gegenstände geben, z. B. einen Smaragd und einen rohen Fisch, um einen gebratenen Fisch zu bekommen. Daher gibt es auf der linken Seite des Pfeils zwei Slots.

Handel mit einem Gerber-Neuling. Er hat bisher nur zwei Angebote in seiner Liste (links). Du bietest ihm 46 Leder und bekommst dafür Smaragde. Entweder nimmst du einen einzelnen Smaragd aus dem Slot, damit dir 6 Leder abgezogen werden, oder du drückst beim Klick auf den Smaragd die ⇧-Taste (Shift), um dein Maximum zu verkaufen. Dann bekommst du 7 Smaragde, und ein Rest von 4 Ledern bleibt übrig. Handelst du öfter mit einem »Neuling«, steigt seine Erfahrungsleiste, und er wird zum »Lehrling« mit mehr Angeboten.

Jeder Dorfbewohner mit Beruf trägt an seinem Gürtel eine kleine Plakette, deren Farbe seine Erfahrungsstufe kennzeichnet: Stein = Neuling, Eisen = Lehrling, Gold = Geselle, Smaragd = Experte, Diamant = Meister. Mit jeder Stufe werden die Angebote umfangreicher und interessanter.

Manchmal bekommst du günstigere Preise, der Normalpreis ist dann durchgestrichen. Ist der Vorrat eines Gegenstandes erschöpft, streicht der Dorfbewohner den Handelspfeil mit einem roten »X« durch. Erst nachdem er seinen Vorrat an seinem Arbeitsblock aufgefüllt hat, kann er diesen Gegenstand wieder anbieten.

Die meisten Angebote sind Kleinigkeiten. Es gibt aber auch einige Dinge, die du selbst nicht craften kannst:

- *Erfahrungsfläschchen* vom Geistlichen
- *Glocke* von allen drei Schmieden
- *Kettenrüstung* vom Panzermacher
- *Bannervorlage »Globus«* und *Entdeckerkarten* vom Kartografen. Eine Entdeckerkarte funktioniert wie eine Schatzkarte, die du aus den Schiffswracks aus dem Kapitel »Dimensionswechsel – Nether, Ozeane und Tränke erforschen« kennst. Die Entdeckerkarten führen dich zu Ozeanmonumenten, Waldanwesen oder Prüfungskammern.
- *Namensschild* und *Verzaubertes Buch* vom Bibliothekar, manchmal auch mit *Schatzverzauberung* (siehe Kapitel »Waffenmeister – Ritter, Kämpfer, Zauberlehrling«).

### Vergrößere das Dorf oder gründe ein neues

Je mehr Leute in einem Dorf wohnen, desto mehr Handelspartner hast du. Dorfbewohner vermehren sich von alleine, aber nur, wenn die Bedingungen stimmen:

1. Sie müssen genug zu essen haben. Die Bauern sitzen an der Quelle, sie haben genug Nahrung von ihren Feldern. Ihren Überschuss verteilen sie an die anderen. Sie werfen die Nahrung vor ihren Mitbürgern auf den Boden, und die heben sie auf. Das kannst du auch. Ein Dorfbewohner braucht 3 Brote oder 12 Kartoffeln, 12 Karotten oder 12 Rote Bete, um in Paarungsstimmung zu kommen.
2. Für die Kinder muss es freie Betten im Dorf geben. Jeder Dorfbewohner hat sein eigenes Bett. Nur, wenn es mehr Betten als Dorfbewohner gibt, ist Platz für neue Kinder. Über dem Bett müssen zwei Blöcke Luft sein, damit die Kinder darauf herumhüpfen können, sonst akzeptieren sie es nicht. Früher war die Anzahl der Häuser oder Türen in einem Dorf wichtig, das ist nicht mehr so. Nur die Anzahl der Betten zählt.

Ein Dorfbewohnerkind braucht etwa einen Minecraft-Tag (20 Minuten), um zu einem vorerst noch berufslosen erwachsenen Dorfbewohner zu werden. Wenn du Pech hast, wird es ein Nichtsnutz mit grünen Ärmeln, mit dem du nicht handeln kannst. Dann musst du ein weiteres Kind großziehen.

Ein berufsloser Dorfbewohner braucht einen Arbeitsblock in maximal 48 Blöcken Entfernung von seinem Bett, den er problemlos erreichen kann. Sobald er den Arbeitsblock in Besitz nimmt, hat er den zugehörigen Beruf. Solange du nicht mit ihm handelst, kannst du den Arbeitsblock durch einen anderen ersetzen, damit er seinen Beruf wechselt. Hast du schon mit ihm gehandelt, geht das nicht mehr.

Um ein Dorf zu vergrößern, baust du weitere Häuser, stellst Betten hinein und sorgst für eine ausreichende Ernährung durch entsprechende Anzahl von Feldern und Bauern, von denen jeder einen eigenen Komposter als Arbeitsblock braucht. Hast du es eilig, stellst du einfach nur mehr Betten auf und fütterst die Dorfbewohner. Haben sie sich vermehrt, gibst du ihnen neue Arbeitsblöcke, damit sie die entsprechenden Berufe annehmen.

Um ein verlassenes oder selbst gebautes Dorf mit Bewohnern zu füllen, gehst du in der Nacht auf Zombiejagd. 5 % der Zombies sind Dorfbewohnerzombies. Sobald du einen entdeckst, lockst du ihn in das Dorf. Er will dein Gehirn, also wird er dir folgen. Bist du angekommen, bringst du ihn an einen sicheren Ort, um ihn zu heilen, wie du es im Abschnitt »Das Geheimnis der Iglus« gelernt hast. Auf diese Art kannst du das Dorf mit weiteren Bewohnern füllen oder auf Nachwuchs warten, wobei zwei geheilte Dorfbewohnerzombies schon reichen, um sie mit Betten und Nahrung zu versorgen, bis sie sich vermehren.

Beim Ausbau deines Dorfes lässt du deiner Fantasie freien Lauf und baust neue Häuser, Wege und Arbeitsstellen, wie es dir gefällt. Achte aber darauf, dass die Dorfbewohner nicht in Löcher fallen oder in Ecken stecken bleiben. Sie können auch keine Leitern erklimmen, setze deswegen Treppen ein, wenn du mehrstöckige Häuser baust. Zum Schutz vor nächtlichen Zombieangriffen sorgst du für eine ausreichende Beleuchtung im ganzen Dorf und umgibst es mit einem sicheren Zaun. Ab einer gewissen Dorfgröße und unter bestimmten Umständen erschaffen sich die Dorfbewohner einen Eisengolem zum Schutz. Du kannst ihnen aber auch Eisengolems bauen.

Ein Wüstendorf auf einer Insel im warmen Ozean

## Endspiel meistern

Wie der Nether ist das Ende eine eigene Dimension abseits der Oberwelt, die du nur über Portale erreichst. *Endportale* kannst du aber nicht bauen, du musst sie in den *Festungen* finden – und die gibt es nur an wenigen Orten in der Welt.

Das wird schwierig, denn eine Festung sieht ganz anders aus, als der Name es vermuten lässt. Sie ist weder eine Burg noch ein weithin sichtbares großes Bauwerk, sondern ein unterirdisches Labyrinth aus verfallenen Kammern und Räumen. Niemand weiß, wer die Festungen vor langer Zeit gebaut hat. Die Eingänge sind längst unter Bergen von Erde und Stein begraben, daher sind sie kaum zu finden. Du entdeckst sie höchstens per Zufall bei einer Höhlenexpedition oder Bergbauaktion.

Doch es gibt noch eine andere Möglichkeit, und die hängt mit den Eigenheiten des Endes und seiner Bewohner zusammen: Das Ende besteht aus schwebenden Inseln, die von Endermen bewohnt sind, die sich per Teleportation fortbewegen. Endermen sind sehr reisefreudig und besuchen auch gerne die Oberwelt und den Nether. Und sie haben den Schlüssel, den du brauchst, um in ihre Heimat zu gelangen. Denn von ihnen bekommst du *Enderperlen*, die du zusammen mit energiereichem *Lohenstaub* zu *Enderaugen* craftest.

Das Enderauge ist ein merkwürdiger Gegenstand, der sehen kann, wo es zum Ende geht, und in die Richtung der nächstgelegenen Festung fliegt, wenn du es mit einem Rechtsklick in die Luft wirfst. Bevor es auf den Boden fällt, hinterlässt es eine violette Partikelspur, der du einfach nur folgen musst. Sammle das Enderauge nach dem Wurf wieder ein, laufe in die angezeigte Richtung und wirf es erneut. Leider zerbricht es nach einigen Würfen, du brauchst daher Nachschub. Und weil eine Festung durchaus mehrere Tausend Blöcke entfernt sein kann, hast du eine lange Reise vor dir. Tipp: Laufe am Anfang große Strecken, bevor du das Enderauge erneut wirfst. Wenn das Enderauge beim Werfen zurückfliegt, weißt du, dass du zu weit gelaufen bist. Dann wendest du dich um und kannst durch kürzere Würfe genauer suchen.

Um eine Festung zu finden, stelle dich in eine Ebene oder auf einen Baum und folge der Richtung, die ein geworfenes Enderauge mit seiner Partikelspur angibt.

Zum Schluss fliegt das Enderauge nicht mehr nach oben, sondern auf den Boden. Hier gräbst du eine Wendeltreppe nach unten. Mit weiteren Testwürfen findest du die richtige Tiefe. Fliegt das Enderauge nach oben, bist du zu weit und hast dich an der Festung vorbeigegraben. Dann musst du zurück und deinen Schacht seitlich ausweiten, bis du auf die Steinziegelmauern der Festung stößt.

Das Enderauge wird nur vom Eingang der Festung angezogen, der oft ein verschütteter Treppenschacht ist, und nicht von dem Portalraum, den du suchst. Also bleibt dir nichts anderes übrig, als dich durch die unübersichtlichen und dunklen Gänge und Kammern der Festung zu kämpfen, in denen viele Monster spawnen. Leuchte alle Kammern aus, damit keine neuen Monster nachkommen, und markiere deinen Weg, damit du dich nicht verirrst.

In einer Festung gibt es viele Kammern und Gänge mit Monstern.

Störend sind auch die lästigen Silberfischchen, die sich in einigen Steinziegelblöcken verstecken und herauskommen, wenn du den Block abbaust. Du triffst sie spätestens, wenn du den Endportalraum findest, denn dort steht immer ein Silberfischchen Spawner, den du möglichst schnell beseitigst.

Hast du den Portalraum gesichert und ausgeleuchtet, geht es an die Aktivierung des *Endportals*. Insgesamt gibt es 12 Rahmen, von denen einige schon mit Enderaugen gefüllt sind. In jeden leeren Rahmen musst du mit einem Rechtsklick ein weiteres Enderauge legen. Sobald alle Rahmen gefüllt sind, öffnet sich das Portal. Das Lavabecken darunter stört dich nicht, wenn du ins Portal springst – du wirst ins Ende teleportiert, bevor du die Lava berührst. Viel wichtiger ist die Tatsache, dass es aus dem Ende vorerst keinen Rückweg gibt! Ohne entsprechende Vorbereitung wäre ein Sprung keine gute Idee.

Der Raum ist ausgeleuchtet, alle Portalrahmen sind mit Enderaugen gefüllt, und das Endportal ist aktiviert.

### Das Ende und die Dracheninsel

Was kann gefährlicher sein, als im heißen Nether zu verbrennen oder in der dunklen Tiefsee zu ertrinken? Nichts. Und genau das gibt es im *Ende* massenweise.

Wahrscheinlich liegt das Ende im leeren Weltraum weit über der normalen Welt, denn wenn du ankommst, landest du auf einem trostlosen Steinklumpen, der wie ein Asteroid im bodenlosen Nichts schwebt. Über dir, unter dir und rundherum ist nichts. Es gibt keine Sonne, keinen Himmel und keinen Boden unter der schwebenden Insel. Die besteht komplett aus gelblichem Endstein, den du immerhin zu Endsteinziegeln und weiter zu Treppen, Stufen und Mauern verarbeiten kannst.

Bei deiner Ankunft auf der Endinsel stehst du auf einer kleinen Obsidianplattform. Manchmal liegt sie im Inneren des Steinklumpens, dann musst du dich nach oben freibuddeln. Manchmal schwebt sie auch neben dem Steinklumpen. Dann wirfst du eine Enderperle, um dich auf die Insel zu teleportieren. Du hast keine Enderperlen und auch keine Blöcke zum Brückenbau mitgebracht? Das ist Pech, dann bleibt dir nur der Sprung in die Leere, denn vorerst gibt es keinen anderen Weg zurück. Du fällst dann so lange ins Bodenlose, bis du stirbst und ohne Inventar an deinem Spawnpunkt erwachst. Das ist entweder dein letztes Bett in der Oberwelt oder dein Seelenanker oder, wenn du beides nicht hast, der Welt-Spawnpunkt. Übrigens: Betten und Seelenanker explodieren im Ende bei Benutzung, hier kannst du also keinen Spawnpunkt setzen.

Im Zentrum der Insel, die von Endermen bevölkert ist, stehen massive Obsidiansäulen in einem Kreis um einen *Endbrunnen* aus unzerstörbarem Grundgestein. Hoch oben kreist der majestätische *Enderdrache* unentwegt um diese Säulen, auf deren Spitzen sich, manchmal auch in einem Eisenkäfig, große *Enderkristalle* befinden, die dem Drachen über lange Strahlen Energie geben.

Das Ende ist eine von Endermen bevölkerte Steininsel im leeren Raum. Im Zentrum steht ein Kreis aus riesigen Obsidiansäulen, die dem Enderdrachen Energie geben. Die winzige Spielfigur in ihrer blauen Diamantrüstung ist auf einer kleinen Obsidianplattform vor der Insel gelandet.

Deine Aufgabe ist es, den Enderdrachen, dessen Lebensenergie in einer Bossleiste angezeigt wird (siehe Kapitel »Monsterkunde – die Kreaturen der Dunkelheit«), zu besiegen. Erst dann wird der Endbrunnen zu einem benutzbaren Rückkehrportal.

Im Zentrum der Säulen steht der Endbrunnen aus Grundgestein, der zu deinem Rückkehrportal wird, sobald du den Enderdrachen besiegt hast.

Um diese Mission zu bewältigen, solltest du dich entsprechend ausstatten, bevor es losgeht:

- **Verzauberte Diamant- oder Netheritrüstung**: Nimm das Beste, was du hast, idealerweise mit *Schutz* auf Stufe IV und *Haltbarkeit* verzaubert.
- **Verzauberter Bogen und Pfeile**: Als Verzauberungen empfehlen sich *Stärke* für mehr Schaden, *Haltbarkeit* sowie *Unendlichkeit* für unendlich viele Schüsse.
- **Verzaubertes Diamant- oder Netheritschwert**: am besten mit den Verzauberungen *Schärfe* für mehr Schaden und *Haltbarkeit*.
- **Wurftränke der Stärke, der Heilung und der Regeneration**: Wirfst du einen Wurftrank auf deine eigenen Füße, geht das schneller, als einen normalen Trank zu trinken. Die Wurftränke der *Stärke* und der *Heilung* solltest du verstärken, den Wurftrank der *Regeneration* verlängern.
- **Sättigende Nahrung**: Kaninchenragout ist gut, aber am besten sind möglichst viele goldene Äpfel, die zusätzlich zur Nahrung und Sättigung auch die Statuseffekte *Absorption* mit zwei Extraleben und *Regeneration* geben.
- **Enderperlen**: Extrem nützlich im Ende. Du brauchst sie, um eine schwebende Obsidianplattform zu verlassen, um auf die Spitzen der Obsidiansäulen und um wieder zurück auf den Boden zu kommen. Auch wenn du von einer Säule stürzt, rettet dich eine schnell geworfene Enderperle. Nachschub bekommst du von den Endermen.
- **Gerüste**: Sie lassen sich schnell auf- und wieder abbauen und sind damit sehr gut für das Erklettern der Obsidiansäulen geeignet.
- **Spitzhacke**: zum Bauen von Hilfskonstrukten.
- **Glasflaschen**: zum Aufsammeln des Drachenatems, den du nur vom Enderdrachen bekommst. Damit braust du zu Hause Verweiltränke.
- **Endertruhe**: Du stellst sie an einem gut erreichbaren Ort auf und kannst auf 27 zusätzliche Slots mit Nachschub zugreifen, den du zu Hause vorbereitet hast, oder Beute in Sicherheit bringen.

Bei einem verlorenen Kampf landest du an deinem Spawnpunkt. Um einen kurzen Weg zurückzuhaben, solltest du dir in der Festung beim Endportal ein Expeditionslager einrichten, komplett mit Produktionsstätte für Waffen und Rüstungen, Farmen für die Nahrung und einer Endertruhe. Dazu stellst du ein Bett auf und setzt deinen Spawnpunkt dorthin.

Bist du gut ausgestattet im Ende angekommen, kannst du dich erst mal in Ruhe umschauen und orientieren. Die Endermen tun dir nichts, solange du sie nicht ansiehst, und den Spuckattacken des Enderdrachen kannst du gut ausweichen, wenn du ihn immer im Auge behältst – Zeit, um Drachenatem aufzusammeln, wie es im Kapitel »Monsterkunde – die Kreaturen der Dunkelheit« beschrieben ist, und in der Endertruhe zu verstauen.

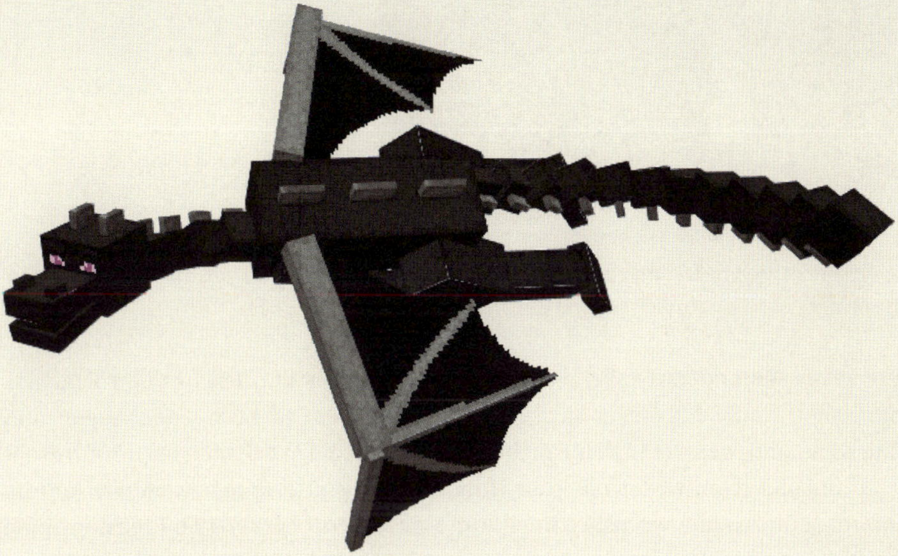

Jetzt zu deinem Plan:

1. Um dem Enderdrachen die Regeneration zu nehmen, musst du als Erstes alle *Enderkristalle* auf den Spitzen der Obsidiansäulen zerstören, was jedes Mal eine gewaltige Explosion auslöst. Am sichersten geht das aus der Ferne per Pfeil und Bogen. Besonders effektiv ist die Zerstörung eines Enderkristalls, der gerade die Lebensenergie des Drachens regeneriert, dann bekommt das Monster zusätzlichen Schaden.
2. Ärgerlich nur, dass einige Enderkristalle mit Eisenkäfigen gesichert sind. Hier nützt alles nichts, du musst auf die Säule – mit einer Enderperle, mit Gerüsten oder zur Not durch Hochstacken. Vorher einen Trank des *sanften Falls* zu trinken ist eine gute Absicherung gegen einen eventuellen Drachenangriff. Hast du den Käfig erreicht und geöffnet, platzierst du einen Block auf der Außenseite der Säule zwei Blöcke unter dem Rand (siehe Bild). Darauf stellst du dich und bewegst dich vorsichtig so weit nach außen, bis du den Enderkristall gerade noch siehst. Schießt du ihn jetzt ab, schützt dich die Säule vor der Explosion. Nach der Beseitigung des Kristalls gehst du wieder hoch und prüfst, ob du mit Pfeil und Bogen von hier aus Kristalle auf den Nachbarsäulen erreichen kannst.

An dieser Position bekommst du kaum Schaden durch die Explosion des Enderkristalls (den Eisenkäfig hast du natürlich schon geöffnet).

3. Erst wenn alle Enderkristalle zerstört sind, kümmerst du dich um den Drachen. Inzwischen weißt du, wie er sich verhält. Verliere ihn nicht aus den Augen und schieße auf ihn, wenn er in deine Richtung fliegt. Sobald er Schaden bekommt, dreht er ab und fliegt entweder ein paar Runden oder startet einen weiteren Angriff. Kommt er dir zu nahe, wechsle schnell zum Schwert, tritt kurz vor der Kollision einen Schritt beiseite und schlage zu. Fliegt er in der Gegend herum, versuche, seine Flugbahn vorherzusehen, und beschieße ihn mit Pfeilen. Am meisten Schaden bekommt der Drache, wenn du seinen Kopf triffst.
4. Neben dem direkten Angriff durch Kopf oder Flügel macht dir der Drache mit Spuckangriffen das Leben schwer – entweder in Form von Feuerkugeln aus großer Entfernung (Zeit genug, um zur Seite zu laufen) oder er spuckt dich beim Endbrunnen direkt an, ohne Feuerkugel. Beide Spuckangriffe hinterlassen einen Verweiltrank des *Schadens*, der dir bei Berührung jede Sekunde Schaden zufügt.
5. Je weniger Energie der Drache hat, desto öfter fliegt er zum Endbrunnen und verweilt dort für kurze Zeit flatternd in der Luft – wahrscheinlich, weil er weiß, dass er hier immun gegen Pfeile ist. Doch er hat nicht mit deinen Schwertangriffen gerechnet. Stürze dich auf ihn und verpasse ihm so viel Schaden wie möglich, am besten auf den Kopf und verstärkt durch einen Trank der *Stärke*.

Der Enderdrache hat 100 Lebensherzen, der Kampf erfordert also über einen längeren Zeitraum deine ganze Konzentration. Mit der Zeit erkennst du das Angriffs- und Flugschema des Drachen und wirst schneller beim Wechsel zwischen Waffen, Tränken und regenerierendem Essen. Solange du dich nicht aus Versehen auf Zweikämpfe mit Endermen einlässt, hält deine Rüstung kleine Drachenangriffe ab.

Hast du es endlich geschafft, verglüht der Drache und hinterlässt ein *Drachenei* ● auf der Spitze des *Endbrunnens*. Gleichzeitig öffnet sich der Brunnen zu deinem ersehnten Rückkehrportal. Als zusätzliche Belohnung regnet es Erfahrungskugeln, die sagenhafte 12.000 XP bringen. Außerdem erscheint am Rand der Insel ein seltsamer senkrechter Lichtstrahl in der Luft. Dazu später mehr.

Als Erstes sammelst du die Erfahrungskugeln auf. Sind einige in den Brunnen gefallen, versuche, sie vom Rand aus zu erreichen.

Das Drachenei ist schwieriger zu bekommen, es hat seinen eigenen Willen. Sobald du es berührst, teleportiert es sich weg. Berühre es nur ein einziges Mal, damit es die Spitze des Brunnens verlässt. Sobald es auf dem Boden liegt, gräbst du zwei Blöcke unter dem Ei ein Loch, stellst eine Fackel hinein und zerstörst den Block, auf dem das Ei steht. Das Ei fällt auf die Fackel, auf der es nicht stehen kann, und droppt zu einem Gegenstand (statt der Fackel kannst du auch einen anderen unvollständigen Block nehmen, z. B. einen Knopf oder eine Stufe).

Mit einer Fackel unter dem Drachenei und dem Abbau des Blockes darüber verhinderst du seine Flucht. Der Endbrunnen im Hintergrund ist bereits zum aktiven Rückkehrportal geworden.

Um deine Beute in Sicherheit zu bringen, verlässt du jetzt das Ende durch einen Sprung in den Endbrunnen. Dann erscheint ein Abspann mit einer seltsamen Geschichte in englischer Sprache. Kurz gesagt, unterhalten sich zwei Wesen über dich und mit dir und verwischen mit philosophischen Weisheiten die Grenze zwischen Spiel und Wirklichkeit. Das Gespräch endet mit den Worten »Wach auf«.

Danach laufen die Namen sämtlicher Personen ab, die jemals an der Herstellung des Spiels mitgewirkt haben. Das dauert sehr lange, aber mit der Leertaste und dem zusätzlichen Drücken der linken Strg-Taste und zusätzlich auch der rechten Strg-Taste beschleunigst du den Ablauf je nach Tastendruck stufenweise, und mit der ↑-Taste lässt du den Text rückwärts laufen (Tastensteuerung nicht in der BE). Oder du brichst die Liste mit der Esc-Taste ab. Du kannst dir die Namen jederzeit noch mal ansehen, wenn du im Hauptmenü des Spiels unten rechts auf das Copyright und den Menüpunkt MITWIRKENDE klickst (BE: EINSTELLUNGEN • ALLGEMEIN • MITWIRKENDE). Die Geschichte siehst du jedoch nur ein einziges Mal.

Schließlich landest du mit deinem vollständigen Inventar und allen Erfahrungspunkten an deinem Spawnpunkt. Dort bringst du das Drachenei in Sicherheit. Es ist der sichtbare Beweis, dass du es geschafft hast. Eine weitere Funktion hat es nicht. Danach geht es ans Verzaubern, um die Erfahrungspunkte aufzubrauchen, bevor du sie bei deinen weiteren Abenteuern wieder verlierst.

Weitere Abenteuer? Ja natürlich, du hast noch lange nicht alles im Ende gesehen. Die richtig wertvollen Schätze kommen erst noch.

Wenn du so weit bist, kehrst du durch das Endportal wieder zurück ins Ende.

## Weitere Enderdrachen und weitere Endinseln

Im Ende angekommen, hast du jetzt ein aktives Rückkehrportal im Endbrunnen. Springst du hinein, bist du sofort an deinem Spawnpunkt, die Geschichte und die Namen erscheinen nicht noch einmal.

Wenn du im Ende erneut gegen einen Enderdrachen kämpfen und weiteren Drachenatem aufsammeln möchtest, kannst du das jederzeit tun und beliebig oft einen neuen Drachen erschaffen. Das geht so:

1. Crafte vier *Enderkristalle* aus jeweils einem Enderauge, einer Ghast-Träne und 7 Glasblöcken.
2. Platziere die Enderkristalle auf allen vier Seiten des Endbrunnens.
3. Die Kristalle auf dem Brunnen löschen das Rückkehrportal im Endbrunnen aus, regenerieren neue Enderkristalle auf den Obsidiansäulen und beschwören einen neuen Enderdrachen. Das Rückkehrportal aktiviert sich erst wieder, wenn du den neuen Enderdrachen besiegt hast. Das bringt immerhin noch 500 XP, aber kein weiteres Drachenei.

Möchtest du einen Enderkristall zu Hause zur Dekoration aufstellen, geht das nur auf einem Block aus Grundgestein oder Obsidian.

Um einen neuen Enderdrachen zu beschwören, setzt du vier Enderkristalle auf die vier Seiten des Endbrunnens. Sie löschen das Rückkehrportal und regenerieren mit ihren Strahlen nacheinander die Enderkristalle auf den Obsidiansäulen.

Nach jedem Sieg über einen Enderdrachen erscheint ein weiterer Lichtstrahl ungefähr hundert Blöcke vom Endbrunnen entfernt. Bei genauerer Betrachtung schwebt dort ein Gebilde aus Grundgestein in der Luft. Es handelt sich um ein *Endtransitportal*, das du nur durch Gerüste oder durch den Bau einer Treppe erreichst. Maximal können 20 Endtransitportale in einem großen Kreis um den Endbrunnen entstehen.

Zum Durchschlüpfen ist ein solches Portal zu eng, du musst eine Enderperle hineinwerfen. Aber wo führt das Portal hin? Und was bedeutet »Transit«? Die Antwort gibt der nächste Abschnitt.

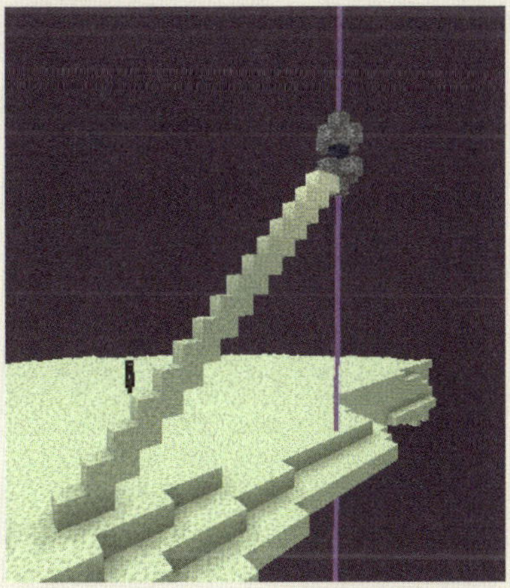

Ein Endtransitportal mit angebauter Treppe. In unregelmäßigen Abständen sendet es einen Lichtstrahl aus, um auf sich aufmerksam zu machen.

## Der Außenring mit Wäldern aus Choruspflanzen

Wenn du gedacht hast, das Ende besteht nur aus der Dracheninsel und sonst nichts, erfährst du nun die Wahrheit: In Wirklichkeit ist das Ende unendlich. Weit außerhalb der Dracheninsel befindet sich ein großer Ring aus zahllosen weiteren Endinseln, ähnlich wie ein Asteroidengürtel. Wenn du nach Benutzung eines Endtransitportals im äußeren Inselring landest und dich umdrehst, siehst du ein ähnliches Portal in der Luft schweben. Baue eine Treppe hinauf und merke dir die Position, denn dieses Portal führt dich zurück zur Dracheninsel.

Zwischen dir und dem Endbrunnen liegen jetzt tausend Blöcke Leere, die du mithilfe des Portals durchquert hast (das ist der Transit). Besiegst du auf der Dracheninsel weitere Enderdrachen und erzeugst damit weitere Endtransitportale, führen sie dich strahlenförmig in andere Richtungen auf dem Inselring. Aber die anderen Portale brauchst du nicht unbedingt, du kannst auch zu Fuß, Enderperlen werfend und Brücken bauend, etwa 6.300 Blöcke rund um die zentrale Dracheninsel wandern. Genau genommen brauchst du noch nicht einmal das erste Endtransitportal. Mit Geduld und Vorsicht kannst du von der Dracheninsel aus eine etwas mehr als 1.000 Blöcke lange Brücke bis zum Außenring bauen. Solange der Enderdrache lebt, hast du zwar kein Rückkehrportal im Endbrunnen, aber du kannst deine Beute und deine Ausrüstung in eine Endertruhe legen und in die Leere springen, um zu deinem Spawnpunkt zurückzukommen.

Du bist nun also im Außenring. Sieh dich um. Als Erstes fallen dir die merkwürdigen *Choruspflanzen* auf, die auf den meisten Inseln wie ein kleiner Wald wachsen. Baust du einen unteren Block davon ab, fallen sie wie ein Gerüst in sich zusammen und droppen *Chorusfrüchte*. Isst du eine Chorusfrucht, was du auch ohne Hunger machen kannst, wirst du bis zu acht Blöcke weit an einen zufälligen Punkt teleportiert – auch durch Wände hindurch! Das könnte die Ursache für die Teleportationsfähigkeit der Endermen sein: lebenslanger Genuss von Chorusfrüchten.

Backst du Chorusfrüchte im Ofen, trocknen sie aus und werden zu *geplatzten Chorusfrüchten*. Zusammen mit einer Lohenrute craftest du daraus geniale Leuchtstäbe, die sogenannten *Endstäbe*, die als Beleuchtung für moderne Häuser sehr gut geeignet sind.

Außerdem sind geplatzte Chorusfrüchte so stabil, dass du aus vier Stück vier *Purpurblöcke* craften kannst, ein Baumaterial mit einer ungewohnten Farbe, das sich zu Treppen, Stufen und Säulen weiterverarbeiten lässt (ein Bild findest du im Kapitel »Architektenträume – bauen und einrichten«).

Wenn du dich an einer Choruspflanze hochstackst und von den Spitzen die *Chorusblüten* abbaust, hast du die Grundlage für eine eigene Choruspflanzenfarm. Es reicht, eine Chorusblüte auf einen Endstein zu setzen. Nach einiger Zeit wächst sie höher, teilt sich und wird zu einer großen Choruspflanze.

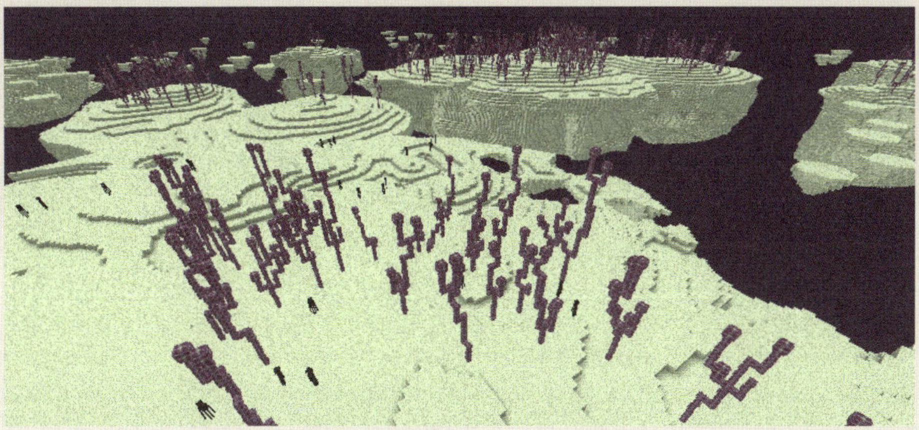

Der Außenring im Ende mit endlos vielen Inseln, auf denen Choruspflanzen wachsen

### Die größten Schätze sind in den Endsiedlungen

Wanderst du von Insel zu Insel, entdeckst du manchmal eine der seltenen und sehr merkwürdigen *Endsiedlungen*. Deren Häuser stehen nicht auf einer Fläche, wie du es von den Dörfern gewohnt bist, sondern sind in Form einer riesigen Choruspflanze aufeinandergetürmt. Kleine Siedlungen haben nur zwei Häuser, große können zehn Häuser und mehr haben und ein Schiff, das neben ihnen in der Luft schwebt.

Eine große Endsiedlung mit einem Schiff

Das Erforschen einer Endsiedlung ist gefährlich, denn an einigen Ecken kleben Shulker an den Wänden (siehe Kapitel »Monsterkunde – die Kreaturen der Dunkelheit«). In ihren Schalen sind sie gut geschützt und bespucken dich, wodurch du den Boden unter den Füßen verlierst und langsam nach oben schwebst, bis du aus großer Höhe abstürzt. Einfach einen Shulker mit Blöcken zuzubauen nützt nichts, er teleportiert sich weg. Das Teleportieren ist im Ende die übliche Fortbewegung.

Besiegst du einen Shulker, bekommst du manchmal eine *Shulker-Schale*. Aus zwei Shulker-Schalen craftest du eine *Shulker-Kiste*. Das ist ein extrem nützlicher Behälter, denn du kannst ihn wie eine Truhe füllen, dann abbauen und komplett gefüllt in einen Inventarslot legen, was mit normalen Truhen nicht möglich ist. Damit vergrößerst du einen einzigen Inventarplatz um das 27-Fache. Hast du mehrere Shulker-Kisten, lassen sie sich zur besseren Unterscheidung in 16 Farbtönen färben.

Shulker-Kisten sind schon eine gewaltige Erleichterung für deine Unternehmungen, aber noch besser sind die *Elytren*. Diese insektenartigen Flügel findest du nur im Inneren eines Schiffes neben einer großen Endsiedlung. Hast du die Shulker im Schiff besiegt und hältst die Elytren endlich in deinen Händen, legst du sie am besten sofort in eine Endertruhe. Sie sind zu wertvoll, um sie bei einem Unfall zu verlieren. Den Umgang damit übst du zu Hause, ohne Gefahr zu laufen, in die bodenlose Leere zu stürzen. Sieh dazu in den Abschnitt »Fliegen mit Elytren« im Kapitel »Reisefieber – unterwegs mit Pferden, Booten und Loren«.

Der größte Schatz: Bewacht von einem Shulker hängt ein Paar Elytren in einem Rahmen.

Zum Schluss wartet noch eine ganz besondere Dekoration auf dich: Am Bug eines jeden Schiffes sitzt ein echter *Drachenkopf*. Den hängst du dir als Erinnerung an deine Abenteuer zu Hause an die Wand oder – wenn du mehrere hast – an den Eingang deiner Burg. Der Clou: Legst du ein Redstone-Signal an den Drachenkopf, klappt er sein Maul ständig auf und zu (siehe Bild).

**Gratulation, du hast das 11. Survival-Level erreicht**

Unglaublich, was du im 11. Level alles geschafft hast: Wegruinen ausgegraben, Tempel erforscht, Plünderer-Außenposten und Waldanwesen erobert, Dörfer erkundet und mit Dorfbewohnern gehandelt. Vielleicht hast du sogar schon Dorfbewohnerzombies geheilt und ein eigenes Dorf gegründet.

Schließlich hast du eine unterirdische Festung aufgestöbert, das Endportal aktiviert und Abenteuer im Ende erlebt: den Enderdrachen, den Endbrunnen mit seiner seltsamen Geschichte, Endtransitportale, die in den Außenring führen, Choruspflanzen und Endsiedlungen mit Shulkern und Elytren. Mit reicher Beute beladen bist du nach Hause zurückgekehrt, hast deine arg mitgenommene Rüstung abgelegt und es dir erst einmal gemütlich gemacht.

Als du dich in deinem Wohnzimmer mit dem Drachenkopf und der Redstone-Fackel beschäftigt hast, kam dir der Gedanke, dass mit Redstone vielleicht noch mehr möglich sein müsste. Und so ist es auch: Mit Redstone-Energie kannst du nicht nur Türen, Kolben und Drachenköpfe bewegen, da ist noch *wesentlich* mehr machbar. Das nächste Kapitel zeigt dir diese Wunderwelt.

# Redstone – Minecraft unter Strom

*Du streust das letzte Häufchen Redstone-Staub auf den Boden. Sollte alles funktionieren, schließen die Kolben ein Wasserreservoir, die Mechanik für einen raffinierten Erntemechanismus. Du legst den Hebel um, ...*

*... und nichts passiert. Die Redstone-Spur funkelt zwar leuchtend rot, es fließt also Strom, aber weiter hinten bricht das Funkeln ab, die Spur ist zu lang! Du blätterst in deinem Survival-Guide, studierst noch einmal die Grundlagen zum Redstone-Staub. Aber natürlich: ein Verstärker! Du craftest das Bauteil und setzt es ein. Jetzt fahren alle Kolben wie gewünscht nach unten, das Reservoir ist wasserdicht. Vorsichtig füllst du Wasser ein und prüfst ein letztes Mal den Reifegrad der Ackerpflanzen.*

*Dann kommt der große Moment: Du legst den Hebel um. Mit lautem Klack fahren alle Kolben nach oben, öffnen das Reservoir, und eine Flutwelle ergießt sich über das ganze Feld. Weizen, Karotten, Kartoffeln und Rote Bete wirbeln durch die Luft und landen in der Strömung, die sie in einen Trichter spült. Nie war Ernten so einfach.*

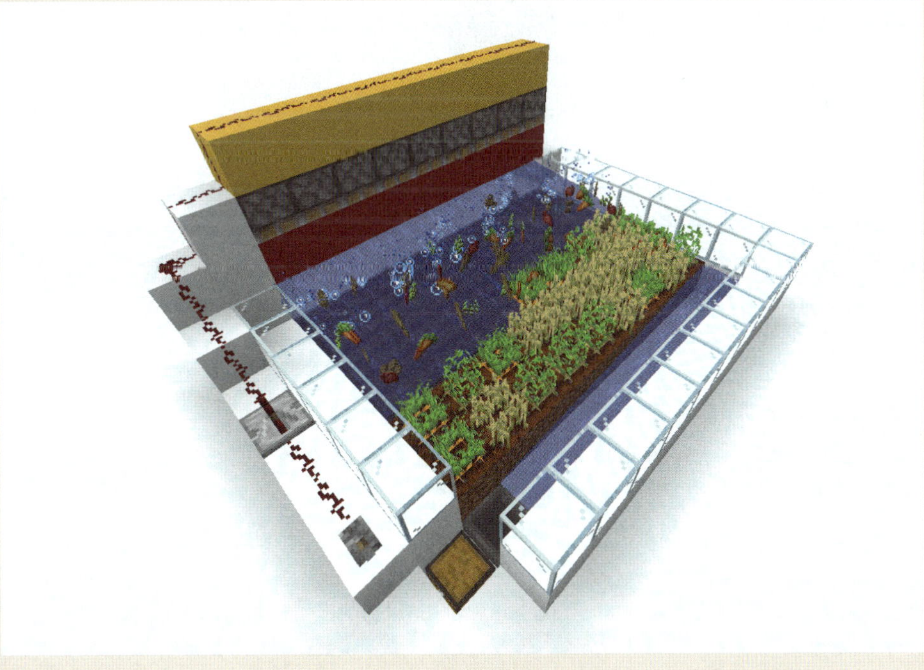

## Signale fließen durch den elektrischen Staub

Redstone kennst du aus dem Bergbau als Redstone-Erz und Redstone-Staub. Das rote Pulver ist eine wertvolle Brauzutat, weil es die Wirkdauer der Tränke verlängert (siehe Kapitel »Dimensionswechsel – Nether, Ozeane und Tränke erforschen«). Vielleicht hast du es auch als Deko eingesetzt: kleine rote Flecken auf dem Boden, z. B. in einer Metzgerei. Mit einem Rechtsklick machst du aus dem roten Kreuzchen einen runden Fleck.

Aber Redstone kann mehr, viel mehr. Einen Hinweis auf seine erstaunlichen Eigenschaften erhältst du, wenn du das Redstone-Erz berührst: Es fängt an zu leuchten. Der elektrische Staub, den du beim Abbau des Erzes erhältst, ist der zentrale Schlüssel für die Welt der automatischen Farmen, Lichtanlagen, Schleusen und Maschinen.

Das Redstone-Prinzip ist einfach: Einige Blöcke, z. B. Knöpfe oder Hebel, lösen ein *Signal* aus, andere Blöcke, z. B. Redstone-Lampen, reagieren auf solche Signale und tun etwas. Liegen diese *Signalgeber* und *Signalempfänger* weiter auseinander, verbindest du sie mit einer *Leitung*, einer Spur aus Redstone-Staub, die Signale wie elektrischen Strom weiterleitet.

Das Redstone-Prinzip: Signalgeber, Leitung, Signalempfänger

Ganz besonders dieses Kapitel ist ein Mitmach-Kapitel. Du lernst hier viele Bauteile und Funktionen kennen, die du beim Lesen wahrscheinlich nur teilweise verstehst. Doch sobald du die Konstruktionen nachbaust, in Aktion siehst und Änderungen ausprobierst, wirst du Schritt für Schritt zum Redstone-Experten. Daher lautet das Motto in diesem Kapitel: »Wenn du es nachbaust, wirst du es verstehen«.

**Laborwelt im Flachland**

Für Redstone-Experimente lohnt sich das Generieren einer neuen Welt mit besonderen Einstellungen:

- Reiter SPIEL → SPIELMODUS: KREATIV und SCHWIERIGKEIT: FRIEDLICH.
- Reiter MEHR → Bearbeite einige SPIELREGELN: KREATUREN ERZEUGEN und FAHRENDE HÄNDLER ERZEUGEN ausschalten. Monster erscheinen beim friedlichen Schwierigkeitsgrad sowieso nicht. Weiter unten auch VORANSCHREITEN DER TAGESZEIT und WETTERWECHSEL ausschalten.

- Reiter Welt → Schalte Bauwerke generieren: Aus und wähle den Welttyp: Flachland. Klicke beim Flachland-Welttyp auf Anpassen und Voreinstellungen und wähle dort Redstone, fertig, los.

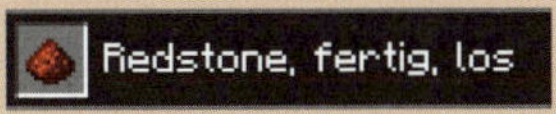


Du bekommst dann eine Welt ohne Landschaft, ohne Bauwerke, ohne Monster und ohne Wetter: nur eine flache helle Sandsteinfläche mit genügend Platz für ungestörte Experimente. Im Kreativmodus musst du dich nicht um das Craften der Bauteile kümmern, sondern nimmst sie aus dem erweiterten Inventar (die meisten aus dem Reiter Redstone).

Sieh dir als Erstes ein paar Tricks zum Verlegen von **Leitungen** an.

Die kürzeste Leitung ist die nicht vorhandene: Wenn du den Signalgeber direkt an den Signalempfänger setzt, brauchst du keine Leitung.

Setzt du den Signalgeber direkt an den Signalempfänger, brauchst du keine Leitung.

In anderen Fällen sitzt der Signalgeber nicht direkt am Empfänger, und trotzdem funktioniert es, z. B. bei einem Türknopf an der Wand. Das liegt daran, dass ein Redstone-Signal einen **Block aufladen** kann, der das Signal an seine Nachbarn weitergibt. Fast jeder solide würfelförmige Block kann auf diese Weise aufgeladen werden.

Linkes Bild: Der Knopf berührt nicht die Tür, er reicht sein Signal nur an den gelben Block. Dieser wird aufgeladen und gibt das Signal weiter an die Tür. Rechtes Bild: Die Redstone-Lampen zeigen, dass ein aufgeladener Block seine direkten Nachbarn aktiviert, aber nicht die diagonalen.

Wenn du Leitungen zu dicht verlegst, können sie über aufgeladene Blöcke ungewollte Aktionen auslösen. Setze eine Redstone-Lampe an irgendeine Seite des verdächtigen Blocks, um das genauer zu prüfen. Lege dann die Leitung weiter weg oder setze einen *transparenten Block* ein, der nicht aufgeladen werden kann, z. B. Glas, Treppe oder Stufe (wie in einer Geheimkammer in einer antiken Stadt).

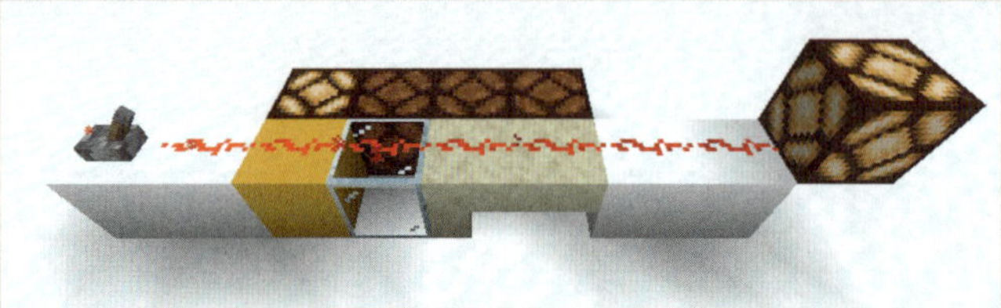

Das Signal geht zu der Redstone-Lampe ganz rechts und aktiviert sie. Zusätzlich wird auch der gelbe Block aufgeladen und aktiviert eine benachbarte Lampe, während Glas, Treppe und Stufe nicht aufgeladen werden und ihre Nachbarn unbeeinflusst lassen. Auch die weißen Blöcke sind aufgeladen, aber sie haben keine Nachbarn, auf die das wirken könnte.

Redstone-Leitungen bestehen zwar aus Staub, aber du kannst problemlos darüberlaufen, sie verwischen nicht. Nur Wasser spült sie weg. Sei daher vorsichtig beim Ausgießen von Wasser und achte auf Leitungen in der Nähe.

Das Ausstreuen des Staubs ist einfach, er verbindet sich automatisch mit seinen Nachbarn und bildet lange Leitungen, auch über einen Blockabsatz hinweg. An Wänden und Decken haftet er aber nicht. Um eine Leitung nach oben oder unten zu verlegen, baust du eine *Blocktreppe*.

Über eine Blocktreppe legst du Leitungen nach oben oder unten.

Das automatische Verbinden von Leitungen über einen Blockabsatz hinweg ist praktisch, aber manchmal stört es. Wenn du nicht möchtest, dass sich Leitungen an einem Absatz verbinden, trennst du sie mit einem soliden Block direkt an der Kante.

In anderen Fällen möchtest du das Gegenteil: einen Block an einer Kante platzieren, *ohne* die Leitung zu trennen. Auch das ist möglich, denn transparente Blöcke wie Glas, Treppe und Stufe trennen Leitungen nicht.

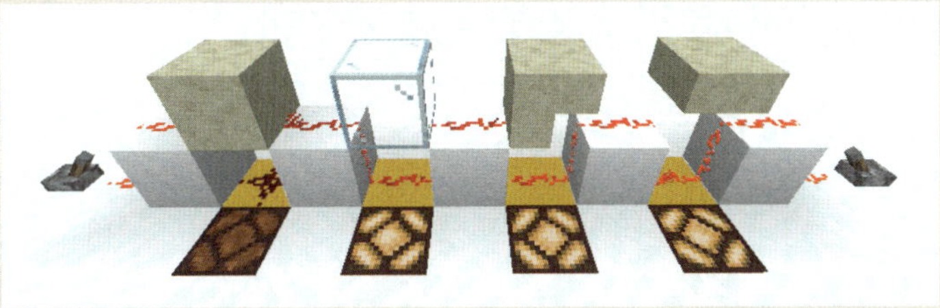

Leitungen trennen: Ein normaler solider Block, wie der Sandstein links, trennt eine Leitung am Blockabsatz. Sie verbindet sich nicht mit der Leitung darunter, die untere Lampe leuchtet nicht. Transparente Blöcke wie Glas, Treppe und Stufe trennen die Leitung nicht. Sie verbindet sich und aktiviert die Lampen.

Auch wenn eine Leitung sehr flach ist, belegt sie immer eine komplette Blockposition. Daher kannst du zur Abdeckung nichts auf dieselbe Ebene legen, nur eine Ebene höher ist möglich. Wenn der Platz knapp ist, kannst du auch einen Teppich auf die Leitung legen.

Eine praktische Eigenschaft der Redstone-Leitung ist ihr hellrotes Funkeln, sobald ein Signal hindurchfließt. So weißt du jederzeit, ob eine bestimmte Verdrahtung funktioniert. Allerdings wird das Signal mit jedem Block schwächer und erlischt nach 15 Blöcken ganz. Für dieses Problem gibt es eine einfache Lösung: Erneuere das Signal mit einem **Redstone-Verstärker**.

Der Redstone-Verstärker hat einen Richtungspfeil, den du aus der Entfernung besser erkennst. Baust du den Verstärker in dieser Richtung ein, gibt er das ankommende Signal in voller Stärke weiter, egal wie schwach es vorher war, bis es nach 15 Blöcken erneut erlischt. In die entgegengesetzte Richtung lässt der Verstärker kein Signal durch.

Elektroniker kennen diese Einbahnstraßenfunktion von der *Diode*. Der Verstärker hat noch weitere Funktionen, dazu später mehr.

Obere Strecke: Nach 15 Blöcken erlischt ein Signal in der Leitung. Untere Strecke: Ein Verstärker gibt dem Signal wieder die volle Stärke von 15 Blöcken. Bauteile wie der Verstärker laden den Block unter sich nicht auf, daher erhält die benachbarte Lampe auch kein Signal.

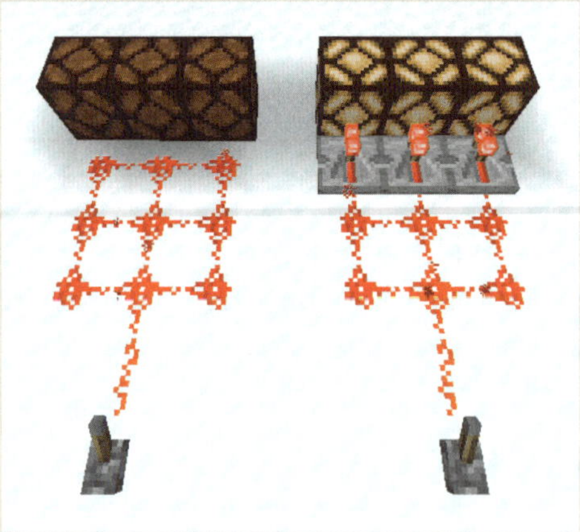

Verstärker helfen auch bei der Verbindung von Redstone-Leitungen mit Empfängern, wenn die Leitung das nicht von alleine machen will, weil sie sich stattdessen lieber mit ihren Nachbarn verbindet.

## Signalempfänger: Action auf Kommando

Leitungen verlegen ist schön und gut, aber ohne *Signalempfänger* passiert nichts. Sieh dir an, welche Signalempfänger es in Minecraft gibt und was sie tun. Einige kennst du schon aus früheren Kapiteln, andere wirst du auf den folgenden Seiten kennenlernen, denn am einfachsten verstehst du Redstone in der Praxis. Daher gibt es in diesem Kapitel immer wieder Beispiele für kleine und größere Apparaturen. Zwischendrin erfährst du mehr über die einzelnen Bauteile und ihre Funktionen.

- **Türen, Falltüren, Zauntore** : Öffnen sich, solange ein Signal anliegt, danach schließen sie sich wieder. Besonderheit: Die Eisentür und die Eisenfalltür lassen sich nur durch ein Redstone-Signal öffnen, nicht mit der Hand.
- **Redstone-Lampe** : Leuchtet, solange ein Signal anliegt. Ideal geeignet als Signalprüfer beim Bau von Redstone-Schaltungen. Auch wenn sie beim Abbauen klirrt, ist sie erfreulicherweise nicht zerbrechlich, sondern droppt.
- **Kolben, klebriger Kolben** : Fährt aus, solange ein Signal anliegt, und schiebt dabei bis zu 12 Blöcke weg. Geht das Signal aus, zieht der klebrige Kolben einen Block wieder zurück, der normale Kolben nicht. Der klebrige Kolben ist daher ideal für den Bau von Schiebetüren. Im nächsten Abschnitt gibt es dazu ein Beispiel.
  - Beim Experimentieren mit Kolben wirst du merken, dass er einige Blöcke nicht verschiebt, z. B. Behälter wie die Truhe. Und es gibt kleine oder zerbrechliche Blöcke, die beim Verschieben droppen. Dazu gehören viele Pflanzen, was den Bau von automatischen Farmen möglich macht (auch dazu folgt gleich ein Beispiel).
  - Bekommst du selbst einen Kolben von oben auf den Kopf, wirst du in eine Kriechposition gedrückt und kannst durch ein Block große Löcher kriechen.

Wenn dich ein Kolben runterdrückt, kannst du durch Löcher kriechen.

- **Antriebsschiene** : Solange ein Signal anliegt, beschleunigt dieser Signalempfänger eine Lore, andernfalls bremst er sie ab. Sieh dazu in den Abschnitt »Elektroantrieb mit Redstone« im Kapitel »Reisefieber – unterwegs mit Pferden, Booten und Loren«.
- **Aktivierungsschiene** : Wirft den Passagier aus einer Lore, solange ein Signal anliegt. Auch das ist im Kapitel »Reisefieber – unterwegs mit Pferden, Booten und Loren« genauer beschrieben.
- **Schienenkurve** : Solange ein Signal anliegt, ändert die Kurve ihre Richtung, wenn sie in einer T-Verbindung liegt (siehe Abschnitt »Weichen« im Kapitel »Reisefieber – unterwegs mit Pferden, Booten und Loren«).
- **Regal** : Bei einem normalen Regal tauschst du mit einem Rechtsklick den Gegenstand in deiner Hand mit dem Inhalt des angeklickten Fachs. Ist ein Regal jedoch

durch ein Signal aktiviert, verschwinden die Facheinteilungen, und beim Rechtsklick tauschen die *rechten drei* Slots deiner Schnellzugriffsleiste mit den drei Fächern des Regals. Der Clou: Stellst du drei aktivierte Regale nebeneinander, tauschst du mit einem einzigen Rechtsklick deine *gesamte* Schnellzugriffsleiste mit den neun Regalfächern. Damit kannst du dich superschnell für unterschiedliche Aufgaben ausrüsten: Überall, wo du bestimmte Werkzeuge brauchst, z. B. beim Bergbau, bei der Gartenarbeit oder beim Beginn einer Expedition, stellst du drei Regale auf, die du passend füllst und mit Hebeln aktivierst. Danach kannst du jederzeit mit einem Rechtsklick die gesamte Ausrüstung schnappen und nach getaner Arbeit genauso schnell wieder zurücklegen.

- **Notenblock**: Spielt einmal den vorher eingestellten Ton, wenn ein Signal kommt. Durch mehrfaches Rechtsklicken auf den Block stellst du den Ton ein. Von F#3 bis F#5 sind 25 Töne über zwei Oktaven möglich, wobei jeder Ton eine schwebende Note in einer bestimmten Farbe erzeugt.

  Das Instrument bestimmst du mit dem Block unter dem Notenblock: Wolle = Gitarre, Strohballen = Banjo, Bretter = Kontrabass, Kies = kleine Trommel, Stein = große Trommel, Goldblock = Glöckchen, Packeis = Klangstäbe, Seelensand = Kuhglocke, Glas = Becken, Knochenblock = Xylophon, Eisenblock = Metallophon, Ton = Flöte, Kürbis = Didgeridoo, Laub = Harfe, Leuchtstein = Klavier, Smaragdblock = Chiptune (alte Computerspielmusik). Hast du einen Monsterkopf auf den Notenblock gestellt, erklingt das entsprechende Monstergeräusch, wenn ein Signal kommt.

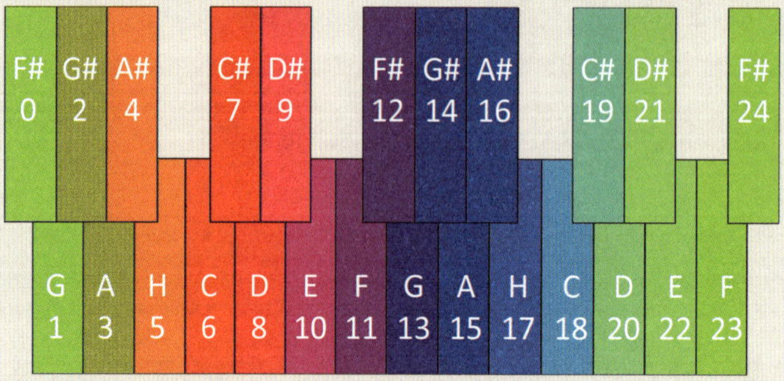


Der Notenblock kann Töne aus zwei Oktaven spielen. Jede Note hat ihre eigene Farbe. Die Zahl unter der Note zeigt an, wie oft du dafür den Notenblock rechtsklicken musst.

- **Glocke**: Spielt einmal einen Turmglockenton, wenn ein Signal kommt.
- **Piglinkopf**: Wackelt mit den Ohren, solange ein Signal anliegt.
- **Drachenkopf**: Bewegt sein Maul auf und zu, solange ein Signal anliegt. Die Geschwindigkeit ist immer gleich.

- **Trichter**: Wird blockiert, solange ein Signal anliegt. Der Trichter nimmt dann keine Gegenstände an und gibt keine weiter. Die Funktion des Trichters ist im Kapitel »Heimwerken – hör mal, wer da craftet« genauer beschrieben.
- **TNT**: Explodiert vier Sekunden nach einem Redstone-Signal. Weil die Explosion natürlich auch eine mühsam gelegte Redstone-Leitung zerstören würde, stellst du einfach eine Redstone-Fackel neben das TNT und läufst weg.
- **Spender, Werfer**: Diese beiden Signalempfänger sind spezielle Behälter, denn sie haben ein Inventar mit 9 Slots. Kommt ein Signal, spucken sie aus ihrem Inventar einen zufälligen Gegenstand aus, je nach Positionierung ihrer Öffnung auch senkrecht nach oben oder unten.

Besonderheit des freundlich lächelnden **Spenders**: Steht direkt vor ihm ein Behälter, z. B. eine Truhe, legt er den Gegenstand dort hinein. Ist der Behälter voll, macht er nichts.

Der **Werfer** hat eine o-förmige Schussöffnung und behandelt einige Gegenstände sehr speziell. Einige Beispiele:

- *Geschosse* wie Pfeile, Schneebälle, Feuerwerksraketen, Eier, Wurftränke und Feuerkugeln schießt der Werfer gerade heraus. Damit lassen sich schöne Fallen oder Feuerwerksbatterien bauen.
- *Wassereimer* und *Lavaeimer* gießt er aus, behält den leeren Eimer und saugt die Flüssigkeit beim nächsten Signal wieder in den Eimer. Das funktioniert auch mit einem Pulverschneeeimer.
- Leere *Glasflaschen* füllt er mit Wasser oder mit Honig, wenn er direkt vor Wasser oder einem gefüllten Bienennest/Bienenstock steht.
- *Boote* setzt er aufs Wasser und *Loren* auf eine Schiene, wenn er direkt davorsteht.
- *Knochenmehl* benutzt er als Dünger, wenn der Block vor ihm gedüngt werden kann.
- Mit *Leuchtstein* lädt er einen Seelenanker auf, der direkt vor ihm steht.

- Hat er *Scheren* in seinem Inventar, schert er ein Schaf, das vor ihm steht, oder er schneidet Honigwaben aus einem vollen Bienennest/Bienenstock.
- Hat er *Feuerzeuge* in seinem Inventar, zündet er vor sich ein Feuer an oder aktiviert ein Netherportal.

## Zuckerrohrernte per Knopfdruck

Im ersten Beispiel zum Thema »Signalempfänger« geht es um eine Zuckerrohrfarm. Weil Zuckerrohr von alleine nach oben wächst, solange der untere Block stehen bleibt, baust du eine Kolbenreihe, die jeweils den *zweiten* Zuckerrohrblock zerstört. Die Blöcke darüber droppen dann auch.

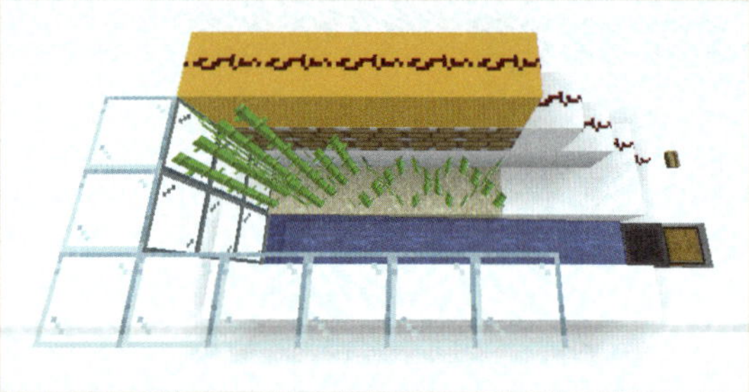

Eine Zuckerrohrfarm: Das Zuckerrohr wächst nach oben. Per Knopfdruck lässt du die Kolben ausfahren, die das Zuckerrohr droppen lassen. Es fällt in den Wasserkanal, wird in einen Trichter geschwemmt und landet in einer Truhe. Achte darauf, dass der Trichter auf die Truhe zeigt.

Um die Kolbenreihe zu aktivieren, nutzt du das Prinzip des aufgeladenen Blocks und platzierst eine Reihe Blöcke auf oder hinter den Kolben (im Bild gelb). Darauf legst du die Leitung. Die aufgeladenen Blöcke geben das Signal an die Kolben weiter.

Für den Abtransport der Drops baust du einen Wasserkanal mit Strömung, indem du an einem Ende einen Wassereimer ausgießt. Der Kanal bewässert auch gleichzeitig das Zuckerrohr, das sich sonst nicht pflanzen lässt. Eine Glaswand sorgt dafür, dass das Zuckerrohr möglichst ins Wasser fällt. Ein Teil wird zwischen die Pflanzen fallen, das lässt sich nicht vermeiden.

Damit du die angespülten Drops nicht aufheben musst, platzierst du am Ende des Wasserkanals einen Trichter, der auf eine Truhe zeigt. Die Drops werden in den Trichter geschwemmt, der sie an die Truhe weitergibt.

Jetzt kannst du auf Knopfdruck Zuckerrohr ernten, z. B. für die Papierherstellung. Diese Technik funktioniert auch mit Bambus für die Gerüstherstellung und mit Kürbissen und Melonen.

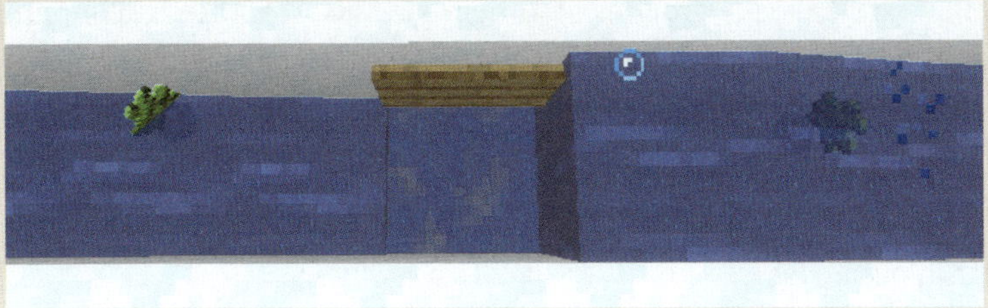

Eine Kanalverlängerung für den Abtransport von Drops: Setze ans Ende einer Wasserstrecke Blaueis auf den Boden, darauf rutschen die Drops besonders gut weiter. An die Seite kommt ein leeres Schild, um das nachfolgende Wasser am Zurückfließen zu hindern. Danach gießt du wieder einen Wassereimer aus.

### Flutwellen-Acker

Flutwellen eignen sich hervorragend für die automatische Ernte von Ackerpflanzen, weil sie alles mit sich reißen. Die Kunst besteht im Kanalisieren der Wasserströmung, weil die Drops gerne in den Ecken hängen bleiben. Um das Wasser gleichmäßig über den Acker laufen zu lassen, empfiehlt sich deshalb eine klebrige Kolbenreihe, die ein längliches Wasserreservoir öffnet.

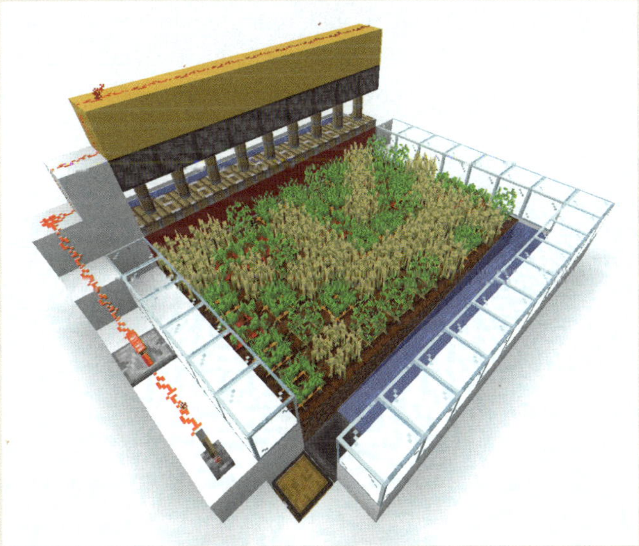

Eine Ackerflutungsfarm: Eine Kolbenreihe hält das Wasser in einem Reservoir zurück (hier mit roten Blöcken, das Reservoir ist dahinter). Fahren die klebrigen Kolben mit den roten Blöcken nach oben, flutet das Wasser den Acker und spült die Drops in einen Strömungskanal, der gleichzeitig den Ackerboden bewässert. Am Ende des Strömungskanals leitet ein Trichter die Drops in eine Truhe.

Der Acker auf dem Bild ist 54 Blöcke groß, es sammeln sich also 54 Ackerfrüchte am Trichter. Der braucht einen Moment, um diese Menge zu verarbeiten. Sieh direkt nach der Flutung in die Truhe und beobachte den Füllvorgang.

Wenn du die Mauer bei der Truhe schließen möchtest, damit die Drops nicht über den Trichter hinwegrutschen können, setze über der Truhe eine umgedrehte Treppe ein, damit sie sich weiterhin öffnen lässt.

## Signalgeber: Einer muss ja den Anfang machen

Jedes Signal kommt letztlich von einem *Signalgeber*. Knopf und Hebel kennst du schon, aber es gibt noch weitere Signalgeber, die entweder kurzzeitige oder dauerhafte Signale erzeugen, ganz nach deinen Wünschen:

- **Knopf** (BE: Schaltfläche): Gibt ein kurzes Signal, weil er nach dem Reindrücken automatisch wieder zurückspringt (Steinknöpfe nach 1 Sekunde, Holzknöpfe nach 1,5 Sekunden).
- **Lesepult**: Gibt ein kurzes Signal, wenn eine Seite des Buches umgeblättert wird. Ein Beispiel findest du in der Geheimkammer einer antiken Stadt.
- **Haken mit Stolperdraht**: Gibt ein kurzes Signal, wenn jemand darüberläuft (Spielfiguren, Tiere, Monster). Ein Stolperdraht besteht aus maximal 40 Fäden, die du zwischen zwei Haken auf den Boden legst. Das Aktivieren des Stolperdrahtes ist beliebig oft möglich, er geht dabei nicht kaputt. Um einen Stolperdraht zu zerstören, zerschneidest du ihn mit einer Schere (Linksklick), oder du schlägst die Haken von der Wand. Beides löst *kein* Signal aus.
- **Druckplatte**: Gibt ein dauerhaftes Signal, solange sie belastet wird. Steindruckplatten reagieren nur auf Spielfiguren, Tiere und Monster. Holzdruckplatten sind empfindlicher, sie reagieren auch auf fallengelassene Gegenstände (mit der Taste Q).

  Bei einer Doppeltür setzt du vor jede Tür eine Druckplatte. Läufst du auf die Mitte der Türen zu, trittst du auf beide Druckplatten gleichzeitig und öffnest beide Türen.
- **Sensorschiene**: Gibt ein dauerhaftes Signal, solange sich eine beliebige Lore darauf befindet. Im Kapitel »Reisefieber – unterwegs mit Pferden, Booten und Loren« ist das genauer beschrieben.
- **Hebel**: Gibt ein dauerhaftes Signal, solange er eingeschaltet ist.
- **Redstone-Block**: Gibt immer ein dauerhaftes Signal. Anstelle eines ständig eingeschalteten Hebels kannst du auch einen Redstone-Block einsetzen, z. B. hinter einer Redstone-Lampe, die immer leuchten soll.

- **Redstone-Fackel** : Gibt ebenfalls ein dauerhaftes Signal, mit einer Besonderheit: Wird der Block, *an dem sie befestigt ist*, durch ein Signal aufgeladen, geht sie *aus*. Eine direkt an die Fackel gelegte Redstone-Spur hat keine Wirkung, die Fackel kann tatsächlich nur durch einen aufgeladenen Block ausgeschaltet werden. Mit dieser Eigenschaft ist die Redstone-Fackel gleichzeitig Signalgeber und -empfänger: Sie liefert ein Signal und kann ein- und ausgeschaltet werden. Das eröffnet ungeahnte Möglichkeiten.

### Signale verarbeiten und speichern

Baust du einen Block mit Redstone-Fackel in eine Leitung ein, kehrt sie das Signal um: Aus »An« wird »Aus« und umgekehrt. Das nennt man *Inverter*.

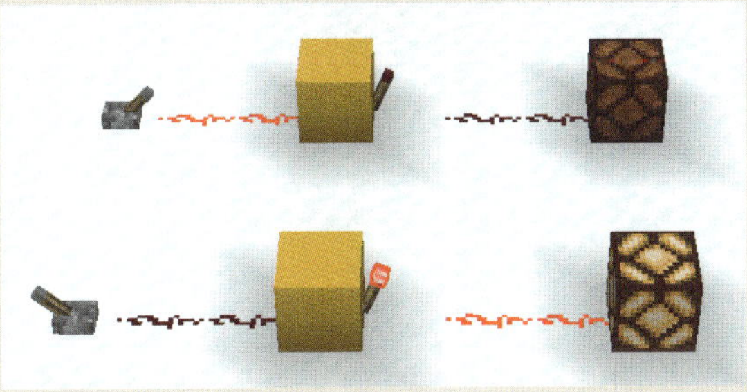

Redstone-Fackeln als Inverter: Obere Reihe: Aus »An« wird »Aus«.
Untere Reihe: Aus »Aus« wird »An«.

Die Invertierfunktion der Redstone-Fackel gibt dir eine alternative Möglichkeit für das Verlegen von senkrechten Leitungen. Allerdings braucht das Signal hierbei länger als bei einer Blocktreppe.

Senkrechte Signalweitergabe mit Invertern – links nach oben, rechts nach unten

### Logikschaltungen

Ein einziges Signal in einer Leitung ist ziemlich simpel: Ein Knopf öffnet eine Falltür. Interessant wird es, wenn ein zweites Signal ins Spiel kommt, z. B., wenn die Falltür mit einem Knopf und einer Druckplatte verbunden ist. Du kannst die beiden Signale unterschiedlich verknüpfen:

- **ODER-Schaltung**: Es ist egal, welchen Öffner du benutzt, Knopf *oder* Druckplatte öffnen die Falltür.
- **UND-Schaltung**: Die Falltür öffnet sich nur, wenn Knopf *und* Druckplatte gleichzeitig benutzt werden.

Links: ODER-Schaltung, rechts: UND-Schaltung

Die UND-Schaltung funktioniert so: Wenn nur *ein* Signal ankommt, geht nur *eine* Redstone-Fackel auf den gelben Blöcken aus. Die andere bleibt an und aktiviert weiterhin das kurze Leitungsstück zwischen den Fackeln. Dieses lädt den Block unter sich auf, wodurch die seitlich angehängte Redstone-Fackel erlischt.

Erst wenn *beide* Signale gleichzeitig ankommen, erlöschen *beide* Redstone-Fackeln und damit auch das kurze Leitungsstück dazwischen. Nur so kann die seitlich angebrachte Redstone-Fackel leuchten und die Falltür öffnen.

Eben hast du die UND-Schaltung kennengelernt: Die Falltür geht nur auf, wenn du auf der Druckplatte stehst und gleichzeitig den Knopf drückst. Aber was, wenn Druckplatte und Knopf weit auseinander liegen? Dann musst du das erste Signal *speichern*, damit du es abfragen kannst, wenn das zweite Signal ankommt.

Der einfachste *Signalspeicher*, auch *Speicherzelle* oder *Flipflop* genannt, ist eine *Kupferleuchte* mit einem benachbarten Redstone-Komparator, wie auf dem nächsten Bild zu sehen: Mit jedem ankommenden Signal wechselt die Kupferleuchte ihren Zustand zwischen »An« und »Aus«, während der Komparator nur dann ein Signal weitergibt, wenn die Kupferleuchte »An« ist.

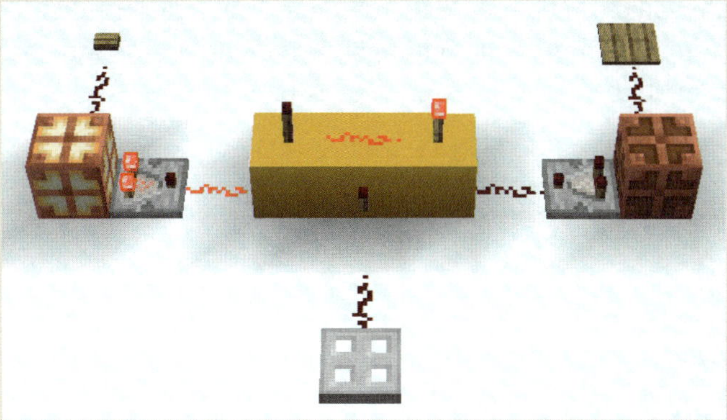

In dieser UND-Schaltung stecken zwei Speicherzellen: Das Signal des Knopfs ist bereits in der linken Kupferleuchte gespeichert, während die weiter weg liegende Druckplatte noch nicht ausgelöst wurde. Sobald sie betreten wird, geht die Falltür auf. Weil dann beide Signale gespeichert sind, bleibt die Falltür offen, auch wenn die Druckplatte wieder verlassen wird.

Mit Redstone-Fackeln und Kupferleuchten hast du die Möglichkeit, nicht nur ein einziges Signal zu verarbeiten, sondern mehrere Signale zu verknüpfen, zu speichern und später wieder abzufragen, wobei die Zustände »An« und »Aus« auch »1« und »0« oder »Wahr« und »Falsch« genannt werden. Willkommen in der Welt der Digitaltechnik und Informatik – und alles nur mit ein bisschen Staub auf dem Boden und roten Fackeln an Blöcken.

### Schiebetür

Das erste Beispiel zum Thema »Signalgeber« ist eine Schiebetür. Zum Öffnen werden Druckplatten und die Invertierfunktion der Redstone-Fackel benutzt.

Die Tür selbst besteht aus Blöcken, die von klebrigen Kolben hin- und herbewegt werden. Diese Türblöcke gestaltest du ganz nach deinen Wünschen entweder auffällig (z. B. mit Glas) oder getarnt als Geheimtür (z. B. mit Bücherregalen). Probiere auch mal Gitter und Glasscheiben aus, du wirst überrascht sein.

Weil die Schiebetür im Ruhezustand geschlossen sein soll, müssen die Kolben immer ausgefahren sein. Zeit für den Einsatz eines Inverters: Stelle eine Redstone-Fackel hinter einen Kolben, damit er ausfährt. Setze einen Block über die Fackel und befestige daran den zweiten Kolben. Die Fackel lädt den Block auf, der den zweiten Kolben auch aktiviert. Somit sorgt eine einzige Redstone-Fackel dafür, dass beide Kolben immer ausgefahren sind. Erhält der Block, *auf* dem die Redstone-Fackel steht, ein Signal über eine Druckplatte, geht sie aus, und beide Kolben fahren zurück. Fertig ist die Schiebetür.

Für großzügigere Tore brauchst du eine Doppelschiebetür. Baue dazu zwei Einzelschiebetüren gegenüber und ziehe eine durchgehende Leitung unter beiden Druckplatten zu den beiden Invertern hinter den Kolben.

Die Druckplatten laden die Blöcke unter sich auf. Diese geben das Signal über die darunterliegende Leitung an die beiden Inverter links und rechts weiter. Sobald die Redstone-Fackeln erlöschen, ziehen sich die klebrigen Kolben zurück und öffnen gleichzeitig die beiden Schiebetüren, die aus roten Blöcken bestehen.

Der Zugang zu den Redstone-Geheimkammern in einer antiken Stadt ist auch eine Doppelschiebetür. Der Inverter ist dort im Nachbarraum angebracht.

Eine Geheimtür würdest du natürlich nicht mit auffälligen Druckplatten bauen, sondern mit einem Knopf oder einem anderen Signalgeber, der irgendwo in der Dekoration des Raumes versteckt ist.

## Schleimtrampolin

Hüpfen macht Spaß, bau dir ein Trampolin! Das benutzt als Signalgeber einen Stolperdraht und arbeitet mit den besonderen Eigenschaften des Schleimblocks.

Setze einen Schleimblock auf einen nach oben gerichteten klebrigen Kolben. Baue auf der einen Seite eine Blocktreppe für die Leitung, auf der anderen Seite eine richtige Treppe für dich, wie auf dem Bild zu sehen. Auf beiden Seiten befestigst du einen Haken. Rechtsklickst du mit einem Faden auf einen Haken, schwebt der Faden erst mal davor in der Luft. Doch sobald der zweite Haken gegenüber existiert, verbindet sich der Faden automatisch mit beiden Haken und wird zum Stolperdraht.

Die Redstone-Leitung verlegst du von einem der Haken zum klebrigen Kolben. Fertig ist dein Trampolin.

Sobald du von der Treppe durch den Stolperdraht springst, löst du ein Signal aus, das durch den aufgeladenen Block hinter dem Haken (auf dem Bild gelb) über die Leitung bis zum klebrigen Kolben fließt. Der Kolben fährt aus und trifft dich mit dem Schleimblock, der dich nach oben schleudert, bis du wieder fällst und erneut hochgeschleudert wirst. Das funktioniert natürlich auch mit Tieren.

Trampolin: Signalgeber ist hier ein Stolperdraht, Signalempfänger ein klebriger Kolben mit Schleimblock.

## Mit Sensoren die Umwelt messen

Die bisherigen Signalgeber erzeugen Signale, die immer die maximal möglichen 15 Blöcke weit reichen. Es gibt aber auch Signalgeber, die ihre Umwelt messen und je nach Messergebnis unterschiedlich starke Signale erzeugen, die zwischen 1 und 15 Blöcken weit reichen. Diese Signalgeber werden *Sensoren* genannt:

- **Tageslichtsensor**: Die Signalstärke hängt von der Tageshelligkeit ab, zeigt aber nicht die Lichtstärke an, sondern einen eigenen Wert (siehe Tabelle). Der Sensor muss dazu unter freiem Himmel stehen.

| Zeitraum | Dauer und Signalstärke |
|---|---|
| Nacht | 7 Minuten lang 0 |
| Morgenröte bis Vormittag | in 5 Minuten von 0 auf 15 |
| Mittag | 3 Minuten lang 15 |
| Nachmittag bis Abendröte | in 5 Minuten von 15 auf 0 |

Bei Niederschlag ist der Himmel bedeckt und der Maximalwert klettert nur auf 12, bei Gewitter sogar nur auf 10. Künstliches Licht, z. B. von Fackeln, wird vom Sensor ignoriert. **Einsatzbeispiel**: Mit einem Tageslichtsensor lässt du die Doppelschiebetür deines Burgtors automatisch bei Sonnenaufgang aufgehen und bei Sonnenuntergang zugehen.

- **Nachtlichtsensor**: Mit einem Rechtsklick auf einen Tageslichtsensor machst du ihn zum Nachtlichtsensor. Dessen Signalstärke hängt von der Nachtstunde ab, solange der Sensor unter freiem Himmel steht.

| Zeitraum | Dauer und Signalstärke |
|---|---|
| Tag | 9,5 Minuten lang 0 |
| Sonnenuntergang bis Nacht | in 1,5 Minuten von 0 auf 11 |
| Nacht | 7,5 Minuten lang 11 |
| Sonnenaufgang bis Tag | in 1,5 Minuten von 11 auf 0 |

Bei schlechtem Wetter steigt der Maximalwert höher, weil es dann noch düsterer ist. **Einsatzbeispiel**: Setzt du einen Nachtlichtsensor auf eine Redstone-Lampe, brennt das Licht nur, wenn es dunkel ist.

- **Feinwägeplatte** (BE: leicht beschwerte Druckplatte): Die Signalstärke hängt von der Anzahl der Objekte ab, die auf der Platte liegen. Ein Objekt ist ein Tier, ein Monster, eine Lore, ein Boot oder ein Stapel gleichartiger Gegenstände. Ein auf dem Boden schwebender Stapel mit 1 bis 64 Steinen ist also ein einziges Objekt, während vier verschiedenfarbige Betonblöcke vier Objekte sind. Ab 15 Objekten liefert die Feinwägeplatte die maximale Signalstärke 15. **Einsatzbeispiel**: Ein Tempeltor öffnet sich erst, wenn man eine bestimmte Anzahl von unterschiedlichen Gegenständen opfert.
- **Grobwägeplatte** (BE: stark beschwerte Druckplatte): Funktioniert wie die Feinwägeplatte, erhöht die Signalstärke aber erst ab jeweils zehn unterschiedlichen Objekten. Ab 141 Objekten liefert die Grobwägeplatte die maximale Signalstärke 15.

- **Redstone-Truhe** : Die Signalstärke hängt von der Anzahl der Spieler ab, die gleichzeitig in die Truhe schauen. Ab 15 Spielern liefert sie den Maximalwert 15. Von der normalen Truhe ist sie nur schwer zu unterscheiden, aber sie hat einen schwachroten Rand um das Schloss, den die normale Truhe nicht hat. **Einsatzbeispiel**: Eine Falle wird ausgelöst, wenn jemand diese Truhe öffnet.
- **Zielblock** : Die Signalstärke hängt davon ab, wie genau ein Geschoss das Zentrum trifft. Ein Randtreffer liefert die Signalstärke 1, ein gerader Treffer ins Zentrum die Stärke 15. **Einsatzbeispiel**: ein Schießstand für Pfeil und Bogen. Ein Beispiel ist in den Geheimkammern einer antiken Stadt aufgebaut.
- **Sculk-Sensor** : Viele Aktionen verursachen ein Geräusch. Dieser Sensor erkennt Geräusche in einem kugelförmigen Radius von acht Blöcken, auch durch Wände hindurch! Nur auf andere Sculk-Sensoren oder -Kreischer reagiert er nicht. Die Signalstärke hängt von der Entfernung des Geräusches ab. Stört dich das Schwirren des Sculk-Sensors, stellst du ihn ins Wasser und lässt die Redstone-Leitung unter ihm beginnen. Wollblöcke als Wand oder Boden sowie Teppiche schlucken Geräusche. Mit einer Abschirmung aus Wolle kannst du den Sensor nur in eine bestimmte Richtung lauschen lassen. **Einsatzbeispiel**: Öffnen der Geheimtür in einer antiken Stadt.

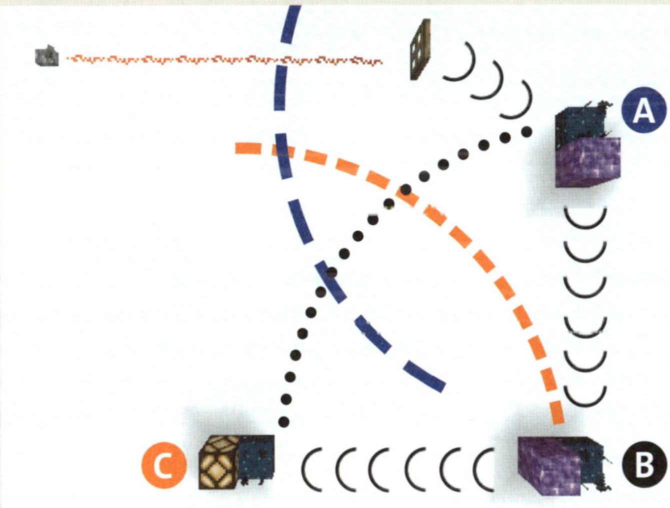


Eine Schallstrecke: Den Hebel links oben hört kein Sculk-Sensor, er liegt außerhalb der drei Lauschbereiche. Der Hebel lässt die Falltür rechts oben aufklappen. Das hört Sculk-Sensor A in seinem blauen Radius und bringt seinen benachbarten Amethystblock zum Klingen. Dieser liegt im schwarzen Radius von Sculk-Sensor B, der auf das Geräusch reagiert und seinen benachbarten Amethystblock zum Klingen bringt. Das wiederum hört Sculk-Sensor C in seinem orangefarbenen Radius und aktiviert eine benachbarte Redstone-Lampe.

Mit einem *Amethystblock* direkt neben dem Sculk-Sensor baust du eine **Schallstrecke**: Hört der Sculk-Sensor ein Geräusch, bringt er den benachbarten Amethystblock zum Klingen, was ein maximal acht Blöcke entfernter Sculk-Sensor hören kann. Schallstrecken funktionieren nur mit zwischengeschalteten Amethystblöcken, denn Sculk-Sensoren alleine können sich gegenseitig nicht hören.

- **Kalibrierter Sculk-Sensor** : Aus einem Sculk-Sensor und drei Amethystscherben craftest du ein Präzisionsinstrument, das doppelt so weit lauscht wie der normale Sculk-Sensor, d. h. 16 Blöcke. Damit sind längere Schallstrecken möglich. Außerdem kannst du diesen Sensor so einstellen (kalibrieren), dass er nur auf ganz bestimmte Geräusche reagiert. Dazu platzierst du direkt neben dem Sensor einen Redstone-Komparator, der auf eine lange Redstone-Leitung gerichtet ist. So findest du heraus, welche Signalstärke der Sensor bei deinem Wunschgeräusch liefert. Kuchen essen liefert z. B. die Signalstärke 8. Dann legst du ein Signal mit genau dieser Stärke an die Markierung des Sensors. Er wird jetzt nur noch auf Geräusche der Stärke 8 reagieren. Eine Liste der Geräuschstärken findest du in der Referenz am Ende des Buches im Abschnitt »Redstone«.

Oben: Ein Redstone-Komparator neben einem Sculk-Sensor zeigt an, dass Kuchenessen ein Geräusch der Stärke 8 erzeugt. Unten: Legst du ein Redstone-Signal der Stärke 8 an die Markierung eines kalibrierten Sculk-Sensors, reagiert er nur noch auf Geräusche der Stärke 8.

- **Redstone-Komparator** : Dieses Bauteil misst den Füllgrad eines Behälters, wenn du es *direkt* neben den Behälter setzt. Bei einem leeren Behälter liefert der Komparator die Signalstärke 0. Das erkennst du an den beiden hinteren Fackeln auf dem Komparator, die dann aus sind. Ist der Behälter nicht leer, gehen die beiden Fackeln an, und der Komparator liefert je nach Füllgrad ein Signal zwischen 1 und 15. Die 15 steht für einen komplett gefüllten Behälter.

Der Komparator erkennt nicht nur den Füllgrad von Behältern mit Inventar, wie alle Truhen, alle Öfen, Braustand, Trichter, Werfer, Spender und Werker, sondern auch von verziertem Krug, Kessel, Komposter, Lesepult, Seelenanker und über eine Sensorschiene auch von Güterlore und Trichterlore. Und das ist noch nicht alles, dieses Wunderding kann auch folgende Blöcke prüfen:

- **Kupferleuchte**: Der Komparator arbeitet hier digital. Wenn die Kupferleuchte an ist, liefert er immer ein volles Signal der Stärke 15, egal wie hell die Leuchte ist. Wenn die Kupferleuchte aus ist, liefert er kein Signal.
- **Sculk-Sensor**: Mit einem Komparator hängt die Signalstärke, die der Sculk-Sensor liefert, nicht von der Entfernung, sondern von der *Stärke* des Geräusches ab (siehe die Liste der Geräuschstärken im Abschnitt »Redstone« in der Referenz am Ende des Buches). Steht der Sculk-Sensor im Wasser, damit er nicht schwirrt, setzt du den Redstone-Komparator neben den Sensor an den Beckenrand.
- **Plattenspieler**: Der Komparator liefert die Nummer der eingelegten Schallplatte.
- **Bienennest/Bienenstock**: Die Signalstärke hängt von der enthaltenen Honigmenge ab.
- **Kuchen**: Die Signalstärke zeigt die Menge des restlichen Kuchens, wobei jedes der 7 Kuchenstücke zwei Blöcke zählt. Signalstärke 14 ist also ein voller Kuchen, bei 2 ist nur noch ein Stück übrig, und bei 0 ist der Kuchen weg.
- **Lesepult**: Die Signalstärke zeigt die prozentuale Anzahl der umgeblätterten Seiten, also z. B. 7, wenn die Hälfte der Seiten umgeblättert ist.
- **Gearbeitetes** (BE: gemeißeltes) **Bücherregal**: Das Regal hat sechs Fächer. Der Komparator liefert die Nummer 1 bis 6 des zuletzt benutzten Fachs.
- **Regal**: Ist das linke Fach gefüllt, liefert der Komparator eine 1, beim mittleren eine 2 und beim rechten eine 4. Sind mehrere Fächer gefüllt, addieren sich diese Werte.
- **Rahmen**: Mit einem Rechtsklick kannst du den Gegenstand im Rahmen drehen. Die Signalstärke zeigt die Drehung an: Bei 0 ist der Rahmen leer, 1 ist die Stan-

dardposition und 2 bis 8 ist jede weitere Drehung um jeweils 45°. Der Komparator muss an dem Block anliegen, an dem der Rahmen befestigt ist – ideal für Geheimtüren und Tresore.

- **Kupfergolemstatue**: Je nach Positur der Statue, die du mit einem Rechtsklick ändern kannst, liefert der Komparator ein anderes Signal zwischen 1 und 4.

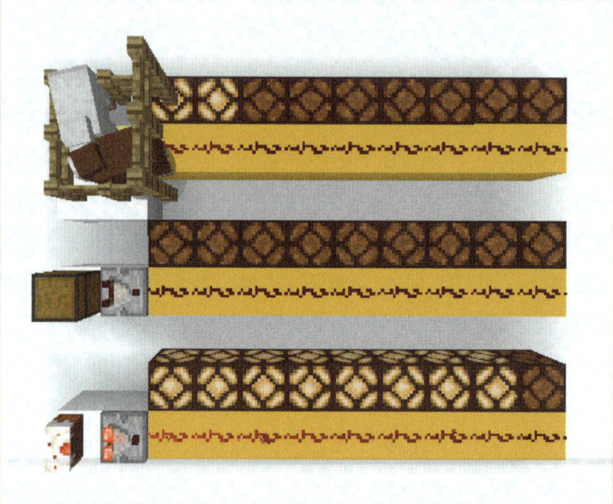

Beispiele für Sensoren: Oben stehen zwei Schafe auf einer Feinwägeplatte, die ein Signal der Stärke 2 erzeugt, was nur zwei Redstone-Lampen erreicht und dann erlischt. Die Truhe in der Mitte ist leer, der angehängte Komparator, der ihren Füllgrad misst, liefert kein Signal (die Signalstärke ist 0). Vom Kuchen unten sind noch 4 Stücke übrig. Der angehängte Komparator liefert daher ein Signal der Stärke 4 × 2 = 8.

### Sensorsignale auswerten

Sensoren liefern unterschiedliche Signalstärken. Aber was fängst du damit an? Du vergleichst die gelieferten Werte mit einer *Vorgabe* und triffst – je nachdem, ob die Vorgabe überschritten, unterschritten oder direkt erreicht wird – per Redstone-Schaltung eine Entscheidung. Beispielsweise soll eine Glocke nur bei einem Volltreffer auf einen Zielblock ertönen. Für die Auswertung von Signalstärken brauchst du zwei weitere Elemente:

1. eine spezielle Leitung, um das Sensorsignal weiterzuleiten, ohne dass es schwächer wird,
2. ein Bauteil, um das Sensorsignal mit deiner Vorgabe zu vergleichen.

Das erste Element, eine *verlustfreie Leitung*, lässt sich ganz leicht mit Komparatoren bauen. Sie geben eine Signalstärke unverändert weiter.

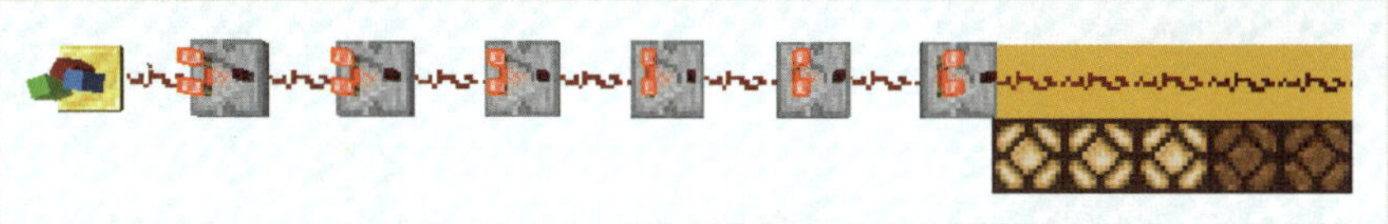

Die Signalstärke 3 von der Feinwägeplatte wird durch eine Komparatorkette beliebig weit unverändert weitergeleitet.

Auch für das zweite Element der Auswertung, den *Vergleich* mit ein oder zwei Vorgaben, setzt du einen Komparator ein (»vergleichen« heißt lateinisch *comparare*). Dazu legst du maximal zwei Vorgabewerte *seitlich* an den Komparator. Nur wenn das hintere Signal alle seitlichen Vorgabewerte *mindestens* erreicht, leuchten die hinteren Fackeln, und das Signal wird weitergeleitet. Im Beispiel: Wenn dein Vorgabewert 9 ist, geht das Signal vom Zielblock über den Komparator nur weiter zur Glocke, wenn vom Zielblock mindestens die Signalstärke 9 ankommt. Liefert der Zielblock einen niedrigeren Wert als die Vorgabe, bleiben die hinteren Fackeln des Komparators dunkel. Dann schaltet er sich ab und gibt kein Signal weiter, die angeschlossene Glocke bleibt stumm (die vordere Fackel wird später erklärt).

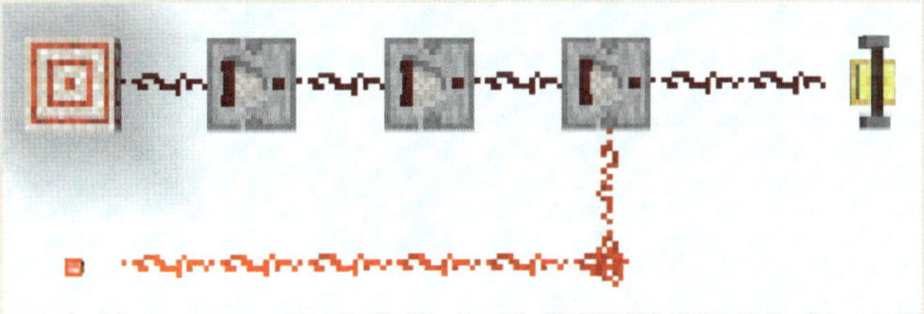

Signalauswertung: Der Zielblock liefert ein Signal, wenn er getroffen wird, eine Komparatorkette reicht das Signal mit unveränderter Stärke an einen Komparator weiter, an dem seitlich ein Vorgabewert der Stärke 9 anliegt. Nur wenn ein Treffer auf den Zielblock mindestens die Signalstärke 9 auslöst, ertönt die Glocke.

Um einen *Vorgabewert* für den Vergleich einzustellen, stellst du einfach eine Redstone-Fackel auf den Boden und legst dahinter eine entsprechend lange oder kurze Leitung, wie auf dem Bild zu sehen. Weil das Signal in der Leitung immer schwächer wird, hast du am Ende deine gewünschte Signalstärke.

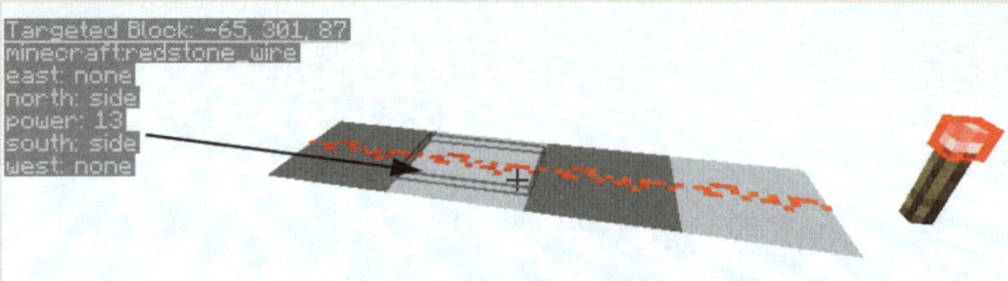


Um schnell die Signalstärke an jeder Stelle einer Leitung sehen zu können, siehst du sie an und drückst [F3]. Dazu musst du vorher einmal die Debug-Optionen mit [F3]+[F6] öffnen, im Suchfeld »look« eintippen und »looking_at_block« mit »Nur F3« aktivieren.

Raffinierter und platzsparender stellst du einen Vorgabewert durch das Messen eines Füllgrades mit einem Komparator ein. Beispiel: Eine Truhe hat 27 Slots, und eine billig herzustellende Holzschaufel belegt genau einen Slot. Je nach Anzahl der Holzschaufeln in der Truhe liefert der angeschlossene Komparator folgende Signalstärken, die du als Vorgabewerte nutzt:

| Schaufeln | 1 | 2 | 4 | 6 | 8 | 10 | 12 | 14 | 16 | 18 | 20 | 22 | 24 | 26 | 27 |
|---|---|---|---|---|---|---|---|---|---|---|---|---|---|---|---|
| Signalstärke | 1 | 2 | 3 | 4 | 5 | 6 | 7 | 8 | 9 | 10 | 11 | 12 | 13 | 14 | 15 |

Statt einer Truhe kannst du auch einen anderen Behälter messen, um einen Vorgabewert für einen Vergleich einzustellen. In einer Variante der Geheimkammern der antiken Städte ist z. B. ein Ofen verbaut, dessen Füllgrad als Vorgabewert für einen Vergleich genutzt wird.

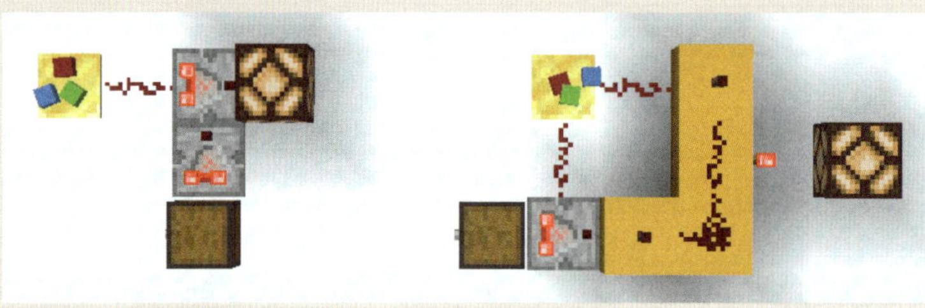

In diesen Beispielen liefert eine gefüllte Truhe an einem Komparator den Vorgabewert 3. Links: Der Vorgabewert liegt »seitlich« am oberen Komparator. In dem Fall leitet er das Signal nur weiter, wenn die Anzahl von unterschiedlichen Gegenständen auf der Feinwägeplatte »mindestens« den Vorgabewert erreicht. Rechts: Hier liegt der Vorgabewert am »hinteren« Eingang des Komparators, und das Signal der Feinwägeplatte kommt von der Seite. Jetzt dürfen »höchstens« drei unterschiedliche Gegenstände auf der Feinwägeplatte liegen, damit der Vorgabewert weitergeleitet wird. Die UND-Schaltung verhindert, dass eine leere Feinwägeplatte ein Signal erzeugt.

## Automatische Be- und Entladestation

Ein häufiges Beispiel für den Einsatz von Sensoren ist das Erkennen, ob ein Behälter voll oder leer ist. Bei einem vollen Behälter liefert ein danebengesetzter Komparator die Signalstärke 15, bei einem leeren 0. Damit lassen sich eine automatische Beladestation und eine Entladestation für eine Trichterlore bauen. Die Trichterlore hast du im Kapitel »Reisefieber – unterwegs mit Pferden, Booten und Loren« kennengelernt, sie kann automatisch gefüllt und geleert werden.

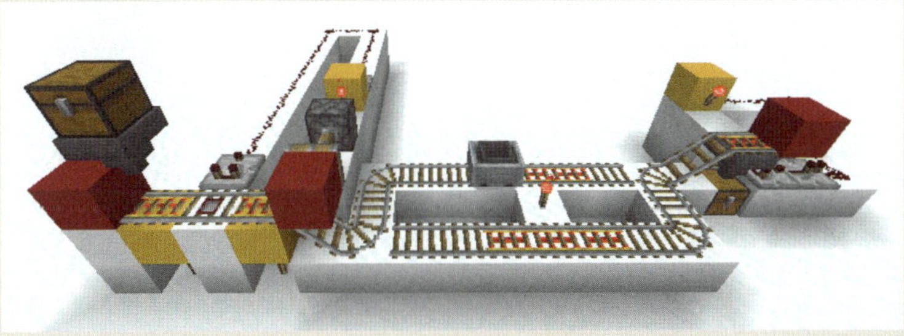

Links im Bild eine automatische Beladestation, rechts eine automatische Entladestation. In der Mitte pendelt eine Trichterlore zwischen beiden Stationen.

**Beladestation** (links im Bild): Beginne mit der Sensorschiene. Setze einen Redstone-Komparator direkt neben die Sensorschiene, um den Füllgrad der Trichterlore zu messen, wenn sie auf der Sensorschiene steht.

Ist die Trichterlore voll, soll sie losfahren. Das macht eine Antriebsschiene. Die Frage ist nur, wie die Trichterlore von der Sensorschiene auf die Antriebsschiene kommt, wenn sie losfahren soll. Die Antwort ist trickreich: Du lässt die Trichterlore ständig zwischen *zwei* Antriebsschienen hin- und herfahren, in deren Mitte die Sensorschiene zum Messen des Füllgrades liegt. Das geht so:

Setze links und rechts von der Sensorschiene eine Antriebsschiene. Beide Antriebsschienen aktivierst du mit jeweils einer Redstone-Fackel unter dem Block. Im Bild siehst du links die beiden aufgeladenen Blöcke, auf denen die Antriebsschienen liegen, gelb markiert. Die beiden roten Blöcke sind die vollen Blöcke, die hinter der Lore stehen müssen, damit der Antrieb funktioniert (siehe Kapitel »Reisefieber – unterwegs mit Pferden, Booten und Loren«). In dieser Konstruktion pendelt die Trichterlore ständig zwischen den beiden roten Blöcken und fährt dabei immer wieder über die Sensorschiene.

Über die linke Antriebsschiene setzt du eine Truhe mit Trichter. Der Trichter saugt den Inhalt aus der Truhe und gibt ihn jedes Mal an die Trichterlore ab, wenn sie darunter ist.

Hinter den Redstone-Komparator legst du eine genau 15 Blöcke lange Redstone-Leitung und setzt dann einen Redstone-Verstärker ein. Jedes Mal, wenn die Trichterlore über die Sensorschiene fährt, misst der Komparator ihren Füllgrad. Die Signalstärke steigt und steigt, aber erst wenn die Lore komplett voll ist, liefert der Komparator ein Signal der Stärke 15, das über die lange Leitung den Verstärker erreicht.

Jetzt muss der Verstärker nur noch über einen Inverter (der gelbe Block mit Redstone-Fackel) einen klebrigen Kolben deaktivieren, der den zweiten roten Block zurückzieht, damit die Trichterlore die Beladestation verlassen kann.

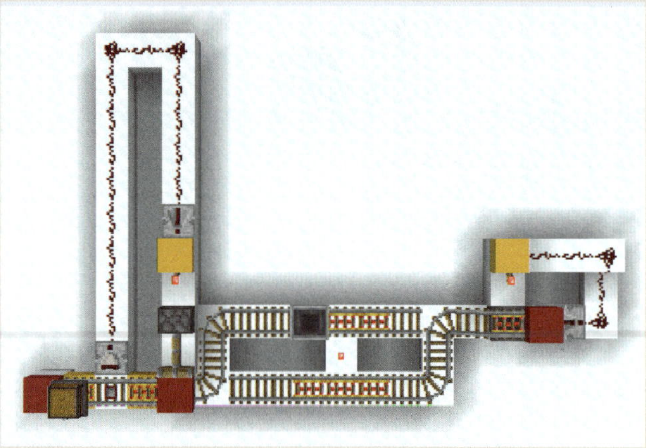

Die automatische Be- und Entladestation von oben

**Entladestation** (rechts im Bild): Hier brauchst du keine Sensorschiene, das macht den Aufbau einfacher.

Setze eine Truhe auf den Boden, darauf einen Trichter und darauf eine Antriebsschiene. Hinter die Antriebsschiene kommt ein voller Block, damit sie funktioniert (rechts im Bild der rote Block).

Direkt neben den Trichter (unter den roten Block) setzt du einen Redstone-Komparator, um den Füllgrad des Trichters zu messen. Steht die Lore auf dem Trichter, beginnt dieser automatisch mit der Entladung und saugt alle Gegenstände aus der Lore in die Truhe. Damit ist der Trichter während der gesamten Entladezeit nicht leer, er hat immer einen Gegenstand aus der Lore in seinem Inventar, den er an die Truhe weitergibt.

Diese Tatsache nutzt du für deine Schaltung: Die Lore auf dem Trichter soll *erst* losfahren, wenn der Trichter *leer* ist, d. h., wenn der Komparator neben dem Trichter *kein* Signal liefert. Du setzt also einen Verstärker direkt an den Komparator, um jedes Signal von 1 bis 15 voll zu verstärken und an einen Inverter zu geben (rechts im Bild der gelbe

Block), der die Antriebsschiene deaktiviert, solange der Trichter beschäftigt ist. Die deaktivierte Antriebsschiene hält die Lore fest. Erst wenn der Trichter leer ist und der Komparator kein Signal mehr liefert, wird die Antriebsschiene aktiviert und lässt die Lore losfahren.

Ohne Lore ist die Antriebsschiene auch aktiv, die Trichterlore kommt also auf einer aktiven Antriebsschiene an. Aber sobald die Lore auch nur einen Gegenstand enthält, wird die Antriebsschiene sofort ausgeschaltet, und die Lore bleibt hängen, bis sie komplett leer ist. Erst dann wird die Antriebsschiene wieder aktiv, und die leere Trichterlore fährt los.

**Der Trick**: Eigentlich ist alles ganz einfach, das wirst du beim Nachbauen merken. Aber es gibt doch einen kleinen Trick. Wenn die Lore zur Beladestation zurückfährt, liegt ihr ein Block im Weg (im Bild der mittlere rote Block). Doch sie fährt problemlos hindurch. Wie kommt das? Der Grund: Ein Block an einer schrägen Auffahrt hält eine Lore nicht auf.

## Tick, tack, bitte warten – Taktgeber und Warteschleifen

Jetzt kennst du Leitungen, Signalempfänger (Lampe), normale Signalgeber (Knopf) und Signalgeber mit Sensorfunktion (Tageslichtsensor). Damit lassen sich viele Schaltungen für den täglichen Gebrauch bauen. Aber schon bei einer einfachen Schiebetür kann es ein typisches Problem geben: Der Knopf öffnet die Tür nicht lange genug, sie geht zu, bevor du hindurchgegangen bist. Die Lösung: Um das Knopfsignal zu verlängern, brauchst du eine *Warteschleife*.

Dazu nutzt du die Tatsache, dass ein Signal von jedem Bauteil (nicht von Leitungen) um 0,1 Sekunden verzögert wird. Setzt du z. B. zwei **Redstone-Komparatoren** (die Bauteile mit den drei Fackeln) in eine Leitung ein, verzögern sie das Signal insgesamt um 0,2 Sekunden, ohne es anderweitig zu verändern.

Bildest du mit den beiden Komparatoren eine Schleife, indem du sie vorne und hinten mit jeweils zwei Redstone-Staub miteinander verbindest, sinkt die Signalstärke in den kurzen Verbindungen immer weiter (hinten von 15 auf 14, vorne von 14 auf 13 etc.), bis sie nach sieben Schleifendurchläufen auf null zurückgegangen ist (siehe Bild). Das Signal wird dabei die ganze Zeit gehalten und somit zeitlich verlängert.

Setzt du an einer Stelle einen aufgeladenen Block als Verbindung ein, bleibt nur noch ein Redstone-Staub übrig, und die Signalstärke sinkt dort nicht (siehe Bild). Dadurch braucht es 14 Schleifendurchläufe für die Signalstärke, um von maximal auf null zu sinken. So wird auch in einigen Geheimkammern einer antiken Stadt (es gibt drei Varianten) die Öffnungszeit der Schiebetür gesteuert. Die angeschlossene Reihe von Redstone-Lampen in einer Geheimkammer zeigt dir das schrittweise Absinken der Signalstärke bei jedem Schleifendurchlauf.

Damit die Sache robust wird, setzt du am Beginn der Schleife zwei Verstärker ein. Der erste verstärkt das Eingangssignal, egal wie schwach es ist, auf maximale 15, damit die Schleife möglichst lange läuft, der zweite verstärkt das Restsignal auf 15, damit es den Signalempfänger auch bei minimalem Rest noch sicher erreicht. Die Zeitdauer der Warteschleife legst du mit der Anzahl der Komparatoren fest.

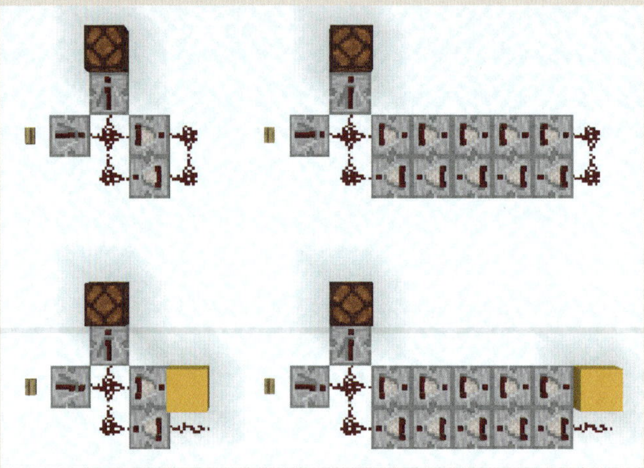

Vier Warteschleifen. Links oben mit zwei Komparatoren: 2 × 0,1 × 7 Durchläufe = 1,4 Sekunden, rechts oben mit zehn Komparatoren: 10 × 0,1 × 7 Durchläufe = 7 Sekunden. Die unteren Beispiele halten das Signal doppelt so lange, also 2,8 und 14 Sekunden.

Baust du die Vergleichsfunktion des Komparators in eine Schleife ein, in der ein Signal ständig im Kreis läuft, erhältst du einen *Taktgeber*, auch englisch *clock* genannt, weil er in regelmäßigen Abständen ein Signal aussendet, wie das Ticken einer Uhr.

Die entscheidende Sache für den Bau eines Taktgebers ist die kleine Fackel an der Spitze des Komparators. Aktivierst du diese Fackel mit einem Rechtsklick, schaltet der Komparator in den *Differenzmodus*. Er zieht das stärkere der beiden Seitensignale vom Eingangssignal ab und gibt die Differenz »hinten minus Seite« aus (bzw. null bei einem negativen Ergebnis). Und nun der Trick mit der Schleife: Führst du das Ausgangssignal über einen Verstärker zurück an die Seite des Komparators, fängt er an zu blinken, weil er abwechselnd null oder die volle Stärke von seinem Eingangssignal abzieht: 15 minus 0 = 15 → 15 minus 15 = 0 → 15 minus 0 = 15 → 15 minus 15 = 0 etc. Wenn du das nachbaust, wirst du es sofort verstehen.

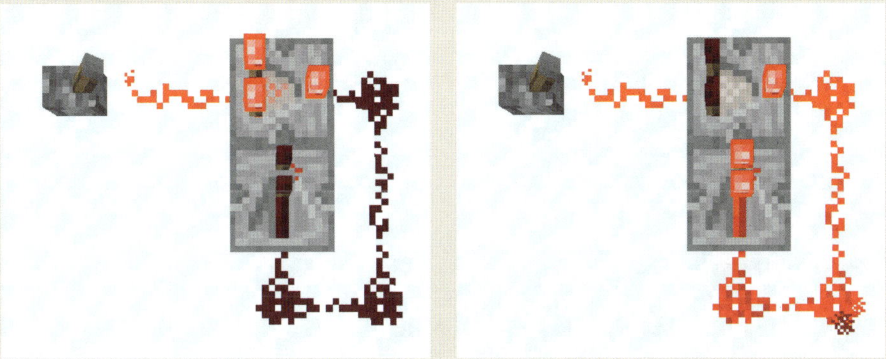

Ein Taktgeber mit Komparator. Linkes Bild: Ausgangslage, rechtes Bild: Umschaltphase

Der beschriebene Taktgeber blinkt alle 0,4 Sekunden, weil das Signal durch zwei Bauteile läuft, die es jeweils um 0,1 Sekunden verzögern, und ein Blinken aus zwei Durchläufen besteht (an und aus).

Geht dir das zu schnell, verlangsamst du das Blinken mit der *Verzögerungsfunktion* des **Redstone-Verstärkers**. Diese aktivierst du, indem du den Abstand zwischen den beiden kleinen Fackeln auf dem Verstärker mit mehreren Rechtsklicks vergrößerst.

Jeder Rechtsklick verzögert den Signaldurchlauf um weitere 0,1 Sekunden bis zu maximal 0,4 Sekunden. Möchtest du das Blinken noch weiter verzögern, schaltest du mehrere Verstärker hintereinander und stellst ihre Verzögerung nach Wunsch ein.

### Klingel

Ein Beispiel für eine Warteschleife mit Taktgeber ist eine Klingel, die ein paar Sekunden lang klingeln soll. Für den Klingelton nimmst du Notenblöcke oder wie hier im Beispiel eine Glocke. Damit die Glocke nicht nur einmal läutet, brauchst du einen Taktgeber, der sie immer wieder aktiviert: dong-dong-dong. Die Dauer des Klingelns steuerst du mit einer Warteschleife.

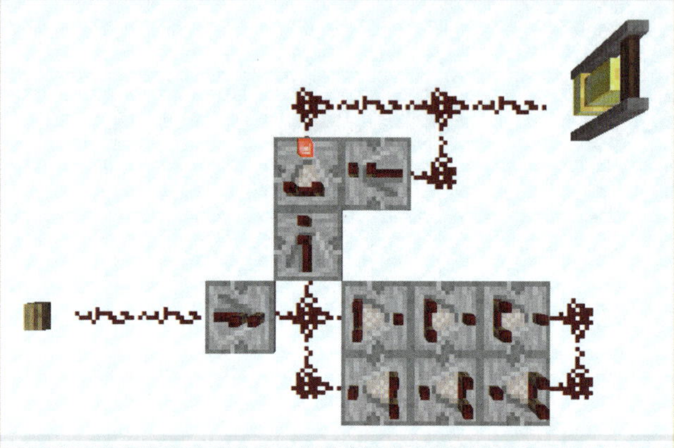

Eine Klingel. Das Signal kommt vom Holzknopf, läuft nach rechts in eine Warteschleife mit sechs Komparatoren und nach oben in einen Taktgeber mit seitlicher Verzögerung der Stufe 2. Die Glocke läutet dann zehnmal. Das kann man ausrechnen, aber üblicherweise probierst du einfach aus, welche Einstellung dir am besten gefällt.

## Der Beobachter sieht alles

Ein ganz besonderes Redstone-Bauteil ist der *Beobachter*. Dieser Block gehört zu den Sensoren, denn er reagiert, wenn der Block direkt vor ihm sich *verändert*. Dann leuchtet kurz ein Lämpchen an seiner Rückseite, das ein Signal der Stärke 15 erzeugt.

Vorder- und Rückseite eines Beobachters

Setzt du z. B. in deiner Zuckerrohrfarm, die weiter vorne in diesem Kapitel beschrieben ist, über jedes Zuckerrohr einen Beobachter, der nach unten sieht, reagiert er, sobald eine Pflanze ausgewachsen ist (Luft wird zu Zuckerrohr), und liefert ein Signal. Das Signal führst du an den Kolben, der die Pflanze erntet (was den Beobachter noch mal auslöst, weil nun Zuckerrohr wieder zu Luft wird). Durch die Beobachter-Kolben-Verbindung bekommst du eine *vollautomatische Farm*, die ohne dein Zutun und ohne Knopfdrücken dauerhaft jede Pflanze einzeln erntet, sobald sie entsteht – natürlich nur, solange du in der Nähe bist und damit diesen Teil der Welt aktiv hältst. Damit deine Erntetruhen nicht überlaufen, solltest du vollautomatische Farmen nach einiger Zeit abschalten.

Weil der Beobachter ein sehr kurzes Signal sendet, ist er auch ideal geeignet, um *lange Signale zu kürzen*. Damit hast du das Gegenstück zur Warteschleife, die ein Signal verlängert.

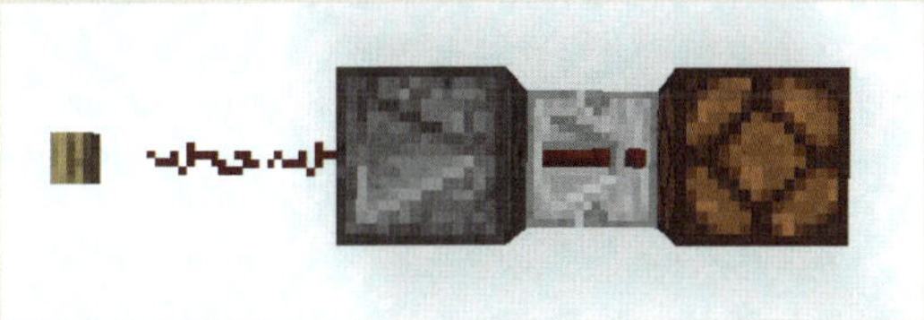

Signalkürzung: Der Holzknopf sendet 1,5 Sekunden lang ein Signal, aber der Beobachter mit angehängtem Verstärker macht daraus 0,1 Sekunden.

Beim Einsatz eines Beobachters stört oft, dass er zwei Signale liefert. Wenn er z. B. eine Redstone-Leitung beobachtet, reagiert er einmal, wenn der Redstone-Staub rot funkelt, und noch mal, wenn das Funkeln wieder erlischt. Damit er nur einmal reagiert, setzt du eine Signalsperre ein. Dazu benutzt du die letzte Funktion des **Redstone-Verstärkers**, die *Sperrfunktion*.

Das Sperren funktioniert so: Erhält der Verstärker ein *seitliches* Signal, ändert er sein Aussehen in einen *Sperrriegel* und hält sein Ausgangssignal so lange fest, bis das seitliche Signal und damit die Sperre wieder verschwindet.

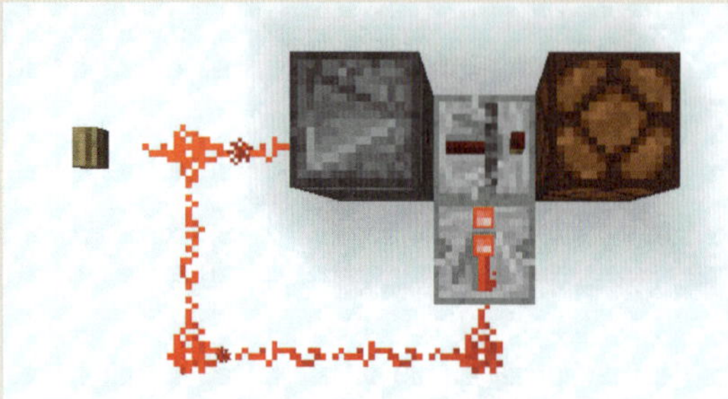

Die Sperrfunktion des Verstärkers im Einsatz: Wird der Knopf gedrückt, sperrt das sofort den Verstärker hinter dem Beobachter. Der Beobachter erkennt zwar, dass der Redstone-Staub vor ihm hell geworden ist, kann aber kein Signal weitergeben. Springt der Knopf zurück, wird die Sperre aufgehoben. Der Beobachter erkennt jetzt, dass der Redstone-Staub vor ihm dunkel geworden ist. Diesmal kann er sein Signal an die Lampe weitergeben. Die Lampe blinkt also jedes Mal auf, wenn der Knopf zurückspringt.

Mit der Sperrfunktion kannst du auch einen sehr kompakten und nützlichen *Signalzähler* bauen. Der zählt, wie oft ein Signal ankommt, und gibt es erst dann weiter, wenn die gewünschte Anzahl erreicht ist.

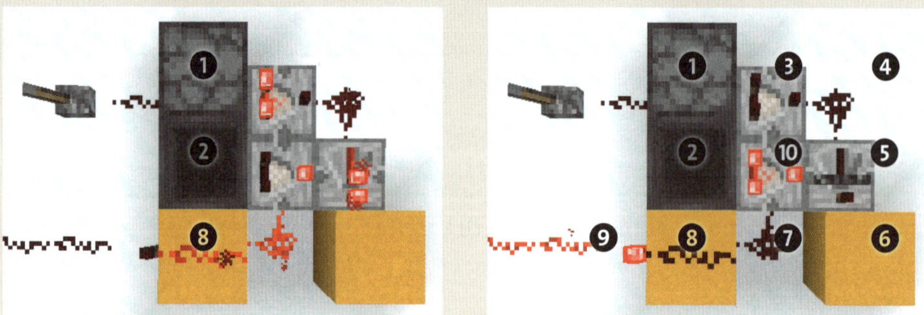


Ein Signalzähler

Zum Zählen legst du die gewünschte Anzahl eines beliebigen Gegenstands in einen Spender ❶, dessen Öffnung auf einen Trichter ❷ zeigt. Der Trichter wiederum ist seitlich an den Spender angeschlossen. Aktivierst du den Hebel, wirft der Spender einen Gegenstand in den Trichter. Ohne die restliche Schaltung würde der Trichter den Gegenstand sofort wieder zurückgeben, aber er kann nicht, weil er durch einen aufgeladenen Block ❽ gesperrt ist.

Mit jeder Hebelaktivierung landet ein weiterer Gegenstand im gesperrten Trichter, bis der Spender *leer* ist. Das erkennt der Komparator ❸ und geht aus. Dadurch wird die Signalstrecke ❹❺❻❼❽ stromlos, wodurch der Inverter ❾ anspringt. Der Inverter liefert also nur dann ein Signal, wenn der Spender leer und damit die korrekte Zählung erreicht ist.

Jetzt müssen die Gegenstände wieder zurück in den Spender. Das macht der Trichter automatisch, weil er jetzt entsperrt ist ❽. Kleines Problem dabei: Sobald der erste Gegenstand zurück im Spender ist, wird der Komparator ❸ wieder aktiv und würde den Trichter zu früh sperren. Deshalb hängt am Trichter ebenfalls ein Komparator ❿, aber im Differenzmodus (die kleine Fackel ist aktiviert). Sobald die Signalstrecke ❼ keine Power mehr hat und damit die Leerung des Trichters beginnt, ist die Differenz »Trichter minus Seite« am Komparator ❿ größer null, wodurch der Komparator den Verstärker ❺ sperrt. Jetzt kann der Trichter gemütlich den Spender füllen, das Signal, das der Komparator ❸ dadurch liefert, kommt nicht durch. Erst wenn der Trichter komplett leer ist, ist die Differenz »Trichter minus Seite« wieder null und die Sperre ❺ verschwindet. Das Signal vom Komparator ❸ kommt jetzt durch. Dadurch wird der Trichter wieder gesperrt, und der Inverter geht aus. Das ist das Zeichen, dass eine neue Zählung beginnen kann.

Probiere das aus: Lege drei Steine in den Spender, aktiviere den Hebel mehrfach und sieh, ob beim dritten Mal der Inverter anspringt. Warte, bis der Inverter ausgeht, und wiederhole das.

Zum Schluss noch mal eine kurze Übersicht über die verschiedenen Eigenschaften von Verstärker und Komparator, die im Laufe dieses Kapitels erwähnt wurden:

- **Redstone-Verstärker**: verstärkt Signale, verzögert Signale, sperrt Signale.
- **Redstone-Komparator**: leitet Signalstärken unverändert weiter, misst Füllgrade (Sensor, Vorgabewert), vergleicht Signalstärken (Sensorauswertung), zieht Signalstärken voneinander ab (Taktgeber, Signalzähler).

Beide Bauteile lassen sich außerdem als Einbahnstraße (Diode) und zum Ansteuern von Signalempfängern verwenden, wenn die Redstone-Leitung sich nicht mit ihnen verbinden will.

Zwei Bauteile, neun Funktionen – ein wahres Füllhorn an Möglichkeiten, um damit herumzuspielen und zu experimentieren.

## Honigkarussell

Ein kurioses Beispiel für den Einsatz des Beobachters ist das Honigkarussell. Es nutzt die besondere Eigenschaft des Honigblocks, dass Spielfiguren, Lebewesen und Fahrzeuge darauf kleben bleiben, wenn ihn ein Kolben verschiebt.

Das Honigkarussell besteht aus einem Honigblock, der durch vier Kolben im Kreis herumgeschoben wird. Die Besonderheit ist der Ein- und Ausschalter, der durch einen Beobachter realisiert wird.

Setze als Erstes einen Honigblock auf den Boden und platziere vier normale Kolben um ihn herum, wie auf dem Bild zu sehen. Die vier Blöcke unter dem Honigblock musst du wegnehmen, damit er beweglich bleibt und nicht am Boden festklebt.

Die Kolben verbindest du mit einer ringsherum laufenden Redstone-Leitung. Um den Takt der Kolben festzulegen, baust du auf diesem Leitungsring vier Verstärker mit maximaler Verzögerung (Stufe 4) ein. Fertig ist das Karussell.

Legst du nun einen kurzen Impuls an den Leitungsring (z. B. einen Hebel schnell ein- und ausschalten), läuft das Signal im Kreis und aktiviert reihum die Kolben. Allerdings läuft das Signal endlos lange, es fehlt ein Ausschalter.

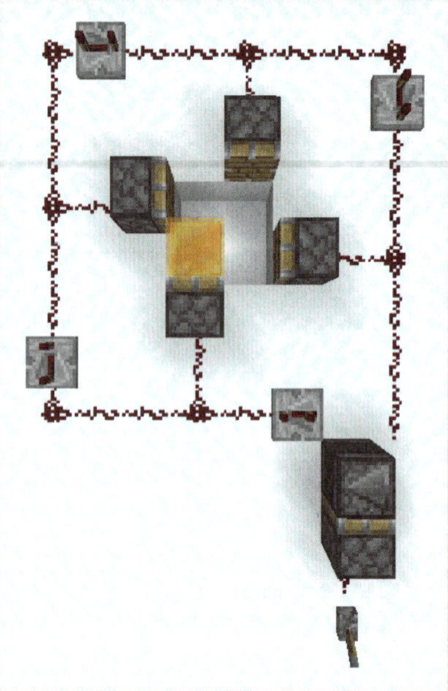

Das Honigkarussell: Ein klebriger Honigblock wird von vier Kolben im Kreis herumgeschoben. Ein Beobachter (unten rechts) ist für das Ein- und Ausschalten zuständig.

Zum Ausschalten setzt du einen Beobachter an einen klebrigen Kolben (im Bild unten rechts, achte auf den dreieckigen Pfeil auf seinem Deckel). Mit einem Hebel aktivierst du den Kolben, der den Beobachter in den Leitungsring schiebt. Der Beobachter erkennt eine Blockveränderung (eben war noch Luft vor ihm, nach der Verschiebung liegt vor ihm eine Redstone-Leitung) und liefert das Startsignal. Damit er beim Umlaufen des

Signals nicht zweimal reagiert, brauchst du keine Sperre, wie oben beschrieben. Die Verzögerung des Verstärkers hinter dem Beobachter reicht, um das Doppelblinken des Beobachters zu einem einzigen Signal zusammenzufassen.

Jetzt ist das Ausschalten des Karussells ganz einfach: Du ziehst den Hebel zurück und damit den Beobachter aus dem Leitungskreis, wodurch das umlaufende Signal unterbrochen wird.

Stelle dich auf den Honigblock und genieße die Bewegung und das Funktionieren deines Apparates. Sieh auch mal, was passiert, wenn du ein Boot mit einem Tier auf den Honigblock setzt.

## Automatisch craften mit dem Werker

Wenn du dich mit großen Bauprojekten beschäftigst, kennst du das leidige Problem, hundert- oder gar tausendfach denselben Block craften zu müssen. Abhilfe schafft da der *Werker*, der automatisch Blöcke und Gegenstände craftet, wenn seine Slots richtig gefüllt sind und er ein Redstone-Signal erhält.

Zum automatischen Füllen setzt du normalerweise einen Trichter an den Werker. Du kannst ihn aber auch über mehrere Trichter gleichzeitig sowie über Spender und andere Werker füllen. Aktivierst du den gefüllten Werker mit einem Redstone-Signal, spuckt er den fertigen Gegenstand vorne aus. Setzt du direkt vor den Werker einen Behälter, z. B. eine große Truhe, landet das Ergebnis darin.

Der Werker kann nur etwas craften, wenn die Gegenstände in seinen Slots ein passendes Rezept ergeben. Bei neun gleichen Gegenständen ist das ganz einfach. Produzierst du beispielsweise mit einer Melonenfarm massenweise Melonenscheiben, craftest du mit einem angeschlossenen Werker daraus bequem ganze Melonen, um Platz in deinem Lager zu sparen. Möchtest du aber mit einem Werker z. B. Eisengitter aus sechs Eisenbarren craften, musst du die drei Slots, die für das Rezept nicht benötigt werden, mit einem Klick *sperren*.

Das reicht aber nicht, denn es gibt auch gültige Rezepte mit weniger als sechs Eisenbarren. Wird der Werker zu früh aktiviert, craftet er z. B. eine Grobwägeplatte aus zwei Eisenbarren. Um das richtige Rezept zu craften, darf der Werker nur aktiviert werden, wenn wirklich alle Slots gefüllt sind.

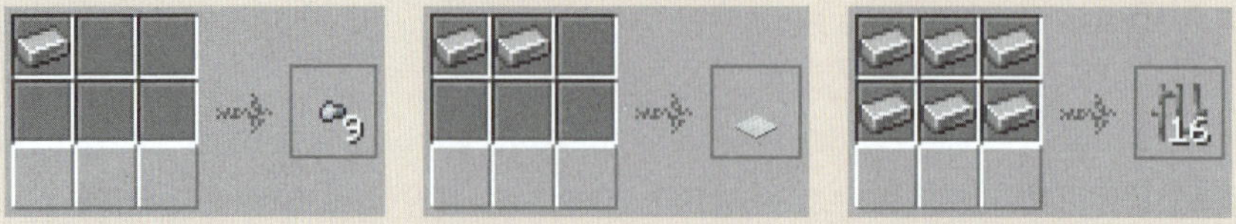

Um Eisengitter herzustellen, brauchst du nur sechs Slots, daher hast du die unteren drei Slots gesperrt. Aber der Werker kann mit den ankommenden Eisenbarren immer noch verschiedene Rezepte craften.

Wenn du zum Aktivieren des Werkers einen Taktgeber angeschlossen hast, musst du den Takt so langsam einstellen, dass alle Slots sicher gefüllt sind. Besser ist die Methode, einen gefüllten Werker mit einem *Redstone-Komparator* zu erkennen. Der Komparator liefert die Anzahl der belegten Slots, wobei gesperrte Slots auch zählen. Die Signalstärke liegt also immer zwischen 0 und 9, wobei 9 »komplett gefüllt« bedeutet.

Automatische Werkeraktivierung: Der Werker lädt mit seinem Füllgrad einen gelben Block auf, an dem ein Komparator anliegt, der den Füllgrad misst. An diesem Komparator liegt ein Vorgabewert der Stärke 9 an, was durch 16 Schaufeln in einer Truhe eingestellt ist. Das langsam ansteigende Füllgradsignal des Werkers wird vom Komparator nur durchgelassen, sobald es den Vorgabewert 9 erreicht, d. h. wenn alle 9 Slots des Werkers belegt sind. Dann lädt das Signal den rechten gelben Block auf, der die auf ihm liegende Redstone-Leitung aktiviert, die bis zum Werker verläuft. Durch diesen Impuls spuckt der Werker sein Ergebnis aus und ist wieder leer. Der linke Hebel ist der Ausschalter. Damit sperrst du den Trichter, der den Werker mit Eisenbarren versorgt, und stoppst damit die Automatik.

Besteht dein Rezept aus unterschiedlichen Gegenständen, musst du auch dafür sorgen, dass sie beim Füllen des Werkers in den richtigen Slots landen. Der Werker beachtet dabei folgende Regeln:

- Leere Slots werden immer von links oben nach rechts unten gefüllt.
- Sind mehrere Slots mit demselben Gegenstand belegt, werden zuerst die Slots mit der geringsten Anzahl aufgefüllt.

Die sicherste Methode für die korrekte Befüllung mit unterschiedlichen Gegenständen ist eine *getaktete Trichterkette*. Ein Beispiel ist die Herstellung von Fackeln. Sieh dazu auf das nächste Bild.

Automatische Fackelproduktion über eine getaktete Trichterkette. Rechts: Die Trichterkette wird automatisch gesperrt, sobald einer der Spender leer ist. Mit dem Hebel vorne kannst du die Sperre selbst auslösen und die Produktion stoppen.

Sobald du im Werker alle 9 Slots eingestellt und belegt hast, erkennt die bereits beschriebene Komparatorschaltung den gefüllten Werker und aktiviert ihn. Auf den Werker zeigt eine Trichterkette, die in diesem Fall zwei Trichter lang ist, weil nur zwei Slots gefüllt werden sollen. Auf den Trichtern liegen leere Fässer, über die die Leitung vom Werker aus weiterläuft. Wird der Werker aktiviert, ist die Leitung ebenfalls kurz aktiv und lädt die Fässer auf, die dadurch ihre dahinter liegenden Spender aktivieren. Diese geben durch den Impuls genau einen Gegenstand in das jeweilige Fass ab. Die Gegenstände werden durch die darunterliegenden Trichter abgesaugt und wandern in der richtigen Reihenfolge (erst Kohle, dann Stock) durch die Trichterkette in den Werker, belegen die leeren Slots von oben nach unten, und das Spiel geht von vorne los.

Die Spender werden über Trichter von oben mit Nachschub versorgt. Problematisch wird es, wenn der Nachschub irgendwann mal aufgebraucht ist. Dann fehlt dieser Gegenstand in der Trichterkette, und der Werker wird falsch gefüllt. Damit das nicht passiert, wird die gesamte Trichterkette gesperrt, sobald ein Spender leer ist. Das erkennen die Komparatoren hinter den Spendern, die den Füllgrad messen und bei einem leeren Spender kein Signal mehr senden. In dem Moment springt der zugehörige Inverter an, auf den der Komparator zeigt, und aktiviert die darunterliegende Leitung, die über Verstärker und aufgeladene Blöcke alle Trichter erreicht und sperrt.

Damit du die Sperre selbst auslösen und damit die automatische Fackelproduktion jederzeit unterbrechen kannst, gibt es einen Hebel an der Sperrleitung.

**Gratulation, du hast das 12. Survival-Level erreicht**

Erstaunlich, was man mit ein bisschen rotem Staub so alles anstellen kann. Dabei fing alles ganz harmlos an: Ein Knopf schaltet ein Licht ein.

Jetzt weißt du, dass zwischen Knopf und Licht ein Signal weitergeleitet wird und dass es noch viele weitere Signalgeber und -empfänger gibt. Um sie miteinander zu verbinden, verlegst du Redstone-Leitungen und nutzt dabei aufgeladene Blöcke und Verstärker.

Die Redstone-Fackel mit ihrer Invertierfunktion, die das Verknüpfen von Signalen ermöglicht (UND, ODER), und die Kupferleuchte, die Signale speichert, haben dir das Tor zur Digitaltechnik und Informatik geöffnet. So weit musst du jetzt nicht gehen, aber du könntest.

Automatische Farmen, Sensoren, Taktgeber, Warteschleifen, Beobachter, Werker – überraschend schnell ist aus dem simplen Redstone-Prinzip eine komplexe Welt geworden. Es macht Spaß, so lange an einer Schaltung zu tüfteln, bis sie endlich funktioniert – außerdem wirst du dabei auch noch schlauer.

Mit dem 12. Level ist deine Survival-Grundausbildung abgeschlossen. Du kannst problemlos in einer Minecraft-Welt überleben, Nahrung beschaffen, gegen Monster kämpfen, Häuser bauen, Biome, Bauwerke und andere Dimensionen erforschen, Gegenstände verzaubern, Tränke brauen und Schiebetüren aktivieren.

Schöner wäre es natürlich, wenn du all diese Abenteuer nicht alleine erleben würdest, sondern zusammen mit anderen Spielern. Wie das geht, erfährst du im letzten Kapitel.

# Multiplayer – zusammen zimmern

*Die Sonne steht hoch am Himmel, als du auf der Suche nach Inspiration mit der Serverbahn durch die Welt fährst, um die Bauwerke deiner Mitspieler zu bewundern. Eine gotische Kathedrale, riesige Schiffe, moderne Hochhäuser und ein großes Schloss ziehen an dir vorüber. Langsam wird es dunkel, und die eckige Silhouette des Mondes steigt empor. Das ist es!*

*Sofort stoppst du die Fahrt, setzt dein Headset auf und durchsuchst die Channels nach deinem Kumpel Latubius. »Tubi! Ich hab's!« – »Was hast du?« – »Eine Idee, was wir bauen.« – »So wie den Ozeandampfer aus Glas? Aus 75.000 gefärbten Glasblöcken?« – »Viel besser! Wir bauen eine Mondstation! Mit Landefähre und Laboren.« – »Klingt interessant. Ich geh' mal auf Deko-Suche im Vote-Shop.«*

*Ein Befehl teleportiert dich zum Spawn, wo sich der Shop des Servers befindet. Hier werden verschiedene Dekorationsgegenstände angeboten. Latubius, sofort erkennbar an seinem Waldläufer-Skin, läuft begeistert auf dich zu. »Ich habe schon eine Idee für die Mondoberfläche: Endstein! Und für die Labore ...« – »Glaskuppeln natürlich!« – »Nicht schon wieder Glas.« – »Diesmal aber nur 5.000 Blöcke.«*

## Gemeinsam in einer Welt

Abenteuer in Fantasiewelten mit anderen zusammen zu erleben macht großen Spaß. Im echten Leben treffen sich Spielergruppen, um in Modellbahnanlagen, Klemmbausteinstädten oder bei Tabletop-Spielen kleine Plastikfiguren durch selbst gebaute Szenarien zu bewegen. In Minecraft seid ihr mittendrin in euren Bauwerken. Gemeinsam erforscht ihr fremde Landschaften und Höhlen und zieht aberwitzige Bauprojekte hoch. Im Team kommt man schneller voran, hat verrücktere Ideen und teilt sich mühevolle Arbeiten.

Im Multiplayer-Spiel treffen sich *Player* (Spielerinnen und Spieler) auf einem Server, um gemeinsam in einer Welt zu spielen. Dazu brauchst du nichts weiter als deine normale Minecraft-Installation. Sie ist das Fenster zu einer virtuellen Welt, die technisch gesehen nur aus Bits und Bytes besteht und in Form von Dateien auf einem Computer gespeichert ist. Damit mehrere Player gleichzeitig in derselben Minecraft-Welt spielen können, müssen sich alle Teilnehmer mit dem Computer verbinden, auf dem die Welt gespeichert ist. Das nennt man *Client-Server-Prinzip*.

i

**MINECRAFT-LEXIKON – Client und Server**

Jede Minecraft-Welt ist auf einem bestimmten Computer gespeichert. Das **Speicherprogramm** ist der *Server*. Damit man die Welt betreten kann, muss der Server laufen. Er zeigt die Welt aber nicht, sondern stellt nur die Daten zur Verfügung. Spielen kann man mit einem Server nicht.

Zum Spielen braucht man ein **Anzeigeprogramm**, das die digitalen Weltdaten als Berge, Seen und Gebäude darstellt. Dieses Anzeigeprogramm ist der *Client*. Auch ein Serverbetreiber braucht einen Client, um seine eigene Welt zu sehen.

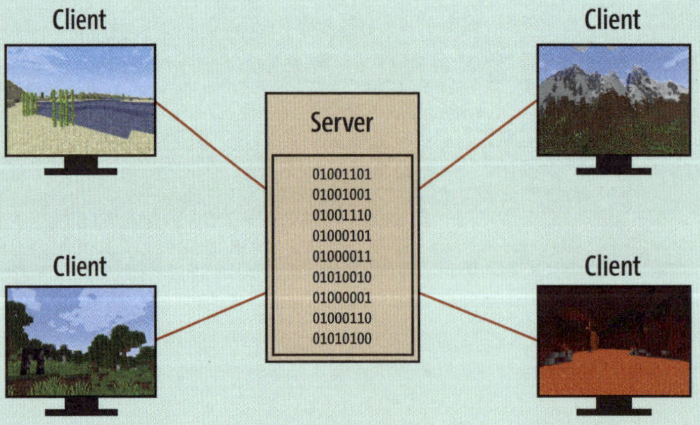

Im *Einzelspielermodus* ist deine Minecraft-Installation Client und Server zugleich. Das Programm speichert die Welt und zeigt sie an.

Im *Mehrspielermodus* gibt es einen Server und getrennt davon mehrere Clients, die auf den Server zugreifen. Zur Verbindung brauchen sie ein lokales Netzwerk (LAN) oder das Internet. Dann sind alle Player gemeinsam in derselben Serverwelt. Jeder sieht den Teil der Welt, in dem er sich gerade befindet, und jeder kann die Darstellung der Welt in seinem Client nach seinen Wünschen einstellen, z. B. mit oder ohne Wolken.

## Sicherheit geht vor

Wenn du im echten Leben auf eine Gruppe triffst, siehst du die Menschen ganz real und kannst ziemlich schnell einschätzen, wem du lieber aus dem Weg gehen möchtest. In der Anonymität der Onlinespiele ist das schwer. Name, Alter, Aussehen, Geschlecht – alles ist mit wenigen Klicks änderbar. Ein zehnjähriger Junge kann eine alte Hexe spielen, eine Rentnerin einen muskulösen Schmiedegesellen. Das ist einerseits Teil des Spaßes, wie das Verkleiden an Fasching und Karneval, aber es gibt auch Menschen, die sich hinter einer Maske verstecken, um unerfahrene Mitspieler und Mitspielerinnen zu ärgern oder zu belästigen. Sei darum vorsichtig und schlau, wenn du neue Player kennenlernst. Gib niemals deine persönlichen Daten preis, wie deinen echten Namen, dein Alter, deinen Wohnort, deine Handynummer etc., und klicke nicht auf Internetlinks, die dir geschickt werden.

Vertraue keinen fremden Playern auf Anhieb, gib ihnen keine Rechte für deine Grundstücke oder Truhen, auch wenn sie ganz lieb zu sein scheinen. Manche Player bereichern sich gerne an Server-Neulingen und nutzen sie aus.

In einer anonymen Gruppe sind immer ein paar schwarze Schafe dabei. Neben *Griefern* und *Trollen* (siehe Kasten) gibt es auch unreife Player, die nichts von dem verstehen, was um sie herum passiert, und einfach nur nerven. Und es gibt unhöfliche Player, die es cool finden, möglichst derbe Schimpfwörter zu benutzen.

Verlasse den Server sofort, wenn es im Chat oder im Spiel unangenehm für dich wird. Antworte nicht, gehe nicht auf Fragen ein, sondern verlasse einfach das Spiel. Mit einem Klick bist du draußen.

i

**MINECRAFT-LEXIKON – Griefer und Trolle**

Ein *Griefer* ist jemand, der absichtlich fremde Sachen kaputt macht – der Typ Mensch, der am echten Strand gerne auf Sandburgen herumtrampelt. In Minecraft zerstören Griefer Farmen und Bauwerke, töten fremde Tiere und räumen fremde Truhen aus.

> Ein *Troll* hat Spaß, wenn andere sich aufregen. Er oder sie provoziert gerne im Chat, schreibt gemeine Kommentare in ein Forum und baut angeblich »lustige« Bauwerke, die in Wirklichkeit andere ärgern sollen.

Wende dich in solchen Fällen an den Serverbesitzer und schildere ihm die Situation. Auf seriösen Servern werden Störenfriede dauerhaft vom Spiel ausgeschlossen. Das wird *Bann* genannt. Sie können den Server dann nicht mehr betreten.

Sei auch im echten Leben vor dem Bildschirm vorsichtig. Verrate deinen Geschwistern und Freunden nicht dein Minecraft-Passwort und sorge dafür, dass niemand das Spiel unter deinem Namen starten kann, wenn du weg bist. Besonders im jugendlichen Alter machen sich manche Geschwister und Freunde den »Scherz«, unter deinem Namen auf deinen Lieblingsserver zu gehen und sich absichtlich danebenzubenehmen, damit du gebannt wirst.

**Xbox-Sicherheitseinstellungen**

In deinem Xbox-Profil gibt es verschiedene Sicherheitseinstellungen für das Multiplayer-Spiel.

Klicke im Minecraft Launcher oben links auf dein Xbox-Gamertag und dann im Menü auf PROFIL VERWALTEN. Nach der Anmeldung siehst du dein Xbox-Spielerbild und dein Gamertag. Direkt darunter klickst du auf EINSTELLUNGEN, dann auf SICHERHEIT UND DATENSCHUTZ und EINSTELLUNGEN FÜR DIE NAMENSFREIGABE ÄNDERN. Dort wird erklärt, dass nur Erwachsene einer Familiengruppe Änderungen vornehmen können. Erwachsene erweitern die Familiengruppe über den Menüpunkt MICROSOFT FAMILY.

In den Datenschutzeinstellungen gibt es für jedes Familienmitglied unter dem jeweiligen Namen die Auswahl DATENSCHUTZ und ONLINESICHERHEIT mit vielen Einstellungen. Um auf einem Server spielen zu können, muss bei der ONLINESICHERHEIT der Punkt MULTIPLAYER-SPIEL eingeschaltet sein. NETZWERKÜBERGREIFENDES SPIEL wird nur gebraucht, falls Freunde mit anderen Konsolen (z. B. Playstation) dabei sein sollen. Der Punkt FREUNDE HINZUFÜGEN ist wichtig, um einen LAN-Server mit der Bedrock Edition starten und Freunde einladen zu können.

## Auf privaten Servern spielen

Ein *privater Server* ist ein kleiner Server für einige Freunde oder Verwandte, die zusammen Minecraft spielen. Der Serverbesitzer lädt jeden Player einzeln ein, d. h., es können keine unbekannten Player erscheinen.

Bevor du erfährst, wie du auf einen privaten oder Familienserver kommst, hier noch ein paar nützliche Grundlagen: Das Besondere am Multiplayer-Spiel sind natürlich die anderen Player. Mit der [Tab]-Taste siehst du, welche Player gerade auf dem Server sind (BE: [Esc]).

Die Ortungsleiste unter den Herzen zeigt hier mit einem grünen und einem rosa Punkt zwei Player in Blickrichtung.

Auf einem Server erscheint an Stelle deiner Erfahrungsleiste eine *Ortungsleiste*, die dir hilft, deine Mitspieler zu finden. Siehst du in die richtige Richtung, erscheinen dort Punkte in zufälligen Farben, die je nach Entfernung zum jeweiligen Player unterschiedlich groß sind. Ein kleiner Pfeil an einem Punkt zeigt an, dass du weiter nach unten oder oben sehen musst, um den Player zu sehen. Wer mit der Ortungsleiste nicht entdeckt werden will, kann schleichen, einen geschnitzten Kürbis oder Monsterkopf aufsetzen oder einen Unsichtbarkeitstrank trinken.

Um mit den anderen Playern zu sprechen, benutzt du den *Chat*. Das ist eine Eingabezeile für kurze Texte, die du über die Taste [T] öffnest. In den OPTIONEN findest du die CHATEINSTELLUNGEN, um das Chatfenster an deine Wünsche anzupassen. Achtung: Die Einstellung CHAT muss auf SICHTBAR stehen, damit du dich mit anderen Playern unterhalten kannst (BE: nutze in der geöffneten Chatzeile das Zahnrad-Symbol).

Was du in den Chat schreibst, erscheint bei allen anderen Playern auf dem Bildschirm. Um einen bestimmten Player anzusprechen, benutzt du einen *Befehl*, den du in die Chatzeile schreibst.

**Befehle in den Chat schreiben**

Befehle schreibst du in die Chatzeile. Sie beginnen immer mit einem Schrägstrich /. Eine große Hilfe bei der Eingabe von Befehlen ist die [Tab]-Taste, die einen angefangenen Befehl vervollständigt und Auswahlmöglichkeiten zeigt. Die Cursortasten [↑] und [↓] zeigen deine zuvor eingegebenen Befehle.

Jeder Server hat eine Vielzahl spezieller Befehle, die es nur auf diesem Server gibt. Minecraft selbst hat nur wenige Multiplayer-Befehle:

- `/list` zeigt dir die Namen aller anwesenden Player.
- `/msg` oder `/tell` oder `/w`, gefolgt von einem Spielernamen und einem Text, schreibt den Text nur an diesen einen Player.
  Beispiel: `/msg Latubius Hallo mein Freund`

Wenn du das erste Mal einen Server betrittst, erhältst du in der Java Edition einen Hinweis auf das Fenster »soziale Interaktionen«, das du mit der Taste P öffnest. Du siehst in dem Fenster alle Player auf dem Server und kannst aus der Liste oder über das Suchfeld einen auswählen. Wenn dich ein Player stört, versteckst du seine Texte, indem du auf das Sprechblasen-Symbol klickst. Über das gelbe Dreieck kannst du unangemessenes Chatverhalten melden. Auf öffentlichen Servern gibt es stattdessen meist eigene Reportmöglichkeiten und spezielle Befehle, z. B. `/ignore`, gefolgt von dem Spielernamen.

Das Menü der »sozialen Interaktionen«

In der Bedrock Edition siehst du die Spielerliste über die Esc-Taste und kannst dort auch auf öffentlichen Servern andere Player für dich stumm schalten oder blockieren, falls sie dich stören. Dazu klickst du den Spielernamen an und wählst das Dreipunkte-Menü.

## LAN-Party mit der Java Edition

Die einfachste Art, mit Freundinnen und Freunden in einer Minecraft-Welt zu spielen, ist ein gemeinsames Treffen. Jeder bringt einen Laptop mit, der Gastgeber hat vielleicht auch einen Desktop-Computer. Nun melden sich alle Player entweder mit LAN-Kabel oder drahtlos per WLAN im Heimnetzwerk des Gastgebers an (*LAN* und *WLAN* sind die englischen Abkürzungen für »lokales Netzwerk« und »drahtloses lokales Netzwerk«).

Wichtig ist, dass alle Player dieselbe Minecraft-Version haben. Unterschiedliche Versionsnummern oder ein gemeinsames Spiel zwischen Java und Bedrock Edition sind nicht möglich.

Ein Player hat die Serverwelt auf seinem Computer, er ist der *Serverbesitzer*. Er startet seine Java Edition, geht in den *Einzelspielermodus* und betritt die Welt. Dann öffnet er mit Esc das Spielmenü und wählt den Menüpunkt IM LAN ÖFFNEN. Für ein normales Survival-Spiel im Überlebensmodus, wie es in diesem Buch beschrieben ist, bleiben die EINSTELLUNGEN FÜR ANDERE SPIELER unverändert. Einfach auf LAN-WELT STARTEN klicken und fertig.

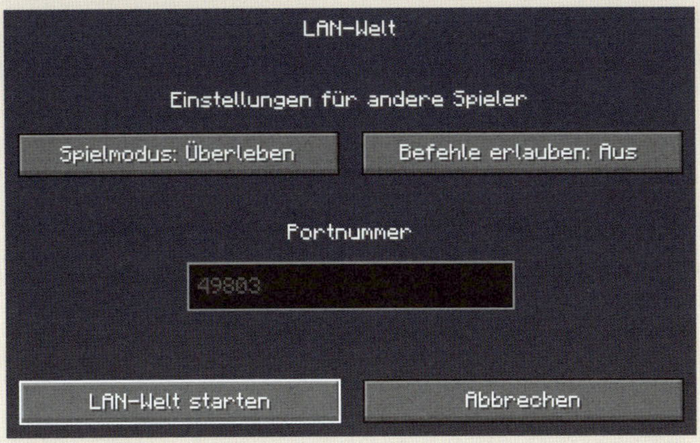


Java Edition: Der Serverbesitzer geht in den Einzelspielermodus und startet seine Welt als LAN-Welt.

Sobald die LAN-Welt läuft, gehen die anderen Player mit ihrer Java Edition in den *Mehrspielermodus* und scrollen in der Serverliste ganz nach unten zu Suche nach Spielen im lokalen Netzwerk. Dort erscheint die eben gestartete LAN-Welt mit dem Spielernamen, dem Namen der Welt, der lokalen IP-Adresse und dem Port. Mit einem Doppelklick treten die Player der LAN-Welt bei. Maximal acht Player können gleichzeitig in einer LAN-Welt spielen.

Die anderen Player gehen in den Mehrspielermodus und finden dort die LAN-Welt.

Wenn der Serverbesitzer sein Spiel beendet, ist das gleichbedeutend mit dem Schließen des Servers, d. h., alle anderen Player werden aus der Welt geworfen. Aber es geht nichts verloren. Die Daten aller Player, wie Inventare und Positionen, werden auf dem Computer des Serverbesitzers gespeichert. Wenn er die Welt zu einem späteren Zeitpunkt erneut als LAN-Welt startet, kann jeder einzelne Player wieder da weitermachen, wo er aufgehört hat.

## LAN-Party mit der Bedrock Edition

In der Bedrock Edition ist jede Einzelspielerwelt automatisch eine LAN-Welt (siehe dazu in die Mehrspieler-Einstellungen der Welt, die du erreichst, wenn du unter Spielen auf das Stift-Symbol rechts neben der Welt klickst). Außerdem ist mit der BE das Multiplayer-Spiel zwischen Handys (iOS und Android), modernen Konsolen und allen Geräten mit Windows 10 oder 11 möglich, z. B. Tablets.

Der Serverbesitzer startet die Bedrock Edition und betritt die Welt. Normalerweise können auch in der BE nur acht Player in einer LAN-Welt sein, aber der Serverbesitzer kann in der Welt mit dem Befehl `/setmaxplayers` die Zahl bis auf 40 erhöhen (dazu den Chat mit [T] öffnen und den Befehl mit der gewünschten Anzahl eingeben).

Dann öffnet der Serverbesitzer (immer noch in der Welt) mit [Esc] das Spielmenü und klickt auf INS SPIEL EINLADEN. Es erscheint eine Liste mit den Gamertags (die Spielernamen in der BE) aller Freunde. Über FREUND HINZUFÜGEN können weitere Gamertags hinzugefügt werden. Schließlich wird jeder, der jetzt mitspielen soll, in der Liste mit einem Häkchen markiert und über EINLADUNG SENDEN benachrichtigt.

Bedrock Edition: Der Serverbesitzer betritt die Welt und lädt seine Freunde ein.

Sobald die Einladungen von der Serverwelt verschickt wurden, gehen die anderen Player in ihrer Bedrock Edition in den Menüpunkt SPIELEN. Dort sehen sie die LAN-Welt und können mit Doppelklick beitreten.

Schließt der Serverbesitzer die Welt, wird das Spiel für alle Player beendet. Die Daten bleiben aber erhalten, beim nächsten Mal startet jeder wieder da, wo er die Welt verlassen hat.

Die anderen Player sehen die LAN-Welt unter »Spielen«.

### Minecraft Realms, die Server von Mojang

Mojang, der Hersteller von Minecraft, bietet mit *Minecraft Realms* (englisch für »Königreiche«) kleine Server für private Zwecke an. Das kostet den Realms-Besitzer eine geringe monatliche Gebühr, aber dafür ist der Server für alle eingeladenen Player rund um die Uhr und von jedem Ort über das Internet erreichbar, auch wenn der Besitzer nicht online ist. Für die Mitspieler ist die Benutzung kostenlos.

Auch hier gilt: Ein gemeinsames Spiel zwischen Java und Bedrock Edition ist nicht möglich. Außerdem müssen alle Player die neueste Minecraft-Version haben.

Für die Java Edition zahlt der Serverbesitzer 8 € im Monat. Über das Realms-Menü der Java Edition gelangst du in dein Profil auf der Minecraft-Website, wo du den Kauf durchführen kannst.

Als Besitzer hast du im Realms-Menü verschiedene Einstellungsmöglichkeiten und kannst auch zahlreiche kostenlose Welten mit Minispielen, Abenteuern und Bauvorlagen in dein Realm laden und deinen Mitspielern zur Verfügung stellen.

Java Edition: Über den Hauptmenüpunkt »Minecraft Realms« siehst du alle Realms, in die du eingeladen wurdest, und kannst auch selber ein Realm mieten.

Mit der Bedrock Edition gibt es zwei Möglichkeiten: *Realms* mit zwei weiteren Mitspielern für monatlich rund 4 € und *Realms Plus* mit zehn weiteren Mitspielern für monatlich rund 8 €. Bei *Realms Plus* hast du zusätzlich kostenlosen Zugriff auf viele Marketplace-Welten, die jeden Monat neu dazukommen. Zum Kaufen gehst du in der Bedrock Edition in den Hauptmenüpunkt REALMS, um die Auswahl zu sehen.

Als Besitzer siehst du dein Realm im Menü SPIELEN unter REALMS und kannst verschiedene Einstellungen vornehmen.

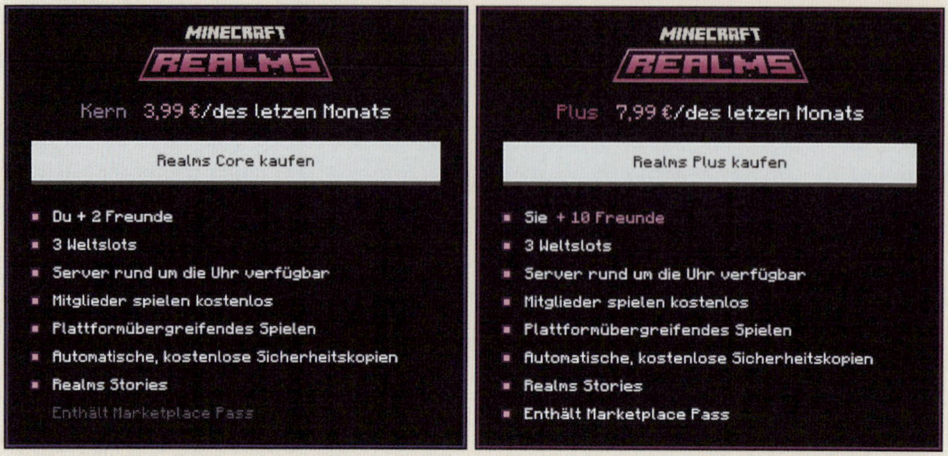


Bedrock Edition: Über den Hauptmenüpunkt »Realms« und »Jetzt kaufen« kommst du zur Auswahl der Realms-Abonnements.

## Einen öffentlichen Server finden

*Öffentliche Minecraft-Server*, auf denen jeder spielen kann, gibt es für die Java Edition weltweit tausendfach und in allen Größen: von sehr kleinen Servern mit nur wenigen Playern (an manchen Tagen gar keine) über mittelgroße Server mit um die 80 gleichzeitigen Playern (vor allem nachmittags und am Wochenende) bis hin zu riesigen Servern mit mehreren Hundert oder gar Tausend gleichzeitigen Playern, die sich auf zahlreiche Einzelspiele verteilen. Um deutschsprachige Minecraft-Server für die Java Edition zu finden und zu vergleichen, findest du im Internet verschiedene *Serverlisten*. Zwei große und seriöse Serverlisten sind *Minecraft-Server.eu* (*https://minecraft-server.eu*) mit über 1.400 gelisteten Servern und *Minecraft-Serverlist.net* (*https://www.minecraft-serverlist.net*) mit über 2.000 Servern.

Bei Serverlisten hast du ein Suchfeld, um nach Kategorien zu suchen, z. B. »survival«.

In der <u>Bedrock Edition</u> sind einige professionelle Server voreingestellt. Im Internet gibt es nur wenige weitere öffentliche Server und entsprechend auch kaum Serverlisten. Immerhin findest du in der englischsprachigen Serverliste *Minecraft Bedrock Servers* einige Dutzend deutsche Server (*http://minecraftpocket-servers.com/country/germany*).

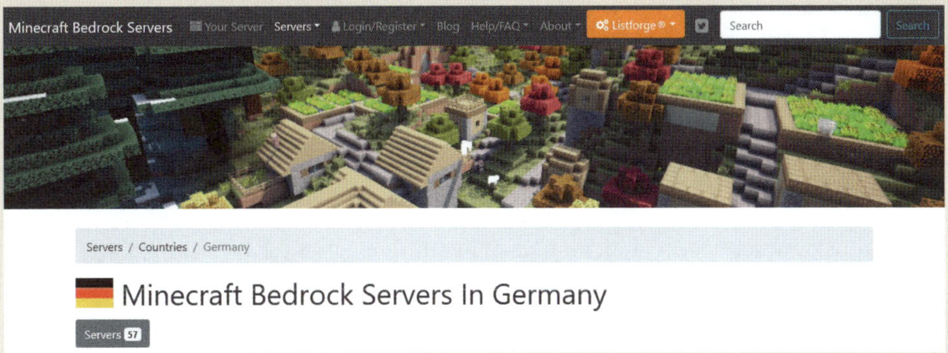


Die Serverliste »Minecraft Bedrock Servers« listet auch deutsche Bedrock-Server auf.

Um in den Serverlisten das Richtige für dich zu finden, gibst du im jeweiligen Suchfeld ein Stichwort ein oder benutzt die erweiterte Suche. Gibst du z. B. das Stichwort »survival« ein, werden dir Server angezeigt, die das Spiel im Überlebensmodus anbieten. Die meisten Server haben eine Mischung aus unterschiedlichen Angeboten. Die wichtigsten sind:

- **Survival**: Du baust mit anderen Playern zusammen im Überlebensmodus in einer gemeinsamen Welt. Dazu gehören das Farmen und Craften von Baumaterial, das Verzaubern, das Brauen von Tränken, der Kampf gegen Monster und das Erkunden von Biomen, Nether und Ende. Also alles, was in diesem Survival-Guide beschrieben ist.
- **Creative**: Du baust auch, aber du kannst fliegen und dich ganz auf die Schöpfung deines Bauwerks konzentrieren, ohne Monster, ohne Landschaft, ohne Material zu farmen und ohne Crafting.
- **Freebuild**: Hier gibt es keine Themenvorgabe bei den Bauwerken. Andere Server haben z. B. die Themenvorgabe »Mittelalter«.
- **Citybuild**: Es gibt keine Landschaft. Der Server ist flach und in kleine Flächen (*Plots*) aufgeteilt, auf der jeder Player ein Haus errichten kann.
- **Wirtschaft**: Diese Server haben eine (nicht reale) Serverwährung, mit der du Baumaterial, Gegenstände und oft auch Grundstücke bekommen kannst. Es gibt einen

*Adminshop* mit allen Angeboten oder Shops von Playern. Um Servergeld zu verdienen, kannst du Waren anbieten oder vorgegebene Aufgaben annehmen.

- **RPG**: Die englische Abkürzung für *role playing game* bedeutet »Rollenspiel«. Auf solchen Servern gibt es vorgegebene Berufe mit Karriereleitern (vom Gesellen zum Meister).
- **PvP**: Die englische Abkürzung für *player versus player* bedeutet, dass sich Player gegenseitig bekämpfen und Schaden zufügen können.
- **Skyblock**: Hier beginnt man auf einer winzigen schwebenden Insel und muss versuchen, Baumaterial selbst zu generieren, um seine Insel zu vergrößern.
- **Bedwars**: Diese Server bieten Spielrunden an, bei denen sich mehrere Player gegenseitig bekämpfen und versuchen, das Bett ihrer Gegner zu zerstören, damit diese nicht respawnen können. Wer zuletzt übrig bleibt, hat gewonnen.
- **Minigames**: Diese Server haben kleine, kurze Spiele und Wettbewerbe zum schnellen Zeitvertreib und sind bei jüngeren Playern sehr beliebt. Der größte Server der Welt (*Hypixel*) ist ein Minigame-Server mit über 50.000 aktiven Playern in Spitzenzeiten.
- **Vanilla**: Das unveränderte Originalspiel. Weil Minecraft eher für den Einzelspielermodus oder maximal für kleine Gruppen konzipiert ist, gibt es auf vielen öffentlichen Servern Anpassungen und Änderungen. Auf einem Vanilla-Server gibt es das nicht.

Die Sortierung in den Serverlisten erfolgt nach sogenannten *Votes*, Abstimmungen der Besucher für einen bestimmten Server. Je mehr Votes, desto beliebter ist der Server. Seriöse Serverlisten prüfen neue Server, bevor sie in die Liste aufgenommen werden, und sorgen dafür, dass man für einen bestimmten Server nur einmal pro Tag voten kann.

Mit einem Klick auf den Servereintrag gelangst du auf eine Detailseite, auf der du weitere Informationen erhältst.

Da sich die Server in ihren Angeboten und ihrer Community stark unterscheiden, solltest du dir mehrere Server ansehen, bevor du die Entscheidung fällst, wo du ein größeres Bauprojekt startest. Auf sehr großen Servern kann es im Chat recht chaotisch zugehen oder vielleicht auch streng, während auf einem mittleren Server eine eher familiäre Atmosphäre herrscht und du auf kleinen Servern oft alleine bist. Beobachte auch, ob die Player im Chat freundlich miteinander umgehen. Wenn du einige Stunden pro Woche auf einem Server verbringen möchtest, ist es wichtig, dass du dich dort wohlfühlst.

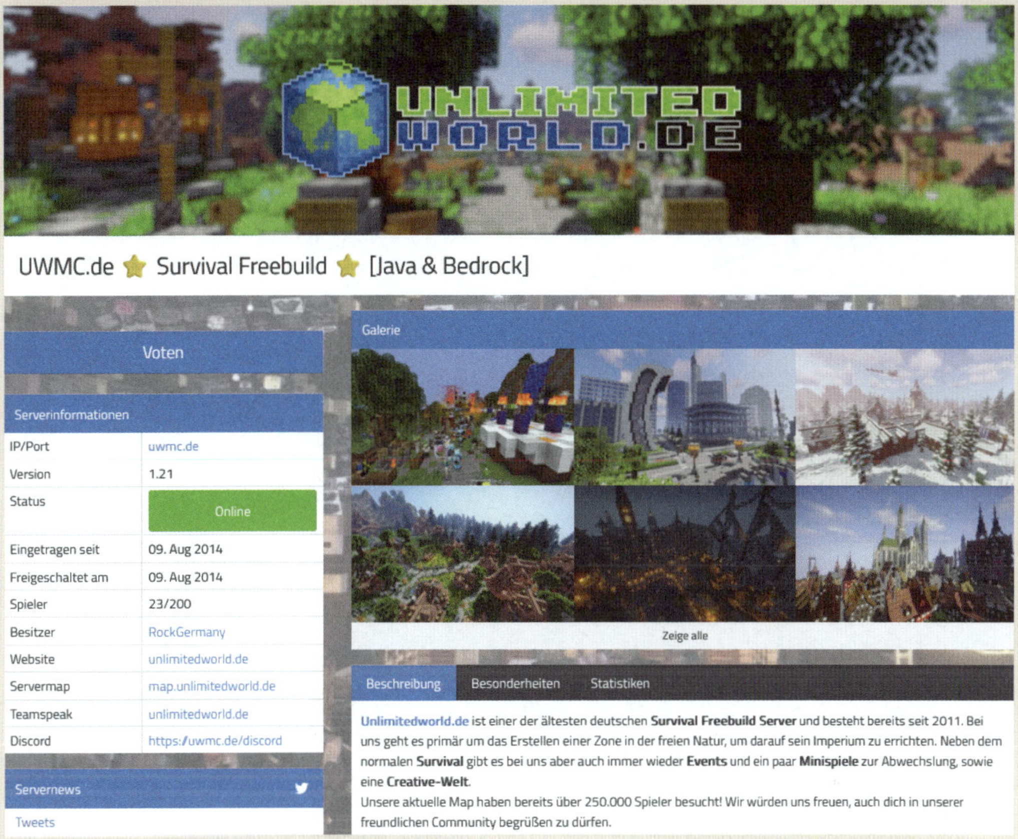


Beispiel für die Detailseite eines Survival-Servers in einer Serverliste mit Informationen zu Angebot, Serveradresse, Minecraft-Version, Website etc.

### Minecraft-Version einstellen

In den Serverlisten findest du zu jedem Eintrag die Information, mit welcher Minecraft-Version du den Server betreten kannst. Dabei ist die dritte Versionsstelle meistens nicht so wichtig. Probiere es einfach aus, schlimmstenfalls erhältst du beim Verbinden mit dem Server eine Meldung, dass du eine andere Version benötigst.

Für die Java Edition kannst du im Minecraft Launcher eine beliebige ältere Minecraft-Version einstellen (für die BE ist das nicht möglich). Starte dazu den Minecraft Launcher, wähle den Reiter INSTALLATIONEN und klicke auf NEUE INSTALLATION. Fülle dann die Felder aus:

- Das **Icon** (den Block oben) kannst du über den kleinen Pfeil ändern.
- Der **Name** ist frei wählbar. Trage am besten die gewünschte Versionsnummer ein.

- Wichtig ist die **Version**: Wähle mit dem kleinen weißen Pfeil die passende Versionsnummer. Sie muss mit dem Wort »release« anfangen.
- Für jede Installation solltest du ein eigenes **Spielverzeichnis** anlegen, damit das Spiel mit unterschiedlichen Einstellungen nicht durcheinanderkommt.
- Klicke auf ERSTELLEN.

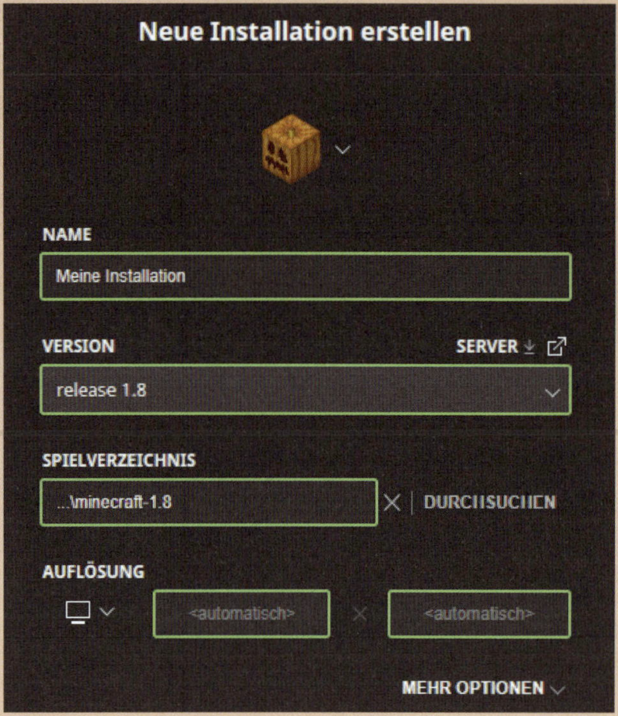


Im SPIELEN-Reiter des Launchers siehst du links unten einen kleinen Pfeil zur Auswahl deiner Installationen. Der erste Start einer neuen Installation dauert immer etwas länger, da Minecraft noch die erforderlichen Dateien aus dem Internet lädt.

### Mit einem Server verbinden

Um mit der Java Edition auf einem öffentlichen Server zu spielen, wählst du den Hauptmenüpunkt MEHRSPIELER, der dich nach einem Hinweis zu einer zunächst leeren Serverliste führt. Klicke unten auf SERVER HINZUFÜGEN und trage in die zwei Felder einen frei wählbaren Servernamen ein und die genaue Serveradresse, die du in den Serverlisten unter IP/PORT oder SERVERADRESSE findest.

Manche Server haben eine spezielle Darstellung oder Geräusche, die sie über ein Ressourcenpaket zur Verfügung stellen. Mit der Einstellung SERVER-RESSOURCENPAKET: ABFRAGE bist du auf der sicheren Seite und kannst im Einzelfall selbst entscheiden.

Klickst du jetzt auf FERTIG, erscheint der Server in der Liste, die du beliebig mit weiteren Einträgen füllst. Zum Umsortieren fährst du mit der Maus auf das Server-Icon ganz links und klickst die kleinen Pfeile an.

Klickst du doppelt auf einen Listeneintrag oder einfach auf SERVER BEITRETEN, begibst du dich in die neue virtuelle Welt.

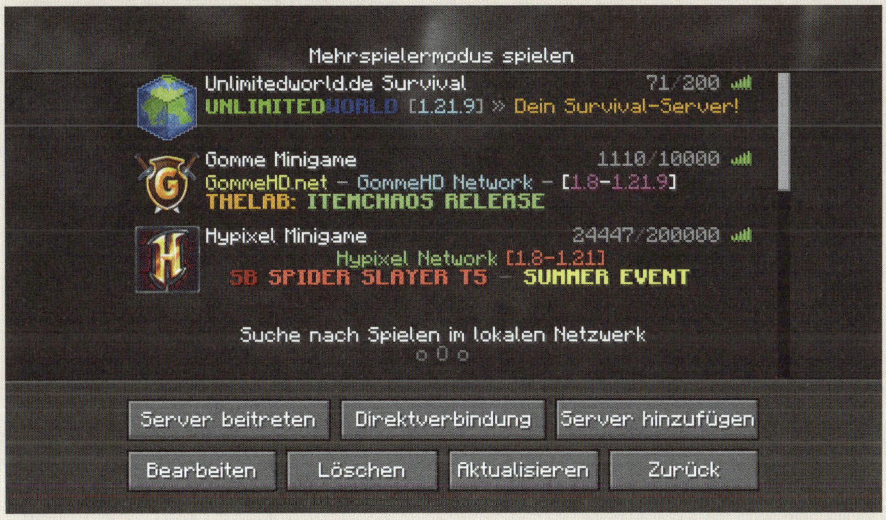


Java Edition: Du trägst alle Server selbst ein. Rechts siehst du die Anzahl der Player, die gerade auf dem Server sind, und die maximal mögliche Anzahl. Die Zahlen ändern sich nur, wenn du unten auf »Aktualisieren« klickst. Fährst du mit der Maus über die kleinen grünen Balken ganz rechts, siehst du deine Verbindungsqualität zu diesem Server in Millisekunden (»Ping« genannt). Je kleiner die Zahl, desto besser.

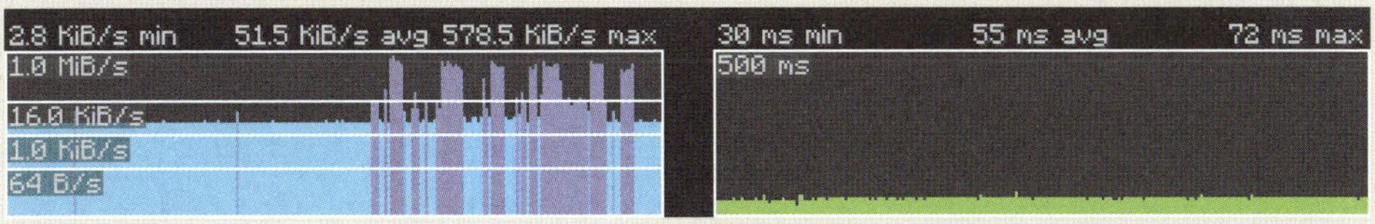


Bist du auf einem Server, siehst du mit [F3] + [3] zwei Diagramme: links die Geschwindigkeit der Datenübertragung vom Server und rechts den Ping.

Um mit der Bedrock Edition auf einem öffentlichen Server zu spielen, wählst du den Hauptmenüpunkt SPIELEN und gehst auf den Reiter SERVER.

Einige englischsprachige Server sind schon eingetragen. Diese Server werden von professionellen Firmen betrieben, die sich bei Microsoft beworben haben, um in der Liste zu erscheinen. Am Ende der Liste kannst du selbst weitere Server hinzufügen.

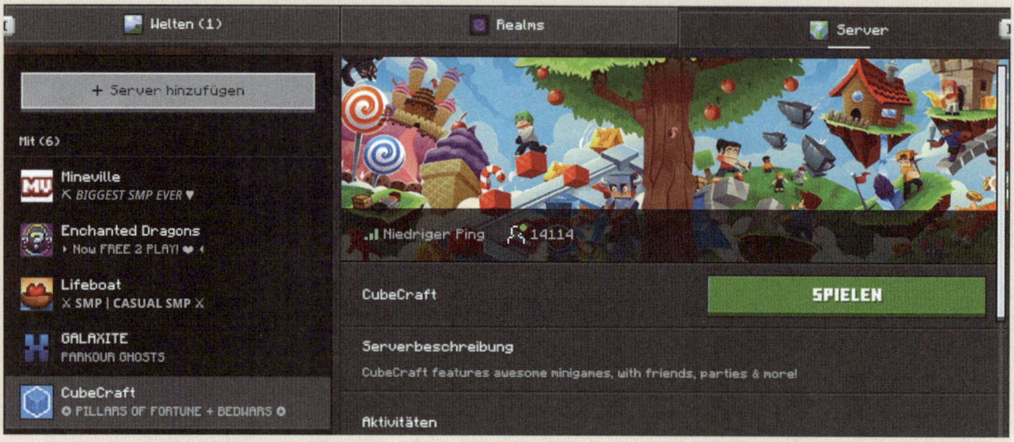


Bedrock Edition: Die Serverliste enthält standardmäßig einige professionelle englischsprachige Server.

## Das erwartet dich auf einem öffentlichen Server

Bei Betreten eines Servers landest du am Startpunkt des Servers (*Spawn*) oder in einer Empfangshalle (*Lobby*). Am Anfang ist erst mal alles neu und verwirrend, wie bei der Ankunft in einer fremden Stadt. Lass dir Zeit, schau dich um und orientiere dich in Ruhe. Hinweise und Tipps bekommst du von Schildern, Schwebeschriften und Dekorationsfiguren, die beim Anklicken ein Auswahlmenü öffnen. Oft werden dir auch Gegenstände in dein Inventar gelegt, mit denen du in die Luft rechtsklicken musst, um ein Menü zu öffnen.

Vielleicht hast du vorher auf die Website des Servers gesehen. Im Idealfall war das sogar hilfreich. Aber oft musst du einfach alles ausprobieren und dich nach und nach mit den Möglichkeiten vertraut machen. Grundsätzlich kannst du auf allen Servern kostenlos spielen, obwohl der Serverbesitzer jeden Monat Geld für die Hardware und den Betrieb an ein Rechenzentrum zahlen muss. Wie finanziert er das? Große, professionelle Server werden von Firmen betrieben, die gegen echtes Geld *Ränge* verkaufen. Ein Rang ist mit besonderen Rechten verbunden, die der normale Player nicht hat. Solche Ränge verleihen den Playern einen besonderen Status wie »Premium« oder »VIP« (Abkürzung für *very important person*, »sehr wichtige Person«) mit Zugang zu besonderen Orten oder Spielen. Daneben werden auch sogenannte *VIP-Pakete* mit speziellen Funktionen verkauft, die zwar keine Vorteile beim Spielen bringen, aber mehr Gestaltungsmöglichkeiten, z. B. ein Haustier oder zusätzliches Mobiliar.

Der Spawn eines Bedrock-Minispiel-Servers mit Dekorationsfiguren zum Anklicken und Gegenständen im Inventar zur Navigation und Information

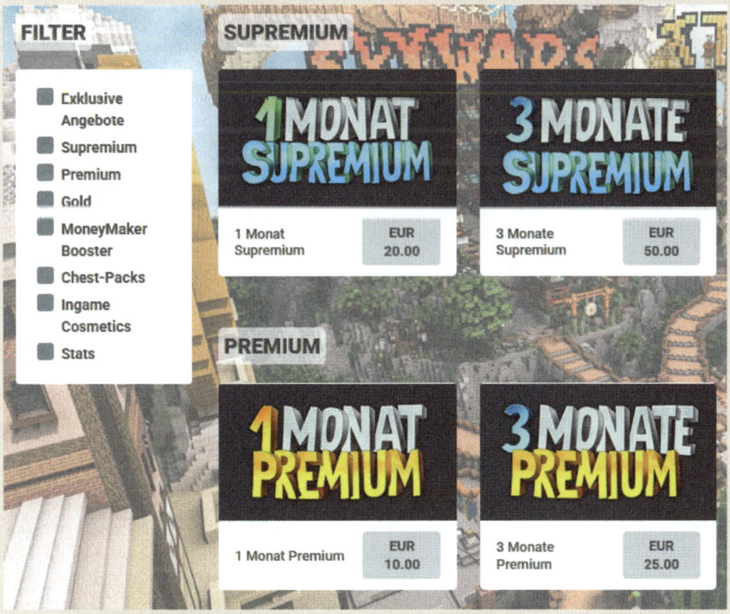


Ein Java-Minispiel-Server, der sich durch den Verkauf von Rängen finanziert. Der Verkauf wird über die Website abgewickelt.

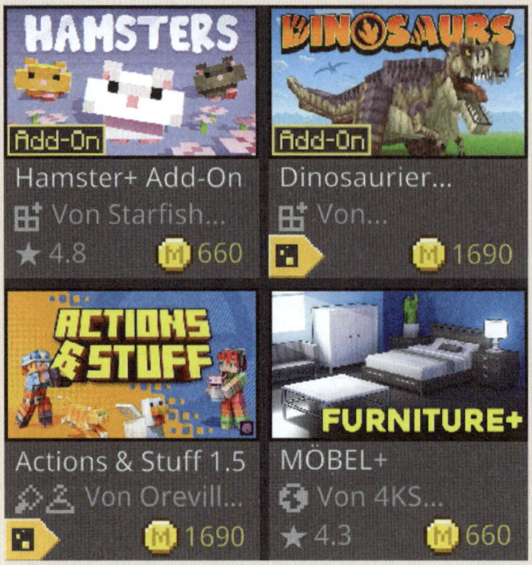


Bei der Bedrock Edition ist der Verkauf im Spiel integriert und läuft über Minecoins, die du vorher mit echtem Geld kaufen musst. Wenn du ein Angebot anklickst, siehst du den Kaufpreis in Euro. Manche Angebote sind sogenannte »Add-Ons«, die der Bedrock Edition neue Spielfunktionen hinzufügen, ähnlich wie die Mods der Java Edition. Du kannst auch ein monatliches Shopping-Abo (»Marketplace Pass«) kaufen. Die darin enthaltenen Angebote haben unten links ein auffälliges, gelbes Symbol.

Sowohl für Java als auch für Bedrock gilt: Kleine und mittlere Server haben meist keine Echtgeld-Angebote. Sie werden von Schülern oder Studenten betrieben, die Minecraft-Fans sind und selbst auf ihrem Server spielen. Zur Unterstützung bei der Finanzierung freuen sie sich über Spenden von Playern, denen der Server gefällt. Auf solchen Servern herrscht eine entspanntere Atmosphäre. Es gibt keine Werbung für Ränge und VIP-Pakete, und alle Player haben die gleichen Rechte und Möglichkeiten. Entspannt geht es dann aber auch bei der Verwaltung des Servers zu, denn der Serverbetreiber und seine Helfer können sich nur in ihrer Freizeit um den Server kümmern.

### Ein Server, viele Welten

Um das vielfältige Angebot und die Spielermengen zu verteilen, haben die meisten Server mehrere Welten. Jedes Minispiel, jede Region, jeder Spielmodus ist eine eigene Welt. Vom Spawn oder der Lobby aus erreichst du die anderen Welten über *Portale*, in die du hineinläufst, oder über *Auswahlmenüs*, die du siehst, wenn du eine Dekorationsfigur anklickst oder einen bestimmten Gegenstand in deinem Inventar benutzt.

Auf den meisten Survival-Servern ist es üblich, dass es mindestens eine sogenannte *Farmwelt* gibt, in der jeder nach Herzenslust Steine und Erze abbaut, Holz hackt und Schweine jagt, eben Ressourcen sammelt, um zu überleben und Baumaterial zu bekommen.

Am Spawn dieses Survival-Servers findest du Hinweisschilder und ein Gebäude mit Portalen zu den anderen Welten.

## Chatten, plaudern, quasseln – mit der Tastatur

Auch auf öffentlichen Servern siehst du mit der [↹]-Taste, welche Player gerade online sind (BE: [Esc]). Die Chatzeile öffnest du mit [T], Befehle gibst du dort mit einem vorangestellten Schrägstrich / ein. Benutze bei der Eingabe von Befehlen auch die [↹]-Taste, um einen angefangenen Befehl zu vervollständigen und Auswahlmöglichkeiten zu sehen.

Sei beim Chatten nett und freundlich, dann sind es die anderen auch. Das Schreiben in Großbuchstaben (*Caps*) oder ständiges Wiederholen (*Spammen*) wird im Chat als Störung empfunden und kann zu einem *Mute* (deutsch »Stummschaltung«) führen, einem Ausschluss vom Chat.

Üblicherweise helfen die erfahrenen Player auf einem Server gerne einem Neuling, aber es wird erwartet, dass du dich wenigstens über die Grundlagen selbst informiert hast. Alle Server haben Nutzungsbedingungen und Regeln. Wenn du die nicht einhältst, wirst du vom Server ausgeschlossen und kannst ihn nicht mehr betreten (*Bann*). Auf vielen Servern musst du die Regeln in der einen oder anderen Form bestätigen oder ein *Tutorial* durchlaufen, um die Grundkenntnisse zu erwerben.

Auf Servern gibt es zahlreiche *Befehle*, die Minecraft im Einzelspielermodus nicht kennt. Die häufigsten sind:

- `/spawn` teleportiert dich zum Spawn der Welt. Falls du dich verlaufen hast, kommst du mit diesem Befehl wieder zurück zum Startpunkt.
- `/warp`, gefolgt von einem Ziel, teleportiert dich an einen anderen Ort. Die möglichen Ziele siehst du, wenn du `/warp` und ein Leerzeichen eingibst und dann mehrfach die [⇆]-Taste drückst.
- `/msg` oder `/tell` oder `/w`, gefolgt von einem Spielernamen und einem Text, schreibt den Text nicht an alle, sondern nur an diesen Player.

  Beispiel: `/msg Latubius Hallo mein Freund`
- `/help` gibt eine Hilfestellung zu Befehlen und weitere Informationen.

Meldungen und Hinweistexte im Chat kannst du oft mit der Maus anklicken, oder du bekommst Zusatzinformationen, wenn du mit der Maus über den Text fährst. Dazu musst du die Chatzeile öffnen, sonst drehst du mit den Mausbewegungen nur deinen Kopf. Mit dem Mausrad kannst du dann die letzten 100 Chattexte zurückholen, wenn sie zu schnell aus der Anzeige gerutscht sind.

### Jetzt bin ich hier, was soll ich tun?

Wie du dir auf einem Server die Zeit vertreibst, hängt vom Konzept des Servers ab. Auf Minispiel-Servern geht es um Wettkämpfe und Geschicklichkeitsspiele. Du verschaffst dir eine Übersicht und probierst alle Spiele aus. Diese Server sind für den schnellen Zeitvertreib zwischendurch gedacht.

Auf den anderen Servern geht es mehr oder weniger ums Bauen mit Minecraft. Creative- und Citybuild-Server stellen dir eine abgegrenzte Fläche (*Plot*) zur Verfügung, auf der du dich gestalterisch austoben kannst.

Mehr zu tun hast du auf Survival-Servern. Hier beginnst du mit nichts und arbeitest dich durch Farmen und Craften langsam empor. Am Anfang brauchst du ein Grundstück. Auf einigen Servern gibt es vorgegebene Plots, auf anderen kannst du selbst festlegen, wo du bauen möchtest.

Manchmal kannst du dir ein Grundstück einfach so nehmen, auf anderen Servern musst du dazu vorgegebene Aufgaben erledigen.

Schließlich geht es ans Bauen. Aus einer ersten Erdhöhle wird eine Hütte, später ein schickes Haus und schließlich ein Schloss oder ein Segelschiff. Wenn du dann noch nicht genug hast, geht es weiter mit einem üppigen Schlosspark oder einer Hafenanlage mit Kränen und Lagerhäusern. Alleine würdest du dazu ziemlich lange brauchen, aber zusammen mit anderen Playern, mit denen du dich angefreundet hast, machen solche Projekte großen Spaß.

Ein kleiner Ausschnitt aus der Bauwelt des Survival-Servers Unlimitedworld. Ganz links kleine Häuschen, wie sie in den ersten Tagen entstehen, daneben größere Häuser nach einigen Wochen Serverleben und rechts eine gigantische Stadt, die im Laufe von mehreren Jahren und durch viel Teamarbeit gewachsen ist.

Auf Wirtschafts-Servern liegt der Schwerpunkt vor allem auf dem virtuellen Geldverdienen (kein Echtgeld). Meist brauchst du es für den Erwerb von Grundstücken oder speziellen Rechten. Oder du tauschst es gegen Baumaterialien und andere Gegenstände, die in zahlreichen Shops angeboten werden.

Doch aller Anfang ist schwer. Farmen und Craften von Blöcken und Gegenständen und deren Verkauf an die Mitspieler in einem Shop ist eine Möglichkeit. Das *Voten* ist eine andere. Dazu gibst du täglich in den eingangs erwähnten Serverlisten deine Stimme für den Server ab. Weil du dazu deinen Minecraft-Namen angibst, weiß der Server Bescheid und gibt dir etwas Servergeld im Spiel. Damit bedankt er sich fürs Voten, denn nur wenn ein Server in den Listen weit oben steht, werden neue Player auf ihn aufmerksam und halten die Gemeinschaft auf dem Server lebendig.

## Sprechen statt Schreiben

Wenn ihr auf einem Server zusammen an einem größeren Bauprojekt arbeitet, ist Kommunikation das Wichtigste. Wer kümmert sich um das Material? Wie soll das Dach aussehen? Hat jemand Ideen für das Mobiliar? Da wird es in Minecrafts Chatfenster zu eng. Tatsächlich ist der Chat für solche Gespräche auch gar nicht vorgesehen. Darum bieten die meisten Minecraft-Server die Option, sich auf einem *Discord*-Server zu treffen. Discord ist eine Gruppenchat-Software, die ursprünglich speziell für Onlinespiele entwickelt wurde, mittlerweile aber weltweit von allen möglichen Interessen- und Freundesgruppen genutzt wird. Hier kannst du mit Gleichgesinnten während oder außerhalb des Spiels sprechen und im Discord-Chat schreiben.

Voraussetzung zum Sprechen sind mindestens Mikrofon und Lautsprecher. Allerdings kann diese Minimalausstattung deine Zuhörer schnell nerven, denn dein Mikro überträgt auch alle Stimmen aus dem Lautsprecher, dann hört man sich doppelt. Deshalb ist es besser, ein *Headset* zu benutzen, das ist ein Mikro mit Kopfhörer.

Damit auf Discord nicht alle durcheinanderreden, gibt es öffentliche und private *Kanäle* (englisch *channels*). Die Kanäle sind vergleichbar mit Räumen in einem Gebäude, in denen man sich zum Sprechen trifft. Wenn ein Kanal privat ist, ist die Tür zu und es kommt nur herein, wer das Passwort kennt. Anklopfen ist natürlich auch möglich. Die meisten Minecraft-Server nutzen Discord auch zum Veröffentlichen von Informationen und Neuigkeiten. In solchen Textkanälen kann nur gelesen und nicht gesprochen werden.

Minecraft-Server haben auf ihrer Website – meist ganz oben oder ganz unten – ein Discord-Symbol . Klickst du das an, erscheint eine Einladung, um auf den Discord-Server dieses Minecraft-Servers zu kommen.

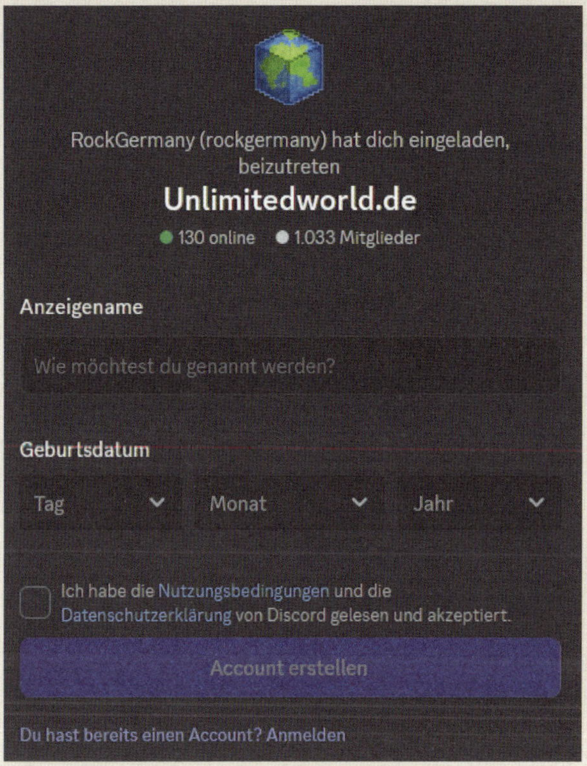

Eine Einladung zu einem Discord-Server

Du kannst Discord im Webbrowser benutzen oder die Discord-App auf deinem Computer und/oder deinem Handy installieren. Als *Anzeigename* gibst du am besten deinen Minecraft-Namen ein, damit die anderen dich erkennen. Das *Geburtsdatum* ist nötig, weil du mindestens 16 Jahre alt sein musst. Diese Grenze gilt in Deutschland für Discord allgemein, auch wenn viele Server völlig harmlos sind. Trotzdem können sich auch dort einzelne Menschen danebenbenehmen, und die Altersgrenze soll sicherstellen, dass du damit umgehen kannst. Nach einem Klick auf ACCOUNT ERSTELLEN und einer kurzen Prüfung, dass du kein Roboter bist, landest du auf dem gewünschten Discord-Server. Jetzt kannst du dich durch die Textkanäle klicken und herausfinden, was es hier alles gibt.

Du hast vorerst nur einen temporären Account, der nur solange gilt, wie du online bist. Das reicht völlig, um auf öffentlichen Discord-Servern Informationen und Neuigkeiten zu lesen. Wenn du auch sprechen und schreiben möchtest, musst du deinen Account bei Discord speichern. Dazu klickst du auf ACCOUNT BEANSPRUCHEN und gibst deine

E-Mail-Adresse und ein Passwort ein. Das reicht aber noch nicht. Um anonyme Belästigungen zu vermeiden, wirst du auf einem Discord-Server oft gebeten, deinen Discord-Account mit dem zugehörigen Web-Forum oder Minecraft-Server zu verbinden. Damit stellst du sicher, dass du ein Player dieses Minecraft-Servers bist (*Verifizierung*). Eine Anleitung dazu findest du auf dem jeweiligen Discord-Server.

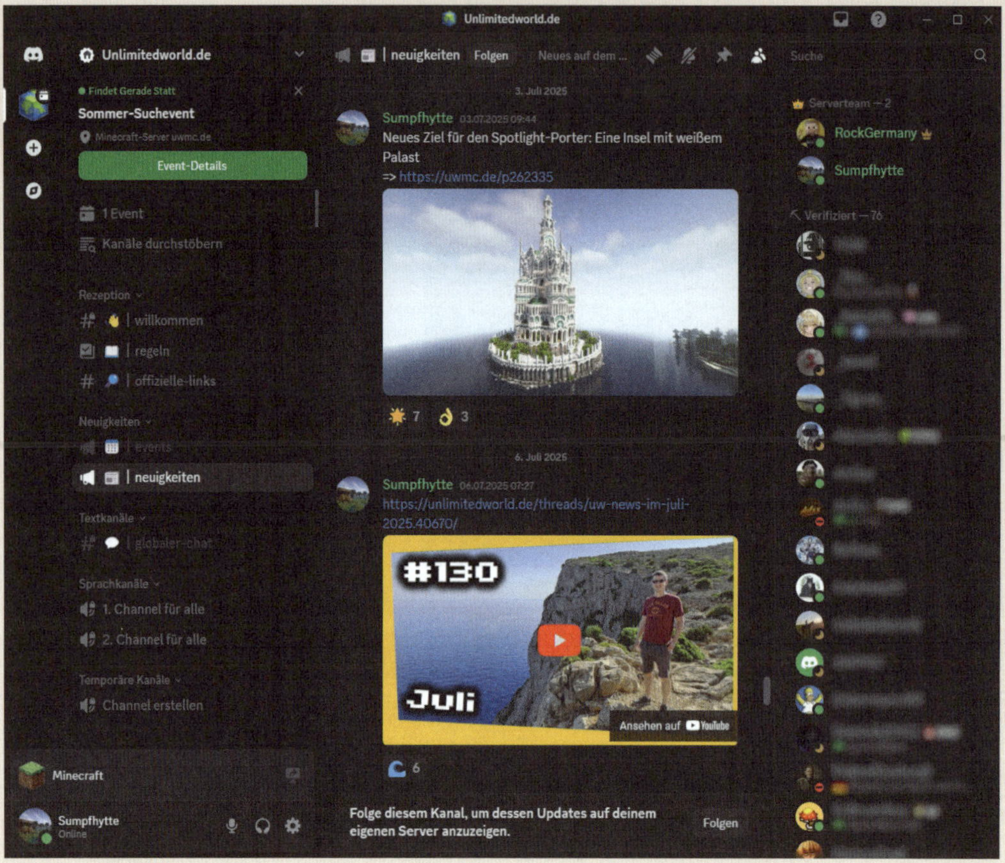


Der Discord-Server zum Minecraft-Server Unlimitedworld. Links die Kanäle, in der Mitte die Texte im ausgewählten Kanal. Discord übernimmt hier auch die Funktion eines Web-Forums, z. B. durch Ankündigung von Neuigkeiten. Rechts die anwesenden Administratoren und Benutzer.

Nach deiner Verifizierung siehst du weitere Kanäle, unter anderem auch solche zum Sprechen. Du kannst auch erst mal nur lesen oder zuhören. Verhalte dich freundlich. Für Störer gibt es auch hier Stummschaltung und Bann.

### Gratulation, du hast das 13. Survival-Level erreicht

Jetzt hast du Erfahrung im Multiplayer-Spiel. Du kannst mit Freunden und Freundinnen auf einer LAN-Party gemeinsam in einer Welt spielen oder ein Realm mieten. Und du hast das große Universum der öffentlichen Minecraft-Server kennengelernt, dein Zugang zu zahlreichen neuen Welten. Du kennst einige Serverlisten und Serverkategorien, um eine Auswahl ganz nach deinem Geschmack zu treffen.

Du weißt, was dich auf einem Server erwartet, wie du den Chat benutzt und dass du Fremden gegenüber vorsichtig sein solltest. Schließlich hast du auch Discord kennengelernt, um dich per Headset zu unterhalten.

Hier enden die Tipps zum Survival-Spiel, aber das Buch geht noch weiter. Im letzten Kapitel findest du Tabellen mit sämtlichen Blöcken und Gegenständen, die es im Überlebensmodus gibt, und du erfährst, wie du diese bekommst. Ganz am Ende steht der Index, eine Stichwortliste mit Seitenzahlen, über die du schnell jede Einzelheit im Buch wiederfindest.

Doch die Möglichkeiten von Minecraft sind damit noch lange nicht erschöpft, es gibt noch viel mehr zu erforschen und auszuprobieren. Einen Blick hinter die Kulissen des Spiels und viele kreative Möglichkeiten, die weit über das bisher Gelesene hinausgehen, findest du im Folgeband **»The Next Level«** (*www.rheinwerk-verlag.de/5829*). Dort erfährst du, wie du Skins, Ressourcenpakete, Mods und Datenpakete installierst, wie du sie selbst herstellst, wie du Welten veränderst, im Abenteuermodus spielst, den Kreativmodus voll ausnutzt und was du mit den vielen Minecraft-Befehlen anstellen kannst.

Das Besondere an Minecraft ist sein unerschöpfliches kreatives Potenzial. Für eine weltweite Fangemeinde ist Minecraft mehr als nur ein Spiel, es ist zum entspannten Hobby geworden. Blättere noch mal in deinem Survival-Guide, baue nach, probiere aus. Kämpfe gegen Monster, verzaubere Gegenstände und braue Tränke, vergrößere dein eigenes Reich und erforsche die Welt. Spiele aufregende Minispiele auf Multiplayer-Servern oder suche dir einen freundlichen Server, lerne dort neue Freunde kennen und baue mit ihnen großartige Dinge.

Viel Spaß beim Minen und Craften!

# Referenz – alle Blöcke und Gegenstände

*In diesem Kapitel findest du alle Blöcke und Gegenstände, die es im Überlebensmodus gibt. Du erfährst, wie du sie bekommst und was du damit machst. Um bei der großen Menge die Übersicht zu behalten, sind sie inhaltlich in Gruppen zusammengefasst, die du im Inhaltsverzeichnis am Anfang des Buches findest.*

*Auch die anderen Spielinhalte wie Biome, Tiere, Monster, Verzauberungen, Tränke, Statuseffekte und Bauwerke sind in diesem Buch vollständig aufgeführt, aber nicht hier, sondern in den passenden Kapiteln. Du findest sie über den Index am Schluss des Buches.*
*Wenn du einen Block oder Gegenstand im Internet suchst, brauchst du oft den englischen Namen. Dazu änderst du einfach im Spiel kurzzeitig die Sprache auf »English (US)« und siehst in dein Inventar. Du kannst auch mit* F3 + H *die erweiterten Schnellinfos einschalten (nicht in der BE) und mit der Maus über den Gegenstand im Inventar fahren, um den technischen Namen zu sehen, der meist mit dem englischen Namen übereinstimmt.*

*Und nun viel Spaß beim Stöbern in der Welt der Blöcke und Gegenstände!*

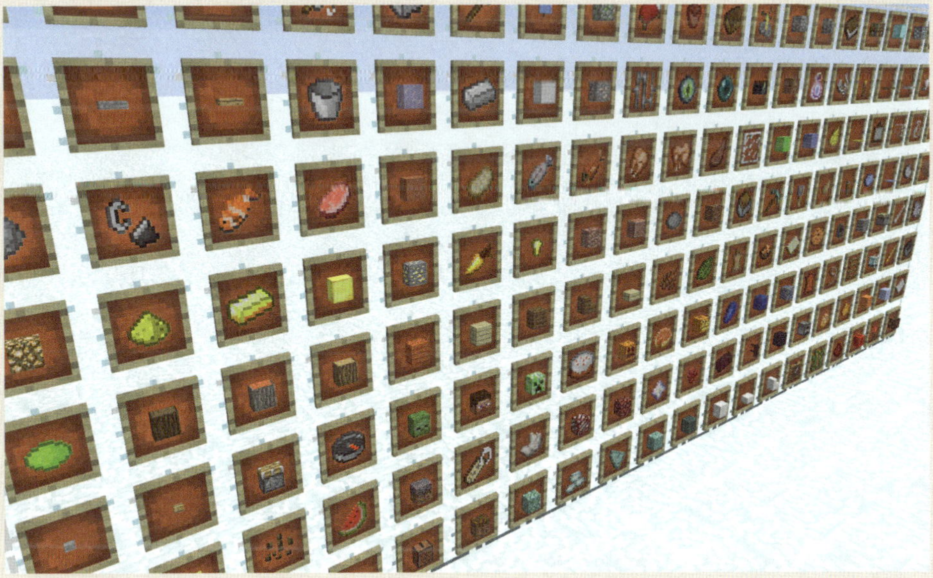

## Steine

Der häufigste Block ist der Stein. Steine aller Art eignen sich hervorragend als Baustoffe. Mit Werkbank, Steinsäge und Ofen kannst du sie zu vielen Varianten weiterverarbeiten (siehe Poster und das Kapitel »Architektenträume – bauen und einrichten«). Zum Abbau von Steinen nimmst du eine Spitzhacke.

| Steine in der Oberwelt | Herkunft und Varianten |
|---|---|
| Bruchstein | Abbau von Stein überall im Boden. Varianten: , bemoost → schmelzen zu *Stein* , glatt → *Steinziegel* , gemeißelt, rissig, bemoost . Stein ist auch eine Brauzutat. |
| Sandstein | Unter dem Sand in *Wüste* und *Strand* oder craften aus Sand. Varianten: , glatt , gemeißelt, geschnitten . |
| Roter Sandstein | Craften aus rotem Sand. Varianten: , glatt , gemeißelt, geschnitten . |
| Andesit<br>Diorit<br>Granit | Gesteinsblasen im Fels oder craften aus Netherquarz. Varianten: , poliert . |
| Kalzit | Gesteinsadern in den *steinigen Gipfeln* und an *Geoden*. |
| Tropfsteinblock<br>Spitzer Tropfstein | *Tropfsteinhöhlen* oder Block craften aus spitzem Tropfstein. |
| Bruchtiefenschiefer | Abbau von Tiefenschiefer im tiefen Fels. Varianten: → schmelzen zu *Tiefenschiefer* , gemeißelt, poliert → *Tiefenschieferziegel* , rissig → *Tiefenschieferfliesen* , rissig. |
| Tuffstein | Gesteinsblasen im Tiefenschiefer. Varianten: → gemeißelt, poliert → *Tuffsteinziegel* → gemeißelt. |
| Grundgestein | Boden der Oberwelt, Boden und Decke im Nether. Nicht abbaubar. |

| Steine im Nether und Ende | Herkunft und Varianten |
|---|---|
| Netherrack (BE: Netherstein) | Überall im Nether. Varianten: → brennen zu *Netherziegeln* → *Netherziegel* Zaun, gemeißelt, rissig, *rote Netherziegel* . |
| Schwarzstein | *Basaltdeltas* im Nether. Varianten: , gemeißelt, poliert → *polierte Schwarzsteinziegel* , rissig. |
| Basalt | *Basaltdeltas* im Nether und Säulen im *Seelensandtal*. Varianten: glatt, poliert. |
| Endstein | Überall im Ende. Varianten: *Endsteinziegel* . |

| Kunststeine | Herkunft und Varianten |
|---|---|
| Beton | Trockenbeton mit Wasser berühren, 16 Farben. |
| Fester Schlamm | Craften aus Schlamm und Weizen. Varianten: *Schlammziegel* . |
| Harzziegel | Craften aus geformten Harzziegeln → Varianten: , gemeißelt. |
| Keramik | *Tafelberge* oder brennen aus Tonblöcken. Varianten: färbbar in 16 Farben → brennen zu *glasierter Keramik* in 16 Farben. |
| Prismarin | *Ozeanmonumente* oder craften aus Prismarinscherben. Varianten: , *Prismarinziegel* . |
| Dunkler Prismarin | *Ozeanmonumente* oder craften aus Prismarinscherben und schwarzem Farbstoff. Varianten: . |
| Purpurblock | *Endsiedlungen* oder craften aus im Ofen *geplatzten Chorusfrüchten* . Varianten: Säule. |
| Quarzblock | Craften aus Netherquarz. Varianten: Säule, glatt , gemeißelt → *Quarzziegel* . |

| Kunststeine | Herkunft und Varianten |
|---|---|
| Ziegelsteine | Craften aus gebrannten Ziegeln → Bannervorlage. Varianten: . |
| Endportalrahmen | Portalrahmen in einer *Festung*. Nicht abbaubar. |
| Verstärkter Tiefenschiefer | Portalrahmen in einer *antiken Stadt*. Nur schwer abbaubar, droppt nichts. |

## Erze

Erze kommen im Gestein in kleinen Adern vor, die nur in bestimmten Gesteinsschichten liegen. In der Tabelle ist die Y-Koordinate angegeben, die du aus dem Abschnitt »Orientieren und Navigieren« im Kapitel »Survival – das nackte Überleben« kennst (die Meereshöhe liegt bei Y = 63).

Zum Abbauen benutzt du eine Spitzhacke. Ab Redstone-Erz muss sie mindestens aus Eisen sein, für antiken Schrott sogar aus Diamant. Im Kapitel »Forscherdrang – entdecke die Welt« findest du im Abschnitt »Höhlen erforschen und Bergbau betreiben« Tipps zum Anlegen eines Bergwerks.

Viele Erze droppen beim Abbau Erfahrungskugeln oder einen Gegenstand, den du zu einem platzsparenden Block craften kannst. Die drei Metalle Kupfer, Eisen und Gold kannst du zu Barren schmelzen, die ebenfalls einen Block ergeben. Zerkleinerst du die Barren auf der Werkbank oder schmilzt du Metallwerkzeug, -waffen und -rüstung ein, entstehen kleine Metallklumpen.

| Erz | Häufigkeit | Häufiges Vorkommen (Y-Koordinate) |
|---|---|---|
| Steinkohle | sehr häufig | ab 64 aufwärts |
| → Fackel, Kupferfackel, Seelenfackel, Feuerkugel, Lagerfeuer<br>Alternative: *Holzkohle* aus Stämmen im Ofen herstellen | | |
| Netherquarzerz | sehr häufig | Nether zwischen 10 und 114 |
| → Baumaterial, Rüstungsbesatz, Tageslichtsensor, Beobachter, Redstone-Komparator | | |

| Erz | Häufigkeit | Häufiges Vorkommen (Y-Koordinate) |
|---|---|---|
| Eisenerz  | häufig | zwischen 0 und 32 und über 112, vereinzelt größere Adern im Tiefenschieferbereich |
| → Werkzeug, Waffen, Rüstung, Rüstungsbesatz, Eisengitter, Eisentür, Eisenfalltür, Eimer, Schere, Kessel, Eisenkette, Laterne, Feuerzeug, Kompass, Leitstein, Haken, Armbrust, Schild, Amboss, Trichter, Kolben, Schmelzofen, Schmiedetisch, Steinsäge, Grobwägeplatte, Lore, Schienen | | |
| Kupfererz  | häufig | zwischen 16 und 80, vereinzelt größere Adern in Tropfsteinhöhlen |
| → Werkzeug, Waffen, Rüstung, Rüstungsbesatz, Kupfergitter, Kupfertür, Kupferfalltür, Kupferrost, Kupferkette, Kupfertruhe, Blitzableiter, Fernrohr, Kupfergolemstatue, Kupferlaterne, Kupferfackel, Baumaterial: Blöcke normal, geschnitten, gemeißelt, Treppe, Stufe. Oxidation: normal, angelaufen, verwittert, oxidiert, ungewachst und gewachst, Details zur Oxidation siehe Kapitel »Architektenträume – bauen und einrichten« | | |
| Nethergolderz  | häufig | Nether zwischen 13 und 17 |
| → Nutzen siehe Golderz | | |
| Lapislazulierz  | Selten | zwischen –32 und 32 |
| → Farbstoff, Rüstungsbesatz, Brauzutat, Zauberzutat | | |
| Golddurchzogener Schwarzstein  | Selten | Nether in *Bastionsruinen* (kein Erz, droppt aber Gold) |
| → Nutzen siehe Golderz | | |
| Redstone-Erz  | Selten | zwischen -48 und -60, je tiefer, desto besser |
| → Brauzutat, Rüstungsbesatz, Uhr, Kompass, Notenblock, Redstone-Leitung, Redstone-Fackel, Redstone-Bauteile (Redstone-Verstärker, Redstone-Komparator, Redstone-Lampe, Spender, Werfer, Werker, Beobachter, Kolben, Zielblock, Antriebsschiene, Sensorschiene, Aktivierungsschiene) | | |

| Erz | Häufigkeit | Häufiges Vorkommen (Y-Koordinate) |
|---|---|---|
| Smaragderz | selten | ab 48 aufwärts, je höher, desto besser, aber nur in Bergbiomen |
| → Handeln mit Dorfbewohnern, Rüstungsbesatz | | |
| Golderz | sehr selten | zwischen -32 und 0, in Tafelbergen über 32 häufiger |
| → Werkzeug, Waffen, Rüstung, Rüstungsbesatz, Uhr, Feinwägeplatte, Antriebsschiene, Netheritbarren, goldener Apfel, goldene Karotte, glitzernde Melonenscheibe, Feuerwerksstern, Tauschen mit Piglins | | |
| Diamanterz | sehr selten | zwischen -32 und -60, je tiefer, desto besser |
| → Werkzeug, Waffen, Rüstung, Rüstungsbesatz, Zaubertisch, Plattenspieler, Feuerwerksstern | | |
| Antiker Schrott | sehr selten | Nether zwischen 13 und 17<br>(die Quelle für Netherit) |
| → Werkzeug, Waffen, Rüstung, Rüstungsbesatz,<br>Herstellung: Siehe Abschnitt »Schmiedetisch« im Kapitel »Heimwerken – hör mal, wer da craftet«. | | |

## Bodenarten

In den verschiedenen Biomen findest du unterschiedliche Bodenarten. Einige sind so locker, dass diese Blöcke nach unten fallen, wenn du den Block darunter wegnimmst (Sand, Kies, Trockenbeton).

Das schnellste Werkzeug für fast alle Bodenarten ist die Schaufel, nur für Moosblöcke und Sculk ist es die Hacke. Für Nezel brauchst du eine Spitzhacke. Und seltsamen Sand und Kies solltest du gar nicht abbauen, sondern mit dem Pinsel bearbeiten.

| Boden | Herkunft, Eigenschaften, Nutzen |
|---|---|
| Erde | Beim Abbau von Grasblöcken und darunter sowie in großen Blasen im Fels → Schlamm (mit Wasserflasche). |
| Grasblock | Wächst mit der Zeit auf Erde. Mit *Behutsamkeit* abbauen → Düngen ergibt Gras und Blumen. |
| Trampelpfad | Mit Schaufel Erde rechtsklicken. Abbau ergibt Erde (BE: mit *Behutsamkeit* abbauen möglich). |
| Ackerboden | Mit Hacke Erde rechtsklicken. Abbau ergibt Erde → für Ackerpflanzen. |
| Moosblock | *Üppige Höhlen*. Düngen verwandelt umliegende Blöcke ebenfalls in Moosblöcke → Moosteppich, bemooste Baublöcke. |
| Blassmoosblock | *Blasser Garten*. Düngen verwandelt umliegende Blöcke ebenfalls in Blassmoosblöcke → Blassmoosteppich. |
| Grobe Erde | In wenigen Biomen finden oder craften aus Erde und Kies. Auf grober Erde wächst kein Gras. |
| Wurzelerde | Unter Azaleenbäumen → Düngen ergibt Wurzeln darunter. |
| Podsol | *Urtaiga* und *Bambusdschungel* und beim Auswachsen von Riesenfichten. Mit *Behutsamkeit* abbauen → für Pilzzucht. |
| Myzel | *Pilzland*. Wächst mit der Zeit auf Erde. Mit *Behutsamkeit* abbauen → für Pilzzucht. |
| Schlamm | *Mangrovensumpf* oder Wasserflasche auf Erde anwenden → schlammige Mangrovenwurzeln, fester Schlamm. |
| Tonklumpen<br>Ton | *Üppige Höhlen*, *Strand*, *Fluss*, flacher See, *warmer* und *lauwarmer Ozean*.<br>Tonklumpen: → zu *Ziegel* brennen → Blumenvase, verzierter Krug, Ziegelsteine.<br>Ton: → zu Keramik brennen. |
| Sand | *Wüste*, *Strand*, *Fluss*, flacher See, *warmer* und *lauwarmer Ozean* → TNT, Sandstein, zu Glas schmelzen, *Trockenbeton* in 16 Farben. |
| Roter Sand | *Tafelberge* → TNT, roter Sandstein. |

| Boden | Herkunft, Eigenschaften, Nutzen |
|---|---|
| Feuerstein<br>Kies | *Strand*, *Fluss*, flacher See, *Ozean*, *zerzauste Geröllhügel*, in großen Blasen im Fels, im Nether.<br>Feuerstein: → Pfeil, Feuerzeug, Bognertisch.<br>Kies: → grobe Erde, *Trockenbeton* in 16 Farben. |
| Seltsamer Sand (BE: Verdächtiger Sand) | *Wüstentempel*, *Wüstenbrunnen*, *Ozeanruine* im warmen Ozean → Gegenstand mit dem Pinsel freilegen. |
| Seltsamer Kies (BE: Verdächtiger Kies) | *Wegruinen*, *Ozeanruine* im kalten Ozean → Gegenstand mit dem Pinsel freilegen. |
| Karmesin-Nezel<br>Wirr-Nezel | *Karmesinwald* bzw. *Wirrwald* im Nether, oder Düngen von Netherrack mit passendem Nezel daneben → für Pilzzucht, Düngen ergibt Netherpflanzen |
| Seelenerde | *Seelensandtal* im Nether → Seelenfackel, Seelenlaterne, Seelenlagerfeuer, Wither bauen. |
| Seelensand | *Seelensandtal* im Nether. Verlangsamt das Gehen → Seelenfackel, Seelenlaterne, Seelenlagerfeuer, ausgetrockneter Ghast, Wither bauen, Pflanzboden für Netherwarzen, Blasensäule im Wasser. |
| Sculk | *Tiefes Dunkel*, wenn Lebewesen bei einem Sculk-Katalysator sterben. Mit *Behutsamkeit* abbauen → erzeugt Sculk-Ader, Sculk-Sensor, *Sculk-Kreischer* (BE: Sculk-Heuler) → kreischt bei Berührung und ruft, wenn natürlich generiert, einen Wärter hervor. |

## Flüssigkeiten

In Flüssigkeiten versinkst du bis zum Grund. Sie haben einen stehenden Zustand (*Quellblock*) und einen fließenden, der aus dem Quellblock herausfließt, wenn er keine Begrenzung hat. Fließblöcke haben eine Strömung und werden mit der Entfernung immer niedriger, bis sie versickern oder einen Block tiefer fließen können. Quellblöcke werden mit einem Eimer geschöpft und ausgegossen, mit Fließblöcken geht das nicht.

| Wasser und Varianten | Herkunft, Eigenschaften, Nutzen |
|---|---|
| Wasser | *Fluss*, See, *Ozean*, Höhlenseen und Quellen aus Berg- und Höhlenwänden. Sammelt sich in *Kesseln* bei Regen oder unter Tropfsteinen, über denen Wasser steht. Fließt 7 Blöcke weit. Lebewesen können ertrinken, schwemmt kleine Blöcke weg wie z. B. Fackeln. Im Nether nicht nutzbar. Siehe Kasten »Unendlicher Brunnen« im Kapitel »Landwirtschaft – unsere kleine Farm«. |
| Schneeball<br>Schnee | Als Block in hohen Bergbiomen, als Schicht in allen verschneiten Biomen oder craften aus Schneebällen (den Block) bzw. Schneeblöcken (die Schicht). Schneeschicht entsteht durch Schneefall oder als Spur vom Schneegolem. Manuell 1 bis 8 Schichten möglich (Rechtsklick mit Schneeschicht). Schneeschichten schmelzen bei künstlichen Lichtquellen ab Lichtstärke 12, Schneeblöcke nicht → Schneegolem bauen, glücklichen Ghast anlocken (Schneeball). |
| Pulverschnee | Als Block in *Berghainen* und *verschneiten Hängen*. Sammelt sich bei Schneefall in *Kesseln*. Nur mit Lederstiefeln betretbar. |
| Brüchiges Eis | Entsteht beim Laufen mit *Eisläufer*-Verzauberung auf Wasser. Schmilzt ab Lichtstärke 12 und bei Tageslicht. Zerbricht beim Abbauen. |
| Eis | Entsteht in verschneiten Biomen aus Wasser unter freiem Himmel. Mit *Behutsamkeit* abbauen. Schmilzt bei künstlichen Lichtquellen ab Lichtstärke 12. |
| Packeis | *Eiszapfentundra*, *vereiste Gipfel*, Eisberge im *gefrorenen Ozean* oder craften aus Eis. Mit *Behutsamkeit* abbauen. Schmilzt nicht. Sehr rutschig für Boote und Gegenstände. |
| Blaueis | Boden von Eisbergen im *gefrorenen Ozean* oder craften aus Packeis. Mit *Behutsamkeit* abbauen. Schmilzt nicht. Extrem rutschig. |

| Lava und Varianten | Herkunft, Eigenschaften, Nutzen |
|---|---|
| Lava | In der Oberwelt vereinzelte Lavaquellen und Lavatümpel im Fels, füllt alle Höhlen ab 118 Blöcke unter dem Meeresspiegel. Im Nether als Ozean und als Quelle überall im Netherrack. Sammelt sich in *Kesseln* unter Tropfsteinen, über denen Lava steht. Fließt in der Oberwelt zähflüssig und nur 3 Blöcke weit, im Nether dünnflüssig und 7 Blöcke weit. Verbrennt Lebewesen und Gegenstände und verursacht Feuer → Ein Lavaeimer im Ofen reicht für 100 Brennvorgänge. Trifft fließende Lava seitlich auf Wasser, entsteht Bruchstein. Trifft sie von oben auf Wasser, entsteht Stein. Fließt sie auf Seelensand, über dem Blaueis schwebt, entsteht Basalt. Ein unendlicher Lavabrunnen ist nicht möglich. |
| Magmablock | In der Oberwelt im tiefen Fels, am Ozeangrund, an *Portalruinen* und *Ozeanruinen*, im Nether überall oder craften aus Magmacreme. Feste Lava, auf der man laufen kann, aber verursacht Schaden → Blasenstrudel im Wasser als Transportmittel. |
| Obsidian | *Portalruinen*, Obsidiansäulen im Ende, oder Wasser trifft auf stehende Lava (siehe Kasten »Obsidian beschaffen« im Kapitel »Waffenmeister – Ritter, Kämpfer, Zauberlehrling«). Sehr hart, nur mit Diamantspitzhacke abbaubar → Netherportal. |
| Weinender Obsidian | *Portalruinen*, sehr hart → Seelenanker. |

## Glas und Kristall

Glas und Kristall machen beim Abbauen ein klirrendes Geräusch, Amethystkristalle klingen dabei melodisch.

| Glas, Kristall | Herkunft, Eigenschaften, Nutzen |
|---|---|
| Glas | Schmelzen aus Sand. Mit *Behutsamkeit* abbauen → Glasflasche, Tageslichtsensor, Leuchtfeuer Enderkristall, getöntes Glas. Glas ist färbbar in 16 Farben. Craften zu *Glasscheiben* (dünner als Glas, ebenfalls in 16 Farben). |
| Getöntes Glas | Craften aus Glas und Amethystscherben. Ist durchsichtig, lässt aber keine Helligkeit durch. |

| Glas, Kristall | Herkunft, Eigenschaften, Nutzen |
|---|---|
| Kupferleuchte | *Prüfungskammern* oder craften aus Kupferblöcken, Lohenrute und Redstone-Staub → Teil eines einfachen Signalspeichers (mit Redstone-Komparator). |
| Amethyst | In *Geoden*. Die Kristalle können mit *Behutsamkeit* abgebaut werden. Sie wachsen auf *Amethystknospenblöcken*, die beim Abbauen zerbrechen. |
| Amethystscherbe | Amethystkristall ohne Behutsamkeit abbauen → Amethystblock, Fernrohr, getöntes Glas, Rüstungsbesatz, kalibrierter Sculk-Sensor. |
| Amethystblock | In *Geoden* oder craften aus Amethystscherben → Schallstrecke bauen (siehe Kapitel »Redstone – Minecraft unter Strom«, Abschnitt »Mit Sensoren die Umwelt messen«). |
| Echoscherbe | *Antike Stadt* → Bergungskompass. |
| Herz des Meeres | Vergrabener Schatz (siehe Kapitel »Dimensionswechsel – Nether, Ozeane und Tränke erforschen«, Abschnitt »Schiffswrack erkunden und Schätze ausgraben«) → Aquisator. |
| Prismarinscherbe<br>Prismarinkristalle | Von Wächtern und Großwächtern → Baumaterial, Seelaterne. |
| Seelaterne | *Ozeanmonumente* oder craften aus Prismarinscherben und -kristallen. Mit *Behutsamkeit* abbauen. |
| Netherquarz | Netherquarzerz → Baumaterial, Tageslichtsensor, Beobachter, Redstone-Komparator. |
| Leuchtstein | Im Nether an Höhlendecken oder craften aus Leuchtsteinstaub → Redstone-Lampe, Seelenanker, Beleuchtung. Abbauen ergibt *Leuchtsteinstaub* → Spektralpfeil, Feuerwerksstern, Brauzutat. |
| Redstone-Lampe | Geheimkammer in einer *antiken Stadt* oder Craften aus Leuchtstein und Redstone-Staub → Signalprüfer für Redstone-Schaltungen. |
| Enderkristall | Craften aus Enderauge, Ghast-Träne und Glas. Kann nur auf Obsidian und Grundgestein platziert werden. Explodiert beim Abbau → neuen Enderdrachen beschwören. |

## Gewächse

In Minecraft gibt es viele Gewächse. Die meisten breiten sich in irgendeiner Form aus, von alleine oder durch Düngen. Auch die bewachsenen Böden *Grasblock*, *Moosblock*, *Myzel*, *Nezel* und *Sculk* breiten sich aus, wie weiter oben im Abschnitt »Bodenarten« beschrieben.

Die Gewächse sind in der Referenz unterteilt in Gehölze, Ackerpflanzen, Blumen, sonstige Landgewächse, Wassergewächse und zum Schluss die seltsamen Gewächse aus Nether und Ende.

### Gehölze

Zu den Gehölzen zählen die Bäume, Bambusblöcke und die Riesenpilze aus dem Nether, deren Stiele sich wie Holz verarbeiten lassen. Holz ist ein gut verfügbares Baumaterial, weil es überall Wälder gibt und du für alle Holzarten eine Baumfarm anlegen kannst (siehe Kapitel »Landwirtschaft – unsere kleine Farm«, Abschnitt »Försterei, Gärtnerei und Pilzzucht«). Die Riesenpilze aus dem Nether sind etwas schwieriger zu beschaffen, können aber ebenfalls in einer Farm gezüchtet werden (siehe Kapitel »Dimensionswechsel – Nether, Ozeane und Tränke erforschen«, Abschnitt »Netherwälder«). Das Fällen geht am schnellsten mit einer Axt; das Laub beseitigst du am schnellsten mit einer Hacke. Möchtest du das Laub ernten, brauchst du *Behutsamkeit* oder eine Schere.

| Setzling und Holzart | Herkunft |
|---|---|
| Eiche | Häufig im normalen *Wald* und *Sumpf*, vereinzelt in anderen Wäldern, auch auf *Ebenen* und an *Flüssen*. |
| Azalee | Nur einzeln oberhalb von *üppigen Höhlen* und manchmal auch darin zu finden. Der Baum besteht aus Azaleenlaub (teilweise blühend) und hat keine eigene Holzart, sondern Eichenstämme. |
| Fichte | Alle *Taiga*-Varianten, auch auf *verschneiten Ebenen* und *verschneiten Hängen*. |
| Birke | *Birkenwald* und normaler *Wald*, seltener *dunkler Wald* und *Alm*. |
| Tropenbaum | Alle *Dschungel*-Varianten. |
| Akazie | *Savanne* |
| Schwarzeiche | *Dunkler Wald* |
| Mangrove | *Mangrovensumpf* |

| Setzling und Holzart | Herkunft |
|---|---|
| Kirsche | *Kirschberghain* |
| Blasseiche | *Blasser Garten* |
| Bambusblock | *Bambusdschungel*, seltener im normalen *Dschungel*. 9 Bambus ergeben einen Block. |
| Karmesinpilz | *Karmesinwald* im Nether |
| Wirrpilz | *Wirrwald* im Nether |

Nutzen: → Setzlinge zur Düngerherstellung im Komposter, Holz als Brennmaterial für Öfen.

Bei Bäumen fallen Setzlinge und *Stöcke* aus dem *Laub*, wenn es zerfällt oder wenn du es wegschlägst, bei Eichen und Schwarzeichen manchmal auch ein Apfel.

*Mangrovenwurzeln* sind Luftwurzeln, die du auf der Werkbank mit Schlamm füllen kannst, um einen undurchsichtigen Block daraus zu machen.

Natürlich gewachsene Azaleenbäume haben Wurzeln, die als *Wurzelerde* und *hängende Wurzeln* von der Oberfläche bis hinunter in eine üppige Höhle reichen. Selbst aufgezogene Azaleenbäume erzeugen immerhin noch einen Block Wurzelerde unter ihrem Stamm. Düngst du Wurzelerde, wachsen darunter hängende Wurzeln, wenn Platz ist. Du erntest sie mit einer Schere.

Im Kapitel »Architektenträume – bauen und einrichten« gibt es im Abschnitt »Stämme, Holz und Bretter« ein Bild mit allen Holztexturen und auf dem Poster eine Crafting-Kette, die zeigt, was du aus *Stämmen* (mit Schnittfläche) herstellst → Holz (ohne Schnittfläche), beides auch entrindet, Hängeschilder, Bretter, Lagerfeuer und Räucherofen.

Aus *Brettern* stellst du folgende Gegenstände in der Farbe des Holzes her → Treppe, Stufe, Zaun, Zauntor, Tür, Falltür, Schild, Knopf, Druckplatte. Aus zwei Bambusstufen craftest du *Bambusmosaik* und daraus auch wieder Stufe und Treppe. Türen und Falltüren haben je nach Holzart eine spezielle Form. Die anderen Gegenstände sehen bis auf die Farbe immer gleich aus.

Weitere Gegenstände, die du aus beliebigen Brettern (auch gemischt) craftest → Stock, Holzwerkzeug, Holzschwert, Schild (Rüstung), Schüssel, Haken, Werkbank, Truhe, Fass, Bett, Regal, Bücherregale, Plattenspieler, Notenblock, Kartentisch, Schleifstein, Webstuhl, Bognertisch, Schmiedetisch, Bienenstock, Kolben.

### Ackerpflanzen

Ackerpflanzen wachsen nur auf Ackerboden und wollen gegessen werden. Wie du einen Acker anlegst und richtig bewässerst, erfährst du im Kapitel »Landwirtschaft – unsere kleine Farm«, Abschnitt »Felder anlegen«.

Geerntet wird mit der Hand. Für Kürbis und Melone ist die Axt schneller.

| Saatgut → Ernte | Herkunft und Nutzen |
|---|---|
| Karotte → <br> Kartoffel → | Feld in einem *Dorf*, Beutetruhe in einigen Bauwerken, selten als Zombie-Drop → Nahrung, Tierfutter, Karottenrute. |
| Kürbiskerne → | Beutetruhe in einigen Bauwerken, Kürbisse (*Taigadörfer*, *Plünderer-Außenposten*, selten in allen Biomen). Um die Kerne zu bekommen, legst du den Kürbis in einen Crafting-Slot → Nahrung, Tierfutter, Kürbislaterne, Helm, Eisengolem und Schneegolem bauen. |
| Melonenkerne → | Beutetruhe in einigen Bauwerken, Melonen (*Dschungel*, *Savannendörfer*). Um die Kerne zu bekommen, legst du Melonenscheiben in einen Crafting-Slot → Nahrung, Tierfutter, glitzernde Melonenscheibe. |
| Rote-Bete-Samen → | Feld in einem *Dorf*, Beutetruhe in einigen Bauwerken → Nahrung, Tierfutter, Farbstoff. |
| Weizenkörner → | Gras wegschlagen in jedem Biom → Nahrung, Tierfutter, Strohballen, fester Schlamm. |

### Blumen

Blumen vermehrst du im passenden Biom (zusammen mit viel Gras) durch Düngen des Grasbodens mit Knochenmehl. Wildblumen und rosa Blütenblätter musst du einmal finden. Dann vermehrst du sie durch direktes Düngen. Dreimal verändert sich dabei die Anzahl auf dem Boden, beim vierten Düngen droppt ein Gegenstand. Eine große Blume wie den Rosenstrauch vermehrst du, indem du die Blume selbst mit Knochenmehl düngst. Einige Blumen kannst du nicht vermehren, ihre Samen werden nur vom Schnüffler gefunden. Blumen pflückst du ohne Werkzeug.

| Blume | Herkunft |
|---|---|
| Löwenzahn<br>Mohn | In fast allen Biomen. |
| Kornblume<br>Margerite<br>Porzellansternchen | *Ebene*, *Alm*, im seltenen *Blumenwald* |
| Tulpen | *Ebene*, *Blumenwald* |
| Zierlauch | *Alm*, *Blumenwald* |
| Flieder<br>Maiglöckchen<br>Pfingstrose<br>Rosenstrauch | *Wald*, *Birkenwald*, *dunkler Wald*, *Blumenwald* |
| Geschlossene und geöffnete Augenblüte | Nur im *blassen Garten*. Tagsüber ist die Blüte geschlossen, nachts öffnet sie sich und leuchtet. |
| Blaue Orchidee | Nur im *Sumpf*. |
| Sonnenblume | Nur in der seltenen *Sonnenblumenebene*. |
| Rosa Blütenblätter | Nur im seltenen *Kirschberghain*. |
| Wildblumen | *Birkenwald* und *Alm*. |
| Kaktusblüte | Manchmal auf Kakteen, wächst auch nachträglich. |
| Sporenblüte | *Üppige Höhlen*. Gibt einen leichten Sporenregen ab. Keine Vermehrung möglich. |
| Fackellilie (BE:Fackelblume) | *Fackelliliensamen* vom Schnüffler finden lassen und auf Ackerboden pflanzen. |
| Kannenpflanze | *Kannenpflanzenkapsel* vom Schnüffler finden lassen und auf Ackerboden pflanzen. |
| Wither-Rose | Überall, wo der Wither eine Kreatur tötet. Verursacht bei Berührung den schädlichen Effekt *Ausdörrung*. |

Nutzen: → Dekoration im Blumentopf, Farbstoffe, Tierfutter, seltsame Suppe (siehe Kapitel »Dimensionswechsel – Nether, Ozeane und Tränke erforschen«, Abschnitt »Seltsame Suppen und Leuchtfeuer«), Margerite auch als Bannervorlage.

### Landgewächse

Hier findest du die sonstigen Landgewächse. Für das Ernten brauchst du meistens kein Werkzeug. Bei Riesenpilz und Kakao geht es mit der Axt schneller, bei Sculk-Adern mit der Hacke. Gräser, Farn, Büsche, kleine Tropfblätter, Leuchtflechte und Ranken lassen sich nur mit der Schere ernten.

| Gewächs | Herkunft, Eigenschaften, Nutzen |
|---|---|
| Blassmoosteppich | *Blasser Garten* oder craften aus Blassmoosblöcken oder Düngen von Blassmoosblöcken. Auf benachbarten Wänden wächst er ein bis zwei Blöcke nach oben. |
| Hängendes Blassmoos | *Blasser Garten* unter Blasseichen. Wächst nur weiter, wenn es gedüngt wird. |
| Busch | *Ebene*, *Wald*, *Birkenwald*, Flussufer. Vermehrung durch Düngen. |
| Farn | Dschungel- und Taigabiome. Zum Vermehren düngst du einen kleinen Farn zum großen Farn und erntest ihn mit einer Schere. |
| Glühwürmchenbusch | *Sumpf* und in der Nähe von Wasser. Vermehrung durch Düngen. |
| Gras | Auf Grasflächen in Ebenen und Wäldern. Vermehrung durch Düngen des Grasbodens. Hohes Gras entsteht durch Düngen von niedrigem Gras. |
| Höhlenranken | *Üppige Höhlen*. Leuchtbeeren auf eine Blockunterseite pflanzen. Sie wachsen 2 bis 26 Blöcke nach unten. Spitze mit Schere abschneiden stoppt den Wuchs (nicht in der BE). Düngen ergibt Leuchtbeeren → Nahrung, Tierfutter, Beleuchtung, Kletterhilfe. |
| Kakao | *Dschungel*. Kakaobohnen auf einen Tropenstamm pflanzen und wachsen lassen oder düngen → Farbstoff, Nahrung. |

| Gewächs | Herkunft, Eigenschaften, Nutzen |
|---|---|
| Kaktus | *Wüste, Tafelberge*. Wachsen lassen (max. 3 Blöcke) oder aufstocken. Verursacht Schaden beim Dagegenlaufen → Farbstoff. |
| Laubhaufen (BE: Verstreutes Laub) | *Wald, dunkler Wald*, bewaldete Tafelberge oder Trocknen von Laubblöcken im Ofen. |
| Leuchtflechte | Höhlen. Düngen führt zu Ausbreitung → Beleuchtung. |
| Moosteppich | *Üppige Höhlen, Mangrovensumpf* oder craften aus Moosblöcken. Düngen von Moosblöcken erzeugt auch Moosteppiche. |
| Brauner Pilz<br>Roter Pilz | *Sumpf, Urtaiga, Pilzland*, Nether. Wachsen mit der Zeit auf Nachbarblöcken. Düngen der Pilze auf passendem Boden ergibt Riesenpilze → Nahrung, fermentiertes Spinnenauge. |
| Pilzstiel<br>brauner Pilzblock<br>roter Pilzblock | *Dunkler Wald, Pilzland*. Droppen beim Abbau manchmal kleine Pilze und nur mit *Behutsamkeit* sich selbst. |
| Ranken | *Sumpf, Mangrovensumpf, Dschungel, üppige Höhlen*. Wachsen mit der Zeit auf Nachbarblöcken. Düngen bringt nichts. Spitze abschneiden bringt auch nichts. Du kannst das Wachstum nur mit einem Block stoppen, am besten mit einem kaum sichtbaren Faden → bemooste Baublöcke, Kletterhilfe, Bannervorlage. |
| Sculk-Ader | *Tiefes Dunkel*. Breitet sich beim Tod von Lebewesen aus, wenn ein Sculk-Katalysator in der Nähe ist → Sculk droppt beim Abbau Erfahrungskugeln. |
| Sporenblüte | *Üppige Höhlen*. Gibt einen leichten Sporenregen ab. Keine Vermehrung möglich. |
| Süßbeerstrauch | *Taiga*. Beeren einpflanzen und wachsen lassen oder düngen. Verursacht Schaden beim Dagegenlaufen → Nahrung, Tierfutter. |
| Toter Busch | *Tafelberge, Wüste, Urtaiga*. Keine Vermehrung möglich → Stock. |
| Trockengras | *Wüste* und *Tafelberge*. Düngen zum Vermehren. |

| Gewächs | Herkunft, Eigenschaften, Nutzen |
|---|---|
| Tropfblatt | *Üppige Höhlen*. Kleine Tropfblätter sind nicht vermehrbar. Düngen von kleinem Tropfblatt ergibt ein großes, Düngen von großem erhöht es um einen Block → Auf dem großen Tropfblatt kann man kurzzeitig stehen, dann knickt es um. |
| Zuckerrohr | Ufer von Gewässern. Alleine wachsen lassen (max. 3 Blöcke) oder aufstocken. Lässt sich nur pflanzen, wenn direkt neben dem Bodenblock Wasser ist.<br>*Zucker*: → Kuchen, Kürbiskuchen, fermentiertes Spinnenauge, Brauzutat.<br>*Papier*: → Buch, Karte, Kartentisch, Bannervorlage, Feuerwerksrakete. |

### Wassergewächse

Diese Gewächse kannst du nur im Wasser einpflanzen. Korallen und die erfundene Meeresgurke, beides wachsende Kolonien aus winzigen Tierchen, werden der Einfachheit halber hier mit aufgeführt.

Geerntet wird normalerweise mit der Hand, Seegras nur mit der Schere.

| Gewächs | Herkunft, Eigenschaften, Nutzen |
|---|---|
| Meeresgurke | Korallenriffe im *warmen Ozean*. Bis zu vier Exemplare können auf demselben Block stehen, wobei das Licht immer heller wird. Meeresgurken auf einem lebendigen Korallenblock werden durch Düngen auf benachbarte Korallenblöcke vermehrt. Außerhalb von Wasser vertrocknen sie → Farbstoff, Beleuchtung. |
| Seegras | *Sumpf*, *Ozean*, *Fluss*, Unterwasserhöhlen. Vermehrung durch Düngen des Bodens unter Wasser. Hohes Seegras entsteht durch Düngen von niedrigem Seegras → Tierfutter. |
| Seerosenblatt | *Sumpf*. Nicht vermehrbar, aber beim Angeln erhältlich → standfeste natürliche Brücke. |
| Seetang | *Ozean*. Wachsen lassen (max. 26 Blöcke) oder düngen oder aufstocken. Spitze mit Schere abschneiden stoppt den Wuchs (nicht in der BE) → getrocknet als Nahrung. |

| Gewächs | Herkunft, Eigenschaften, Nutzen |
|---|---|
| Blasenkoralle<br>Feuerkoralle<br>Geweihkoralle<br>Hirnkoralle<br>Orgelkoralle | Korallenriffe im *warmen Ozean*. Mit *Behutsamkeit* abbauen. Außerhalb von Wasser sterben sie ab. Korallen entstehen manchmal beim Düngen des Bodens im warmen Ozean, Korallenfächer am besten durch Düngen von Korallenblockseiten im warmen Ozean. Korallenblöcke sind nicht vermehrbar. |

Seetang eignet sich zum vereinfachten Bau von Blasenstrudeln und Blasensäulen in einem Schacht. Weil die Luftblasen sofort aufhören, wenn sie auf fließendes Wasser treffen, musst du normalerweise jede Schachtebene einzeln mit einem Wassereimer füllen, um überall stehendes Wasser zu haben. Bequemer geht es, wenn du ganz oben einen Eimer auskippst und ganz unten Seetang pflanzt. Dann wartest du, bis der Seetang nach oben gewachsen ist oder stockst ihn manuell auf. Zum Schluss schlägst du den untersten Seetang weg. Übrig bleibt eine Wassersäule, die von oben bis unten nur aus stehendem Wasser besteht. Dann platzierst du ganz unten einen Magmablock für einen Blasenstrudel oder Seelensand für eine Blasensäule.

### Nether- und Endegewächse

Der Nether und besonders das Ende sind schwer zu erreichen, und die Gewächse dort sehen seltsam aus.

Für das Ernten brauchst du normalerweise kein Werkzeug. Riesenpilze baust du mit der Hacke schneller ab. Nethersprossen und Netherranken lassen sich nur mit der Schere ernten.

Zur Vermehrung der Nethergewächse sieh in das Kapitel »Dimensionswechsel – Nether, Ozeane und Tränke erforschen«, Abschnitt »Netherwälder«.

| Gewächs | Herkunft, Eigenschaften, Nutzen |
|---|---|
| Karmesinpilz<br>Wirrpilz | *Netherwälder*. Düngen der Pilze auf dem passenden Nezel erzeugt Riesenpilze → Tierfutter, Wirrpilzrute, gepflanzte Wirrpilze wehren Hoglins ab. |

| Gewächs | Herkunft, Eigenschaften, Nutzen |
|---|---|
| Karmesinstiel<br>Netherwarzenblock<br>Wirrstiel<br>Wirrwarzenblock<br>Pilzlicht | *Netherwälder* → Stiele lassen sich wie Holz verarbeiten (siehe Abschnitt »Gehölze«), Pilzlicht ist eine helle Beleuchtung. |
| Karmesinwurzeln<br>Wirrwurzeln<br>Nethersprossen | *Netherwälder*, manchmal auch *Seelensandtal*. |
| Netherwarzen | *Netherfestung*, *Bastionsruine*. Auf Seelensand pflanzen und warten. Düngen bringt nichts → Brauzutat, Netherwarzenblock, rote Netherziegel. |
| Trauerranken<br>Zwirbelranken | *Netherwälder*. Trauerranken hängen nach unten, Zwirbelranken zwirbeln sich nach oben → Kletterhilfe. |
| Choruspflanze | Äußerer Inselring im *Ende*. Details zu Nutzen und Vermehrung stehen im Kapitel »Extratour – Sehenswürdigkeiten bis zum Ende«, Abschnitt »Der Außenring mit Wäldern aus Choruspflanzen« → Nahrung, Teleportation, Baublöcke aus gebackenen Früchten craften. |

## Nahrung

Die Nahrungstabellen enthalten alle essbaren Gegenstände, sortiert nach Obst, Gemüse, Fisch, Fleisch, hergestellten Nahrungsmitteln wie Keksen und Kuchen und zum Schluss den Getränken.

Jedes Nahrungsmittel füllt die angegebene Anzahl von Fleischkeulen in deiner Hungerleiste auf und gibt dir zusätzliche Sättigungspunkte, wie im Kapitel »Survival – das nackte Überleben«, Abschnitt »Ran an die Buletten!« beschrieben.

Viele rohe Nahrungsmittel eignen sich auch als Tierfutter. Sieh dazu die einzelnen Tiere im Kapitel »Landwirtschaft – unsere kleine Farm« an.

| Obst | Herkunft und Nutzen | Hunger + Sättigung |
|---|---|---|
| Apfel | Eichen- oder Schwarzeichenlaub abbauen. | 2 + 2,4 |
| Goldener Apfel | Craften aus Apfel und Goldbarren → *Absorption* und *Regeneration*, Heilung von Dorfbewohnerzombies. | 2 + 9,6 |
| Verzauberter goldener Apfel | In Truhen finden → Bannervorlage, beim Essen *Feuerresistenz*, *Resistenz*, *Absorption* und *Regeneration*. | 2 + 9,6 |
| Chorusfrucht | Choruspflanzen abbauen → Teleportation auch durch Wände, Baublöcke aus im Ofen geplatzten Früchten craften. | 2 + 2,4 |
| Leuchtbeeren<br>Süßbeeren | Höhlenranken oder Süßbeersträucher ernten. | 1 + 0,4<br>1 + 0,4 |
| Melonenscheibe | Abbau von Melonen → Melone, *glitzernde Melonenscheibe* (Brauzutat, nicht essbar). | 1 + 1,2 |

| Gemüse | Herkunft und Nutzen | Hunger + Sättigung |
|---|---|---|
| Karotte<br>Goldene Karotte | Ernten bzw. aus Karotte und Goldklumpen craften → Kaninchenragout, Brauzutat. | 1½ + 3,6<br>3 + 14,4 |
| Kartoffel<br>Ofenkartoffel | Ernten und roh essen oder backen → Kaninchenragout. | ½ + 0,6<br>2½ + 6 |
| Giftige Kartoffel | Ernten → 60 % Wahrscheinlichkeit für *Vergiftung* mit 2 Schaden. | 1 + 1,2 |
| Rote Bete | Ernten → Borschtsch, Farbstoff. | ½ + 1,2 |
| Getrockneter Seetang | Seetang ernten und im Ofen trocknen → *getrockneter Seetangblock*. | ½ + 0,6 |

| Fisch | Herkunft und Nutzen | Hunger + Sättigung |
|---|---|---|
| Roher Kabeljau<br>Roher Lachs | Angeln, Kabeljau oder Lachs schlachten. | 1 + 0,4<br>1 + 0,4 |
| Gebratener Kabeljau<br>Gebratener Lachs | Rohen Kabeljau oder Lachs braten. | 2½ + 6<br>3 + 9,6 |
| Tropenfisch | Angeln, Tropenfisch schlachten. | ½ + 0,2 |
| Kugelfisch | Angeln, Kugelfisch schlachten → Brauzutat, beim Essen 100 % Wahrscheinlichkeit für<br>*Übelkeit*, die deine Sicht verschwimmen lässt,<br>*Vergiftung* mit 24 Schaden<br>*Hunger*, der Fleischkeulen abzieht und damit die Regenerierung verhindert. | ½ + 0,2 |

| Fleisch | Herkunft und Nutzen | Hunger + Sättigung |
|---|---|---|
| Rohes Hammelfleisch<br>Rohes Schweinefleisch<br>Rohes Kaninchen<br>Rohes Rindfleisch | Schaf, Schwein, Kaninchen oder Kuh schlachten. | 1 + 1,2<br>1½ + 1,8<br>1½ + 1,8<br>1½ + 1,8 |
| Rohes Hühnchen | Huhn schlachten → 30 % Wahrscheinlichkeit für Vergiftung mit *Hunger*. | 1 + 1,2 |
| Gebratenes Hammelfleisch<br>Gebratenes Hühnchen<br>Gebratenes Schweinefleisch<br>Steak | Rohes Hammelfleisch, Hühnchen, Schweinefleisch oder Rindfleisch braten. | 3 + 9,6<br>3 + 7,2<br>4 + 12,8<br>4 + 12,8 |
| Gebratenes Kaninchen | Rohes Kaninchen braten → Kaninchenragout. | 2½ + 6 |

| Fleisch | Herkunft und Nutzen | Hunger + Sättigung |
| --- | --- | --- |
| Spinnenauge | Spinnen → Brauzutat, beim Essen 100 % Wahrscheinlichkeit für *Vergiftung* mit 1 Schaden, Crafting-Zutat für *fermentiertes Spinnenauge* (Brauzutat, nicht essbar). | 1 + 3,2 |
| Verrottetes Fleisch | Alle Arten von Zombies → 80 % Wahrscheinlichkeit für Vergiftung mit *Hunger*. | 2 + 0,8 |

| Hergestellt | Herkunft und Nutzen | Hunger + Sättigung |
| --- | --- | --- |
| Brot | Craften aus Weizen. | 2½ + 6 |
| Pilzsuppe | Pilzkühe mit Schüssel melken oder aus rotem Pilz, braunem Pilz und Schüssel craften. | 3 + 7,2 |
| Borschtsch | Craften aus Rote Bete und Schüssel. | 3 + 7,2 |
| Kaninchenragout | Craften aus gebratenem Kaninchen, Ofenkartoffel, Karotte, einem Pilz und Schüssel. | 5 + 12 |
| Keks | Craften aus Weizen und Kakaobohnen. | 1 + 0,4 |
| Kuchen | Craften aus Milcheimer, Zucker, Ei und Weizen. | (1 + 0,4) × 7 |
| Kürbiskuchen | Craften aus Kürbis, Ei und Zucker. | 4 + 4,8 |
| Seltsame Suppe | Craften wie Pilzsuppe plus eine Blume (siehe Kapitel »Dimensionswechsel – Nether, Ozeane und Tränke erforschen«, Abschnitt »Seltsame Suppen und Leuchtfeuer«), Statuseffekt bekommen. | 3 + 7,2 |
| Seltsame Suppe | Craften wie Pilzsuppe plus blaue Orchidee, äußerlich nicht erkennbar → Statuseffekt *Sättigung*. | 6½ + 21,2 |

| Getränke | Herkunft und Nutzen | Hunger + Sättigung |
|---|---|---|
| Honigflasche | Bienennest oder Bienenstock mit Glasflasche ernten oder aus 4 Glasflaschen und Honigblock craften → Gift neutralisieren, Crafting-Zutat für Zucker, Honigblock. | 3 +1,2 |
| Tränke | Brauen (siehe Kapitel »Dimensionswechsel – Nether, Ozeane und Tränke erforschen«) → Statuseffekt bekommen. | – |
| Milcheimer | Kühe, Ziegen oder Mooshrooms mit Eimer melken → alle Statuseffekte neutralisieren. | – |

Aus Honigflaschen craftest du *Honigblöcke*. Sie verlangsamen das Gehen, verhindern das Springen und dämpfen den Schaden beim Fallen aus großer Höhe um 80 %, auch wenn ein Teppich darauf liegt. An Honigblöcken als Säule oder Wand kann man langsam herunterrutschen. Zur klebrigen Eigenschaft siehe auch das »Honigkarussell« im Kapitel »Redstone – Minecraft unter Strom«.

## Tierprodukte

Die Tiere sind im Kapitel »Landwirtschaft – unsere kleine Farm« beschrieben. Sie geben dir nicht nur Nahrungsmittel (siehe Nahrungstabellen weiter oben), sondern auch andere nützliche Gegenstände. Monster-Drops sind im nächsten Abschnitt beschrieben.

| Name | Herkunft und Nutzen |
|---|---|
| Ausgetrockneter Ghast | Netherfossilien im *Seelensandtal* oder craften aus Ghast-Tränen und Seelensand → Glücklicher Ghast. |
| Bockshorn | Sehr selten, wenn eine Ziege einen Baum oder Felsen rammt. Acht Varianten mit gleichem Aussehen, aber unterschiedlichem Klang. Vier davon auch in Truhen in *Plünderer-Außenposten* zu finden → Signalton erzeugen. |
| Ei | Von Hühnern gelegt, nicht essbar → Kuchen, Kürbiskuchen, Spawnen von Küken. |

| Name | Herkunft und Nutzen |
|---|---|
| Faden | Schreiter → Bogen, Armbrust, Angel, Leine, Wolle, Webstuhl, Gerüst, Kerze, Stolperdraht legen. |
| Feder | Hühner, Papageien → Pfeil, Buch mit Feder, Feuerwerksstern, Pinsel. |
| Froschlicht | Frösche, die einen kleinen Magmawürfel fressen → Beleuchtung. |
| Gürteltier-Hornschild | Gürteltiere → Wolfspanzer. |
| Hasenpfote | Kaninchen → Brauzutat. |
| Honigwabe | Bienennest oder Bienenstock mit Schere ernten → Kerze, Bienenstock, Kupfer einwachsen, *Honigwabenblock*. |
| Kaninchenfell | Kaninchen → Leder. |
| Leder | Kühe, Mooshrooms, Pferde, Esel, Maultiere, Lamas, Hoglins oder craften aus Kaninchenfell → Lederrüstung, lederner Rossharnisch, Sattel, Geschirr für den glücklichen Ghast, Buch, Rahmen, Bündel. |
| Leuchttintenbeutel | Leuchttintenfische → Leuchtrahmen, Schilder färben. |
| Schildkrötenei | Von Schildkröten gelegt. Bis zu vier Eier können auf derselben Blockposition platziert werden → Schildkrötenzucht. |
| Schildkröten-Hornschild | Von Schildkröten beim Auswachsen → Schildkrötenpanzer. |
| Schnüffler-Ei | Mit Pinsel aus seltsamem Sand in *Ozeanruinen* im *warmen Ozean* freilegen oder Schnüffler paaren. |
| Tintenbeutel | Tintenfische → Farbstoff, Buch und Feder, Schilder färben. |
| Wolle | Schafe scheren oder aus Fäden craften → färbbar, Teppich, Banner, Bett, Geschirr für den glücklichen Ghast, Gemälde, Sculk-Sensoren abschirmen. |

## Monsterbeute

Die Monster, die du alle aus dem Kapitel »Monsterkunde – die Kreaturen der Dunkelheit« kennst, könntest du eigentlich in Ruhe lassen – gäbe es da nicht die lohnende Monsterbeute.

| Name | Herkunft und Nutzen |
|---|---|
| Böenrute | Böe → Windkugel, Streitkolben, Brauzutat. |
| Creeperkopf | Creeper → Bannervorlage, Feuerwerksstern, Geräusch auf einem Notenblock, als Helm Tarnung vor Creepern. |
| Drachenatem | Enderdrache → Brauzutat. |
| Drachenei | Enderdrache. Teleportiert sich beim Abbauen weg, siehe Kapitel »Extratour – Sehenswürdigkeiten bis zum Ende«, Abschnitt »Das Ende und die Dracheninsel«. |
| Drachenkopf | Schiff in einer *Endsiedlung* → Geräusch auf einem Notenblock. |
| Enderperle | Endermen → Teleportieren, Enderauge. |
| Faden<br>Spinnennetz | Faden: von Spinnen und Höhlenspinnen → Bogen, Armbrust, Angel, Leine, Bündel, Wolle, Webstuhl, Gerüst, Kerze, Stolperdraht legen.<br>Spinnennetz: in *Minen*, *Festungen* (Bibliothek) und *Waldanwesen* (Spinnenspawner). Mit dem Schwert bekommst du einen Faden, mit *Behutsamkeit* bekommst du das Spinnennetz selbst → Brauzutat. |
| Ghast-Träne | Ghasts → Brauzutat, Enderkristall, ausgetrockneter Ghast. |
| Harzklumpen | Knarze → *Harzblock* craften oder erhitzen und *Harzziegel* formen → Harzziegelblöcke. |
| Knarzherz | *Blasser Garten* oder craften aus Blasseichenstämmen und Harzblock → Harzfarm, siehe Kapitel »Monsterkunde – die Kreaturen der Dunkelheit«. |

| Name | Herkunft und Nutzen |
|---|---|
| Knochen<br>Knochenblock | Knochen: Skelette, Eiswanderer, Wither-Skelette → Wölfe zähmen, *Knochenmehl* → Dünger, Knochenblock, Farbstoff.<br>Knochenblock: von *Fossilien*. |
| Lohenrute | Lohen → Braustand, Endstab, *Lohenstaub* → Enderauge, Magmacreme, Feuerkugel. |
| Magmacreme | Große und mittlere Magmawürfel → Magmablock, Brauzutat. |
| Nautilusschale | Ertrunkener → Aquisator. |
| Netherstern | Wither → Leuchtfeuer. |
| Phantomhaut | Phantome → Elytren reparieren, Brauzutat. |
| Piglinkopf | Piglins → Geräusch auf einem Notenblock. |
| Prismarinkristalle | Wächter, Großwächter → Seelaterne. |
| Prismarinscherbe | Wächter, Großwächter → Seelaterne, Prismarin, dunkler Prismarin, Prismarinziegel. |
| Prüfungsschlüssel | *Prüfungskammern* → öffnet normale Tresore, die unheilvolle (BE: ominöse) Variante öffnet unheilvolle Tresore. |
| Schallplatte | Creeper, Ghast, Hühnerreiter, einige auch aus Truhen und Tresoren → mit Plattenspieler anhören. |
| Schleimball | Kleine Schleime, auch Frösche, wenn sie einen kleinen Schleim fressen, oder craften aus Schleimblock → klebriger Kolben, Magmacreme, Tierfutter, *Schleimblock* → Brauzutat. |
| Nasser Schwamm | Großwächter → kann im Ofen beliebig oft getrocknet werden, dann zum Austrocknen von Wasser geeignet. |
| Schwarzpulver | Creeper, Ghasts → Feuerwerksstern, Feuerwerksrakete, Feuerkugel, TNT, Brauzutat. |
| Schwerer Kern | Unheilvoller Tresor in *Prüfungskammern* → Streitkolben. |

| Name | Herkunft und Nutzen |
|---|---|
| Sculk-Katalysator | Wärter → erzeugt Sculk beim Tod von Lebewesen. |
| Shulker-Schale | Shulker → Shulker-Kiste. |
| Skelettschädel | Skelette → Feuerwerksstern, Geräusch auf einem Notenblock, als Helm Tarnung vor Skeletten. |
| Totem der Unsterblichkeit | Magier → bewahrt einmal vor dem Tod, wenn in einer Hand gehalten. |
| Unheilvolle Flasche (BE: Ominöse Flasche) | Räuberhauptmann, *Prüfungskammern* → Trinken gibt für 100 Minuten den Statuseffekt *Drohendes Unheil*, der sich in der Nähe von Dörfern in *Drohender Überfall* verwandelt (löst einen *Überfall* aus) und in der Nähe von Prüfungs-Spawnern in *Drohende Prüfung* (macht die Prüfungen schwerer und die Beute besser). |
| Unheilvolles Banner (BE: Ominöses Banner) | Räuberhauptmann → Dekoration. |
| Wither-Skelettschädel | Wither-Skelette → Wither beschwören, Feuerwerksstern, Bannervorlage, Geräusch auf einem Notenblock. |
| Zombiekopf | Zombies → Feuerwerksstern, Geräusch auf einem Notenblock, als Helm Tarnung vor Zombies. |

Aus Schleimbällen craftest du *Schleimblöcke*. Wie Wasser verhindern sie 100 % Schaden beim Fallen aus großer Höhe. Gleichzeitig werfen sie das heruntergefallene Lebewesen wieder zurück, auch wenn ein Teppich auf ihnen liegt (siehe auch den Abschnitt »Schleimtrampolin« im Kapitel »Redstone – Minecraft unter Strom«).

Auch Spinnenaugen und verrottetes Fleisch kommen von Monstern. Weil sie essbar sind, stehen sie weiter oben unter »Nahrung«.

## Farbstoffe

Das Herstellen und Mischen von Farbstoffen geschieht in beliebiger Anordnung in Crafting-Slots. Das geht auf der Werkbank oder in deinem eigenen Inventar, weil du maximal nur vier Crafting-Slots dafür brauchst.

Im Kapitel »Heimwerken – hör mal, wer da craftet« erfährst du im Abschnitt »Wolle, Glas und andere Dinge färben«, was du mit den Farbstoffen einfärben kannst.

| Farbstoff | Herkunft |
|---|---|
| Weiß | Knochenmehl von Skeletten,<br>Maiglöckchen aus Wäldern. |
| Orange | Orange Tulpe aus Wiesen, *Blumenwäldern*,<br>geöffnete Augenblüte aus *blassen Gärten*,<br>Fackellilie von Schnüfflern,<br>roter + gelber Farbstoff. |
| Magenta | Flieder, Zierlauch aus Wäldern, *Almen*,<br>violetter + rosa Farbstoff,<br>blauer + roter + rosa Farbstoff,<br>blauer + 2 × roter + weißer Farbstoff. |
| Hellblau | Blaue Orchidee aus *Sümpfen*,<br>blauer + weißer Farbstoff. |
| Gelb | Löwenzahn aus Wiesen, Wäldern,<br>Sonnenblume aus *Sonnenblumenebenen*. |
| Hellgrün | Meeresgurke aus *Ozeanen* im Ofen kochen,<br>grüner + weißer Farbstoff. |
| Rosa | Rosa Tulpe, Pfingstrose aus Wiesen, Wäldern,<br>Rosa Blütenblätter aus *Kirschberghalnen*,<br>roter + weißer Farbstoff. |
| Grau | Geschlossene Augenblüte aus *blassen Gärten*,<br>Schwarzer + weißer Farbstoff. |
| Hellgrau | Margerite, weiße Tulpe, Porzellansternchen aus Wiesen,<br>weißer + grauer Farbstoff,<br>2 × weißer + 1 × schwarzer Farbstoff. |
| Türkis | Kannenpflanze von Schnüfflern,<br>Blauer + grüner Farbstoff. |

| Farbstoff | Herkunft |
|---|---|
| Violett | Blauer + roter Farbstoff. |
| Blau | Lapislazuli aus Erz im Gestein,<br>Kornblume aus Wiesen, *Blumenwäldern*. |
| Braun | Kakaobohnen von Tropenbaumstämmen im *Dschungel*. |
| Grün | Kaktus aus *Wüsten* im Ofen kochen. |
| Rot | Mohn , rote Tulpe , Rosenstrauch , Rote Bete aus Wiesen, Wäldern, Dörfern. |
| Schwarz | Tintenbeutel von Tintenfischen,<br>Wither-Rose von Kreaturen, die durch einen Wither getötet wurden. |

## Waffen

Schwerter und Werkzeuge kannst du aus verschiedenen Materialien herstellen, die unterschiedliche Eigenschaften haben. Als Beispiel findest du hier in der Tabelle einen Materialvergleich für das Schwert. Ähnliche Werte gelten auch für Axt, Spitzhacke, Schaufel und Hacke, die ebenfalls als Waffe verwendbar sind, denn sie richten mehr Schaden an als die bloße Hand. Fahre mit der Maus über eine Waffe oder ein Werkzeug in deinem Inventar, um den Angriffsschaden in halben Herzen zu sehen (z. B. Eisenschwert »6« = 3 ).

| Material | Verfügbarkeit | Haltbarkeit | Schaden |
|---|---|---|---|
| Goldbarren | Bergbau, seltener | 32 | 2 |
| Bretter | Überall per Hand | 59 | 2 |
| Bruchstein | Überall mit Spitzhacke | 131 | 2½ |
| Kupferbarren | Bergbau | 190 | 2½ |
| Eisenbarren | Bergbau | 250 | 3 |
| Diamanten | Bergbau, sehr selten | 1.561 | 3½ |
| Netheritbarren | Nether, sehr selten | 2.030 | 4 |

Näheres zu Material, Haltbarkeit und Schaden findest du im Kapitel »Waffenmeister – Ritter, Kämpfer, Zauberlehrling« gleich am Anfang. Das Verzaubern steht im selben Kapitel im Abschnitt »Am Zaubertisch verzaubern«.

| Waffe | Herkunft und Nutzen |
| --- | --- |
| Schwert | Craften aus Stock und Material bzw. Diamant mit Netherit zusammenschmieden (Schmiedetisch) → Nahkampf, Spinnennetze und Bambus schneller abbauen. |
| Axt | Craften wie Schwert → Nahkampf, größerer Schaden, aber längerer Cooldown als Schwert, Werkzeug (siehe dort). |
| Bogen | Craften aus Stöcken und Fäden → Fernkampf, aktivieren von Holzknöpfen, Holzdruckplatten, Stolperdraht und Zielblock, Crafting-Zutat für Werfer. |
| Pfeil | Craften aus Stock, Feder und Feuerstein → Spektralpfeil, getränkter Pfeil. |
| Spektralpfeil (nicht in der BE) | Craften aus Pfeil und Leuchtsteinstaub → Opfer leuchtet 10 Sek. durch Wände hindurch. |
| Getränkter Pfeil | Craften aus Pfeilen und Verweiltrank (siehe Kapitel »Dimensionswechsel – Nether, Ozeane und Tränke erforschen«, Abschnitt »Pfeile in Tränke tunken«) → Opfer erhält entsprechenden Statuseffekt. |
| Armbrust | Craften aus Stöcken, Fäden, Eisenbarren und Haken → etwas stärker als Bogen, kann auch mit Feuerwerksrakete geladen werden. |
| Dreizack | Nur von Ertrunkenen → Nah- und Fernkampf. |
| Streitkolben | Craften aus Böenrute und schwerem Kern → Nahkampf, besonders wirkungsvoll beim Schmetterangriff. |
| Wurftrank | Brauen mit Trank und Schwarzpulver (siehe Kapitel »Dimensionswechsel – Nether, Ozeane und Tränke erforschen«) → Opfer erhält entsprechenden Statuseffekt. |
| Verweiltrank | Brauen mit Trank und Drachenatem → jeder, der die Wolke berührt, erhält den entsprechenden Statuseffekt. |

| Waffe | Herkunft und Nutzen |
|---|---|
| Feuerkugel | Craften aus Kohle, Schwarzpulver und Lohenstaub → Fernkampf, Munition für Werfer, Einmal-Feuerzeug, Crafting-Zutat für Feuerwerkssterne. |
| Windkugel | Craften aus einer Böenrute → Fernkampf, Munition für Werfer. |
| TNT | Craften aus Sand und Schwarzpulver, zünden durch Feuerzeug, Redstone-Signal (z. B. Redstone-Fackel), Brandpfeil, Feuerkugel, benachbartes TNT, Feuer, Lava → Blöcke sprengen, Munition für Werfer. |

## Rüstung

Auch für Rüstungen gibt es unterschiedliches Material. Hier siehst du einen Materialvergleich am Beispiel des Harnischs. Für die anderen Rüstungsteile sehen die Werte ähnlich aus:

| Material | Verfügbarkeit | Haltbarkeit | Rüstungsschutz |
|---|---|---|---|
| Leder | Kuhfarm, einfach | 80 | 3 |
| Goldbarren | Bergbau, seltener | 112 | 5 |
| Kupferbarren | Bergbau | 176 | 4 |
| Ketten | Fundstücke, selten | 240 | 5 |
| Eisenbarren | Bergbau | 240 | 6 |
| Diamanten | Bergbau, sehr selten | 528 | 8 |
| Netheritbarren | Nether, sehr selten | 592 | 8 |

Näheres zu Material, Haltbarkeit und Rüstungsschutz steht im Kapitel »Waffenmeister – Ritter, Kämpfer, Zauberlehrling« im Abschnitt »Rüstungen herstellen«. Das Verzaubern findest du im selben Kapitel im Abschnitt »Am Zaubertisch verzaubern«.

Wie du siehst, ist das schwer zu beschaffende Netherit für Rüstungen nicht so interessant. Bei Waffen und Werkzeug ist der Haltbarkeitsvorteil gegenüber Diamant größer (30 %).

Um den Rüstungsschutz für ein bestimmtes Teil zu sehen, fährst du mit der Maus in deinem Inventar darüber. Gezählt wird in halben Rüstungspunkten (z. B. Eisenharnisch »6« = 3 ).

Kettenrüstungsteile kannst du nicht craften, daher siehst du in der Tabelle kein Material. Du bekommst solche Teile nur von Dorfbewohnern, Zombies oder Skeletten oder kannst sie in Truhen finden. Dann sind sie zwar schon ziemlich abgenutzt, aber auf einem Amboss sind sie mit *Eisenbarren* schnell repariert. Das Reparieren von Gegenständen mit dem passenden Material kennst du aus dem Kapitel »Heimwerken – hör mal, wer da craftet«.

| Rüstung | Herkunft und Nutzen |
|---|---|
| Helm<br>Harnisch<br>Beinschutz<br>Stiefel | Craften aus dem Material bzw. Diamant mit Netherit zusammenschmieden (Schmiedetisch) → jedes Teil gibt einen prozentualen Schutz vor Schaden, egal wo der Treffer erfolgt. |
| Geschnitzter Kürbis | Kürbis mit Schere schnitzen → eingeschränkte Sicht, dafür können Endermen angesehen werden, Crafting-Zutat für Kürbislaterne. |
| Schildkrötenpanzer | Craften aus Schildkröten-Hornschilden → gibt *Unterwasseratem*, der die Atemluft um 10 Sek. verlängert, Brauzutat. |
| Schild | Craften aus Brettern und Eisenbarren, neutral oder mit beliebigem Banner → Nah- und Fernkampfwaffen abwehren, Rückstoß bei Explosionen mindern. |

Pferderüstungen gibt es auch, sie heißen *Rossharnisch*. Nur den ledernen kannst du aus Leder craften (und färben), die anderen findest du in Truhen.

| Material | Rüstungsschutz |
|---|---|
| Leder | 12 % |
| Kupfer | 16 % |
| Eisen | 20 % |
| Gold | 28 % |
| Diamant | 44 % |

Interessanterweise gibt Gold bei Pferden einen höheren Schutz als Eisen.

Für deinen gezähmten Wolf stellst du aus *Gürteltier-Hornschilden* einen *Wolfspanzer* her, der Schutz bietet, bis seine Haltbarkeit verbraucht ist. Mit einer Schere kannst du ihn wieder abnehmen.

## Werkzeug

Wenn du bei »Werkzeug« nur an deine Spitzhacke und vielleicht noch an Axt und Schaufel denkst, bist du ein typischer Minecraft-Buddler. Dabei gibt es eine Menge weiterer Gegenstände, die dich hilfreich unterstützen.

Für Spitzhacke, Axt, Schaufel und Hacke gilt für die Materialauswahl und Verzauberung dasselbe wie bei den Waffen weiter oben beschrieben.

| Werkzeug | Herkunft und Nutzen |
|---|---|
| Spitzhacke | Craften aus Stock und Material bzw. Diamant mit Netherit zusammenschmieden (Schmiedetisch) → Gestein schneller abbauen, Nahkampfwaffe. |
| Axt | Craften wie Spitzhacke → Holz schneller abbauen, Stämme entrinden, Kupfer abschaben, Nahkampfwaffe. |
| Schaufel | Craften wie Spitzhacke → Bodenarten schneller abbauen, Trampelpfad anlegen, Lagerfeuer löschen, Nahkampfwaffe. |
| Hacke | Craften wie Spitzhacke → Ackerboden anlegen, grobe Erde in Erde verwandeln, Laub, Sculk und Moos schneller abbauen, Nahkampfwaffe. |
| Schere | Craften aus Eisenbarren → Schafe scheren, Leinen, Sättel und Wolfspanzer von Tieren abnehmen, Kürbisse schnitzen, Honigwaben ernten, Wachstum von Seetang, Höhlenranken und Netherranken stoppen durch Abschneiden der Spitze, Spinnennetze, Laub und diverse Pflanzen ernten, Stolperdraht zerschneiden. |
| Pinsel | Craften aus Feder, Kupferbarren und Stock → Gegenstand aus seltsamem Sand oder Kies freilegen. |

| Werkzeug | Herkunft und Nutzen |
|---|---|
| Angel | Craften aus Stöcken und Fäden → angeln (siehe Kapitel »Survival – das nackte Überleben«, Kasten »Angeln für Anfänger«), Lebewesen und Objekte heranziehen, Holzdruckplatten und Wägeplatten aktivieren, Crafting-Zutat für Karottenrute, Wirrpilzrute. |
| Fernrohr | Craften aus Kupferbarren und Amethystscherbe → Sichtfeld vergrößern (Zoom). |
| Kompass | Craften aus Eisenbarren und Redstone-Staub → zeigt zum Welt-Spawnpunkt, Crafting-Zutat für Karte, Bergungskompass. |
| Leitstein-Kompass | Kompass auf Leitstein rechtsklicken → zeigt zum angeklickten Leitstein. |
| Bergungskompass | Craften aus Kompass und Echoscherben → zeigt zum letzten Todespunkt, um dein Inventar bergen zu können. |
| Enderperle | Von Endermen → teleportiert zum Landungspunkt, wenn sie geworfen wird, was jedes Mal einen Schaden von 2½ ❤ verursacht, Crafting-Zutat für Enderauge. |
| Enderauge | Craften aus Enderperle und Lohenstaub → zeigt zur nächsten *Festung*, wenn es geworfen wird, Endportal aktivieren, Crafting-Zutat für Enderkristall, Endertruhe. |
| Uhr | Craften aus Goldbarren und Redstone-Staub → zeigt die Tageszeit (Sonnen-/ Mondstand). |
| Leine | Craften aus Fäden → Tiere anleinen und ziehen, an Zaunpfähle anknoten. |
| Bündel | Craften aus Leder und Faden, färbbar in 16 Farben → Transport von Gegenständen, Vergrößerung des Inventars (siehe Kapitel »Forscherdrang – entdecke die Welt«). |
| Namensschild | Angeln, in Truhen finden, handeln mit Meister-Bibliothekar → Name mit Amboss ändern und Tier oder Monster umbenennen, ein Name verhindert das Despawnen dieser Lebewesen. |

| Werkzeug | Herkunft und Nutzen |
|---|---|
| Schwamm | Großwächter, manchmal eine Kammer im *Ozeanmonument* → durch Platzieren im Wasser wird dieses in einem Radius von 7 Blöcken aufgesaugt, beliebig oft im Ofen zu trocknen. |
| Feuerzeug | Craften aus Feuerstein und Eisenbarren → Feuer, Kerze und Lagerfeuer anzünden, Netherportal aktivieren, TNT und Creeper zur Explosion bringen. |
| Feuerwerksstern | Craften aus Schwarzpulver, bis zu 8 Farbstoffen, optionaler Formzutat und Abklingfarbe (siehe Kapitel »Heimwerken – hör mal, wer da craftet«, Abschnitt »Feuerwerke am Himmel«) → Feuerwerksrakete. |
| Feuerwerksrakete | Craften aus bis zu 8 Schwarzpulver für die Flugdauer, Papier und optional Feuerwerkssternen für eine Explosion → Armbrustmunition, ohne Feuerwerkssterne als Elytrenschub, ansonsten als Feuerwerk. |
| Eimer | Craften aus Eisenbarren → Kühe, Mooshrooms und Ziegen melken, Lava, Pulverschnee und Wasser schöpfen und transportieren, auch mit Fischen, Kaulquappen und Axolotls. |
| Schüssel | Craften aus Brettern → Mooshrooms melken, craften von Pilzsuppe, Borschtsch, Kaninchenragout, seltsamer Suppe. |
| Glasflasche | Craften aus Glas → Honig ernten, Drachenatem sammeln, Wasserflasche füllen als Brauzutat und zur Herstellung von Schlamm aus Erde. |
| Erfahrungsfläschchen | Handeln mit Meister-Geistlichem → ergibt auf den Boden geworfen 3 bis 11 XP (nicht trinkbar). |
| Buch | Craften aus Leder und Papier → Buch und Feder, Bücherregal, Zaubertisch. |
| Verzaubertes Buch | Buch verzaubern auf dem Zaubertisch → speichert eine Verzauberung, um sie später auf Werkzeug, Waffe oder Rüstung anzuwenden (Amboss). |
| Buch und Feder<br>Beschriebenes Buch | Craften aus Buch, Feder und Tintenbeutel, beschriebenes Buch kann kopiert werden → für Notizen, Anleitungen und Geschichten, auf Lesepult ausstellen. |

| Werkzeug | Herkunft und Nutzen |
|---|---|
| Leere Karte<br>Karte | Craften aus Papier und Kompass, kopier- und verkleinerbar → zeichnet automatisch die Umgebung auf (siehe Kasten »Karten« im Kapitel »Forscherdrang – entdecke die Welt«), in einem Rahmen aufhängen. |
| Schatzkarte<br>Entdeckerkarte | In *Schiffswrack* finden, Entdeckerkarten durch Handel mit Kartografen bekommen → führt zu vergrabenen Schätzen mit Herz des Meeres, *Ozeanmonumenten*, Waldanwesen und *Prüfungskammern*. |
| Bannervorlage<br>(BE: Bannermuster) | Craften aus Papier und spezieller Zutat → besonderes Bannermuster herstellen (siehe Webstuhl im Kapitel »Heimwerken – hör mal, wer da craftet«). |
| Schmiedevorlage<br>(BE: Rüstungszierleiste) | In Truhen finden oder in *Wegruinen* mit dem Pinsel freilegen → Rüstungen verzieren, Netheritausrüstung herstellen (siehe Schmiedetisch im Kapitel »Heimwerken – hör mal, wer da craftet«). |

## Einrichtung

Schon am ersten Tag beginnst du mit dem Einrichten deiner Höhle, die Werkbank ist dein erstes Möbelstück. Dann kommen Ofen, Truhe und viele weitere Arbeitsblöcke dazu, die im Kapitel »Heimwerken – hör mal, wer da craftet« beschrieben sind. Spätestens wenn du in ein Haus umziehst, soll es dann mit Teppichen, Gemälden und Blumentöpfen auch gemütlich werden. Lass dich vom Abschnitt »Inneneinrichtung mit kreativen Möbeln« im Kapitel »Architektenträume – bauen und einrichten« inspirieren.

| Möbelstück | Herkunft und Nutzen |
|---|---|
| Werkbank | Craften aus Brettern → Blöcke und Gegenstände durch Anordnung in Crafting-Slots herstellen. |
| Steinsäge | Craften aus Steinen und Eisenbarren → Treppen, Stufen und weitere Varianten von Stein und Kupfer herstellen. |
| Ofen | Craften aus Steinen → Blöcke und Gegenstände durch Erhitzen herstellen. |

| Möbelstück | Herkunft und Nutzen |
|---|---|
| Schmelzofen | Craften aus Ofen, Eisenbarren und glattem Stein → Erze schneller schmelzen. |
| Räucherofen | Craften aus Ofen und Stämmen → Nahrung schneller braten. |
| Truhe | Craften aus Brettern → Behälter, große Truhe möglich, Crafting-Zutat für Trichter, Güterlore, Truhenboot, Shulker-Kiste, Kupfertruhe, Redstone-Truhe. |
| Kupfertruhe | Craften aus Kupferbarren und Truhe → Behälter, oxidiert, große Truhe möglich, wird vom Kupfergolem beachtet. |
| Fass | Craften aus Holzstufen und Brettern → Behälter. |
| Trichter | Craften aus Truhe und Eisenbarren → Blöcke und Gegenstände zwischen Behältern weiterleiten, Crafting-Zutat für Trichterlore. |
| Endertruhe | Craften aus Obsidian und Enderauge → Inhalt in jede andere Endertruhe teleportieren. |
| Shulker-Kiste | Craften aus Truhe und Shulker-Schalen → färbbar in 16 Farben, Inhalt bleibt beim Abbauen drin, Transport von Gegenständen. |
| Amboss | Craften aus Eisenblöcken und Eisenbarren → Gegenstände reparieren, verzauberte Bücher an Gegenstände schmieden, Namen ändern. |
| Schmiedetisch | Craften aus Brettern und Eisenbarren → Diamantsachen zu Netherit schmieden. |
| Zaubertisch | Craften aus Obsidian, Diamanten und Buch → Gegenstände und Bücher verzaubern. |
| Bücherregal | Craften aus Brettern und Büchern → Wirkung des Zaubertisches verstärken, Crafting-Zutat für Lesepult. |
| Gearbeitetes (BE: gemeißeltes) Bücherregal | Craften aus Brettern und Stufen → Bücher aller Art aufbewahren. |

| Möbelstück | Herkunft und Nutzen |
| --- | --- |
| Schleifstein | Craften aus Brettern, Stöcken und Steinstufe → Gegenstände reparieren, Verzauberungen abschleifen. |
| Kessel | Craften aus Eisenbarren → Wasser, Lava und Pulverschnee (BE: auch Tränke) sammeln und aufbewahren, gefärbte Lederrüstungen und Shulker-Kisten entfärben, Bannermuster entfernen (BE: getränkte Pfeile herstellen). |
| Braustand | Craften aus Steinen und Lohenrute → Tränke brauen (siehe Kapitel »Dimensionswechsel – Nether, Ozeane und Tränke erforschen«). |
| Leuchtfeuer | Craften aus Glas, Obsidian und Netherstern → kann dauerhaft Statuseffekte abgeben (siehe Kapitel »Dimensionswechsel – Nether, Ozeane und Tränke erforschen«), Beleuchtung. |
| Aquisator | Craften aus Nautilusschalen und Herz des Meeres → kann dauerhaft Statuseffekte unter Wasser abgeben (siehe Kapitel »Dimensionswechsel – Nether, Ozeane und Tränke erforschen«), Beleuchtung. |
| Kartentisch | Craften aus Brettern und Papier → Karten verkleinern, kopieren und sperren. |
| Lesepult | Craften aus Bücherregal und Holzstufen → beschriebenes Buch ausstellen. |
| Regal | Craften aus entrindeten Stämmen → Gegenstände ausstellen, Schnellzugriffsleiste füllen (siehe Kapitel »Redstone – Minecraft unter Strom«, Abschnitt »Signalempfänger: Action auf Kommando«). |
| Webstuhl | Craften aus Brettern und Fäden → Bannermuster weben. |
| Bognertisch | Craften aus Brettern und Feuersteinen → bisher noch ohne Funktion. |
| Zielblock | Craften aus Strohballen und Redstone-Staub → Bogenschießen üben. |

| Möbelstück | Herkunft und Nutzen |
|---|---|
| Plattenspieler | Craften aus Brettern und Diamant → Schallplatten abspielen. |
| Komposter | Craften aus Holzstufen → Pflanzen in Dünger umwandeln. |
| Bienennest<br>Bienenstock | Bienennest finden in *Alm*, *Ebene*, *Mangrovensumpf*, *Blumenwald*, *Wald* und *Birkenwald*. Bienenstock craften aus Brettern und Honigwaben → Bienen aufbewahren (auch in Truhen), Honig und Honigwaben ernten. |
| Spawner | *Verliese*, *Minen*, *Waldanwesen*, *Festungen*, *Netherfestungen* und *Bastionsruinen*, abbauen nicht möglich → erzeugt Monster. |
| Prüfungs-Spawner | *Prüfungskammern*, abbauen nicht möglich → erzeugt Monster, stärkere in der unheilvollen Variante. |
| Tresor | *Prüfungskammern*, abbauen nicht möglich → enthält Beute, bessere Beute in der unheilvollen Variante. |
| Glocke | *Dörfer*, Handeln mit Schmieden → Glockenklang, Dorfbewohner im Umkreis von 32 Blöcken alarmieren (sie laufen dann in ihre Häuser). |
| Bett | Craften aus Brettern und Wolle, 16 Farben möglich → Nacht und Gewitter überspringen, Spawnpunkt umsetzen, Schutz vor Phantomen, explodiert bei Benutzung in Nether und Ende. |
| Teppich | Craften aus Wolle, 16 Farben möglich → Beleuchtung und Trichter abdecken, Tischdecke, Zäune und Mauern ohne Tor überwinden, Lamas dekorieren, Geräusche verhindern bei Sculk-Sensoren. |
| Leitstein | Craften aus gemeißelten Steinziegeln und Eisenbarren → Zielpunkt für Leitstein-Kompass. |
| Seelenanker | Craften aus weinendem Obsidian und Leuchtstein → Spawnpunkt umsetzen, explodiert bei Benutzung in Oberwelt und Ende. |

| Möbelstück | Herkunft und Nutzen |
|---|---|
| Gerüst | Craften aus Bambus und Faden → schnell auf- und abbauen, schnell auf- und absteigen. |
| Rüstungsständer | Craften aus Stöcken und glatter Steinstufe → Rüstungsteile ausstellen. |
| Tür<br>Falltür | Craften aus Brettern oder Eisenbarren → Schutz vor ungebetenen Gästen, aus Eisen nur mit Redstone-Signal zu öffnen (z. B. Knopf). |
| Stufe<br>Treppe | Craften aus Brettern oder diversen Steinen → Blockabsätze überwinden, Dachschrägen und Sitzmöbel gestalten. |
| Zaun<br>Mauer | Zaun aus Brettern und Stöcken craften, Netherziegelzaun aus Netherziegeln, Mauer aus diversen Steinen → Tiere und Monster zurückhalten, Leinen an Zaunpfosten befestigen. |
| Zauntor | Craften aus Brettern und Stöcken (keine Netherziegelvariante) → Durchgang für Zäune. |
| Strohballen | Craften aus Weizen → reduziert 80 % Schaden beim Fallen aus großer Höhe, ergibt unter Lagerfeuer eine höhere Rauchsäule, Tierfutter, Crafting-Zutat für Weizen und Zielblock. |
| Glas | Schmelzen aus Sand. Mit *Behutsamkeit* abbauen → Glasflasche, Tageslichtsensor, Leuchtfeuer, Enderkristall, getöntes Glas. Glas färbbar in 16 Farben → *Glasscheiben* (dünner, ebenfalls in 16 Farben). |
| Eisengitter<br>Kupfergitter | Craften aus Barren → Alternative zu Glasscheiben, Eisengitter können vom Enderdrachen nicht zerstört werden, Kupfergitter oxidieren. |
| Eisenkette<br>Kupferkette | Craften aus Barren und Klumpen → dekorative Blockverbindung, auch seitlich, Eisenketten auch für Hängeschilder, Kupferketten oxidieren. |
| Leiter | Craften aus Stöcken → Kletterhilfe (anhalten durch Schleichen). |

| Möbelstück | Herkunft und Nutzen |
|---|---|
| Schild<br>Hängeschild | Craften aus Brettern und Stock bzw. entrindeten Stämmen und Eisenketten → beschreibbar, Text ist färbbar, kein Hindernis für Gegenstände, Spieler oder Lebewesen, Wandschilder halten Wasser zurück. |
| Rahmen<br>Leuchtrahmen | Craften aus Stöcken und Leder bzw. Rahmen und Leuchttintenbeutel → Gegenstände und Karten ausstellen, Gegenstände sind im Rahmen drehbar, auch auf Blockober- und -unterseite platzierbar. |
| Gemälde | Craften aus Stöcken und Wolle → Wanddekoration in verschiedenen Größen und mit zufälligen Motiven. |
| Banner | Craften aus Wolle und Stock, 16 Farben möglich, aufstellbar als Wand- oder Bodenbanner → viele Muster mit dem Webstuhl hinzufügen, mit Wasserkessel wieder abwaschen, Muster auf Banner mit gleicher Grundfarbe kopieren, kein Hindernis, Dekoration für Schilde, Markierung auf Karten (nicht in der BE). |
| Blumentopf | Craften aus Ziegeln → Dekoration mit vielen kleinen Gewächsen (vor allem Blumen, Setzlingen und Pilzen). |
| Verzierter Krug (BE: Dekorierter Topf) | Craften aus Ziegeln und/oder *Töpferscherben* (BE: Keramikscherben), die du mit einem Pinsel aus seltsamem Sand oder Kies freilegst. |
| Blitzableiter | Craften aus Kupferbarren → zieht Gewitterblitze aus bis zu 128 (BE: 64) Blöcken Entfernung an, verhindert dadurch Brände durch Blitzschlag, wenn er auf einem unbrennbaren Block steht, oxidiert. |
| Kupfergolemstatue | Entsteht aus ungewachstem oxidiertem Kupfergolem → Rechtsklick ändert die Positur, vollständiges Abschaben der Oxidation mit einer Axt wiederbelebt den Kupfergolem. |

## Beleuchtung

Um im Dunkeln etwas zu sehen, brauchst du Licht. Dazu gibt es zahlreiche künstliche (Fackel, Laterne) und natürliche Lichtquellen (Höhlenranken, Pilzlicht). Allerdings musst du die Beleuchtung fest installieren. Mit einem leuchtenden Gegenstand in der Hand herumzulaufen hat keine Auswirkung, es bleibt dunkel.

In der ersten Tabelle findest du alle herstellbaren Lichtquellen, die hauptsächlich für die Beleuchtung gedacht sind:

| Lichtquelle | Herkunft, Eigenschaften, Nutzen |
|---|---|
| Fackel<br>Kupferfackel<br>Seelenfackel | Craften aus Stock und Kohle oder Holzkohle. Für Kupferfackel zusätzlich einen Kupferklumpen hinzufügen, für Seelenfackel Seelensand oder Seelenerde. |
| Feuer<br>Seelenfeuer | Mit Feuerzeug oder Feuerkugel anzünden. Auf Seelensand oder Seelenerde wird die Flamme blau. Entsteht auf brennbaren Blöcken in der Nähe von Feuer, Lava und bei Blitzschlag. Löschen durch Ausschlagen oder Wasser → Seelenfeuer brennt ewig. Normales Feuer erlischt nach einiger Zeit, außer es brennt auf Netherrack oder Magmablöcken. |
| Lagerfeuer<br>Seelenlagerfeuer | Craften aus Stöcken, Stämmen und Kohle oder Holzkohle bzw. statt Kohle Seelensand oder Seelenerde. Löschen mit Wasserflasche oder Wassereimer (in dieselbe Blockposition kippen) oder mit Schaufel ausschlagen → brät abgelegte Nahrung, beruhigt Bienen, höhere Rauchsäule, wenn Strohballen darunter. |
| Laterne<br>Kupferlaterne<br>Seelenlaterne | Craften aus Eisenklumpen und Fackel, Kumpferklumpen und Kupferfackel oder Eisenklumpen und Seelenfackel, Kupferlaterne oxidiert. |
| Kürbislaterne | Craften aus geschnitztem Kürbis und Fackel. |
| Redstone-Fackel | Craften aus Stock und Redstone-Staub → liefert ein dauerhaftes Redstone-Signal, ist deaktivierbar (siehe Kapitel »Redstone – Minecraft unter Strom«). |
| Redstone-Lampe | Craften aus Leuchtstein und Redstone-Staub → über Redstone-Signal ein- und ausschaltbar. |
| Kupferleuchte | Craften aus Kupferblöcken, Lohenrute und Redstone-Staub → über Redstone-Signal ein- und ausschaltbar, Helligkeit je nach Oxidationsgrad. |

| Lichtquelle | Herkunft, Eigenschaften, Nutzen |
|---|---|
| Kerze | Craften aus Faden und Honigwabe. Färbbar in 16 Farben. Anzünden und löschen möglich → bis zu vier gleichfarbige Kerzen auf derselben Blockposition platzierbar, auf Kuchen platzieren. |
| Seelaterne | Craften aus Prismarinscherben und Prismarinkristallen. |
| Froschlicht | Hinterlassenschaft eines Frosches, der einen kleinen Magmawürfel gefressen hat. Die Froschfarbe bestimmt die Lichtfarbe. |
| Endstab | Craften aus Lohenrute und geplatzter Chorusfrucht. |

Lichtquellen werfen mehr oder weniger Licht auf ihre Umgebung. Die Helligkeit oder *Lichtstärke* wird in Blöcken gemessen, weil sie mit jedem Block Entfernung abnimmt. Starke Lichtquellen beleuchten ihre Umgebung 15 Blöcke weit, schwache Lichtquellen beleuchten nur den Block, auf dem sie stehen. Die Lichtquelle selbst ist natürlich noch viel weiter zu sehen, aber ihre Helligkeit hat nach maximal 15 Blöcken keine Wirkung mehr. Beispiel: Pflanzen brauchen zum Wachsen mindestens die Lichtstärke 9. Setzt du neben eine Laterne, die Lichtstärke 15 hat, eine gerade Reihe von Pflanzen, werden nur die ersten sechs wachsen, weil sie Licht der Stärke 14 bis 9 abbekommen.

Eine Laterne leuchtet 15 Blöcke weit, beginnend mit dem Block, auf dem sie steht.

Das Tageslicht ist je nach Tageszeit und Wetter unterschiedlich hell. Mittags bei Sonnenschein hat es die Stärke 15. Mit einem Tageslichtsensor misst du die Stärke des Tageslichts unter freiem Himmel. Sobald du dich nicht mehr direkt unter freiem Himmel befindest, nimmt die Tageslichtstärke mit jedem Block Entfernung zum freien Himmel ab.

In der Nacht herrscht Lichtstärke 4, egal ob bei Vollmond oder Neumond. Damit deine Farmpflanzen auch in der Nacht weiterwachsen, solltest du deine Felder so beleuchten, dass alle Pflanzen dauerhaft mindestens Lichtstärke 9 abbekommen. Richtig dunkel ist es nur dort, wo jede Lichtquelle und der freie Himmel weiter als 15 Blöcke entfernt sind.

Die zweite Tabelle zeigt dir alle Lichtquellen nach Lichtstärke sortiert:

| Lichtstärke | Lichtquellen |
|---|---|
| 15 | Feuer, Lava, Lagerfeuer, Laterne, Kupferlaterne, Kürbislaterne, Pilzlicht, Leuchtstein, Redstone-Lampe, Kupferleuchte, Seelaterne, Froschlicht, Leuchtfeuer, Aquisator, vier Meeresgurken, vollständig geladener Seelenanker |
| 14 | Fackel, Kupferfackel, Endstab, Höhlenranken mit Leuchtbeeren |
| 13 | brennender Ofen, Schmelzofen, Räucherofen |
| 12 | vier Kerzen, drei Meeresgurken, angelaufene Kupferleuchte. |
| | Ab 12 schmelzen Schnee und Eis, Zombies und Skelette brennen im Sonnenlicht, Spinnen werden friedlich. Bis 12 wachsen Pilze außerhalb von Pilzböden. |
| 11 | ¾ geladener Seelenanker |
| 10 | Seelenfackel, Seelenfeuer, Seelenlagerfeuer, Seelenlaterne, weinender Obsidian |
| 9 | drei Kerzen, zwei Meeresgurken, berührtes Redstone-Erz |
| | Pflanzen wachsen ab 9. |
| 8 | verwitterte Kupferleuchte |
| 7 | Redstone-Fackel, Endertruhe, Zaubertisch, Leuchtflechte, ½ geladener Seelenanker |
| 6 | zwei Kerzen, eine Meeresgurke, Sculk-Katalysator |
| 5 | Amethysthaufen |
| 4 | große Amethystknospe, oxidierte Kupferleuchte |
| 3 | eine Kerze, Magmablock, ¼ geladener Seelenanker |
| 2 | mittlere Amethystknospe, Glühwürmchenbusch |
| 1 | kleine Amethystknospe, Braustand, brauner Pilz, Sculk-Sensor, Drachenei |

Redstone-Bauteile und Leuchtrahmen leuchten von innen heraus, geben aber kein Licht ab, d. h. ihre Lichtstärke ist Null.

*Getöntes Glas*, das du aus Glas und Amethystscherben herstellst, ist durchsichtig wie Glas, lässt aber keine Helligkeit durch.

## Fortbewegung

Alles über das Reiten, das Fahren mit Booten und Loren und das Fliegen mit Elytren erfährst du im Kapitel »Reisefieber – unterwegs mit Pferden, Booten und Loren«.

| Name | Herkunft und Nutzen |
|---|---|
| Sattel | Craften aus Leder und Eisenbarren → Pferde, Esel, Maultiere und Skelettpferde reiten und steuern, Schweine und Schreiter reiten. |
| Karottenrute | Craften aus Angel und Karotte → Schweine steuern. |
| Wirrpilzrute | Craften aus Angel und Wirrpilz → Schreiter steuern. |
| Boot, Bambusfloß | Craften aus gleichartigen Brettern → große Wasserflächen überqueren. |
| Truhenboot/-floß | Craften aus Boot und Truhe → Blöcke und Gegenstände über Wasser transportieren. |
| Geschirr (BE: Harnisch) | Craften aus Leder, Glas und Wolle → glücklichen Ghast reiten und steuern. |
| Schiene | Craften aus Eisenbarren und Stock → Loren platzieren und fahren. |
| Antriebsschiene | Craften aus Goldbarren, Stock und Redstone-Staub → Loren beschleunigen (wenn durch Redstone-Signal aktiviert) oder bremsen (wenn nicht aktiviert). |
| Sensorschiene | Craften aus Eisenbarren, Steindruckplatte und Redstone-Staub → erkennt eine Lore. |
| Aktivierungsschiene | Craften aus Eisenbarren, Stöcken und Redstone-Fackel → Passagier aus der Lore werfen, Trichterloren deaktivieren und aktivieren, TNT-Loren zünden. |
| Lore | Craften aus Eisenbarren → Spieler, Spielerinnen oder andere Lebewesen transportieren. |

| Name | Herkunft und Nutzen |
|---|---|
| Güterlore | Craften aus Lore und Truhe → Blöcke und Gegenstände transportieren. |
| Trichterlore | Craften aus Lore und Trichter → Behälter direkt über sich automatisch leeren und Behälter direkt unter der Schiene automatisch füllen. |
| Antriebslore | Craften aus Lore und Ofen, aktivieren mit Kohle → bewegt sich auch ohne Antriebsschiene, Loren anschieben. |
| TNT-Lore | Craften aus Lore und TNT. Aktivieren mit Aktivierungsschiene, durch Feuer, Lava oder Explosionen oder durch Zerstörung in der Bewegung → explodiert bei Aktivierung. |
| Elytren | Schiff in einer *Endsiedlung* → durch die Luft gleiten im Sinkflug, mit Feuerwerksraketen auch nach oben. |

## Redstone

Das Redstone-Prinzip ist einfach: Ein *Signalgeber* aktiviert über eine *Leitung* einen *Signalempfänger*, der entsprechend reagiert. Beispiel: Ein Knopf öffnet eine Tür. Verschiedene Redstone-Bauteile machen die Sache interessanter und bieten zahlreiche kreative Möglichkeiten, die im Kapitel »Redstone – Minecraft unter Strom« beschrieben sind.

| Konstante Signalgeber (immer Stärke 15) | Herkunft und Nutzen |
|---|---|
| Knopf (BE: Schaltfläche) | Craften aus Brettern, Stein oder poliertem Schwarzstein → kurzes Signal, wenn er gedrückt wird. |
| Lesepult | Craften aus Bücherregal und Holzstufen → kurzes Signal, wenn ein Buch umgeblättert wird. |
| Haken | Craften aus Eisenbarren, Stock und Brettern → Armbrust, Redstone-Truhe. Fäden zwischen zwei Haken verbinden sich automatisch und werden zum Stolperdraht, der bei Berührung ein kurzes Signal sendet. |
| Druckplatte | Craften aus Brettern, Stein oder poliertem Schwarzstein → dauerhaftes Signal, solange sie belastet ist. |

| Konstante Signalgeber (immer Stärke 15) | Herkunft und Nutzen |
|---|---|
| Sensorschiene | Craften aus Steindruckplatte, Eisenbarren und Redstone-Staub → dauerhaftes Signal, solange eine Lore darauf steht. |
| Hebel | Craften aus Stock und Bruchstein → dauerhaftes Signal, solange er aktiviert ist. |
| Redstone-Fackel | Craften aus Stock und Redstone-Staub. Wird deaktiviert, wenn der Block, an dem sie befestigt ist, ein Signal erhält → dauerhaftes Signal, solange sie aktiv ist. |
| Redstone-Block | Craften aus Redstone-Staub → dauerhaftes Signal. |
| Beobachter | Craften aus Bruchstein, Redstone-Staub und Netherquarz → kurzes Signal, wenn sich der Block direkt davor ändert. |

| Variable Signalgeber oder Sensoren (Signalstärke hängt von der Umwelt ab) | Herkunft und Nutzen |
|---|---|
| Tageslichtsensor<br>Nachtlichtsensor | Craften aus Glas, Holzstufen und Netherquarz. Tageslichtsensor durch Rechtsklick zum Nachtlichtsensor umschaltbar → Signalstärke hängt von der Tageshelligkeit ab. |
| Feinwägeplatte<br>Grobwägeplatte<br>(BE: Beschwerte Druckplatte) | Craften aus Goldbarren oder Eisenbarren → Signalstärke hängt von der Belastung ab. |
| Redstone-Truhe | Craften aus Truhe und Haken → Signal hängt von der Anzahl der Spieler ab, die gleichzeitig hineinschauen. |
| Zielblock | Craften aus Strohballen und Redstone-Staub → Signal hängt von der Entfernung eines Treffers zum Mittelpunkt des Zielblocks ab. |
| Sculk-Sensor | *Antike Städte* oder Sculk vermehren. Lauscht acht Blöcke weit. Laufen auf Wolle oder Teppichen ist geräuschlos. Abschirmbar durch Wollblöcke → Signal hängt von der Entfernung der Geräuschquelle ab. |

| Variable Signalgeber oder Sensoren (Signalstärke hängt von der Umwelt ab) | Herkunft und Nutzen |
|---|---|
| Kalibrierter Sculk-Sensor | Craften aus Sculk-Sensor und Amethystscherben. Lauscht 16 Blöcke weit → kann auf eine bestimmte Geräuschstärke (siehe nachfolgende Tabelle) eingestellt werden und reagiert dann nur noch auf Geräusche mit genau dieser Stärke. |

| Geräusch | Stärke |
|---|---|
| Bewegung, z. B. gehen, schwimmen | 1 |
| Landung auf dem Boden oder im Wasser | 2 |
| Aktion mit einem Gegenstand | 3 |
| Mit Eltyren fliegen, bestimmte Tieraktionen (Wolf schüttelt sich) | 4 |
| Von Reittier absteigen, Rüstung anziehen | 5 |
| Aktion mit einer Kreatur, z. B. aufsteigen, Wolle scheren | 6 |
| Kreatur oder Spieler erleidet Schaden | 7 |
| Essen und trinken | 8 |
| Türen und Behälter schließen, Knöpfe und Druckplatten loslassen | 9 |
| Türen und Behälter öffnen, Knöpfe und Druckplatten drücken | 10 |
| Blöcke ändern, z. B. Rinde schälen, Kessel füllen, Erde beackern | 11 |
| Block abbauen | 12 |
| Block platzieren | 13 |
| Kreatur oder Spieler teleportiert oder erscheint | 14 |
| Kreatur oder Spieler stirbt, Explosion | 15 |

| Leitung | Herkunft und Nutzen |
|---|---|
| Redstone-Staub | Redstone-Erz abbauen oder craften aus Redstone-Block → leitet ein Signal maximal 15 Blöcke weit. |
| Redstone-Verstärker | Craften aus Stein, Redstone-Fackeln und Redstone-Staub → verstärkt das Eingangssignal auf 15, kann das Ausgangssignal verzögern und dauerhaft festhalten (sperren). |
| Redstone-Komparator | Craften aus Stein, Redstone-Fackeln und Netherquarz → misst Füllgrade von Behältern, vergleicht Signalstärken, zieht Signalstärken voneinander ab. |

| Signalempfänger | Herkunft und Nutzen |
|---|---|
| Türen<br>Falltüren<br>Zauntore | Craften aus Brettern oder Eisenbarren bzw. Brettern und Stöcken → öffnen sich bei Signal. |
| Redstone-Lampe | Craften aus Leuchtstein und Redstone-Staub → leuchtet bei Signal. |
| Kolben<br>Klebriger Kolben | Craften aus Brettern, Bruchstein, Eisenbarren und Redstone-Staub bzw. Kolben und Schleimball → fahren bei Signal aus und schieben Blöcke weg, der klebrige Kolben zieht einen Block wieder zurück. |
| Antriebsschiene | Craften aus Goldbarren, Stock und Redstone-Staub → beschleunigt Loren bei Signal, ohne Signal bremst sie Loren ab. |
| Aktivierungsschiene | Craften aus Eisenbarren, Stöcken und Redstone-Fackel → bei Signal Passagiere aus Loren werfen, Trichterloren deaktivieren, TNT-Loren zünden, ohne Signal Trichterloren wieder aktivieren. |
| Schienenkurve | Craften aus Eisenbarren und Stock, bildet sich bei nebeneinander liegenden Schienen automatisch → bei Signal die Richtung in einer T-Verbindung ändern. |

| Signalempfänger | Herkunft und Nutzen |
|---|---|
| Notenblock | Craften aus Brettern und Redstone-Staub, der Block darunter bestimmt das Instrument → spielt bei Signal eine Note (einstellbar) oder das Geräusch des Monsterkopfes, der auf ihm liegt. |
| Glocke | Finden in Dörfern, handeln mit Schmieden → erklingt einmal bei Signal. |
| Drachenkopf | Schiff in einer *Endsiedlung* → öffnet und schließt das Maul, solange ein Signal anliegt. |
| Trichter | Craften aus Truhe und Eisenbarren → wird blockiert, solange ein Signal anliegt, und leitet dann keine Gegenstände weiter. |
| TNT | Craften aus Sand und Kies → zündet durch ein Signal. |
| Spender | Craften aus Bruchstein und Redstone-Staub → gibt bei Signal einen Gegenstand aus seinem Inhalt aus. |
| Werfer | Craften aus Bruchstein, Redstone-Staub und Bogen → wirft bei Signal einen Gegenstand aus seinem Inhalt aus. |
| Werker | Craften aus Eisenbarren, Redstone-Staub, Werkbank und Spender → bei Signal und gefüllten Slots einen Gegenstand craften. |

### Zum Schluss: Von Minecraftern für Minecrafter

Minecraft hat schon viele Menschen fasziniert. Weltweit gibt es jeden Monat etwa 140 Millionen aktive Spielerinnen und Spieler. Viele davon stellen mit großem Engagement anderen Minecraftern zahlreiche Informationen und Spielzusätze zur Verfügung. Dazu gehören:

Das *Minecraft-Wiki* ist seit Beginn des Spiels das zentrale Onlinelexikon, in dem Minecrafter alle Details zu ihrem Lieblingsspiel sammeln. Das Original ist in Englisch (*https://minecraft.wiki/*), aber es gibt auch eine deutsche Version (*https://de.minecraft.wiki*).

Unlimitedworld ist ein deutscher Multiplayer-Server der ersten Stunde, der von Minecraftern geführt wird und auf dem im Laufe der Jahre über 80.000 Minecrafter eine riesige Bauwelt im Survival-Modus erschaffen haben (*https://unlimitedworld.de/*).

Im Internet gibt es unzählige weitere Websites zu Minecraft. Dazu kommen YouTube-Videos von Minecraftern, die insgesamt bereits über 1.000 Milliarden (!) Klicks erreicht haben (*https://www.minecraft.net/de-de/article/youtube-celebrates-minecraft-community*). Das Entdecken, Teilen und gemeinsame Erleben ist der große Reiz an diesem Spiel.

**Viel Spaß bei deinen weiteren Abenteuern in der Minecraft-Welt!**

# Index


## A

Abbauen ... 26
Abbaulähmung (Effekt) ... 189
Absorption (Effekt) ... 138
Ackerbau ... 99
Ackerflutungsfarm ... 339
Adminshop ... 378
Aktivierungsschiene ... 254
Alm ... 60
Amboss ... 94
Amethyst ... 70
Andesit ... 205
Angel ... 40
Angriffsgeschwindigkeit ... 130
Angriffsschaden ... 130
Antiker Schrott ... 265
Antike Stadt ... 72
Antriebslore ... 249
Antriebsschiene ... 251
Aquisator ... 291
Arbeitsblock ... 309
Arbeitsplatz ... 231
Arena ... 159
Armbrust ... 134
Atemluft ... 287
Atmung (Zauber) ... 151
Aufgaben ... 46
Aufgeladener Block ... 331
Ausgetrockneter Ghast ... 242
Auswerten von Signalen ... 350
Automatischer Ofen ... 84
Axolotl ... 124
Axt ... 33
Azaleenbaum ... 104

## B

Badezimmer ... 230
Bambus ... 105
Bambusdschungel ... 59
Bank ... 224
Bann ... 370
Bann (Zauber) ... 150
Banner ... 91
Bannervorlage ... 91
Basalt ... 215
Basaltdelta ... 268
Basis ... 41
Bastionsruine ... 270
Bauernhof ... 99
Baumaterial ... 199
Baumfarm ... 103
Bauwerk ... 298
BE ... 24
Bedrock Edition ... 10
Bedwars ... 378
Befallen (Effekt) ... 276
Befehl
- *Multiplayer* ... 371
- *Server* ... 386

Behutsamkeit (Zauber) ... 149
Beladestation ... 353
Benutzen ... 32
Beobachter ... 358
Berg ... 55
Bergbau ... 66
Bergbausystem ... 67
Bergungskompass ... 73
Beschwerte Druckplatte ... 346
Beton ... 210
Bett ... 37
Bewegen ... 24
Biene ... 111
Bienennest ... 111
Bienenstock ... 112
Biom ... 50
Biwak ... 34
Blasensäule ... 267
Blasensäule einfacher ... 411
Blasenstrudel ... 265
Blasser Garten ... 58
Blindheit (Effekt) ... 280
Blitzableiter ... 207
Block
- *abbauen* ... 26
- *benutzen* ... 32
- *platzieren* ... 28

Blocken ... 132

Blocktreppe ... 332
Blumentopf ... 222
Blumenwald ... 58
Bockshorn ... 118
Böe ... 176
Böenrute ... 177
Bogen ... 134
Boot ... 240
Boot mit Tier ... 113
Brauen ... 272
Braustand ... 273
Brennstoff ... 35
Brett ... 208
Bruchstein ... 205
Bruchtiefenschiefer ... 205
Brunnen ... 100
Bücherregal ... 148
Buch und Feder ... 88
Bündel ... 50
Büro ... 231


## C

Caps ... 385
Chat ... 371
Chorusblüte ... 324
Chorusfrucht ... 324
Choruspflanze ... 324
Citybuild-Server ... 377
Client ... 368
Clock ... 356
Cooldown ... 131
Couch ... 224
Craften ... 30
Crafting-Kette ... 204
Creative-Server ... 377
Creeper ... 175


## D

Datenschutz ... 370
Debug-Bildschirm ... 44
Dekorierter Topf ... 299
Delfin ... 124
Despawnen ... 117
Diamanterz ... 66
Dichte (Zauber) ... 150
Dichter Wald ... 58
Diener ... 168
Differenz von Signalen ... 357
Diode ... 334
Diorit ... 205
Direktheilung (Effekt) ... 275
Direktschaden (Effekt) ... 276
Discord ... 388
Dorf ... 307
Dorfbewohner ... 307
Dorfbewohnerzombie ... 162
Dorfbewohnerzombie heilen ... 303
Dornen (Zauber) ... 151
Drache ... 196
Drachenatem ... 196
Dracheninsel ... 316
Dreizack ... 135
Drohende Prüfung (Effekt) ... 71
Drohender Überfall (Effekt) ... 193
Dromedar ... 114
Drop ... 40
Druckplatte ... 340
Dschungel ... 59
Dschungeltempel ... 301
Dünger ... 102
Dunkelheit (Effekt) ... 65
Durchbohren (Zauber) ... 150
Durchbruch (Zauber) ... 150
Durchschuss (Zauber) ... 150
Dusche ... 230


## E

Easter Egg ... 209
Ebene ... 60
Echoscherbe ... 73
Effekt ... 139
Effizienz (Zauber) ... 149
Egoperspektive ... 115
Ei ... 111
Eile (Effekt) ... 282
Einschmelzen ... 82
Einstellungen ... 19
Einzelspielermodus ... 14
Eisbär ... 122
Eisenerz ... 66
Eisläufer (Zauber) ... 152

Eiswanderer ..... 165
Eiszapfentundra ..... 60
Elytren ..... 255
Endbrunnen ..... 321
Ende ..... 316
Enderauge ..... 314
Enderdrache ..... 196
Enderdrache beschwören ..... 322
Enderkristall ..... 319
Enderman ..... 190
Endermilbe ..... 191
Endermite ..... 191
Enderperle ..... 138
Endertruhe ..... 79
Endportal ..... 315
Endsiedlung ..... 325
Endstab ..... 324
Endstein ..... 217
Endtransitportal ..... 323
Entdeckerkarte ..... 311
Entladestation ..... 354
Entladung (Zauber) ..... 150
Entrinden ..... 208
Erdloch ..... 27
Erfahrungspunkte ..... 95
Erfahrungsstufen ..... 95
Erfolge ..... 46
Ertrinken ..... 287
Ertrunkener ..... 187
Erzverteilung ..... 396
Esel ..... 114
Expedition ..... 51
Explosionsschutz (Zauber) ..... 151

## F

F3 ..... 44
F5 ..... 115
Fachwerkhaus ..... 220
Fackellilie ..... 121
Fadenkreuz ..... 24
Fahrender Händler ..... 36
Fallschaden ..... 44
Fangzahn ..... 169
Färben ..... 89
Farmen ..... 103
Farmtiere ..... 110
Farmwelt ..... 385
Fass ..... 78
Federfall (Zauber) ..... 151
Feinwägeplatte ..... 346
Feld ..... 99
Fermentiertes Spinnenauge ..... 276
Fernkampf ..... 134
Fernrohr ..... 134
Festung ..... 313
Feuer ..... 229
Feuerkugel ..... 93
Feuerresistenz (Zauber) ..... 151
Feuerwerk ..... 92
Feuerwerksrakete ..... 93
Feuerwerksstern ..... 93
Fischerei ..... 40
Flachland ..... 330
Flamme (Zauber) ..... 150
Fledermaus ..... 122
Fleischkeulen ..... 37
Fliegen ..... 255
Flipflop ..... 342
Fluch der Bindung ..... 153
Fluch des Verschwindens ..... 153
Fluss ..... 61
Flutungsfarm ..... 339
Fortschritte ..... 45
Fossil ..... 70
Foto ..... 53
Freebuild-Server ..... 377
Fröhlicher Ghast ..... 242
Frosch ..... 122
Froschlicht ..... 122
Fuchs ..... 118
Füllgrad messen ..... 348

## G

Gamerscore ..... 46
Gamertag ..... 12
Gehege ..... 108
Gehen ..... 24
Gemälde ..... 222
Geode ..... 70
Geschirr ..... 243
Geschnitzter Kürbis ..... 144
Getränkter Pfeil ..... 279

Ghast 184
Gipfel 55
Glas 210
Gleis 244
Gleitflug 255
Glocke 336
Glück (Zauber) 149
Glück des Meeres (Zauber) 149
Glücklicher Ghast 242
Golddurchzogener Schwarzstein 271
Goldener Apfel 138
Golderz 66
Granit 205
Grasblock 106
Griefer 369
Grobwägeplatte 346
Großwächter 189
Gunst des Delfins (Effekt) 287
Gürteltier 120
Gürteltier-Hornschild 120
Güterlore 247

## H

Hacke 100
Hain 55
Haken 340
Haltbarkeit (Zauber) 149–151
Handel 310
Hand-Slot 27
Handwerk 30
Hang 55
Harnisch 243
Harpune (Zauber) 150
Harzfarm 178
Harzziegel 216
Hauptmann 168
Hauptquartier 41
Haustiere 113
Headset 388
Hebel 340
Heilung 37
Heilung Dorfbewohnerzombie 303
Held des Dorfes 195
Helligkeit 436
Herd 229
Herstellen 30
Herz des Meeres 291
Herzen 37
Hexe 166
Hilfsgeist 116
Hochstacken 44
Hoglin 125
Höhe 54
Höhle 62
Höhlenbergbau 69
Höhlenspinne 173
Holz 104
Holzbrett 208
Holzkohle 35
Honigflasche 112
Honigkarussell 361
Honigwabe 112
Huhn 111
Hühnerreiter 162
Hunger (Effekt) 163
Hungerleiste 24
Huschen (Zauber) 152
Hyphen 269

## I

Iglu 303
Illager 161
Imker 111
Inneneinrichtung 221
Inventar 29
Inverter 341
Isolieren einer Leitung 332

## J

Java Edition 10

## K

Kabeljau 122
Kalzit 217
Kamin 229
Kampfschild 132
Kanalverlängerung 339
Kaninchen 110
Kannenpflanze 121

Karawane ... 108
Karmesin-Nezel ... 269
Karmesinpilz ... 269
Karmesinstiel ... 269
Karmesinwald ... 268
Karmesinwurzeln ... 269
Karottenrute ... 239
Karte ... 54
Kartentisch ... 87
Karussell ... 361
Katze ... 114
Keramik ... 213
Keramikscherbe ... 299
Kessel ... 431
Kettenrüstung ... 425
Kirschberghain ... 58
Klebriger Kolben ... 335
Klingel ... 358
Klippe ... 62
Knarz ... 177
Knochenblock ... 70
Knochenmehl ... 102
Knopf ... 340
Köder (Zauber) ... 149
Kohle ... 35
Kolben ... 335
Komparator ... 361
Komparatorkette ... 351
Kompass ... 43
Komposter ... 81
Koordinaten ... 44
Korallenriff ... 285
Kraft (Zauber) ... 151
Kritischer Treffer ... 132
Kronleuchter ... 228
Küche ... 229
Kuchen ... 102
Kugelfisch ... 122
Kuh ... 111
Kupfer ... 213
Kupfererz ... 66
Kupfergolem ... 78
Kupfertruhe ... 79
Kürbislaterne ... 103
Kürzen von Signalen ... 359

## L

Lachs ... 122
Lager ... 76
Lagerfeuer ... 82
Lama ... 114
LAN ... 372
Landkarte ... 54
Landwirtschaft ... 99
Langsamkeit (Effekt) ... 275
Lapislazulierz ... 66
Laptop ... 231
Lastesel ... 236
Laub ... 104
Launcher ... 12
Lavakessel ... 81
Lebensherzen ... 37
Lebensleiste ... 24
Leine ... 108
Leiter ... 66
Leiterklettern ... 67
Leitstein ... 86
Leitstein-Kompass ... 86
Leitung ... 331
*isolieren* ... 332
*trennen* ... 333
*verlustfrei* ... 350
Lesepult ... 88
Leuchten (Effekt) ... 279
Leuchtfeuer ... 281
Leuchtstein ... 265
Leuchttintenbeutel ... 91
Leuchttintenfisch ... 124
Lichtstärke ... 436
Linkshänder ... 25
Linksklick ... 25
Lobby ... 382
Logikschaltung ... 342
Login ... 12
Lohe ... 185
Lohenrute ... 272
Lohenstaub ... 272
Lore ... 247
Luftblasenleiste ... 287

## M


Magier ... 169
Magmablock ... 265
Magmawürfel ... 185
Mangrovensumpf ... 59
Marketplace ... 16
Maultier ... 114
Meereskraft (Effekt) ... 292
Meeresspiegel ... 54
Mehrfachschuss (Zauber) ... 150
Mehrspielermodus ... 14
Microsoft-Konto ... 12
Milcheimer ... 111
Mine ... 69
Minecoins ... 16
Minecraft
*Download* ... 13
*konfigurieren Bedrock* ... 19
*konfigurieren Java* ... 18
*Launcher* ... 12
*Login* ... 12
*starten Bedrock* ... 16
*starten Java* ... 14
Minecraft Realms ... 15, 375
Minecraft-Version einstellen ... 379
Minigame ... 378
Minimap ... 134
Mob ... 160
Möbel ... 221
Monster ... 158
Monsterfarm ... 159
Monster spawnen ... 42
Moosblock ... 105
Mooshroom ... 111
Müllverbrennung ... 81
Multiplayer ... 14
Mute ... 386


## N


Nacht ... 35
Nachtlichtsensor ... 346
Nachtsicht (Effekt) ... 275
Nahkampf ... 131
Namensschild ... 97
Navigation ... 43
Nemesis der Gliederfüßer (Zauber) ... 150
Nether ... 260
Netherfestung ... 271
Nethergolderz ... 265
Netherit ... 86
Nether-Ödland ... 266
Netherpilz ... 269
Netherportal ... 261
Netherquarz ... 216
Netherquarzerz ... 265
Netherrack ... 214
Nethersprossen ... 269
Netherwald ... 268
Netherwarze ... 270
Netherwarzenblock ... 269
Netherwarzenfarm ... 274
Nezel ... 269
Notenblock ... 336
Notunterkunft ... 27
NPC ... 307


## O


Obsidian beschaffen ... 146
ODER-Schaltung ... 342
Ofen ... 34
Öffentlicher Server ... 376
Ominöse Flasche ... 71, 193
Onlinesicherheit ... 370
OP ... 155
OP-Apfel ... 155
Optionen ... 18
Orientierung ... 43
Ortungsleiste ... 371
Oxidation ... 213
Ozeanmonument ... 293
Ozeanruine ... 289
Ozelot ... 119


## P


Paarung ... 109
Panda ... 119
Papagei ... 115
Pausenmenü ... 47
Perspektive ... 115
Pfeil ... 134

Pferd 114
Pflanzenwachstum 101
Phantom 178
Piglin 181
Piglin-Barbar 182
Pilz 106
Pilzland 284
Pilzlicht 269
Ping 381
Pinsel 298
Pixel-Art 224
Plagegeist 170
Plattenspieler 84
Platzieren 28
Plot 377
Plünderer 167
Plünderer-Außenposten 304
Plünderung (Zauber) 150
Portalruine 261
Poster 204
Prämien 47
Premium-Rang 382
Prismarin 217
Privater Server 370
Produktionskette 204
Prüfungskammern 71
Prüfungsschlüssel 71
Pulverschnee 56
Purpurblock 217
PvP 378
Pyramide 299

## Q

Quarz 216
Quarzblock 216
Quellblock 400

## R

Rahmen 223
Rang 382
Räuberhauptmann 168
Räucherofen 82
Realms-Server 375
Rechtsklick 25
Redstone 329
Redstone-Block 340
Redstone-Erz 66
Redstone-Fackel 341
Redstone-Komparator 361
Redstone-Lampe 335
Redstone-Leitung 331
Redstone-Truhe 347
Redstone-Verstärker 361
Regal 227
Regen 53
Regenbogenschaf 91
Regeneration (Effekt) 275
Reiselager 34
Reiten 234
Rempelschlag 132
Reparatur (Zauber) 152
Reparieren 81
Resistenz (Effekt) 275
Respawnen 28
Rezeptbuch 30
Riesennetherpilz 269
Riesenpilz 107
Rossharnisch 143
RPG 378
Rucksack 29
Rückstoß (Zauber) 150
Rudern 240
Rüstung 141
Rüstungsbesatz 85
Rüstungshärte 142
Rüstungsschutz 142
Rüstungsständer 144
Rüstungszierleiste 85

## S

Saatgut 406
Sand 208
Sandstein 208
Sanfter Fall (Effekt) 275
Sattel 234
Sättigung 38
Sättigung (Effekt) 280
Savanne 59
Schaf 111
Schallstrecke 348
Schaltfläche 340

Schärfe (Zauber) 150
Schatzkarte 290
Schatzverzauberung 152
Schaufel 33
Schiebetür 343
Schiene 244
Schiffswrack 290
Schild 77
Schild im Kampf 132
Schildkröte 120
Schildkröten-Hornschild 121
Schildkrötenpanzer 143
Schlafen 37
Schlag (Zauber) 150
Schleichen 27
Schleifstein 81
Schleim 179
Schleimen (Effekt) 276
Schmelzofen 82
Schmetterangriff 136
Schmieden 94
Schmiedetisch 85
Schmiedevorlage 85
Schnee 53
Schneeball 137
Schnelligkeit (Effekt) 275
Schnellladen (Zauber) 150
Schnellzugriffsleiste 27
Schnüffler 121
Schrank 227
Schreibtisch 231
Schreiter 125
Schussschutz (Zauber) 151
Schutz (Zauber) 151
Schutzschild 132
Schwäche (Effekt) 277
Schwamm 294
Schwarzpulver 92
Schwarzstein 215
Schwebekraft (Effekt) 192
Schwein 110
Schweinezombie 183
Schwerer Kern 72
Schwert 33
Schwimmen 53
Schwungkraft (Zauber) 150
Schwungschlag 132
Screenshot 53
Sculk 65
Sculk-Sensor 347
Seelenanker 263
Seelenerde 267
Seelenläufer (Zauber) 152
Seelensand 267
Seelensandtal 266
Seltsamer Kies 298
Seltsame Suppe 280
Sensor 345
Sensorschiene 254
Server 368
*Befehle* 386
*Kategorien* 377
*LAN Bedrock* 373
*LAN Java* 372
*öffentlich* 376
*privat* 370
*Realms* 375
Serverliste 376
Sessel 225
Setzling 103
Shulker 191
Shulker-Kiste 80
Shulker-Schale 192
Sicherer Ort 27
Signal 330
*auswerten* 350
*Differenz* 357
*Einbahnstraße* 334
*Füllgrad* 348
*kürzen* 359
*sperren* 359
*vergleichen* 351
*verlängern* 355
*verstärken* 333
*verzögern* 357
*zählen* 360
Signalempfänger 334
Signalgeber 340
Signalspeicher 342
Signalstärke 345
Silberfischchen 174
Sitzbank 224
Skelett 164
Skelettpferd 126
Skelettreiter 126
Skyblock 378

Slot ... 24
Smaragderz ... 66
Sofa ... 224
Sog (Zauber) ... 151
Sonnenblumenebene ... 60
Sortieren ... 29
Spam ... 385
Spawn ... 382
Spawner ... 159
Spawnpunkt ... 28
Speicherzelle ... 342
Spektralpfeil ... 279
Spender ... 337
Sperren von Signalen ... 359
Spiegel ... 230
Spiel-Account ... 12
Spielerbild ... 12
Spielmenü ... 47
Spinne ... 172
Spinnenreiter ... 165
Spitzhacke ... 33
Sprache ändern
*Bedrock* ... 16
*Java* ... 14
Springen ... 25
Sprinten ... 34
Sprint-Tauchen ... 286
Sprungkraft (Effekt) ... 275
Spüle ... 229
Stack ... 30
Standfestigkeit ... 142
Stapel ... 30
Stärke (Effekt) ... 275
Stärke (Zauber) ... 151
Statuseffekt ... 139
Stein ... 204
Steinige Küste ... 62
Steinkohle ... 66
Steinsäge ... 84
Steuerung
*Konsole* ... 25
*Tastatur* ... 24
*Touchscreen* ... 25
Stolperdraht ... 340
Strand ... 62
Streitkolben ... 136
Stuhl ... 225
Sumpf ... 59
Sumpfskelett ... 166
Survival-Server ... 377
Süßbeeren ... 105

## T

Tafelberg ... 56
Tag ... 35
Tageslichtsensor ... 345
Taiga ... 57
Taktgeber ... 356
Taschen ... 27
Tauchen ... 286
Taucherglocke ... 287
Tempel ... 298
Teppich ... 223
Textur ... 200
Tiefe ... 54
Tiefenschiefer ... 204
Tiefes Dunkel ... 65
Tiefsee ... 286
Tiere ... 108
Tier im Boot ... 113
Tierzucht ... 109
Tintenbeutel ... 124
Tintenfisch ... 124
Tisch ... 226
TNT ... 137
TNT-Lore ... 250
Toilette ... 230
Töpferscherbe ... 299
Totem der Unsterblichkeit ... 139
Trampelpfad ... 106
Trampolin ... 344
Trank
*verlängern* ... 277
*verstärken* ... 278
Tränke ... 272
Trauerranken ... 269
Trennen einer Leitung ... 333
Tresor ... 71
Treue (Zauber) ... 151
Trichter ... 83
Trichterlore ... 248
Trockenbeton ... 211
Troll ... 370
Tropenfisch ... 122

Tropfblatt ... 105
Tropfsteinblock ... 216
Tropfsteinhöhle ... 64
Truhe ... 76
Truhenboot ... 240
Tuffstein ... 205
Tundra ... 60
Tutorial ... 386

## U

Übelkeit (Effekt) ... 280
Überfall ... 193
Uhr ... 63
Umsortieren ... 29
UND-Schaltung ... 342
Unendlicher Brunnen ... 100
Unendlichkeit (Zauber) ... 151
Unheilvolle Flasche ... 71, 193
Unsichtbarkeit (Effekt) ... 277
Unterwasseratem (Effekt) ... 275
Unterwasserstation ... 288
Untotes Monster ... 161
Üppige Höhle ... 64
Urtaiga ... 57

## V

Vanilla ... 378
Verbrennung (Zauber) ... 151
Verdächtiger Kies ... 298
Verdorrung (Effekt) ... 186
Vergiftung (Effekt) ... 276
Vergleichen von Signalen ... 351
Verlängern von Signalen ... 355
Verlängerte Wirkung ... 277
Verlies ... 69
Verrottetes Fleisch ... 38
Verstärken von Signalen ... 333
Verstärker ... 361
Verstärkte Wirkung ... 278
Verweiltrank ... 278
Verzauberter goldener Apfel ... 155
Verzaubertes Buch ... 153
Verzauberung ... 145
Verzierter Krug ... 299
Verzögern von Signalen ... 357
Viehzucht ... 109
VIP-Paket ... 382
VIP-Rang ... 382
Vollautomatische Farm ... 359
Vorgabewert ... 351
Vote ... 378
Voten ... 388

## W

Wachstum ... 101
Wächter ... 188
Waffen ... 130
Wald ... 57
Waldanwesen ... 305
Wärter ... 171
Warteschleife ... 355
Wasseraffinität (Zauber) ... 151
Wasserkanal ... 339
Wasserkessel ... 90
Wasserläufer (Zauber) ... 152
Weben (Effekt) ... 276
Webstuhl ... 91
Wegruine ... 298
Weiche ... 253
Weizenkörner ... 100
Welthöhe ... 54
Werfer ... 337
Werkbank ... 32
Werker ... 363
Werkzeug ... 33
Wetter ... 53
Wildtiere ... 117
Windgeladen (Effekt) ... 276
Windkugel ... 137
Windstoß (Zauber) ... 153
Wirr-Nezel ... 269
Wirrpilz ... 269
Wirrpilzrute ... 238
Wirrstiel ... 269
Wirrwald ... 269
Wirrwarzenblock ... 269

Wirrwurzeln ........ 269
Wirtschafts-Server ........ 377
Wither ........ 195
Wither-Rose ........ 196
Wither-Skelett ........ 186
WLAN ........ 372
Wolf ........ 114
Wolfspanzer ........ 143
Wolkengrenze ........ 54
Wurftrank ........ 278
Wüste ........ 60
Wüstenbrunnen ........ 299
Wüstentempel ........ 299
Wüstenzombie ........ 163


## X


Xbox-Profil ........ 12
XP ........ 95
XP-Farm ........ 159


## Z


Zählen von Signalen ........ 360
Zähmen ........ 113
Zauberbuch ........ 153
Zaun ........ 100
Zerzauster Hügel ........ 55
Ziege ........ 118
Ziegelstein ........ 212
Zielblock ........ 347
Ziele ........ 46
Zoglin ........ 180
Zombie ........ 161
Zombiebelagerung ........ 308
Zombiekind ........ 162
Zombifizierter Piglin ........ 183
Züchten ........ 109
Zuckerrohr ........ 105
Zuckerrohrfarm ........ 338
Zweitaccount ........ 12
Zweithand ........ 133
Zwirbelranken ........ 269


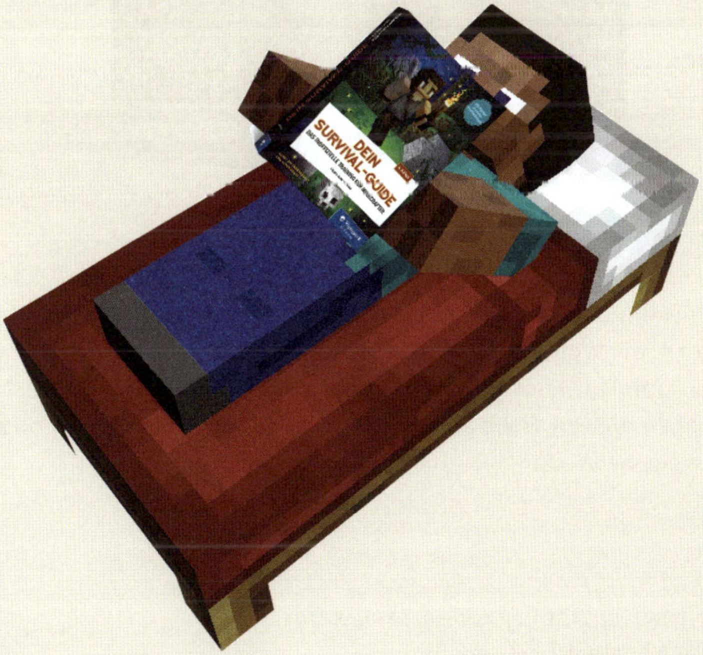